W0237368

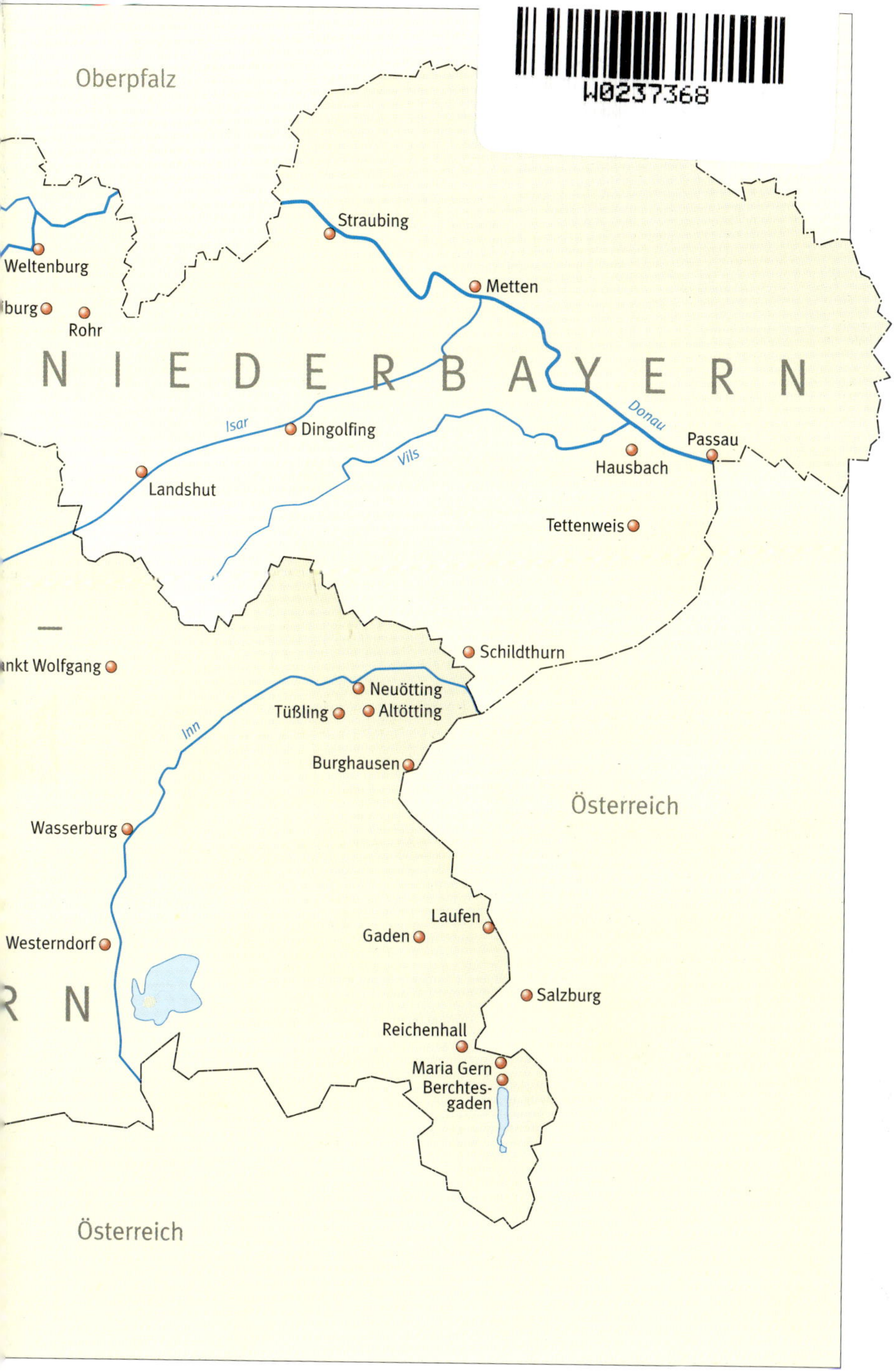
Oberpfalz
NIEDERBAYERN
Straubing
Weltenburg
Rohr
Metten
Isar
Dingolfing
Donau
Passau
Vils
Hausbach
Landshut
Tettenweis
Schildthurn
Neuötting
Tüßling
Altötting
Inn
Burghausen
Österreich
Wasserburg
Laufen
Gaden
Westerndorf
Salzburg
Reichenhall
Maria Gern
Berchtes-
gaden
Österreich

Kunstdenkmäler in Bayern

Pablo de la Riestra

Kunstdenkmäler in Bayern

München, Ober- und Niederbayern, Schwaben

Wissenschaftliche Buchgesellschaft

Einbandgestaltung: schreiberVIS, Seeheim
Umschlagabbildungen: München, Frauenkirche.
Landshut, Afrakapelle im Kloster Seligenthal, Stifterfigur.
Fotos: Pablo de la Riestra.

Die Deutsche Bibliothek verzeichnet diese Publikation
in der Deutschen Nationalbibliografie;
detaillierte bibliografische Daten sind im Internet über
http://dnb.ddb.de abrufbar.

Das Werk ist in allen seinen Teilen urheberrechtlich geschützt.
Jede Verwertung ist ohne Zustimmung des Verlages unzulässig.
Das gilt insbesondere für Vervielfältigungen, Übersetzungen,
Mikroverfilmungen und die Einspeicherung in und Verarbeitung
durch elektronische Systeme.

© 2004 by Wissenschaftliche Buchgesellschaft, Darmstadt
Gedruckt auf säurefreiem und alterungsbeständigem Papier
Redaktion: Peter Eikenloff, Osnabrück
Layout & Prepress: schreiberVIS, Seeheim
in Zusammenarbeit mit Elke Göpfert, Mörlenbach-Weiher
Printed in Germany

Besuchen Sie uns im Internet: **www.wbg-darmstadt.de**

ISBN 3-534-15812-1

Inhalt

Dank

Mein besonderer Dank gilt Dr. Peter Blümel, Marburg, ohne dessen herzliche und treue Hilfe dieser Band nicht hätte verwirklicht werden können. Er hat mich bei den Fotokampagnen durch ganz Bayern geführt und die Texte ausführlich mit mir diskutiert und verbessert. Meinem Freund Theo Noll danke ich für die entgegengebrachte Geduld und Unterstützung, die zu Hause und unterwegs die Entstehung von Text und Bildern begleitet haben.

Pablo de la Riestra, Marburg im Sommer 2003

München, Ober- und Niederbayern, Schwaben – Geschichte, Kulturgüter, Wertschätzung

Nach Erscheinen des ersten Bandes der „Kunstdenkmäler in Bayern. Franken, Regensburg und die Oberpfalz" im Frühjahr 2003 liegt nun der zweite Band vor, der den restlichen, aber geographisch größeren Teil Bayerns darstellt.

Mit dem 1803 Bayern zugesprochenen Augsburg und den zahlreichen schwäbischen Reichsabteien und -städten änderte sich die alte Landeskarte beträchtlich. Aber schon immer gab es zwischen Ostschwaben und Bayern vielerlei Kontakte – kunsthistorisch gesehen ist jedoch der schwäbische Teil Bayerns beinahe ebenso wenig „bayerisch" wie Franken. Der Name „Schwaben" als Bezeichnung der bayerischen Region irritiert den Fremden, weshalb der vollständige Name „Bayerisch-Schwaben" angebracht erscheint.

München, Ober- und Niederbayern bilden gewissermaßen kulturell eine eigene Welt. Dazu hat bis in das 20. Jh. das bayerische Herrscherhaus wesentlich beigetragen. Die bayerische Kunstgeschichte war, im deutlichem Unterschied zur fränkischen, eine weitestgehend dynastisch getragene Angelegenheit. Waren im Frühmittelalter die Bistümer Freising und Salzburg kulturell maßgeblich, so ermöglichten die in der Zeit der Gotik erfolgten Landesteilungen von 1255, 1349 und 1392 die Entstehung mehrerer hochrangiger Kunstzentren: Landshut, Ingolstadt, Straubing, München, von denen die entscheidenden Impulse ausgingen. Im europäischen Vergleich glänzt die bayerische Spätgotik als grandioser Beitrag zur Architekturgeschichte. Hier ist einerseits der Typus der Hallenkirche zu atemberaubenden Lösungen gebracht worden – insbesondere in Landshut und München, andererseits kann sich der bayerische Städtebau der Gotik mit den besten Leistungen Europas messen: Landshut, Burghausen, Neuötting legen davon Zeugnis ab.

Seit der Spätrenaissance war die kulturelle Rolle Münchens in Bayern unübertroffen – die Karriere als künftige Weltstadt zeichnete sich bereits ab. Keine andere Stadt Deutschlands öffnete sich dem Ausland so sehr und so kontinuierlich wie die bayerische Metropole. War München um 1500 eine geschlossene, auf Kompaktheit und Strenge gerichtete *deutsche* Stadt, so war bereits um 1600 der von der Neuzeit erzeugte „italienische Traum" im Werden. Dieser Traum blieb jahrhundertelang wirksam, denn die starke Orientierung an Frankreich nach 1700 oder die griechische Zwischenepisode nach 1800 bereicherten zwar das Kunstleben, aber die Bewunderung Italiens blieb mindestens bis zu Ludwig II. (1845 – 1886) maßlos. Erst von ihm ist bekannt, dass er „viel mehr für Spanien als für Italien schwärmte, das ihn nicht reizen konnte". Aber auch hier war Ludwig eher ein Einzelgänger. Mit dem Königsbau der Residenz (1826) und der Feldherrenhalle (1841) wurde ein Stück Florenz in München eingepflanzt. Auch die Münchener Ludwigstraße einschließlich des Siegestores war eine Huldigung an die Architektur der Halbinsel, wie in früheren Jahrhunderten die Residenz, die Theatinerkirche sowie die Schlösser Nymphenburg und Schleißheim vor den Toren der Stadt.

München hat im Laufe der Zeit alle Merkmale einer europäischen Landeshauptstadt gewonnen: eine überwältigende Hauptkirche der Spätgotik, vielerlei Pfarr- und Klosterkirchen, eine prächtige Stadtresidenz, umgebende Schlösser, Privatpaläste, Theater und weltberühmte Museen. Hier fehlt nichts, was eine europäische Hauptstadt bieten sollte. Dass München kleiner als Wien oder Madrid ist, kommt der Stadt nur zugute. Auch die Weitflächigkeit der relativ niedrig gebauten Millionenstadt wirkt ästhetisch recht überzeugend. Diese wohltuende Wirkung ist allerdings aktuell gefährdet, denn um die Stadtmitte herum werden Hochhäuser geplant oder sind bereits gebaut worden.

München hat die Zerstörungen des Zweiten Weltkriegs trotz aller Baufehler der Nachkriegszeit besser verkraftet als die meisten Großstädte in Deutschland – allemal wesentlich besser als Köln, Frankfurt, Stuttgart oder Hannover. Dazu hat das historische Bewusstsein in München wohl wesentlich stärker beigetragen als etwa in Berlin oder Köln. Der Grund für das endgültige Verschwinden der Altstädte von Frankfurt, Stuttgart oder Hannover lag dagegen nicht nur im mangelnden Bewusstsein, sondern auch in ihrer Fachwerksubstanz, die im Gegensatz zur steinernen unwiederbringlich untergegangen war. Die Fachwerkarchitektur hat in Bayern niemals eine beherrschende Rolle gespielt. Erst die im frühen 19. Jh. hinzugekommenen Gebiete Franken und Ostschwaben mit ihren beachtlichen Fachwerkstädten wie Nürnberg, Dinkelsbühl oder Nördlingen haben Bayern dahingehend verändert. Dennoch hat auch das erweiterte Bayern nichts den großartigen Fachwerkstädten Norddeutschlands entgegenzusetzen, vergebens würde man hier nach Orten wie Quedlinburg, Goslar, Wolfenbüttel, Celle oder Duderstadt suchen, um nur einige der wichtigsten zu nennen. Entscheidend ist, was der Kunstinteressierte in Bayern sucht, eine Identifizierung Bayerns mit deutscher Kunst schlechthin auf Kosten anderer Kulturlandschaften Deutschlands ist nicht legitim. Der Romanik-Liebhaber wird in Bayern die überreichen Bestände in Sachsen-Anhalt, Niedersachsen und im Rheinland vermissen, der Barock-Liebhaber wird sich in Bayern zwar zu Hause fühlen, darf aber nicht vergessen, dass sich viele Denkmäler auf der „Oberschwäbischen Barockstraße" befinden, die gewiss kein „Urbayern" ist. Höhepunkte des Barock findet man in Deutschland auch außerhalb Bayerns, wobei einige von ihnen allerdings mit Bayern zusammenhängen, so das zum Weltkulturerbe erklärte Schloss Brühl zwischen Bonn und Köln.

Nach einer verbreiteten, wenn auch nicht direkt ausgesprochenen Überzeugung gilt Bayern aufgrund seiner Nähe zu Italien als reicher an Kunst als andere deutsche Regionen. Ähnlich naiv ist es, vom großen landschaftlichen Reiz Bayerns auf eine vermeintlich bessere Qualität seiner Denkmäler zu schließen. Es zeigt sich, wie schwierig es ist, vom Gesamteindruck „Bayerns" zu abstrahieren.

Auch dass eine den Bayern unterstellte konservative Einstellung den Erhalt des traditionellen Denkmalbestandes fördert, ist vielleicht nur ein Gemeinplatz. Die Niederlande sind der beste Beleg, dass modernstes Leben keine „Denkmalsteppe" hervorbringt, sondern sich im wohl erhaltenen historischen Rahmen voll entfalten kann. Entgegen der allgemeinen Meinung muss historisches Bewusstsein nicht mit konservativer Mentalität einhergehen.

Fraglich ist auch, ob das Land deshalb kunstreicher sei, weil es katholisch blieb. Zum einen ist die Vorstellung einer allgemeinen Zerstörung mittelalterlicher Kunstwerke in lutherisch gewordenen Gotteshäuser falsch: Besonders bedeutende Kirchen wie die Nürnberger oder die Lübecker, aber auch sehr zahlreiche Einzelfälle haben ihre Kunstschätze trotz Konfessionswechsel vollständig oder weitgehend erhalten. Die der Lehre Calvins oder Zwinglis folgenden bzw. von ihr beeinflussten Kirchen, beispielsweise das Ulmer Münster, haben diesbezüglich weniger Glück gehabt. Ironischerweise haben oft gerade katholisch gebliebene Kirchen aufgrund von Barockisierungen oder Purifizierungen ihre mittelalterliche Ausstattung eingebüßt. Zum anderen haben in der Renaissance oder im Barock nicht nur Katholiken bedeutende neue Kirchen in Auftrag gegeben. Die zur Zeit wieder entstehende Dresdener Frauenkirche ruft dies deutlich in Erinnerung. Es steht jedoch außer Frage, dass ein Großteil der im Barock entstandenen Bauten und Kunstwerke direkt auf katholische Auftraggeber zurückgeht wie die Klöster Bayerns und Schwabens. In dieser Hinsicht war das barocke Zeitalter wie ein zweites Mittelalter. Auch das Wiederaufblühen der Wallfahrt ist nachmittelalterlich, ihr sind besondere Kostbarkeiten wie die Wieskirche zu verdanken. Dennoch finden sich mindestens genauso viele großartige barocke Klöster und Wallfahrtskirchen in Baden-Württemberg: Zwiefalten, Wiblingen, Weingarten, Neresheim, Steinhausen, Birnau und Bad Schussenried, um nur einige zu nennen. Im Vergleich zum heutigen Bundesstaat Baden-Württemberg hat der historische Baubestand Bayerns das Glück gehabt, dass die französischen Verwüstungen des Orléansschen Krieges im 17. Jh. fern geblieben sind, denen unter anderem Heidelberg, Baden-Baden, Offenburg und Pforzheim zum Opfer fielen.

Die Barockisierung Münchens war weit weniger radikal als in der erst 1816 an Österreich gefallenen Bischofstadt Salzburg, wo bereits der romanische Dom einem frühbarocken Bau weichen musste. Diese Lücke ist für die Romanik Bayerns bis heute schmerzhaft spürbar. Die alte Kunst Salzburgs ist ohnehin schwerlich von der bayerischen zu trennen. Im Hinblick auf Bayern als kulturelle Einheit kompensiert der westliche Territorialgewinn den östlichen Verlust von Salzburg keineswegs. Mit dem Ostteil Schwabens sind jedoch beträchtliche Kunstschätze Bayern zugewachsen. Das gilt für alle Stilepochen, denn schon allein Augsburg war zu allen Zeiten ein wichtiges Kunstzentrum. Die Architektur der Renaissance hat von Augsburg ihren Eingang nach Deutschland gefunden, eingeführt von der Handels- und Bankiersfamilie der Fugger. Die erstmalige Auseinandersetzung mit der Renaissancebaukunst lag dennoch in bayerischer Hand, hatte doch der aus Landshut stammende Benedikt Ried den

Wladislawsaal im Prager Hradschin um 1493 – 97 mit italisierenden Fenstern und Türen versehen. Für den deutschen Manierismus, also die Spätrenaissance, gibt es wohl wiederum keinen größeren Architekten als Elias Holl aus Augsburg. Auch in der Plastik war Augsburg bereits zwischen Spätgotik und Renaissance eine der feinsten Werkstätten Deutschlands. Außer Überlingen konnte im Frühbarock kein Ort deutscher Zunge mit ihrer Qualität konkurrieren. Auch die Maler Hans Holbein d. J. und Hans Burgkmair, zwei unter den großen Meistern der Dürerzeit, waren Augsburger.

Ein weiterer kunstvoller Ort kam mit Eichstätt 1972 von Franken nach Oberbayern. Der städtebaulich reizvolle Bischofssitz glänzt mit Architektur und Plastik der Spätgotik und des Barock, ein Besuch dort verspricht ein vollkommenes Kunsterlebnis.

Als thematische Erweiterung dieses zweiten Bayernbandes lag die Einbeziehung eines Kurzkapitels über den Historismus nahe, da außer in Berlin nirgendwo in Deutschland der Klassizismus und die Romantik durch so auffällige Denkmäler vertreten sind. Zwar liegen die Walhalla und die Befreiungshalle zu Kelheim in der Oberpfalz, sie gehören jedoch mit dem Münchener Königsplatz und der Bavaria zu den recht außergewöhnlichen neogriechischen Bauwerken Bayerns, die Seltenheitswert besitzen. Herrenchiemsee, Linderhof und Neuschwanstein sind extreme Werke des eklektizistischen 19. Jh., wie man sie in Europa kaum ein zweites Mal finden wird. Um das Buch nicht mit dieser bizarren Zeit abzuschließen, wurde noch ein Kurzkapitel zur „Vormoderne“ angefügt, das versucht, eine Brücke in unsere Zeit zu schlagen. Dabei wurden lediglich ein Objekt der Plastik und ein weiteres der Architektur ausgewählt, um die Aufmerksamkeit auf wenig bekannte, aber qualitätsvolle Schöpfungen zu lenken. Eine weitere Behandlung des 20. Jh. hätte den Rahmen dieses auf die ältere Geschichte fokussierten Bandes gesprengt.

Von Beginn der Arbeit an diesem Buch an war es ein Anliegen des Autors, das einseitige Bild des „barocken Bayerns“ zu relativieren, da es die Kunstgeschichte des Landes eher in eine bestimmte Richtung drängt, als sie wirklich widerzuspiegeln.

I. Die Romanik – Konsolidierung der steinernen Bautradition

Eine Studie des frühen Mittelalters in Bayern würde ein recht kompliziertes Konglomerat von Namen, Ereignissen und Machtverhältnissen zu Tage fördern, das für das Verständnis der erhaltenen Baubestände der Romanik wenig hilfreich ist. Es ist ebenfalls müßig, Verbindungen zwischen den politisch aktiven Personen und dem Baugeschehen nachzugehen, denn Entgegen dem Anschein standen „Auftraggeber und Bauidee, Entwerfer oder Architekt, die Ausführung durch Handwerker und Künstler kaum in einer linearen oder streng kausalen Abfolge" (Richard Strobel). Diese Feststellung in Bezug auf die Verhältnisse der romanischen Zeit in Bayern trifft auf viele Momente der Architekturgeschichte.

Bayern war Bestandteil des Ostfränkischen Reiches. Der im Jahre 876 verstorbene Ludwig der Deutsche, ein Enkel Karls des Großen, wurde hier als *Rex Bajuvariorum* (König der Bayern) anerkannt. Er residierte vorwiegend in Regensburg. Auf die Karolinger folgten die Luitpoldinger, hier nach dem Tod Luitpolds im Kampf gegen die Ungarn 907 sein Sohn Arnulf. Die Luitpoldinger hielten großen Familienbesitz zusammen und nannten sich Herzöge von Bayern. Zu dieser Zeit waren die Ungarneinfälle eine wahre Landplage. Sie führten u.a. zu einem im Reich beispiellosen Niedergang der Klöster Altbayerns. Nicht zuletzt, weil es erst der sächsischen Königsdynastie der Ottonen 955 gelang, die Ungarn auf dem Lechfeld bei Augsburg vernichtend zu schlagen, konnten die Ottonen die einheimische Luitpoldinger Sippe verdrängen und die Basis dafür schaffen, dass das Herzogtum Bayern zum Verfügungsgut der Inhaber der Königskrone wurde (Wilhelm Volkert). Nach dem Tod Kaisers Heinrich II. 1024 folgten den Ottonen die rheinfränkischen Salier, die das Herzogtum Bayern 46 Jahre innehatten. 1070 wurde dem oberschwäbischen Grafen Welf I. der *Ducatus Bavariae* übertragen. Die Dynastie der Welfen behauptete für drei Generationen das Herzogtum Bayern. Heinrich der Löwe, 1180 abgesetzt, hatte 1158 München gegründet – eine Stadt mit glänzender Zukunft. Auf den Fundamenten dieser Gründung steht, wie neue archäologische Grabungen nahe legen, bis heute der „Alte Hof", der zum Herzstück der staatlichen Geschichte Bayerns unter den Wittelsbachern werden sollte (Ferdinand Kramer). München entwickelte sich wesentlich langsamer als Lübeck, die andere Gründung Heinrichs des Löwen. Erst nach 1500 kehrte sich die Bedeutung beider Städte endgültig um.

Im Jahr der Absetzung Heinrichs erhielt das fürstliche Reichslehen Bayern mit dem Pfalzgrafen Otto von Scheyern-Wittelsbach einen neuen Herzog. Fortan konnten die Wittelsbacher bis ins 20. Jh. in Bayern regieren. Die Familie Ottos war seit Generationen im Besitz des bayerischen Pfalzgrafenamts. Im frühen 13. Jh. konnten die Wittelsbacher Amt und

Besitz der Pfalzgrafen bei Rhein aus dem Welfenhaus erwerben. In ihrer neuen Eigenschaft als Pfalzgrafen standen sie in der ersten Reihe der Reichsfürsten nach dem König.

In der Zeit der Romanik wechselten also zahlreiche Herrscher unterschiedlicher Dynastien, was ein komplizierteres Bild der Verhältnisse in Bayern ergibt als nach der Etablierung der Wittelsbacher in der Spätromanik bzw. Frühgotik.

Wie einem Passauer Visitationsbericht zu entnehmen ist, herrschte im 11. Jh. auf dem flachen Land immer noch der Holzbau vor. In späteren Zeiten hat man sich der anfänglichen Holzbauarchitektur geschämt. Heute ist weder bekannt noch kann wirklich erforscht werden, ob die Holzkirchen in irgendeiner Weise die Ästhetik des romanischen Steinbaus beeinflusst haben. Möglicherweise waren sie ein Faktor, der zur Veränderung der nachantikischen Tradition führte. Der Romanik ist jedenfalls ein eigener, unklassischer Geist zu Eigen. Wer den Holzbau diskreditiert, vergisst, dass auch die „heroische" Tradition des griechischen Tempels einen hölzernen Urtyp voraussetzt, dessen Begriffe (beispielsweise „Gebälk") wortwörtlich in die Terminologie des Massivbaus eingeflossen sind. Da die spätrömische bzw. die byzantinische Zeit eine der archivoltierten, nicht mehr der architravierten Architektur war, kann allerdings das Verhältnis zwischen Holz- und Steinbau im deutschen Frühmittelalter höchstens auf allgemein ästhetischer, nicht auf konstruktiver Ebene bestehen.

Ohne Regensburg und ohne den salzburgischen Dom in Gurk bietet die bayerische Romanik nicht sonderlich viel. Augsburg gehörte nicht zur bayerischen Kirchenprovinz, also nicht zum Erzbistum Salzburg, sondern war, wie die fränkischen Bistümer Eichstätt und Würzburg, dem Metropolitanverband von Mainz zugehörig. Wichtige Bistümer der altbairischen Kirchenprovinz waren Freising und Passau. Letzteres umfasste einen extrem ausgedehnten Sprengel, der donauabwärts über Wien hinaus bis nach Ungarn reichte – die Abtrennung des Stadtbistums Wien erfolgte erst 1469. Das Bistum Eichstätt wurde übrigens gegen das bayerische Stammesherzogtum gegründet.

Die Bewertung der Romanik in Bayern wird dadurch erschwert, dass die meisten Bauten schlicht und ergreifend untergegangen sind. Abgesehen vom Burgbau ist fast ausschließlich Sakralbaukunst bekannt – und das zu einem beträchtlichen Teil auch nur archäologisch oder durch schriftliche Quellen. Die Romanik ist insbesondere in Bayern ein Opfer der Gotik, des Barock und sogar des Historismus. Auch bei der „Reromanisierung" haben alte romanische Kirchen ihre genuine Architektur eingebüßt, wie die Kollegialstiftskirche von Ilmmünster bei Pfaffenhofen beispielhaft zeigt. Bei Sankt Peter in Straubing ist Ähnliches geschehen: Nach der Neoromanisierung 1866–67 kam die Purifizierung von 1977–1978, beides hinterließ keinen authentischen Bau. Der ottonische Dom in Passau blieb nur bis Ende des 13. Jh. erhalten. Der 1205 geweihte Freisinger Dom wurde im 15. Jh. leicht, ab 1621 und wiederum ab 1723 stark verändert. Bei Klöstern verhält es sich ähnlich. Sucht man die romanische Anlage im Benediktinerkloster Scheyern, die ja Stammburg der Wittelsbacher war, so ist lediglich der spätromanische, zwischen 1226 und 1259 errichtete Turmschaft der Kirche frei sichtbar, jedoch mit neoromanischem Rhombendach. Die ehemalige Augustinerchorherren-Kirche zu Berchtesgaden war eine monumentale Basilika, die vor 1300 einem frühgotischen Chor und um 1470 einer spätgotischen Halle weichen musste. Die ehemalige ottonisch-romanische Benediktiner-Klosterkirche Tegernsee wurde durch gotische und barocke Umgestaltungen und zuletzt durch Leo von Klenze im 19. Jh. bis zur Unkenntlichkeit verändert. Und so könnte eine lange Liste fortgesetzt werden.

Was gibt es in Ober- und Niederbayern und in Bayerisch-Schwaben an Romanik zu sehen? Außer den in diesem Kapitel behandelten Objekten sind teilweise erhaltene Beispiele: die ehemalige Benediktinerinnen-Klosterkirche zu Bergen (Stadt Neuburg an der Donau), in der noch Turm, Apsiden und Krypta romanisch sind, das reiche Westportal von Sankt Kastulus in Moosburg, das Westportal von Sankt Zeno in Isen (Kreis Erding), die Johanneskapelle in Steingaden und der Westflügel des Kreuzgangs ebendort und Teile des Inneren von Sankt Nikolaus in Bad Reichenhall. Weitgehend gut erhalten dagegen ist die Benediktinerinnen-Klosterkirche auf der Insel Frauenchiemsee mit dem frei stehenden, achteckigen, wohl aus dem 10. oder 11. Jh. stammenden Campanile, mit der eindrucksvollen Torhalle und den Wand- und Gewölbemalereien. Die scheinbar originale Kirche Sankt Peter in Petersberg (Gemeinde Erdweg) ist ein in Architektur und Malereien schönes, jedoch stark und zum Teil frei restauriertes Denkmal. Nicht unerwähnt bleiben darf das Nordportal der Andreaskirche in Bad Gögging (Stadt Neustadt an der Donau).

Bayerisch-Schwaben bietet mit der kleinen Kirche Sankt Peter am Perlach in Augsburg ein gutes Beispiel eines romanischen Hallenraums. Der Augsburger Dom beherbergt erstklassige Kunstwerke der Romanik, wie die fünf Fenster mit den monumentalen Prophetenfiguren. Sie gehören zu den ältesten Glasmalereien und sind das bedeutendste Zeugnis dieser Gattung überhaupt (Markus Weis). Auch die Bronzetüren des Augsburger Doms verdienen größte Beachtung. Die Region besitzt mit der Magnuskrypta von Sankt Mang in Füssen ein weiteres, wertvolles Exempel der Zeit.

Ein spezifisch schöpferischer Beitrag Bayerns zur europäischen Romanik ist kaum feststellbar. Am ehesten wäre noch die Hallenlösung von Walderbach in der Oberpfalz und die der Karthaus Prüll in Regensburg zu nennen. Auch sollte der Romanik-Liebhaber einen Besuch der Kirche Sankt Michael in oberbayerischen Altenstadt (Kreis Weilheim-Schongau) nicht versäumen, sie gehört ohne Zweifel selbst europaweit zu den schönsten Architekturen der Zeit.

Altenstadt
Sankt Michael

• Pfarrkirche. • Balkenreste dendrochronologisch zwischen 1165 und 1177 datiert. Jahreszahl 1220 über dem Nordportal eingemeißelt. • Baumeister unbekannt.

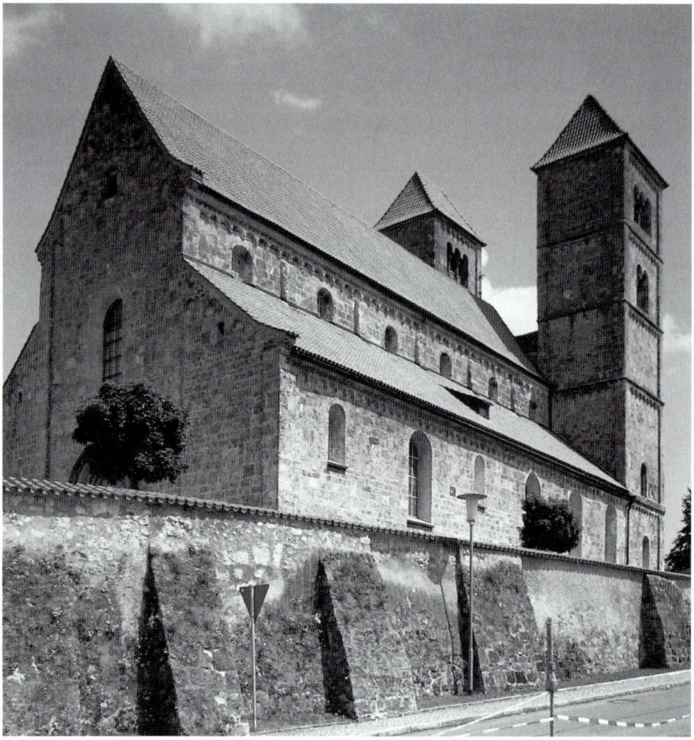

▲ *Altenstadt: Sankt Michael von Südwesten.*

Die Pfarrkirche von Alt-Schongau, heute Altenstadt, ist einer der wenigen Bauten Bayerns, die außen wie innen ihre romanische Architektur ungestört durch spätere Umbauten bewahrt haben. Der 1671 eingestürzte Nordturm wurde kurze Zeit danach wieder aufgebaut. Das heutige Aussehen setzt einige spätere Interventionen voraus: Die Restauration von Friedrich von Gärtner ab 1826, die Entfernung der neoromanischen Ausstattung 1961 – 1963 und die sehr feinfühlige letzte Restaurierung von 1993/94. Die Kirche strahlt in unverfälschter romanischer Pracht und sticht durch die zurückhaltenden und geschmackvollen zeitgenössischen Akzente der Ausstattung hervor. Typologisch gesehen gehört der Bau zu den alpenländischen, querhauslosen, dreischiffigen Basiliken. Das Hauptgewicht der Anlage liegt im Osten mit den zwei Türmen und einer

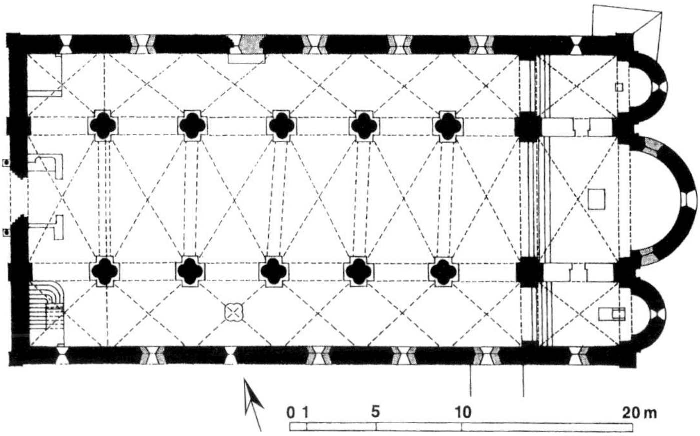

▲ *Altenstadt: Sankt Michael, Grundriss.*

von zwei Apsidiolen flankierten Hauptapsis. Da das östliche, im Grundriss kreuzförmige Pfeilerpaar das Gewicht der Türme mitzutragen hat, wurde es stärker ausgebildet als die Übrigen, die im Querschnitt vierpassförmig sind. Entlang der Hauptschiffwände verbinden Wandvorlagen die Gurtbögen des Gewölbes mit den Pfeilern und bilden so deren vordere „Dienste", so als ob es sich bereits um gotische Bündelpfeiler handeln würde. Somit ist das Hauptschiff in Joche gegliedert und auch jochweise gewölbt. Auch der Grundriss der Mittelschiffsjoche erinnert an das goti-

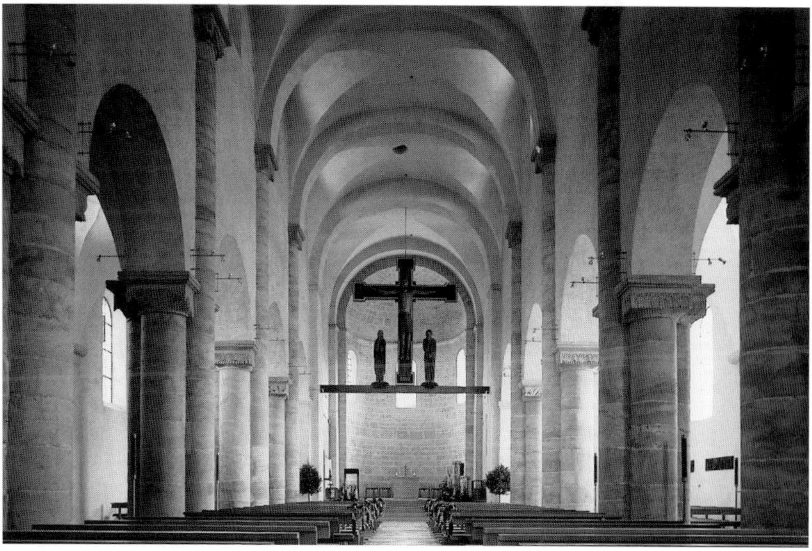

▲ *Altenstadt: Sankt Michael, Inneres, Blick nach Osten.*

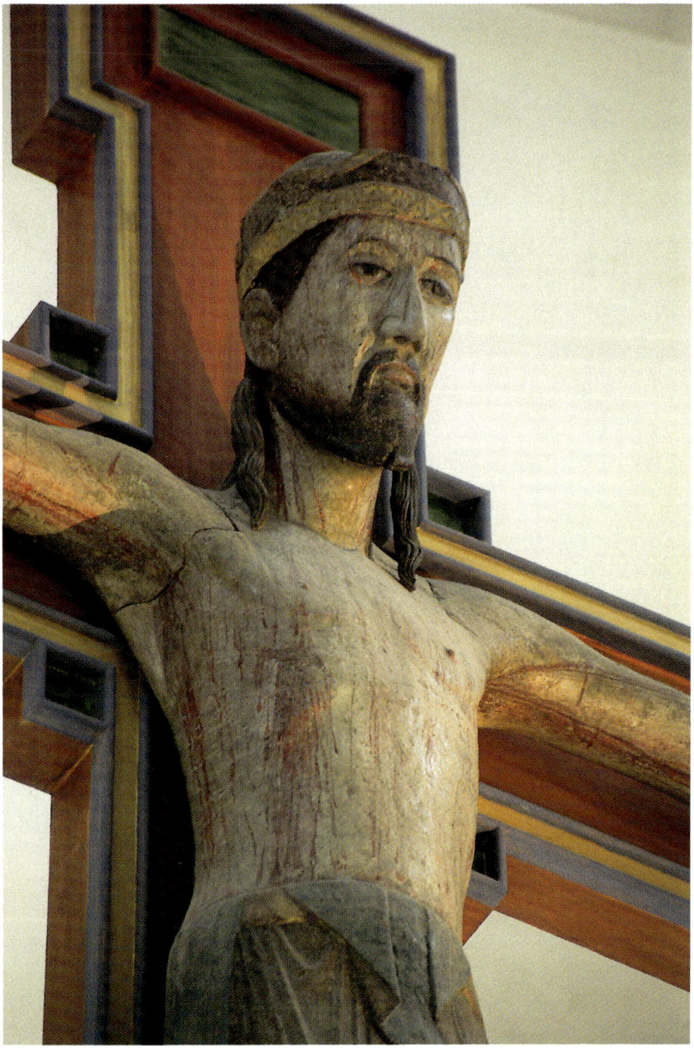

▲ *Altenstadt: Sankt Michael, „Großer Gott von Altenstadt".*

sche System: Er ist rechteckig und nicht, wie in der Romanik üblich, quadratisch. Die Seitenschiffe wurden mit gurtlosen, ununterbrochenen Kreuzgratgewölben ausgestattet.

Eine direkte stilistische Herleitung der Altenstädter Kirche aus Oberitalien ist von Strobel/Weis überzeugend widerlegt worden. Hier waren keine italienische Wanderkünstler am Werk: Einheimische Meister schufen in Kenntnis oberitalienischer Vorbilder eine Architektur, wie sie nur in den deutschsprachigen Alpenregionen entstehen konnte. Das Eigene dieser Baukunst ist die Distanz zur Antike, die sich sowohl in der abstrakten architektonischen Formensprache wie dem unplastisch wirkenden Ornament zeigt. Eben hier liegt das Neue dieser Kirche, während in Italien das Nachantikische durch das ganze Mittelalter hindurch mit unterschiedlicher Kraft nachwirkt. Auch wenn diese Distanz im mitteleuropäischen Mittelalter nicht beabsichtigt gewesen sein mag, so ist sie doch der Schlüssel zur Interpretation seiner Kunst.

Aus Verona kam die Anregung zum Westportal der Michaelskirche, das ursprünglich – und wie heute noch bei Sankt Zeno zu Reichenhall – von Säulen tragenden Löwen flankiert war. Sie wurden bereits 1826 entfernt, weil sie verwittert waren. Einer von ihnen ist noch an der Nische des Kaufhauses Stolz in Schongau zu sehen. Von hoher Qualität sind sowohl die scharf behauenen Kapitelle der Pfeiler als auch der um 1200 entstandene Taufstein. Vor allem wird der Innenraum vom großen hölzernen Kruzifixus beherrscht, der im Volksmund „der große Gott von Altenstadt" heißt. Er zeigt den Typus des Viergenagelten, wobei der Körper nicht hängt, sondern steht und der Kopf einen Goldreif statt einer Dornenkrone trägt. Der majestätische, eher besiegende als besiegte Christus lässt dennoch mit seinem eindringlich trauernden Gesichtsausdruck und dem von Blut gezeichneten Körper keinen Zweifel an dem als Mensch erlittenen Martyrium. Die etwas kleineren, etwa zur gleichen Zeit entstandenen Assistenzfiguren der Kreuzigungsgruppe sind heute Kopien.

Augsburg
Dom

• Türme wohl bei der Einweihung der Kirche 1065 in ihren unteren Teilen bereits vorhanden. Turmerhöhung um 1200. Südlicher Turmhelm 1488–1489. Nördlicher Turmhelm 1564 erhöht. • Baumeister unbekannt.

Vom romanischen Dom sind nur die Krypten und die Türme als weitgehend unveränderte Baupartien erhalten. Das romanische Langhaus wurde in einen gotischen Neubau integriert und entsprechend architektonisch umgedeutet. Oft wurden in der Gotik romanische Kirchen so umgestaltet, dass die alte Struktur absichtlich gut sichtbar blieb, beispielsweise bei Sankt Servatius in Maastricht oder bei der Kathedrale von Oxford. Im Augsburger Dom sind außerdem besonders kostbare Ausstattungsstücke der Romanik erhalten geblieben, wie die Prophetenfenster im Langhaus-Obergaden oder das Bronzeportal.

An den Türmen fällt zunächst ihre Stellung im Baugrundriss auf: Bis zur Verdoppelung der Seitenschiffe im 14. Jh. sprangen sie aus dem Kirchenkörper heraus. Noch heute wirken die Türme stark auseinander gerückt, obwohl sie ihrer ursprünglich freien Lage durch den Bau des 1431 geweihten Ostchores endgültig beraubt wurden. Beide Türme müssen Rhombendächer getragen haben, da sie in jeweils vier Dreiecksgiebel enden, die sich allerdings nur am Nordturm in der ursprünglichen Form erhalten haben. Diese Rhombendächer mussten in der Spätgotik den noch vorhandenen steileren Helmen Platz machen. Das beinahe nord-

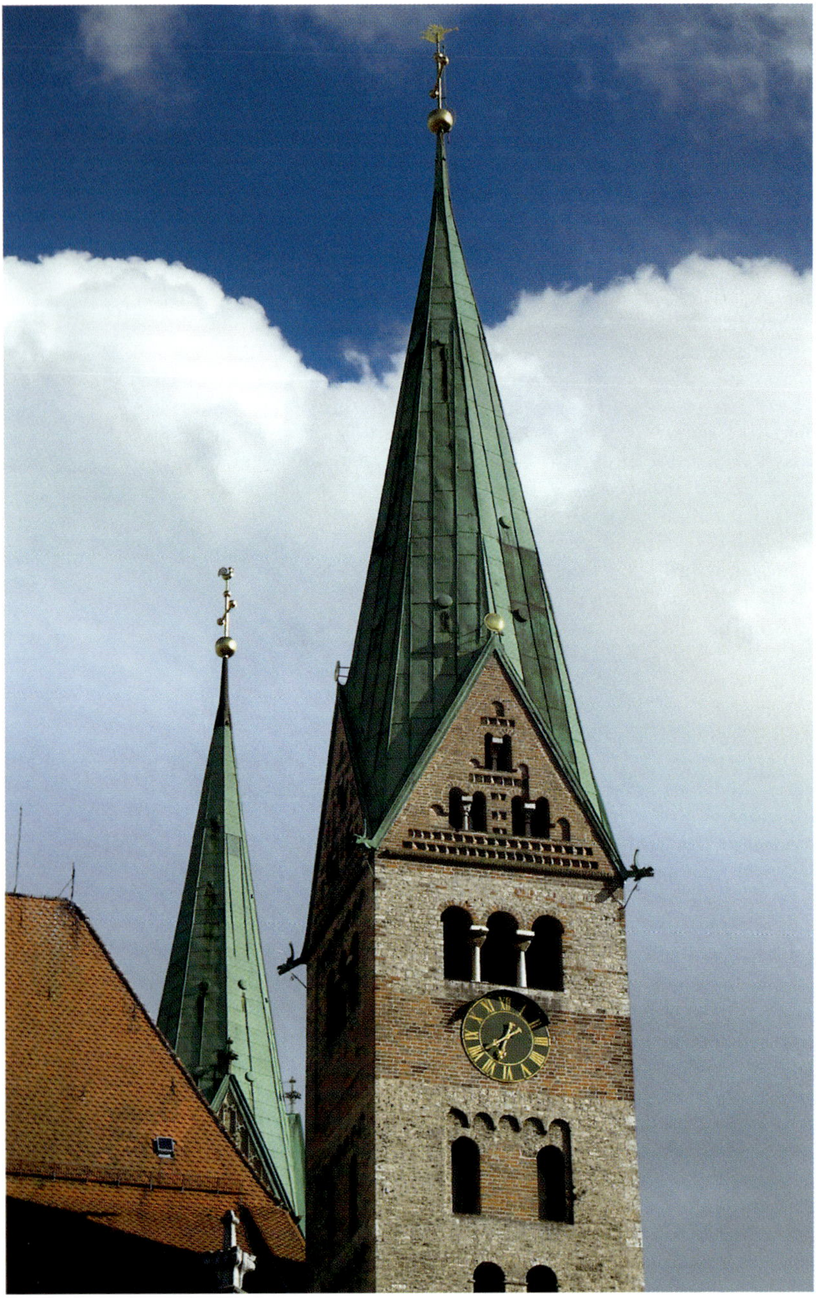

▲ *Augsburg: Dom, Nordturm von Nordosten.*

deutsche Aussehen der Türme ist trügerisch; die Helme waren bis etwa 1600 mit Blei und nicht mit Kupfer bedeckt, außerdem blieb das Mauerwerk hinter einer Putzschicht verborgen. Erst 1927 bzw. 1935 wurden die Türme von ihrem bereits weitgehend abgefallenen Außenputz endgültig befreit. Das Mauerwerk zeigt einen Wechsel zwischen Tuff und Backstein, wobei der Tuff den ottonischen und der Backstein den spätromanischen Bauteilen entspricht. Die Aufeinanderfolge der Materialien im Nordturm ist das Ergebnis der Erhöhung um 1200. Das Klanggeschoss mit seinen Dreifenstergruppen wurde abgebaut und über einer Aufstockung in Backstein wiederhergestellt. Die Wiederverwendung von Baumaterialen war damals durchaus üblich. Über dem Klanggeschoss erheben sich die Giebel, die anders als die Turmgeschosse aufwändig ausgestaltet wurden: Jeweils über einem doppelten Deutschen Band erheben sich drei pyramidal angeordnete, von Blendfeldern umrahmte Biforien. Der Typus des Rhombendachs, aller Wahrscheinlichkeit nach aus dem mittelrheinisch-westfälischen Raum stammend, erwies sich als Lieblingsmotiv deutscher Türme und erlebte in der Gotik seine größte Verbreitung. Selten erscheint er außerhalb deutschsprachiger Gebiete wie in St. Mary in Sompting (Worthing, England). Man identifiziert das Rhombendach schlechthin als deutsche Architektur. Als „Exportmotiv" findet man es in Norditalien (San Pietro zu Trient) oder auf der Insel Gotland (Schweden). Von Südtirol bis in den hohen Norden bekrönt der aus dem Rhombendach entwickelte steile Helm eine Unzahl romanischer wie gotischer Kirchen. Offenkundig überzeugte seine klare geometrische Komposition und Ausdruckskraft gleichermaßen große und kleine Auftraggeber und Baumeister, denn Bischofs-, Pfarr- und Dorfkirchen tragen solche Helme.

Berchtesgaden
Stiftskirche

• Kreuzgang um 1200 errichtet. Südflügel stilistisch in die ersten Jahre des 13. Jh. datiert. • Baumeister und Bildhauer unbekannt.

Das ehemalige Augustinerchorherrenstift, das 1803 aufgelöst wurde, spielte eine zentrale Rolle in der Geschichte Berchtesgadens. Die Stiftsgründung erfolgte um 1102/05 durch Graf Berengar von Sulzbach. Nach anfänglichen Schwierigkeiten konnte erst 1121 eine Stabilisierung des Klosters erreicht werden. Im Jahr 1156 erhielt das Stift von Kaiser Friedrich Barbarossa ein Diplom mit Rechtsverleihungen, die das künftige klösterliche Aufblühen sicherten. Dazu gehörten der Schutz des Kaisers, die Forsthoheit und das Berg- und Salzregal. Die beiden wertvollsten Schätze des Berchtesgadener Landes waren nämlich sein Salz- und Holzreichtum, die sich in glücklicher Form ergänzten, da zum Salzsieden große Mengen Brennholz benötigt wurden. Das vermögende Stift erlangte sogar die Reichsunmittelbarkeit, endgültig allerdings erst im 16. Jh.

Die Kirche der ursprünglich romanischen Anlage wurde in der Hoch- und Spätgotik vollständig neu gebaut, die Westfront im 19. Jh. durch eine

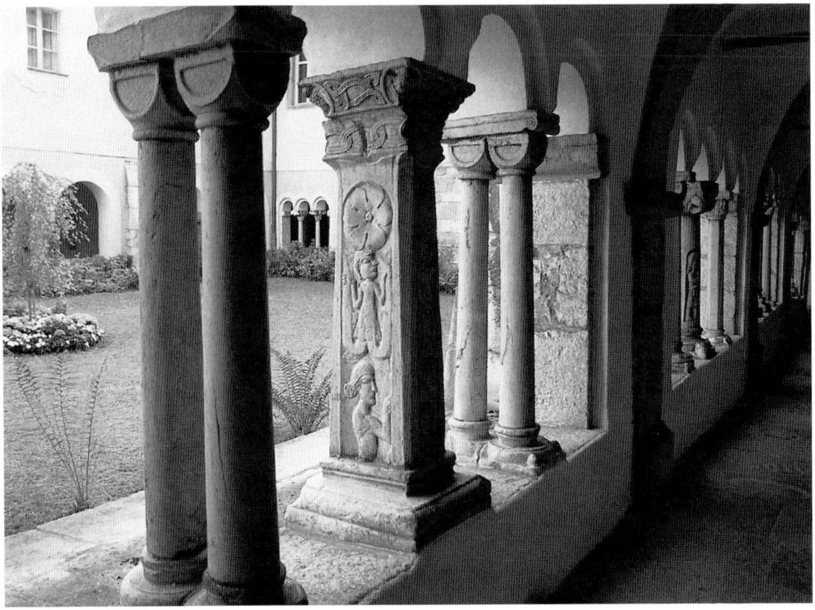

▲ *Berchtesgaden: Ehemalige Stiftskirche, Kreuzgang.*

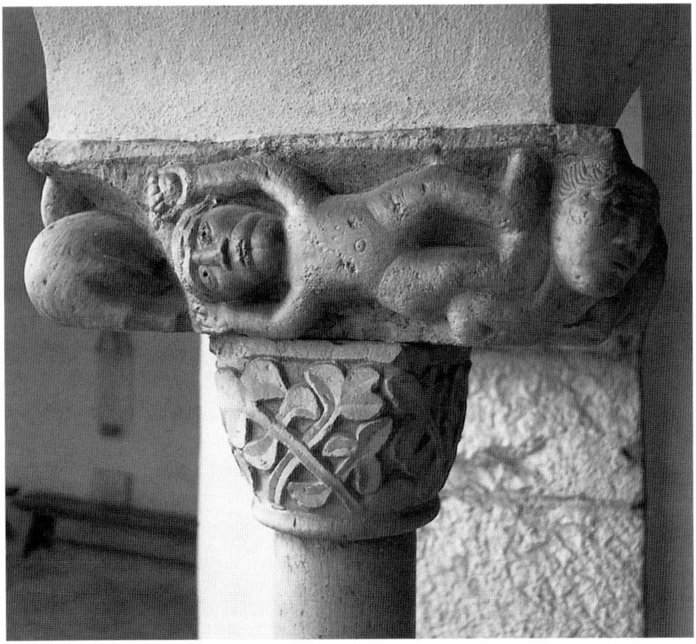

▲ *Berchtesgaden: Ehemalige Stiftskirche, Kreuzgang, Kapitell.*

neoromanische Doppelturmfassade ersetzt. Original erhalten blieben drei Flügel des Kreuzgangs, der zu den bedeutenden Zeugnissen romanischer Kunst in Bayern zählt. Die Fürstpropstei Berchtesgaden ging nach der Säkularisation 1803 an die Wittelsbacher über und wurde zum Jagd- und Sommerschloss umfunktioniert. In einigen historischen Räumen dieser Anlage, zum Beispiel in dem sehenswerten hochgotischen Dormitorium, unterhält heute die Familie Wittelsbach ein Museum.

Bei der leicht unregelmäßigen Anlage des Kreuzgangs fallen die mannigfaltigen Formen der Stützen auf: Sie sind mal rund und schlank, mal doppelt, quadratisch und robust, gewunden oder polygonal und tragen die teils drei-, teils vierbogigen Arkadenöffnungen. Mancher Schaft ist originell in figurenbergenden Nischen behauen. Sowohl die Pfeilerschäfte selbst als auch ihre Kapitelle und gelegentlich auch die Kämpfer zeigen rätselhafte skulptorische Motive, über deren Bedeutung keine Klarheit besteht. Ebenso wenig ist ein ikonographischer Zusammenhang der Reliefs erkennbar. Vereinzelt kann man ein doppelschwänziges Meereswesen (Sirene?) und einen Leier spielenden jungen Mann mit einer Art phrygischen Mütze erkennen. Er wird allgemein als „Orpheus" identifiziert. Über die Bedeutung des auf dem breiten Kämpfer einer Einzelsäule im Ostflügel liegenden nackten Wesens kann man nur spekulieren. Offensichtlich ist aber der Reichtum an Formen und Motiven. Im nördlichen und östlichen Kreuzgangflügel sind Löwenfiguren ausgestellt, die zum Teil vom Nordportal der Kirche stammen sollen und in die Gruppe der im Erzstift Salzburg vorkommenden Portallöwen gehören.

Biburg
Kirche des ehemaligen Benediktinerklosters

• Baubeginn nach 1125. 1133 vorläufig, 1140 endgültig geweiht. Vollendung wohl im späten 12. Jh. • Baumeister unbekannt.

Das niederbayerische Biburg war ursprünglich eine Burg der Brüder Arbo und Konrad von Biburg, die sie 1133 für die Gründung eines Benediktinerklosters zur Verfügung stellten. Die ersten Mönche kamen aus Prüfening bei Regensburg. Obwohl Biburg in der Regensburger Diözese lag, wandte sich das Brüderpaar an Bischof Otto von Bamberg, der sich als Gründer zahlreicher Klöster hervortat. Durch seine Person wird die Vermittlung der Hirsauer Reformbauten verständlich, die für Biburg Pate gestanden haben. Nur die spätgotischen Zutaten mildern die strenge Kargheit der Architektur. Die Kirche ist weitgehend im ursprünglichen Zustand erhalten, abgesehen von der spätgotischen Giebel- und Dacherhöhung, den Wölbungen der Seitenschiffe (1394 – 1404) und des Haupt- und Querschiffs (1530). Die Schiffe waren in der Zeit der Romanik flach gedeckt und weisen keine Einteilung in Joche auf. Der Grundriss beschreibt ein lateinisches Kreuz mit dreischiffigem Langhaus. Dabei sind die Seitenschiffe halb so breit wie das Hauptschiff. Das regelmäßige Quadrat der Vierung wiederholt sich in den Querhausarmen und im Chorquadrum. Die Maßverhältnisse der Kirche sind also sehr genau festge-

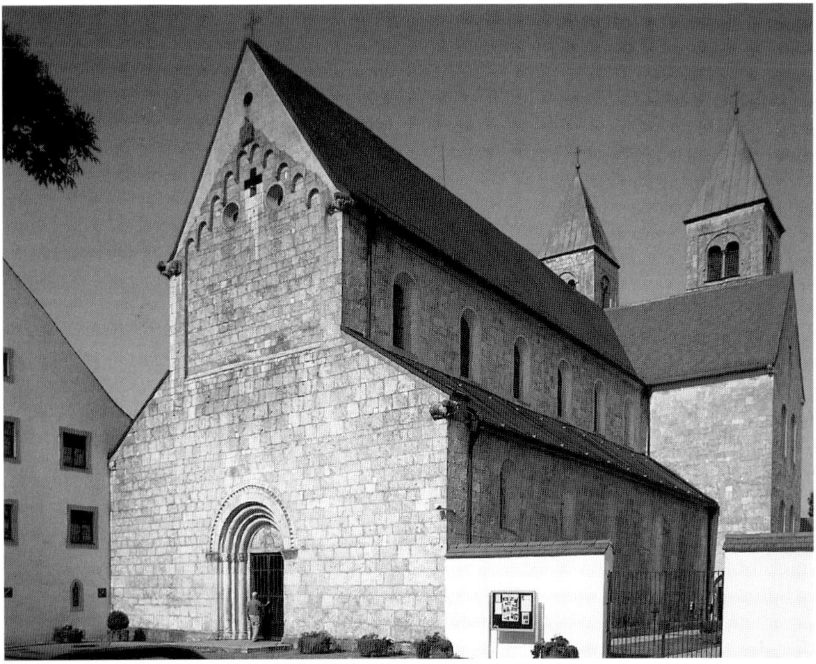

▲ *Biburg: Ehemalige Klosterkirche von Südwesten.*

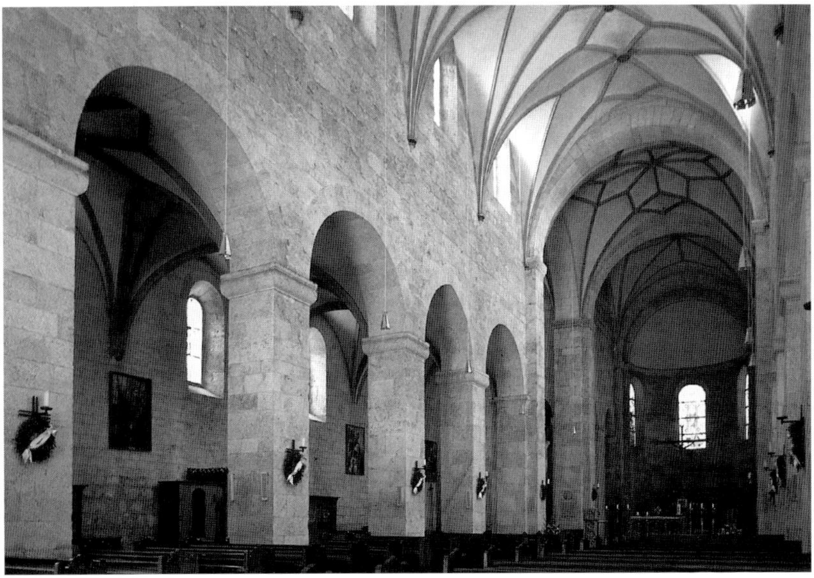

▲ *Biburg: Ehemalige Klosterkirche, Inneres nach Nordosten.*

legt. Das Chorquadrum wird links und rechts von den Jochen der Nebenchöre begleitet. Den Ostabschluss bilden im Grundriss die Hauptapsis und die beiden Nebenapsiden, im Aufriss erscheint er als ein „Ostwerk“ mit zwei Türmen, das bis in die hohen Turmgeschosse hinein völlig ungegliedert ist. Die Kirchenarchitektur zielt auf große Klarheit der Bauvolumina und Sparsamkeit der Formensprache. Außer den Bogenfriesen am West- und Ostgiebel und denen unter der Traufllinie der Apsiden sind einige wenige skulpturale Motive sichtbar. An den Ansätzen des Westgiebels sind Figuren angebracht, die nach Strobel/Weis für die Ableitung gotischer Wasserspeier von Bedeutung sind. Eckfiguren gibt es auch an den Dachansätzen der Seitenschiffsdächer und an den Querhausarmen. Das Westportal ist zweimal abgestuft und mit Dreiviertelsäulchen ausgestattet. Im Tympanon steht ein segnender Christus, die Kämpferzone weist figürlichen Reliefs auf.

Aus dem Innenraum ist jedes Ornat verbannt. Bei der Gliederung des Langhauses in sechs Arkadenstellungen fällt die ungewöhnliche Rhythmisierung auf. Das Interkolumnium der zweiten und fünften Achse – von West nach Ost – fiel etwas enger aus. Dementsprechend ergeben sich an diesen Stellen leicht spitzbogige Arkaden, während die Übrigen rund sind. Eine Einteilung in Joche ist der Kirche bis heute fremd geblieben – nicht zuletzt, weil die Wölbung mit ihren Sternfigurationen eigentlich ein ununterbrochenes Netzgewölbe bildet.

Die Initialgründung Biburgs als benediktinisches Doppelkloster war kurzlebig. Nach einem Brand 1278 wurde das Frauenkloster bereits aufgegeben. Die Mönche verließen das Kloster 1560 im Zuge der Reformation. Die Klosteranlage des Mittelalters war schon Anfang des 16. Jh. durch Neubauten ersetzt worden, die heute teilweise in einem dort eingerichteten Hotel erhalten geblieben sind.

Freising
Dom

• Krypta 1161 im Bau. • Baumeister unbekannt, Bauleiter Bruder Reinmar. Bildhauer der Krypta: Liutpreht.

Der heutige Dom entstand nicht in der Zeit des berühmten Bischofs Otto I. von Freising, der ein Jahr von der Brandkatastrophe von 1159, die einen Neubau der Bischofskirche erzwang, verstarb. Die Grundstruktur dieses in der Folgezeit entstandenen und 1205 geweihten Doms hat sich als querhauslose Emporenbasilika unter dem barocken Mantel des 17. und 18. Jh. erhalten. Lediglich die Krypta, das Westportal und Teile des Ostbaus sind noch als romanische Baupartien frei sichtbar.

Die dunkle Krypta besteht aus einem „Wald“ von 24 romanischen Freipfeilern und einem Zusatzpfeiler als Stütze der Apsiskalotte, der allerdings – wie auch die Kreuzgratgewölbe – aus dem Jahr 1625 stammt. Der Raum ist vierschiffig in einer Länge von neun Achsen angelegt. Seine Wände werden in axialer Entsprechung zu den Pfeilern durch Halbsäulen gegliedert. Dominant ist der Rundpfeiler mit Würfelkapitell, daneben

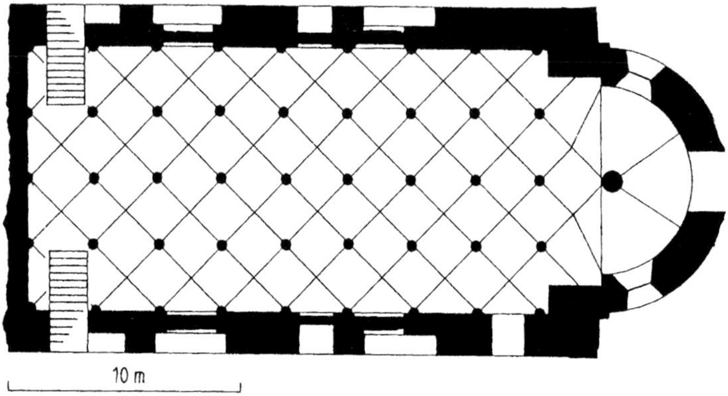

▲ *Freising: Dom, Krypta, Grundriss.*

kommen quadratische, achteckige und komplexere Pfeilerformen vor. Am auffälligsten ist der etwa in der Mitte der Krypta stehende Pfeiler, der als Bestiensäule bekannt ist. Deren Beachtung auch in nachromanischer Zeit wird durch die spätgotische Veränderung der Basisform belegt – eine diskrete Aktualisierung dieser Säule. Die südwestliche Kante ihrer Basis ist beschädigt. Zahlreiche Figuren überdecken den eigentlich achteckigen Säulenschaft. Dargestellt sind eine lang bezopfte Halbfigur mit einem Blattstengel vor der Brust, die als *Ecclesia* interpretiert wird, sowie Ritter im Kampf mit Drachen und sich verschlingende Unwesen. Ein weiterer

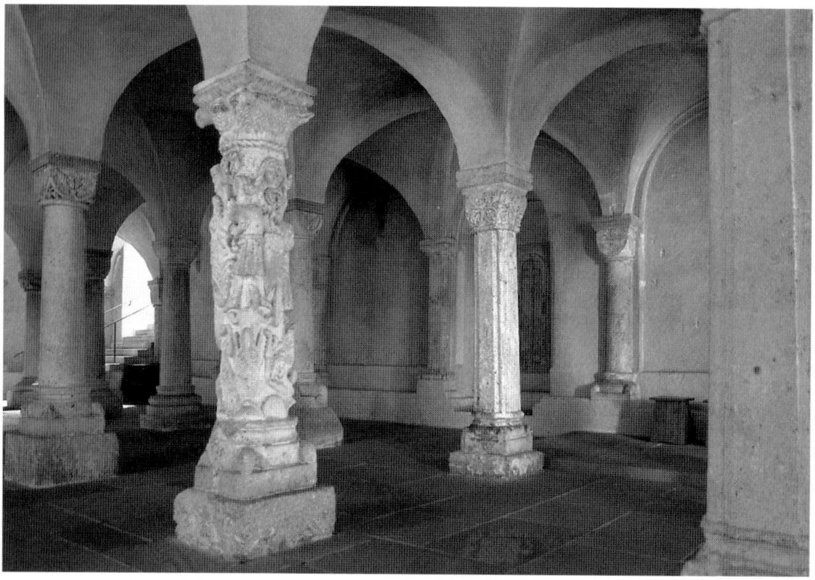

▲ *Freising: Dom, Krypta mit Bestiensäule.*

Otto von Freising

Otto (ca. 1111 – 1158) entstammt als Sohn Leopolds III. des Heiligen dem Geschlecht der Markgrafen der Babenberger. Seine Mutter war die Kaisertochter Agnes. Als Stiefbruder König Konrads III. und Onkel von Kaiser Friedrich Barbarossa hatte Otto unmittelbaren Einblick in die große Politik seiner Zeit. In seiner kirchlichen Karriere wurde er 1126 mit höchstens 15 Jahren Propst des Chorherrenstiftes Klosterneuburg, 1132 Abt des Zisterzienserklosters Morimond und 1138 Bischof im bayerischen Freising. Otto nahm 1147/48 an der Seite Konrads III. am zweiten Kreuzzug teil. In die Geschichte ging er als „Historiker" ein: Mit seiner achtbändigen „Chronik der zwei Staaten" setzte Otto einen Höhepunkt mittelalterlicher Geschichtsschreibung. Seine Chronik reiht nicht bloße Fakten aneinander, sondern stellt die Historie unter einen großen Grundgedanken im Sinne der dualistischen Philosophie Augustins. Der Lauf der Welt wird dort als Ringen zwischen Gottesstaat und Antichrist, zwischen *civitas dei* und *civitas terrena*, interpretiert.

Sein zweites Geschichtswerk, die 1147/48 geschriebene *Gesta Frederici*, berichtet von den Taten seines Neffen Friedrich Barbarossa. Es dokumentiert die frühe Stauferzeit mit authentischem Quellenmaterial und vermittelt die Naherwartung des christlichen Reiches.

Am 22. September 1158 verstarb Otto während einer Fahrt zum Generalkapitel nach Morimond. Sein Kaplan und Geheimschreiber Rahewin setzte sein Werk fort.

Drachen ist dabei, einen Menschen hinunterzuwürgen. Thema dieser bewegten Szenen ist offenbar der Kampf zwischen Gut und Böse, vielleicht im Sinne des kurz zuvor verstorbenen Bischofs Otto I., der die Geschichte als tragisches Ringen zwischen Gottes- und Weltstaat verstand, wobei er den Gottesstaat im staufischen Kaisertum verwirklicht sah.

Reichenhall
Sankt Zeno

• Ehemaliges Augustinerchorherrenkloster. • Kreuzgang. • Errichtet Ende des 12. Jh. • Meister unbekannt. • Gründer des Chorherrenstifts zu Reichenhall war 1136 Erzbischof Konrad I. von Salzburg.

Der nach Sankt Zeno in Bad Reichenhall kommende Besucher glaubt, vor einer historistischen Architektur des 19. Jh. zu stehen. Im Laufe ihrer Geschichte erfuhr die Kirche nämlich gravierende, ästhetisch fragwürdige Umbaumaßnahmen, die sie als mittelalterliches Werk unkenntlich machen. Ist dieser Eindruck in der Vorhalle vor dem aufwändigen romanischen Portal überwunden, bleibt der Innenraum mit seinen gotischen, barocken, romanisierenden, entbarockisierenden und modernen Eingriffen für den Besucher stilistisch undefinierbar. Selten fällt die Zuordnung

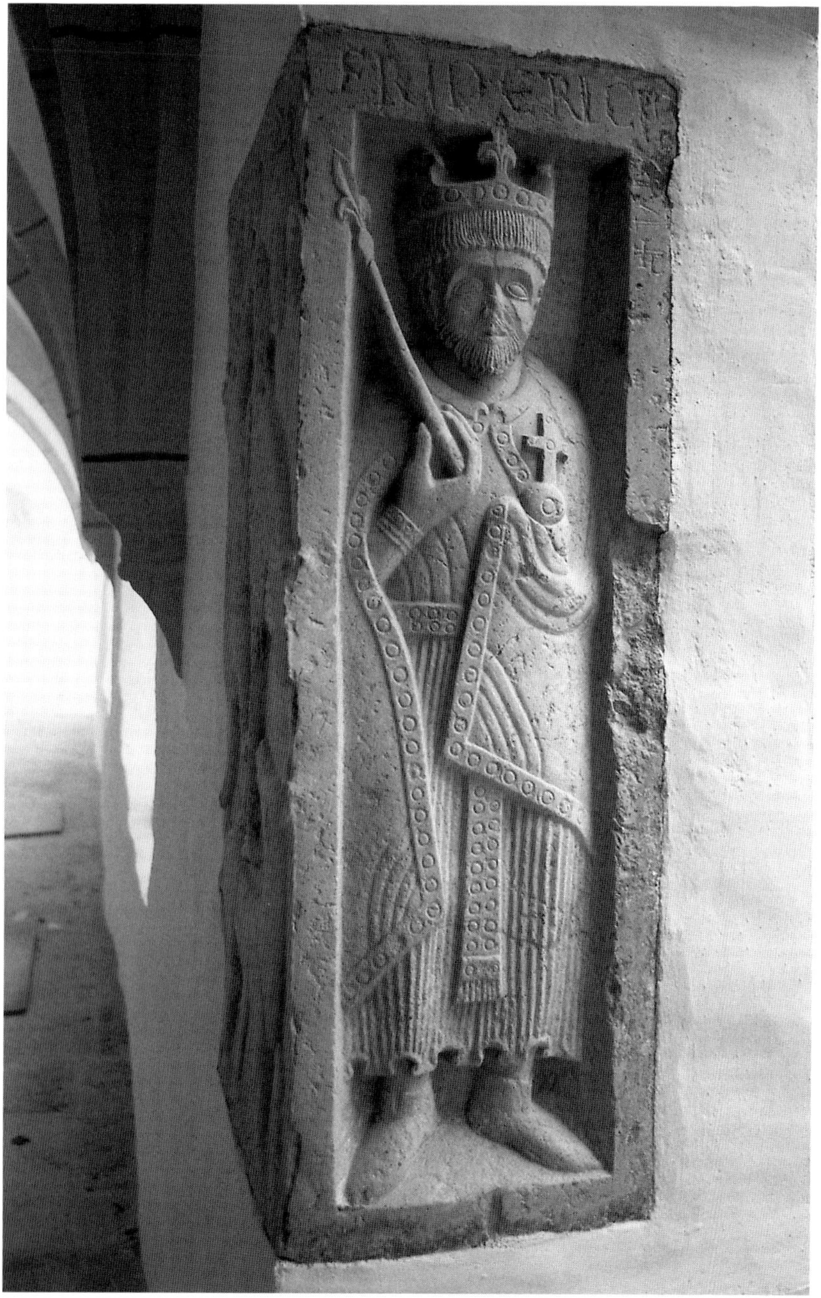

▲ *Reichenhall: Sankt Zeno, Relief im Kreuzgang.*

einer Kirche zu einer bestimmten historischen Zeit so schwer wie hier. Ob der Innenraum durch die Umwandlung nach dem Brand von 1512 wesentlich gotisch erscheint (Dehio: München und Oberbayern, 1990), ist eine offene Frage.

Von den mittelalterlichen Klosterbauten haben sich drei Flügel des Kreuzgangs erhalten, die über romanischen Galerien eine gotische Kreuzrippenwölbung tragen. Dieser Kreuzgang ist dank eines zweiseitigen Eckreliefs bekannt, das sich an einem Fensterpfeiler des Westflügels erhalten hat. Auf der Arkadenlaibung präsentiert sich die etwa einen Meter hohe ganzfigürige Gestalt von Kaiser Friedrich I. Barbarossa, wie die obige Inschrift (FRIDERICUS IMP.) bekundet. Der Kopf zeigt trotz starker Stilisierung porträthafte Züge. Er ähnelt anderen Darstellungen des Herrschers, beispielweise am Westportal des Freisinger Doms. Barbarossa ist bekleidet mit Tunika und Krönungsmantel. Seine linke Hand trägt den Reichsapfel, die rechte das Zepter, sein Haupt eine dreiblättrige Krone. Das Kaiserporträt soll die Verbundenheit zwischen den Chorherren mit dem Stauferkaiser zum Ausdruck bringen, der das Reichenhaller Stift St. Zeno nachweislich förderte. Die Wahl Sankt Zenos für das Kirchenpatrozinium ist nicht zufällig, galt er doch als Beschützer vor Überschwemmungen, welche die Reichenhaller Salinenproduktion immer wieder bedrohten. Auch die historischen Beziehungen zwischen dem Bistum Salzburg, auf dessem Territorium Reichenhall lag, und der Kirche Sankt Zeno in Verona mögen hier eine Rolle gespielt haben.

Auf der Wandfläche des genannten Eckreliefs findet sich eine Darstellung der Fabel des Äsop von Wolf und Kranich, interpretiert als Sinnbild für Untreue und Verschlagenheit.

II. Die Gotik – Freude, die in der Architektur lebt

War bei der Romanik eine vollständige Auflistung der Bestände unproblematisch, so wäre dies für die Gotik aufgrund des Überreichtums und seiner hohen Bedeutung völlig unmöglich. Lässt man das zweifellos zu Bayern gehörende „altertümliche und kunstreiche Regensburg“ (*Ratisbona vetustas et venustas*) beiseite, stellt man fest, dass die Gotik in Bayern erst in einer späten Phase zur vollen Entfaltung kam. Das erste Werk von internationaler Größe war die Wallfahrtskirche zu Ettal, die bekanntlich durch ihre Barockisierung als Bau der Gotik so gut wie verloren ging. Die damit entstandene Lücke stellt für die gesamteuropäische Gotik einen nicht wieder gutzumachenden Verlust dar. Diese zentral angelegte Kirche entstand in der ersten Hälfte des 14. Jh. Ihr Gründer war Ludwig der Bayer, einziges Mitglied des Hauses Wittelsbach, dem es gelang, die römische Kaiserkrone zu tragen. Ludwig musste seinen Habsburger Konkurrenten Friedrich von Österreich im wahrsten Sinne des Wortes außer Gefecht setzen, um überhaupt den Thron besteigen zu können. Dies erfolgte 1322 durch die Schlacht bei Mühldorf in Oberbayern. Sechs Jahre später ließ sich Ludwig in Rom zum Kaiser krönen und verfeindete sich so mit den inzwischen unter französischem Einfluss in Avignon residierenden Päpsten Johann XXII., Benedikt XII. und Clemens VI. Ludwigs Ziel war der Ausschluss des päpstlichen Einflusses auf die Besetzung des Kaiserthrons, was ihm auch mit der Erklärung von Rhens am Rhein gelang. Dort brachten die Kurfürsten zum Ausdruck, dass der Papst keinerlei Recht und Befugnis habe, den von ihnen gewählten König zu approbieren. 1346 verlas Papst Clemens VI. zu Avignon die Verfluchungssentenz gegen Ludwig: „Verflucht sei sein Eingang und sein Ausgang. Es schlage ihn Gott mit Wahnsinn, Blindheit und Tollwut. Der Himmel schleudere seine Blitze auf ihn (...). Der Erdkreis kämpfe gegen ihn. Die Erde öffne sich und verschlinge ihn lebendig. In einer Generation werde sein Name zunichte und verschwinde sein Gedächtnis von der Erde. Alle Elemente seien wider ihn (...).“ Tatsächlich starb der derart exkommunizierte Kaiser ein gutes Jahr später auf einer Bärenjagd bei Fürstenfeld. Posthum konnte Ludwig dennoch triumphieren: Sein Nachfolger Karl IV. aus dem Hause Luxemburg regelte durch die Goldene Bulle endgültig die Königswahl ohne Zustimmung des Papstes. Ludwig, vom Papst pejorativ „der Bayer“ genannt, wurde trotz Kirchenbanns im Vorgängerbau der Münchener Frauenkirche beigesetzt. 1622 ließ Herzog Maximilian I. von Wittelsbach über Ludwigs Grabmal das berühmte Spätrenaissance-Epitaph errichten, um so noch einmal die Kaiserwürdigkeit des Hauses Bayern zur Schau zu stellen.

Ludwig blieb in Bayern populär. Durch seine zweite Ehe mit Margarete von Holland war das Haus Bayern zwischen 1346 bis in die erste Hälfte des 15. Jh. an Rhein, Ems und der Zuidersee präsent. Diese Verbindung zu den Niederlanden scheint architektonisch für Bayern nicht ohne Folge geblieben zu sein. Söhne und Enkel Ludwigs konnten jedoch auf Dauer das erweiterte Territorium nicht halten.

Die ganze Politik im Herzogtum Bayern war von 1255 bis 1506 dadurch bestimmt, dass in der Erbfolge alle Söhne gleichberechtigt waren. Erst 1506 konnte Herzog Albrecht IV. die Primogenitur, das Erbrecht für den Erstgeborenen, durchsetzen und München zur Landeshauptstadt bestimmen. Bereits 1255 hatten sich die Söhne Ottos II. das väterliche Erbe geteilt. Von heute auf morgen gab es ein Ober- und Niederbayern: Ludwig II. bekam die Pfalz und das bayerische Oberland, sein Bruder Heinrich XIII. das reiche Unterland mit Landshut und dem Donaugäu. Von kurzen Perioden der Einheit abgesehen, wurde Bayern immer wieder geteilt, so dass es im 15. Jh. herzogliche Residenzschlösser und -burgen in München und Ingolstadt, Landshut, Straubing und Burghausen gab. Die kurzlebigsten Teilherzogtümer waren Bayern-Straubing und Bayern-Ingolstadt, die nur zwischen 1353 und 1447 existierten.

Dennoch hatten sie genug Zeit, um gewaltige Bauwerke zu hinterlassen, die aktiv zur grundlegenden Erneuerung der europäischen Gotik beitrugen. Die in ihren Türmen unvollendet gebliebene Liebfrauenkirche in Ingolstadt ist dafür ein gutes Beispiel. Zwar war der Bau ursprünglich als bürgerlicher Gegenpol zum herzoglichen Neuen Schloss gedacht, Herzog Ludwig VII. der Gebartete konnte jedoch die Bauentwicklung zugunsten einer dynastischen Repräsentation mitbestimmen. In Straubing residierten seit 1353 fast nur die Statthalter der Söhne Ludwigs des Bayern, während diese selbst sich meistens in ihren niederländischen Provinzen aufhielten. Die Bürgerstädte profitierten von den Fürsten und errichten oft zusammen mit diesen grandiose Kirchen. Rat- und Tanzhäuser wurden gebaut, zusammen mit Spitälern, Brücken, Bürger- und Lagerhäusern zeugen sie heute noch von der Höhe der damaligen Profanbaukultur.

Zu besonderer künstlerischer Größe wuchs die Stadt Landshut heran. Dort residierten zwischen 1393 und 1503 die so genannten „Reichen Herzöge": Heinrich XVI., Ludwig IX. und Georg (Vater, Sohn und Enkel). Stadt und Fürsten konnten dank genialer Baumeister Architekturen errichten, die ohne Zweifel zum glänzendsten Weltkulturerbe zählen. Es muss betont werden, dass zwar erst das Geld der Auftraggeber die Bauten ermöglichte, die verwirklichten Werke aber geistiges Eigentum der Baumeister und Künstler blieben; die Ideen und Vorschläge der Auftraggeber konnten nur von Meistern genau definiert werden und durch sie Gestalt annehmen. In der Sakralbaukunst erreichte München erst mit dem Bau der Frauenkirche ab 1468 ein vergleichbar hohes Niveau wie Landshut.

Der konkrete Beitrag Altbaierns zur Architekturgeschichte der Gotik ist vielseitig: Es konnten neue Raumlösungen geschaffen werden, die in der Zeit Peter Parlers (um 1330 – 1399) vorgebildet, aber zwar von ihm nicht realisiert werden konnten. Dies betrifft beispielsweise die Stellung eines isolierten Chorachsenpfeilers, der im Hallenraum das Gewölbe von Umgang und Binnenchor vereinigt und vor dem von ihm verdeckten Ostfenster steht. Diese Lösung schuf Hanns Purghauser (um 1350 –

1432) zunächst in der Landshuter Spitalkirche und gleich danach in der Salzburger Stadtpfarrkirche, seit 1592 als Franziskanerkirche bekannt. Die frühesten Schlinggewölbe entstanden in Sankt Jakob im oberbayerischen Wasserburg. Sie gaben den ersten Anstoß für die gegen Ende des 15. Jh. errichteten Gewölbe des Wladislawsaals in Prag, ein Werk des Landshuters Benedikt Ried. Darüber hinaus wurde mit völlig neuartigen Gestaltungen zur Dynamisierung des Baublocks experimentiert, wie zum Beispiel den übereck gestellten Türmen der Ingolstädter Liebfrauenkirche. Mit Sankt Martin in Landshut wurden die letzten Grenzen der Hallenstruktur erreicht. Die architektonische Gestaltung wurde zunehmend kompakter und dichter. Das Ergebnis der Entwicklung sind Höhepunkte wie die Münchener Frauenkirche. Dort wurde auch das System der Beleuchtung aus indirekten Quellen eingeführt, womit die entsprechende Entwicklung im Barock bereits vorgezeichnet war. Bei der schwäbischen Martinskirche in Lauingen fiel die Baumasse im genannten Sinne fast noch einfacher aus als beim Münchener „Dom". Hinter der scheinbaren Einfachheit steckt eine äußerst subtile Prozedur des Weglassens alles Unwesentlichen, wohl die schwierigste Aufgabe eines Architekten. Die emotionale Wirkung bewahrend, ja sogar intensivierend, wurden elementare Kompositionen erreicht. Gegen Ende der Gotik wurde in Bayern sogar die Symmetrie der Gewölberippen aufgehoben, so in der Burgkapelle Burghausen und im Stift Nonnberg in Salzburg.

Wenn Deutsche die besten Türme der Gotik errichteten (Freiburg, Straßburg, Burgos, Esslingen, Wien), so war Niederbayern daran beträchtlich beteiligt: In Landshut entstand mit dem über 130 m hohen Martinsturm der höchste Backsteinturm der Welt. Eine Reihe sogar ländlicher Kirchen scheint darauf Antwort zu geben, wie der atemberaubende Turm von Schildthurn oder seine schöne Nachfolge in Taubenbach.

Die wahren Fortschritte in der Architektur wurden bezeichnenderweise von Pfarr-, nicht von Bischofskirchen erreicht. Im Gegensatz zum restlichen Land herrschte in Regensburg und in Passau die Kathedralgotik vor. Der Regensburger Dom ist trotz einiger Neuerungen, die auf die Spätgotik weisen, brav französisch geschult. Allein die nicht ausgeführte Einturmfassade hätte ihn auf die Höhe der großen deutschen Kirchen wie Ulm gestellt. Der Passauer Dom, besser gesagt: seine noch gotischen Teile, zeigen eine kostbare „Flamboyant-Gotik", die für Deutschland ungewöhnlich ist und kaum Verbreitung fand. Demgegenüber ist die Landshuter Gotik von einem noch nie da gewesenen Frohsinn erfüllt, wie man ihn weit und breit nicht findet.

Ein Extra-Kapitel stellt Bayerisch-Schwaben dar. Auch dort war vieles neu und glänzend. Es nimmt nicht wunder, wenn die Bozener sich an den Augsburger Burkard Engelberg für den Bau des schönen Turms ihrer Stadtpfarrkirche wandten, der vom bayerischen Meister Hans Lutz nach 1500 vollendet wurde. Die multikurvierten, spätgotischen Bögen Schwabens, so der Simpertusbogen in Sankt Ulrich zu Augsburg oder am Erker des Rathauses in Nördlingen, sind Vorgeschmack auf den Barock.

Zu finden sind auch erstaunliche Seltenheiten wie der Fußboden der Stadtpfarrkirche in Donauwörth, der sich wie in einem modernen Kino zum Altar hin senkt. Gleiches ist in der Heilig-Kreuz-Kirche in Rottweil (Baden-Württemberg) zu sehen. Wurde dies wegen der besseren Sicht auf den Altar bzw. Lettner gemacht? Jedenfalls steht die Spätgotik der hier behandelten Regionen aufgrund ihrer revolutionären Modernität in nichts der italienischen Renaissance nach – im Gegenteil: Hier befand sich die Baukunst in einem unerhörten Erneuerungsprozess, der es nicht nötig hatte, Formen und Prinzipien der Antike zu exhumieren. Die Spätgotik schöpfte aus ihrer eigenen Quelle. Auch wenn die Gotik anfänglich in der Kathedralkunst beheimatet war, beherrschte der völlig verwandelte späte Stil der deutschen Gotik alle Bereiche der visuellen Kultur. Er war die wahre „Moderne ohne Antike“!

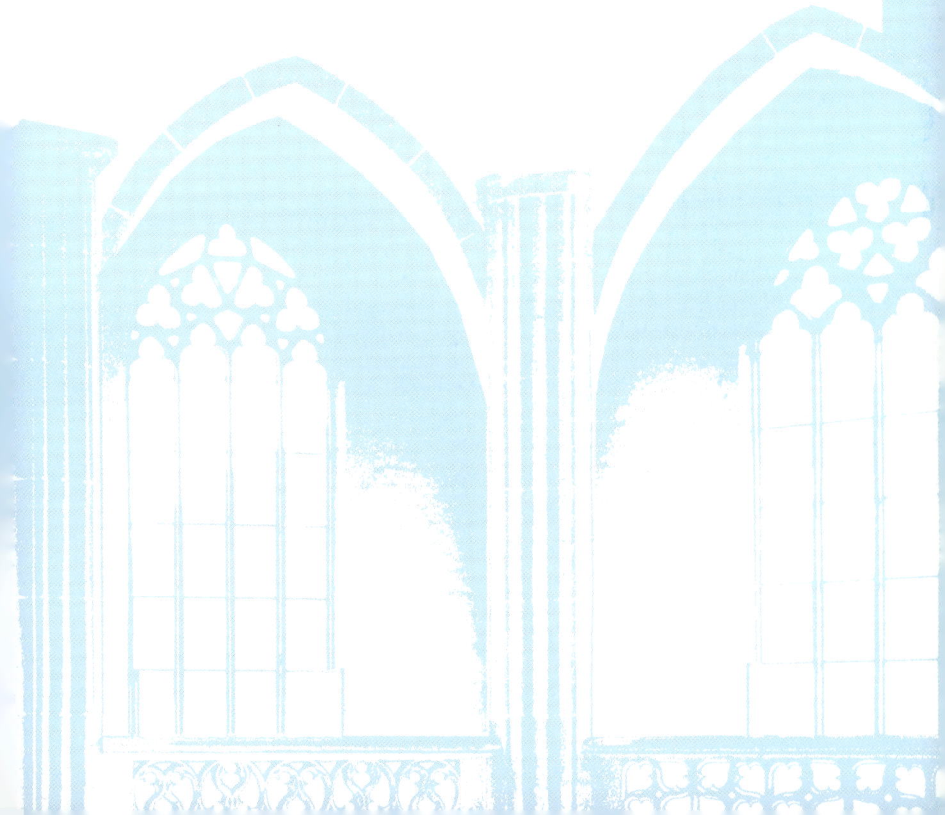

Altötting
Sankt Philipp und Jakob

• Pfarr- und Wallfahrtskirche. • Errichtet 1499–1511. • Baumeister Jörg Perger, Ulrich Händtler und Michael Sallinger.

Der Ort Ötting wurde nach der Gründung Neuöttings erstmals 1231 Altötting genannt und ist wesentlich älter als seine Wallfahrt. Zwar schon vorher als Gnadenstätte bekannt, boomte doch die Wallfahrt erst nach einigen Aufsehen erregenden Gebetserhörungen und Wunderzeichen ab 1489. Nach Altötting kamen 1491 Kaiser Friedrich III. und Herzog Georg von Landshut. Der Herzog wurde acht Jahre später zum Mitinitiator der noch erhaltenen spätgotischen Halle. Die 1511 vom Bischof Berthold vom Chiemsee geweihte Kirche steht an der Stelle mehrerer Vorgängerbauten, die letztlich auf eine Gründung von König Karlmann aus dem Jahre 877 zurückgehen. Der spätgotische Neubau bot und bietet noch immer einen überdeckten Platz für den Pilgerstrom, dessen Ziel eigentlich die kleine, nördlicher stehende Heilige Kapelle ist. Ihr Kern ist das im 8. Jahrhundert erbaute Baptisterium, einer der ältesten Rundbauten in Deutschland, der erst um 1260 durch die Aufstellung eines Altars mit einer Statue der Jungfrau zu einer Marienkapelle umfunktioniert wurde. Das Marienpatrozinium ging damit von dem letzten Vorgängerbau der spätgotischen Stiftskirche auf die Gnadenkapelle über. Die Kapellenverwaltung war Ende des 15. Jh. finanziell so mächtig, dass sie hohe Summen ausleihen konnte, so knapp 60 000 Gulden an Herzog Georg von Landshut. Teilweise getilgt wurde die Verschuldung des Herzoghauses bei den Altöttingern 1509 durch die Schenkung von Kleinodien aus dem Schatz der „Reichen Herzöge". Nach einer kurzen Pause während der Reformationswirren blühte die Wallfahrt wieder auf. Von der Berühmtheit Altöttings zeugen u. a. die architektonischen Nachbildungen der Gnadenkapelle, beispielweise im Südtiroler Innichen aus dem Jahre 1648.

Die den Aposteln Philipp und Jakob gewidmete Kirche ist eine dreischiffige Halle zu sieben Jochen, bei der die Pfeilerpaare bis in den Chor hinein in gerader Linie verlaufen. Die dadurch entstehende Diskrepanz zwischen dem polygonal gebrochenen Außenchor und den unbeirrt geradlinig verlaufenden Pfeilerreihen evoziert das Prinzip des sich 1386 im Bau befindlichen Chors der Benediktinerkirche Sankt Lambrecht, Steiermark. Diese formale Lösung stellt keine spezifische Eigenart ostbayerischer Spätgotik dar: Außer bei Sankt Jakob in Wasserburg kam sie ebenso bei der Pfarrkirche von Neumarkt in der Oberpfalz und bei Sankt Georg im schwäbischen Nördlingen zur Anwendung. Allen diesen Kirchen ist der fehlende Stützenkranz des Binnenchors gemeinsam. In Altötting entwickelt sich die Weite des Innenraums auf Kosten der Höhe, was allgemein als charakteristischer Raumgedanke der Zeit um 1500 interpretiert wird; das Dachwerk übertrifft aber die Höhe des Steinwerks. Im Westen wird die Kirche von betont schlanken Turmhelmen aus dem 16. Jh. bekrönt. Im Innenraum bilden Oktogonalpfeiler schiffstrennende Arkaden ohne Vermittlung von Kapitellen. Die Rippen der Netzgewölbe

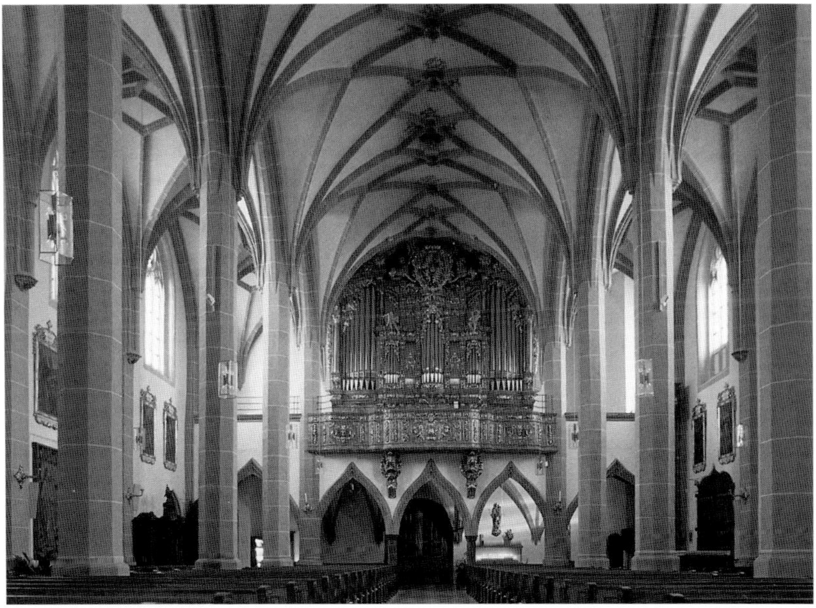

▲ *Altötting: Sankt Philipp und Jakob, Inneres nach Westen.*

ruhen auf Konsolen, die wie in Sankt Martin in Landshut und in Sankt Georg in Nördlingen in den Querachsen des Raumes liegen, an den Raumwänden finden sich kurze Wanddienste zur Aufnahme der Rippen.

Von der Nordseite gelangt man in den Kirchenraum durch ein kielbogiges Portal, das zwei vorzüglich geschnitzte Türflügel aufweist. Im oberen Bereich sind links als Hochrelief Maria mit dem Kind und die hl. Ursula, rechts die Apostel Philipp und Jakob, die Kirchenpatrone, dargestellt. Alle stehen auf von kurzen Kandelabersäulchen getragenen Schalen und erinnern an Brunnen der deutschen Frührenaissance. Paare von Engelchen in tragender oder spielerischer Stellung flankieren die Kandelabersäulchen und verraten mit ihrer modischen Kleidung wie die Säulchen selbst das Eindringen von Renaissancemotiven. In den Zwickeln zwischen den nischenartigen Rahmen der Figuren sind Pelikan und Phönix als Symbol des Opfertodes und der Auferstehung dargestellt. Der untere Bereich der in Eichenholz bearbeiteten Türen ist in Rauten gegliedert, die links vier Prophetenbüsten und rechts die vier lateinischen Kirchenväter zeigen. Die dreieckigen Zwickel wurden mit Fabelwesen sowie mit menschlichen und tierischen Figuren gefüllt. Das exquisite Schnitzwerk der Hauptfiguren deutet auf eine hervorragende Künstlerpersönlichkeit. Sie werden in stilistische Verwandtschaft zu Andreas Lackner aus Hallein gebracht, dem Autor des 1518 geschaffenen Hochaltars von Abtenau und hochbegabten Vertreter der so genannten Donauschule. Heute sind seine Schreinfiguren in der Österreichischen Galerie in Wien ausgestellt. Die Altöttinger Türflügel werden 1513 – 1520 datiert.

Sie sind in der Hauptsache spätgotisch und wurzeln in der Tradition deutscher Meister des Spätmittelalters.

Das Ensemble von Gnadenkapelle und Wallfahrtskirche auf dem Kapellplatz in seinem barocken Ambiente gehört zu den besten städtebaulichen Leistungen Bayerns. Eine von Enrico Zucalli 1672 geplante, viel zu wuchtige Überbauung der Kapelle blieb dem Platz erspart, so dass er heute wie früher die ursprüngliche Situation der Gebäude zeigt.

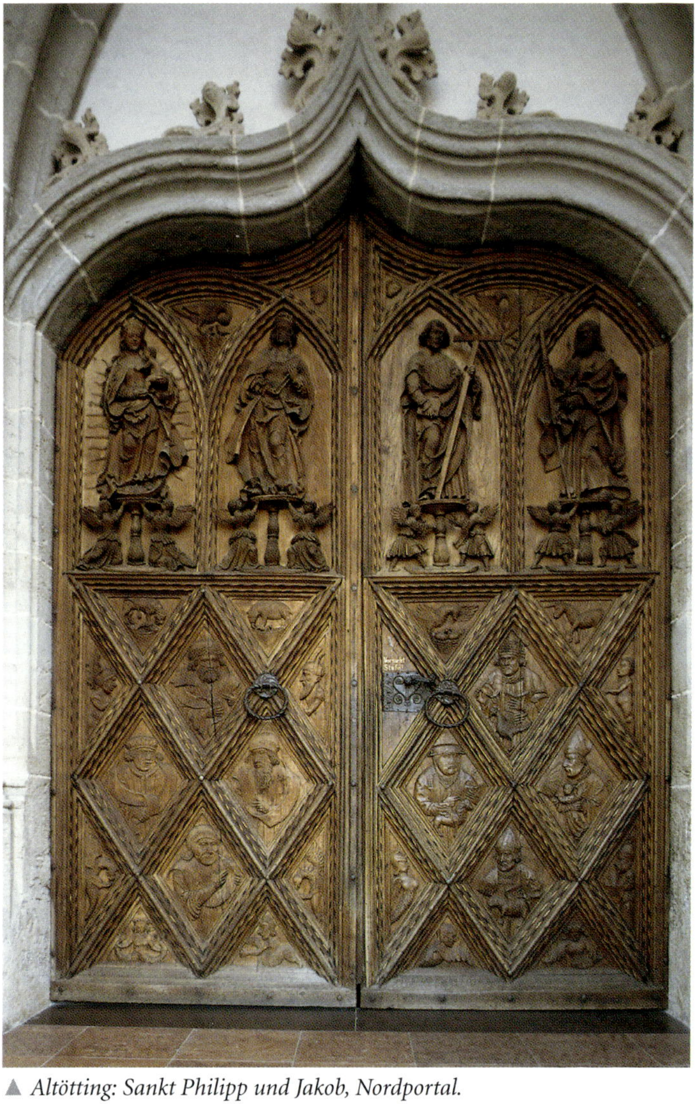

▲ *Altötting: Sankt Philipp und Jakob, Nordportal.*

Augsburg
Dom

• Ostchor. • Baubeginn um 1356, unter Dach 1395, geweiht 1431. Mehrfacher Planwechsel. • Als Baumeister 1382 Meister Hans der Palier urkundlich erwähnt.

Der Bau des unter Bischof Markwart von Randeck begonnenen Neuchores erfolgte in einer Zeit heftiger Auseinandersetzungen zwischen Stadt und Domstift. 1368 besiegelte die Einführung der Zunftverfassung den Machtverlust des Fürstbischofs von Augsburg. 1388 steckte die städtische Bevölkerung die bischöfliche Pfalz und das Haus des Domdekans in Brand. Erst unter Eberhard von Kirchberg (1404 – 1413) wurde der Chorbau ernsthaft wieder aufgegriffen.

Die Unruhen scheinen einen negativen Einfluss auf die architektonische Entwicklung des Doms genommen zu haben; der mit vollem Schwung angefangene Chor ist in seiner gestalterischen Entfaltung auf halber Strecke stecken geblieben: Auf einem sehr hohen Kapellenkranz sitzt ein zaghafter, mehr schlecht als recht errichteter Obergaden. Vorbild des Chorhauptes mit seinem Umgang und Kapellenkranz war kein Geringeres als der Kölner Dom. Dies wird am Außenbau an der halbrunden Sockelplattform deutlich, die in Köln ein prägnantes Moment der Chorarchitektur darstellt. Die Disposition im Grundriss geht mit sieben fünfseitigen Kapellen ebenfalls auf Köln zurück. Der baukünstlerische Anspruch war hier entsprechend hoch, war Köln doch der Inbegriff der Kathedralgotik. Der Binnenchorschluss in Augsburg ist jedoch völlig anders als der in Köln und weitgehend dilettantisch. Sein Hauptmerkmal ist die Verlängerung des Obergadens nach Osten bis zum Ansatz der Scheitelkapelle des Kapellenkranzes. Somit wirkt das Ostfenster des Obergadens extrem nach außen gerückt; es ist das einzige Fenster, das großflächig ausgestaltet wurde. Der restliche Lichtgaden wird durch kleine Fenster und breite Mauern geprägt. Diese Lösung wirkt zusammen mit den plumpen Strebepfeilern, die eigentlich Strebebögen hätten werden sollen, und den vielen Unsicherheiten bei der Gestaltung der Kapellendächer recht unschön. Die Krönung der Hauptstrebepfeiler des Umgangs mit seinen abgetreppten Dreizinnengruppen stellt eine spätgotische Notlösung dar. Baumaterial des Chores ist der Backstein, nur die Schmuckglieder wurden aus Haustein gearbeitet – wie in der ostschwäbischen Gotik üblich.

Durch die Ausdehnung des Chorneubaus nach Osten griff der Dom in das Gelände der ehemaligen Reichsstraße. Dafür musste ein Bodentausch zwischen Stadt und Domkapitel stattfinden. Als Entschädigung für diese Straßenverschiebung musste sich das Domkapitel darüber hinaus verpflichten, Süd- und Nordportal des Domes tagsüber für den Durchgang offen zu halten. Auf diese Weise wurde das Dominnere faktisch in das städtische Straßennetz integriert. Diese merkwürdige Funktion erhielt sich jahrhundertelang.

Das Auffälligste an der Architektur des Augsburger Domchores ist sicherlich, dass ein „klassischer“ Grundriss des 13. Jh., nämlich der Kölner,

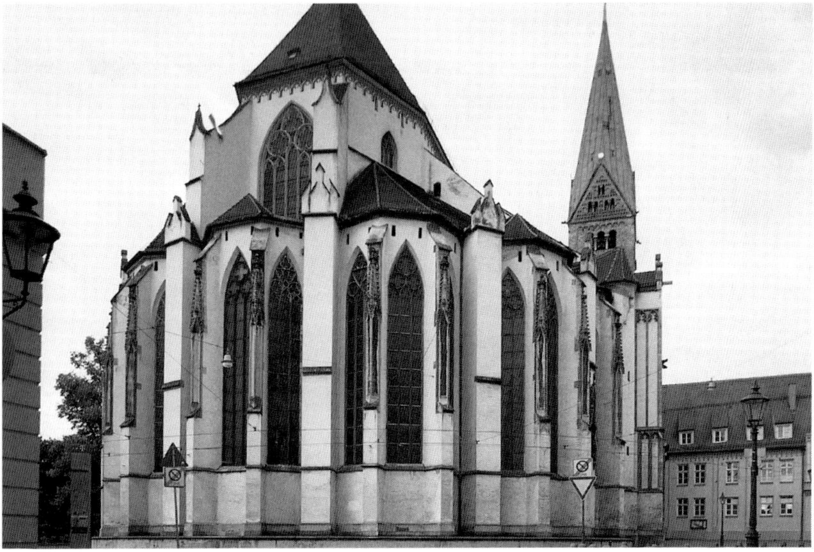

▲ *Augsburg: Dom, Chor von Nordosten.* ▼ *Augsburg: Dom, Grundriss.*

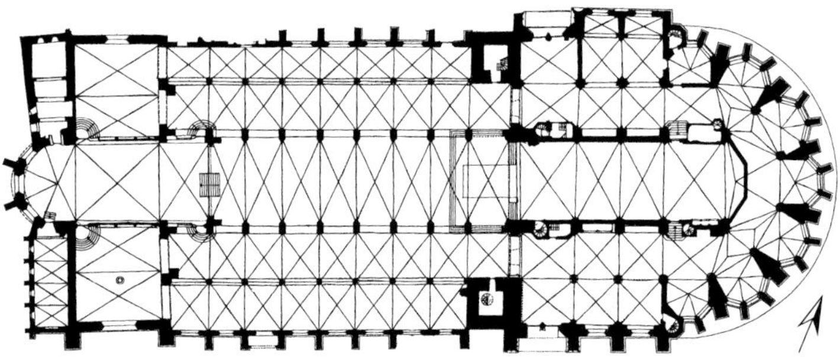

für einen Bau der zweiten Hälfte des 14. Jh. verbindlich blieb. Der Bauverlauf verhinderte jedoch eine nähere Anlehnung an die ideale Kathedralgotik. Die Übernahme von Umgang und Kapellenkranz ist für die Gotik der deutschen Lande nicht typisch, ausgenommen die Backsteingotik an der Ostsee. Die als Basiliken errichteten Dome in Regensburg und Halberstadt verzichteten auf den Kapellenkranz. Ausladende Kapellenkränze kommen isoliert vor, so in Sankt Andreas zu Hildesheim. Die Kapellenkränze der so genannten Parlergotik und ihrer Nachfolge, zum Beispiel in Freiburg im Breisgau, Schwäbisch Gmünd oder Kuttenberg bei Prag, unterscheiden sich gründlich von der Augsburger Lösung.

Eine letzte spätgotische Bereicherung des Augsburger Doms war der Einbau von Chorschranken im Westchor. Sie dienen der Verkleidung der Kryptaaussenwände und der Erschließung des Chorpodiums. Dank dieser 1501 datierten Intervention, die dem Genie Burkhard Engelbergs zugeschrieben wird, wurde dem westlichen Dominneren zu seiner

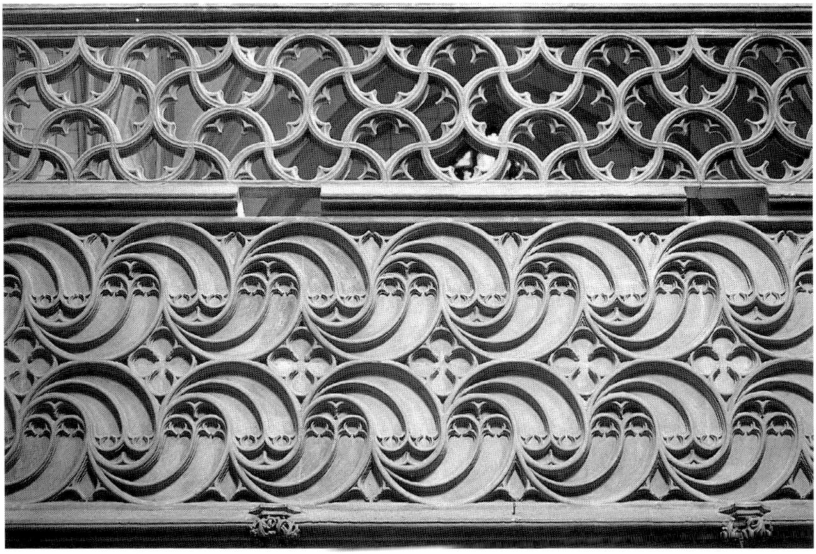

▲ *Augsburg: Dom, Westchor, nördliche Chorschranke.*

Lebendigkeit verholfen. Das abschließende Band der nördlichen Schranke in beispielhaft virtuos behauenem Maßwerk kann nicht genug gelobt werden: Oben ist es durchbrochen und zeigt verzahnte, alternierend liegende und stehende Zwickelblasen mit so genannten Nasen, ein in Nürnberg in Spät- und Nachgotik beliebtes Motiv; unten verläuft ein breites Reliefband, auf dem zwei Reihen wellenförmig angeordneter Fischblasen oder „Tropfengebilde" in gegenläufigem Schwung übereinander angeordnet sind. Mit der Idee und der Ausführung dieses Werkes wurde ein Höhepunkt geometrischen Entwerfens erreicht.

Unter den im Dom erhaltenen gotischen Ausstattungsstücken ist die bronzerne Grabplatte des Bischofs Wolfhart von Roth in der Konradkapelle hervorzuheben. Die 2,24 m lange und 0,87 m breite Platte wurde als flaches Relief gearbei-

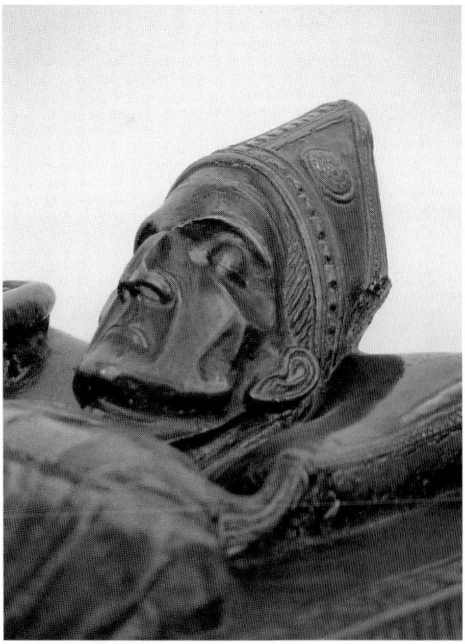

▲ *Augsburg: Dom, Konradkapelle, Grabplatte des Bischofs Wolfhart von Roth.*

tet. Nur der Kopf ist vollplastisch ausgeführt. Er fällt durch seine geradezu karikaturhafte Ausdruckstärke auf: Das Fleisch erscheint eingefallen, und man glaubt, die Totenstarre zu spüren. Der energisch-strenge Kopftypus wurde überscharf dargestellt – fast expressionistisch. Um die Grabplatte läuft ein Band, auf dem sich die Künstler verewigt haben: *Otto me cera fecit cvnratque per era* („Otto machte mich in Wachs und Konrad in Erz"). Offenkundig waren sie stolz auf die erbrachte künstlerische Leistung! Das Werk entstand 1302, unmittelbar nach dem Tod des Bischofs.

Heiliggrabkapelle in Sankt Anna

I • Errichtet 1506. • Baumeister unbekannt.

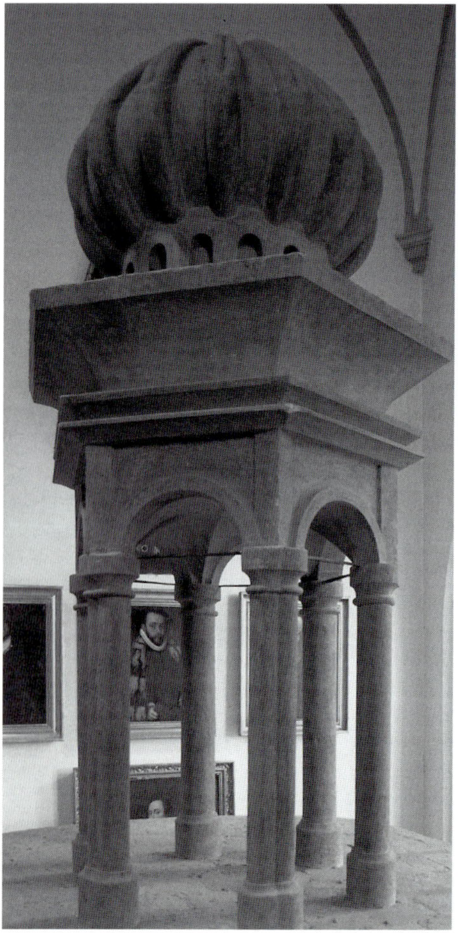

Die Heiliggrabkapelle in der Kirche Sankt Anna ist ein im Grundriss unregelmäßiger Raum, der an der südwestlichen Ecke der Klosteranlage zwischen Kreuzgang und Fuggerkapelle liegt. Die Kapelle öffnet sich zum Kirchenraum durch eine Arkade, ist jedoch von diesem durch ein spätgotisches Gitter getrennt. Mitten im Raum steht eine architektonische Reproduktion des Grabes Christi zu Jerusalem von ovoidem Grundriss, bekrönt von einem sechseckigen Aufbau mit Zwiebelhaube. Es handelt sich um eine bürgerliche Grabkapelle, die von Georg Regel und seiner Frau Barbara in Auftrag gegeben wurde. Sie schlossen 1508, nachdem der Bau fertig war, einen Vertrag mit dem Konvent Sankt Anna, um gegenseitige Rechte und Verpflichtungen festzulegen. Dort ist von einem „*überköstlich Grab, die begrebnuss unseres lieben Herrn Ihesu Christi in mass und form, wie es in Iherusalem sein sollte*" die Rede.

Wie viele andere ältere und zeitgenössische Heilig-Grab-Kapellen (Eichstätt, Görlitz) kopiert das

▲ *Augsburg: Sankt Anna, Heiliggrabkapelle, Bekrönung.*

Augsburger Werk in weitgehend zuverlässiger Form den Jerusalemer Bau. Die Form der Zwiebelhaube wurde zweifellos von den Pilgern im Heiligen Land beobachtet und nach Deutschland vermittelt, so dass es grundsätzlich keinerlei Gründe gibt, hier ein italisierendes Motiv zu sehen. Deshalb ist in der deutschen Kunstgeschichte die verbreitete Überzeugung eines vermeintlich italienischen Ursprungs weit hergeholt. Dieses Thema wird weiter unten anläßlich der Frauenkirche in München wieder aufgenommen.

Sankt Ulrich und Afra

• Kirche des ehemaligen Benediktinerstiftes. • Begonnen 1467, teilweise eingestürzt 1475. Wiederaufnahme der Bautätigkeit 1477. Langhaus bis 1500 errichtet. Beginn des Chorbaus 1501, der Türme fünf Jahre später. Chorgewölbe 1603 errichtet. • Baumeister Valentin Kindlin, Burkhard Engelberg und Hans König.

Die Augsburger Altstadt wird im Norden vom Dom, im Süden von der Kirche Sankt Ulrich und Afra eingerahmt. Die architektonische Qualität von Sankt Ulrich übertrifft die des Doms mit großem Abstand und stellt zugleich eine Leistung von europäischem Rang dar. Von der benediktinischen Anlage ist heute leider außer der Kirche selbst nicht mehr viel erhalten. Südlich von ihr, wo damals die schönen Stiftsgebäude standen, findet sich heute das recht unpassende „Ulrichshaus". Jedoch lässt die glänzende Architektur der Kirche die Verluste vergessen.

Ursprung der Anlage ist das Grab der im Jahre 304 auf dem spätrömischen Friedhof beerdigten Märtyrerin Afra. Eine Wallfahrt ist erstmals um 565 durch Venantius Fortunatus bezeugt. Um das Jahr 1000 sollen die Benediktiner das bereits bestehende Kanonikerstift übernommen haben.

Sankt Ulrich ist ein basilikal angelegter dreischiffiger Bau mit einem Langhaus zu sieben Jochen, nicht ausladendem Querhaus und einem von zwei Türmen flankierten Chor, der erst nach Vollendung des Langhauses begonnen wurde. Auf der Nordseite schließt die Sakristei an Querhaus-

▼ *Augsburg: Sankt Ulrich und Afra, Grundriss.*

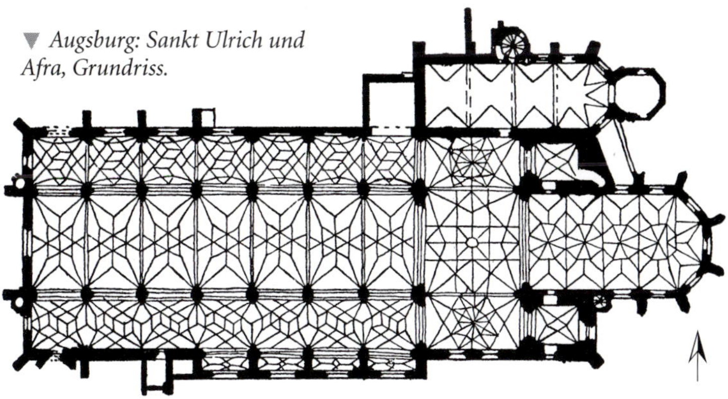

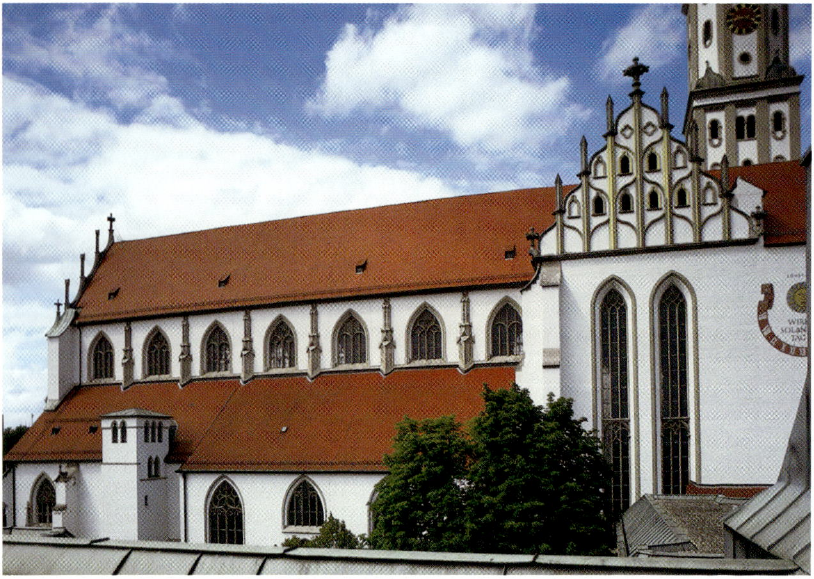

▲ *Augsburg: Sankt Ulrich und Afra, Südflanke des Lang- und Querhauses.*

arm und Turm an. Über der Sakristei erhebt sich die Schnecken- oder Marienkapelle, eine Kirche für sich und ebenso hoch wie das Mittelschiff der Hauptkirche. Obwohl diese Kapelle von der Maximilianstraße und vom Milchberg aus gut sichtbar ist, wird sie von den Besuchern übersehen, weil sie nur durch die gewöhnlich nicht zugängliche Sakristei zu erreichen ist. Ein Besuch der Kapelle lohnt vor allem wegen des 1571 geschnitzten riesigen Flügelaltars im nachgotischen Stil, eine wahrhafte Rarität.

Im Mittelalter galten Basiliken mit ihrem erhöhten Mittelschiff womöglich als besonders „würdig". Beim spektakulären Bau des Ulmer Münsters entschied man sich anfangs des 15. Jh. letztlich für die basilikale Form anstelle der ursprünglich geplanten Halle. Auch die 1387 geweihte Klosterkirche zu Kaisheim war basilikal angelegt. Im bayerischen Raum ist ebenfalls eine Kontinuität der basilikalen Form erkennbar, so bei Sankt Jakob in Burghausen oder bei der Stadtpfarrkirche in Landsberg am Lech. Letztere entwarf bezeichnenderweise Valentin Kindlin, der erste Baumeister von Sankt Ulrich in Augsburg. Bei Sankt Ulrich mag die basilikale Struktur konventionell sein, der Entwurf des Aufrisses ist voller Genialität. Auf Strebewerk zur Stützung des Obergadens wurde hier wie am Ulmer Münster verzichtet (das dort vorhandene stammt aus dem 19. Jh.). Das Äußere von Sankt Ulrich ist glatt und grandios. Die geschwungenen Giebel haben etwas Profanes an sich, sie wirken bereits wie Rathausgiebel. Die jochweise Abgrenzung des Obergadens erfolgt mittels Strebepfeilern ohne wirkliche Tragefunktion. Die große Originalität der kristallinen Geometrie dieser Pfeiler kann nur einem außergewöhnlichen

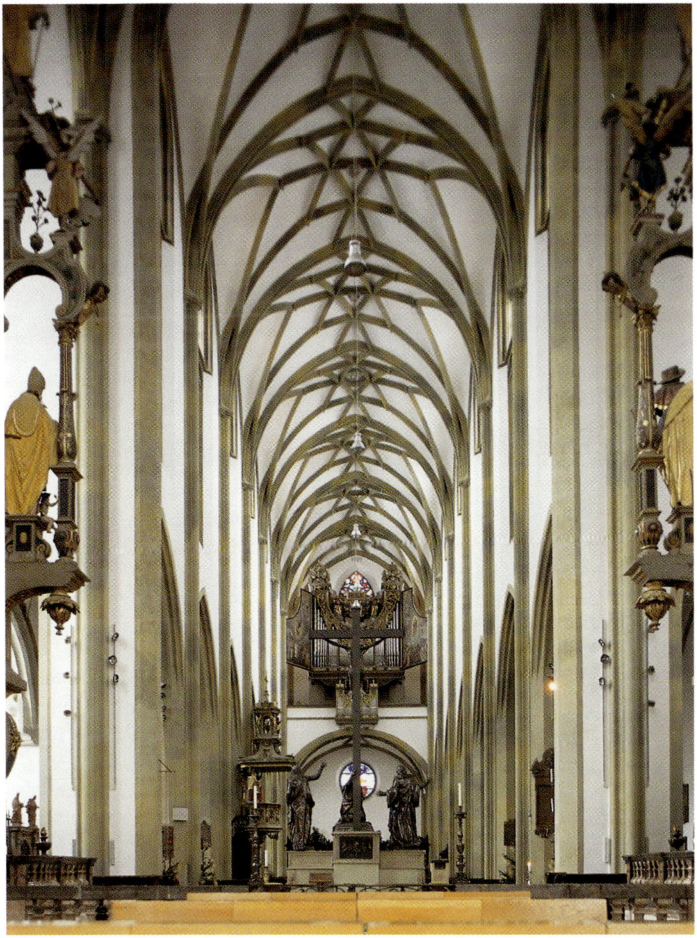

▲ *Augsburg: Sankt Ulrich und Afra, Inneres nach Westen.*

Könner entstammen: Burkhard Engelbert. Auf ihn gehen wohl alle Details der Kirche zurück, in denen sich der neue Kunstgeist deutlich spiegelt. Engelberts Turmentwurf mit räumlich verschränkten Kielbögen blieb unausgeführt, aber in einem anonymen Holzschnitt um 1520 festgehalten. Realität wurden sie am Nordturm der Stadtpfarrkirche von Bozen in Südtirol, entworfen von Burkhard Engelbert und ausgeführt 1501 – 1519 von Hans Lutz aus dem schwäbischen Schussenried. Eine weitere Rezeption der Türme von St. Ulrich hätte in der Wallfahrtskirche zur Schönen Maria in Regensburg erfolgen sollen, wie das alte Holzmodell im Regensburger Museum zeigt.

Das helle Innere von Sankt Ulrich strahlt Größe und architektonische Vollkommenheit aus. Die querrechtoblonge Stellung der Pfeiler mag dem

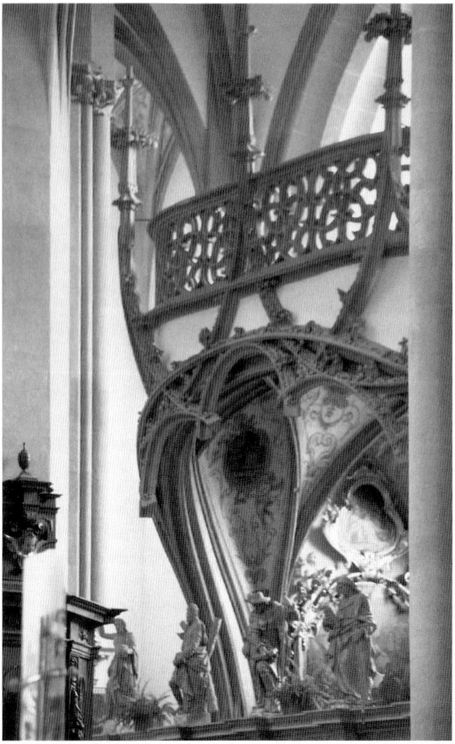

▲ *Augsburg: Sankt Ulrich und Afra, Simpertusbogen.*

Prinzip von Augsburger Dom und Ulmer Münster folgen. Die Pfeiler selbst sind kapitelllos, die Arkaden an ihren Ansätzen schön verschliffen. Das Problem der toten Zone zwischen Arkade und Obergadenfenster, das sich aufgrund des fehlenden Triforiums in der deutschen Gotik mehrfach ergibt (Freiburg, Sankt Lorenz in Nürnberg, Ulm), wurde hier durch die nischenartige Verlängerung der Fenster nach unten überzeugend gelöst. Die hohen Nischen zeigen eine Pfostengliederung. Ein in Joche gegliedertes Sterngewölbe mit sich überschneidenden Rippen überspannt das Mittelschiff. Die Seitenschiffe wurden asymmetrisch gerautet eingewölbt, was sie stark dynamisiert. An vielen Stellen schlägt eine ungehemmte, höchst originelle Modernität durch, so an Portalen und Kapellen, insbesondere an der Simpertuskapelle. Sie wurde 1479 gestiftet, der so genannte Simpertusbogen datiert allerdings erst 1492–1496. Der „Bogen", womit eigentlich die kurvierte Empore der Abtskapelle gemeint ist, ist seiner Zeit so sehr voraus, dass erst über hundert Jahre später den Architekten des italienischen Barock Vergleichbares gelang. Der Simpertusbogen steht nicht als isolierte Leistung deutscher Spätgotik da, vielmehr zeigen sich der Wladislawsaal in Prag und zahlreiche sächsische und bayerisch-österreichische Kirchen im gleichen Prozess. Besonders gewagt am Simpertusbogen ist seine Form als schwungvoller „Diadembogen", eine große multidimensionale Arkade, die die Empore trägt. Diese ragt in den Raum des Seitenschiffs hinein. Die Maßwerkbrüstung kurviert sich wie ein bereits vollzogener barocker Balkon. Dazu kommen die sich räumlich durchstechenden, krabbenbesetzten und mit Kreuzblumen bekrönten Wimperge. Den Architekturkenner macht der Simpertusbogen sprachlos. Er sollte eigentlich im Bewusstsein der Kunsthistoriker viel präsenter sein. Das Gitter, die Statuen und die barocke Einrichtung der Simpertuskapelle verunklären etwas die spätgotische Leistung der im Auftrag des Abtes Johannes von Gültingen entstandenen Empore. Zur Kirche Sankt Ulrich und Afra gehört eine hervorragende frühbarocke Ausstattung der Zeit um 1600. Insbesondere lassen sich die geschnitzten Hauptaltäre in Deutschland nur noch mit dem Hochaltar im Überlinger Münster vergleichen.

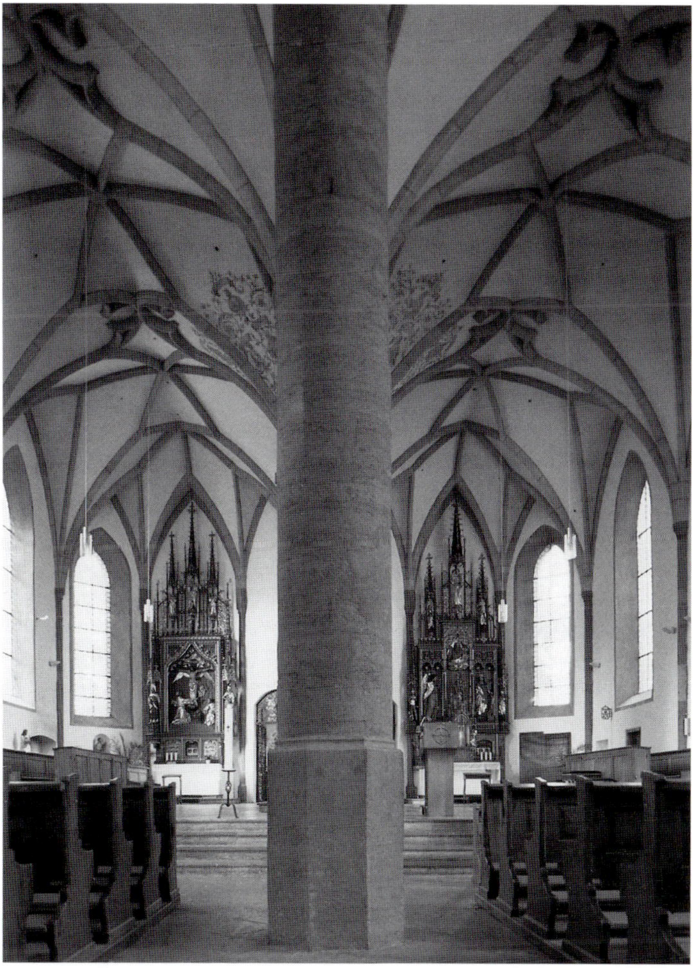

▲ *Berchtesgaden: Franziskanerkirche, Inneres nach Osten.*

Berchtesgaden
Franziskanerkirche

• Ehemaliges Frauenstift, seit 1699 Franziskanerklosterkirche. • Errichtet 1480 – 1488. • Baumeister wohl Christian und Peter Intzinger.

Die Doppelkirche ist eine zweischiffige Anlage auf vier Rundpfeilern in Rotmarmor aus Admont, jochübergreifend netzgewölbt. Das Gewölbemuster zeigt aus den Pfeilern unvermittelt wachsende Rippen, die in der Querachse große Blütenblätter, in der Längsachse kleinere, in Rhomben begrenzte Blüten bilden. Die kurvierten Rippen alternieren mit anderen, geradlinigen und sternförmig angeordneten. Die blütenförmigen Rippenfigurationen sind mit Maßwerknasen bereichert.

Das Besondere an der Kirche ist ihr Doppelraum. Es ist nicht sicher, dass das eine Schiff für die Chorfrauen, das andere für die Allgemeinheit gedacht war, denn in den stilistisch verwandten Kirchen der Bergleute in Schwaz und in Rattenberg, beide Tirol, ist eine Trennung des jeweiligen Doppelraums durch eine Holzwand nachgewiesen. Es sind allerdings keine Kloster-, sondern Pfarrkirchen. Der verdoppelte Raum diente dort zur Trennung zwischen Bürgern und Knappen.

Um 1560 wurde in der Franziskanerkirche eine Westempore eingebaut, die wie eine spanische Wand geknickt ist, leider zaghafter gelöst als die österreichischen Emporen von Vöcklamarkt und Vöcklabruck, welche eine spätgotische Vorstufe der konkav-konvex gewellten Mauer des Barock darstellen. Wie in der Pfarrkirche von Rattenberg in Tirol weisen die Fenster der Berchtesgadener Kirche weder Pfosten noch Maßwerk auf, was einen Verlust an Formqualität bedeutet. Die ursprüngliche Inneneinrichtung ging im Barock verloren, die jetzige stammt größtenteils aus der Neogotik.

Christian Intziger war als Geselle des großen Meisters Stephan Krumenauer bei der Fertigstellung der Salzburger Stadtpfarrkirche tätig, kam also aus bester Tradition. Zusammen mit dem Hallenlanghaus der Berchtesgadener Augustinerchorherrenkirche beweist die Franziskanerkirche, dass das Land bis in seine entlegensten Ecken von dem gewaltigen Bauboom der Spätgotik erfasst war.

Burghausen
Burg und Stadt

• Burg 1025 im Besitz der Kaiserinwitwe Kunigunde. Nach 1255 unter Herzog Heinrich XIII. neu errichtet. Jetzige Burg unter Georg dem Reichen (1479 – 1503) ausgedehnt und vollendet. • Äußere Burgkapelle Sankt Hedwig 1489 geweiht. • Ausbau der Stadt im 13. Jh. Stadterweiterung 1335.

Die zungenförmige, sich zwischen Salzach und Wöhrsee erstreckende Stadt Burghausen gehört zu den geglücktesten städtebaulichen Leistungen Europas. Der schmale Bergsporn, auf dem die Burg sitzt, wurde mit großem Geschick in voller Länge ausgenutzt. Als Ergebnis entstand eine über 1 km lange Burg in räumlich und baulich engem Zusammenhang mit der Stadt zu ihren Füßen. Das Stadtpanorama, von der österreichischen Seite gesehen, die Ausblicke von der Burg zur Stadt und umgekehrt, die Straßenführung und die Platzierung der Stadtpfarrkirche sind vom höchstem Reiz. Für die gute Erhaltung des althergebrachten Stadtbildes war zum einen die enge Tallage entscheidend, zum anderen, dass 1779 das Innviertel an Österreich abgetreten wurde. So verlor Burghausen sein Hinterland und wurde zu einer bedeutungslosen Grenzstadt ohne Modernisierungschancen.

Burghausen nahm an der hohen Blüte der Spätgotik teil und gehörte dank seiner Verbindung mit Landshut und Salzburg zu den modernsten

Stätten dieser Stilrichtung. Das beweist die äußere Burgkapelle Sankt Hedwig. Ihr Baumeister war wohl Wolfgang Wiesinger, der sich zwischen 1493 und 1499 am Langhausbau der Abteikirche Nonnberg zu Salzburg beteiligte, also nach seinem vermutlichen Aufenthalt in Burghausen. Auf dem Nonnberg entstand ein ganz neuartiges Verhältnis zwischen Pfeilern, Arkaden und Gewölben. Wiesinger soll dort 1497–1498 das Gewölbe der Johanneskapelle errichtet haben, wo er das asymmetrisch-elastische Burghausener Muster reproduzierte. Denn das den einschiffigen Innenraum von St. Hedwig überspannende Rippennetz scheint durch ein heftiges „Hin- und Herziehen" entstanden zu sein. Neu ist die dadurch entstehende Verzerrung des Innenraums. Sie steht in Zusammenhang mit den Wandvorlagen an Nord- und Südseite, für deren asymmetrische Verteilung jedoch keine konstruktive Notwendigkeit bestand.

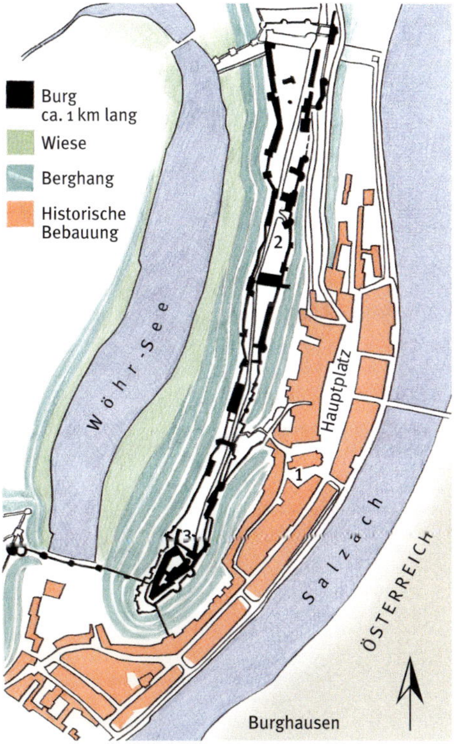

▲ *Burghausen: Burg- und Stadtgrundriss. 1: Stadtpfarrkirche St. Jakob, 2: Äußere Burgkapelle, 3: Hauptburg mit innerer Burgkapelle*

▼ *Burghausen: Burg, Äußere Burgkapelle Sankt Hedwig, Grundriss.*

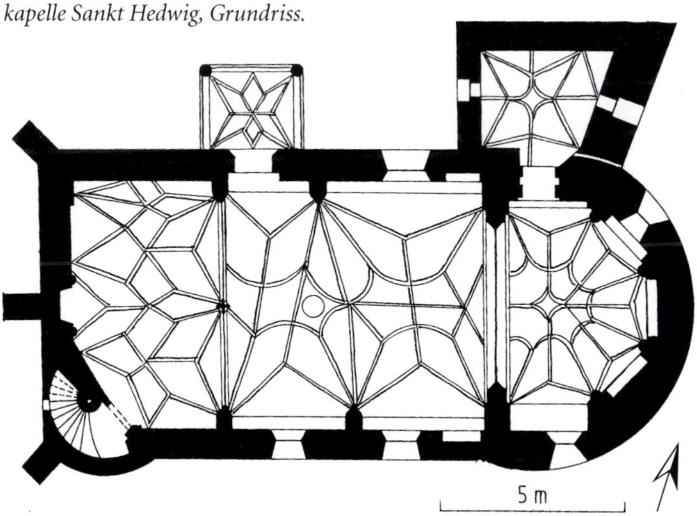

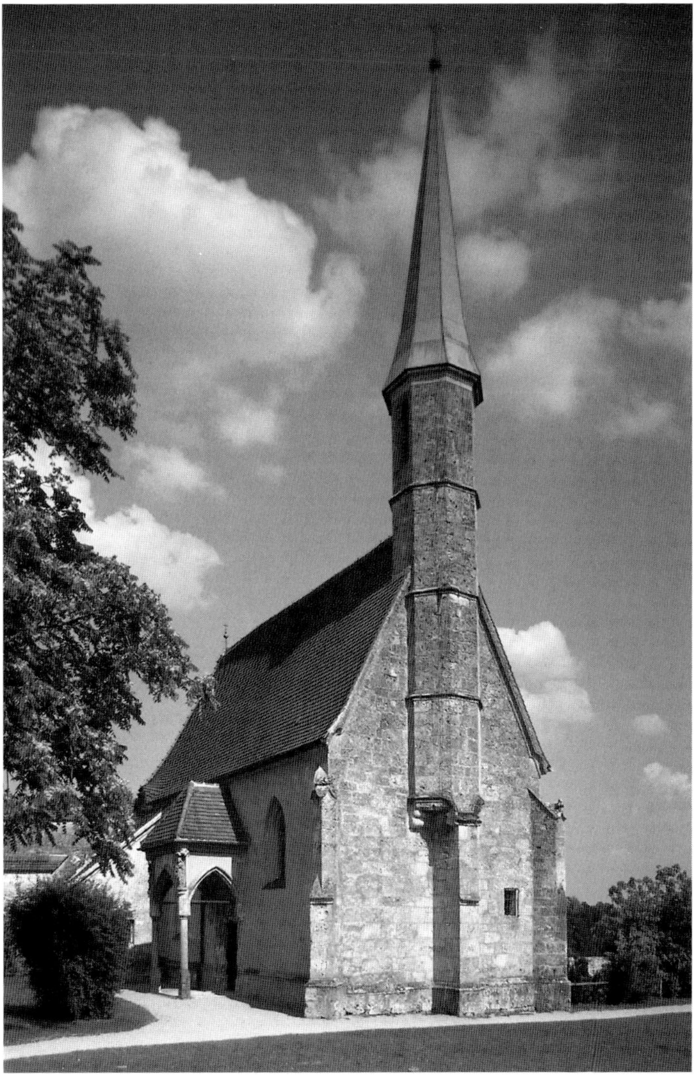

▲ *Burghausen: Burg, Äußere Burgkapelle Sankt Hedwig von Nordwesten.*

Der Grundriss zeigt die Zugehörigkeit der Kapelle zu den Verteidigungsanlagen: Die außen abgerundete Apsis gehört zu den turmartigen Verstärkungen der Burgmauer. Das Äußere der Kapelle ist von einfacher, aber expressiver Schönheit. Das Kapellenportal, von einer offenen Vorhalle geschützt, fällt durch seinen Türsturz auf, von dem drei Knäufe herabhängen, deren Vorderseite kleine Rosetten zeigen. Sie scheinen wie durch Schnürsenkel am Mauerwerk festgehalten. Kein anderes Motiv der

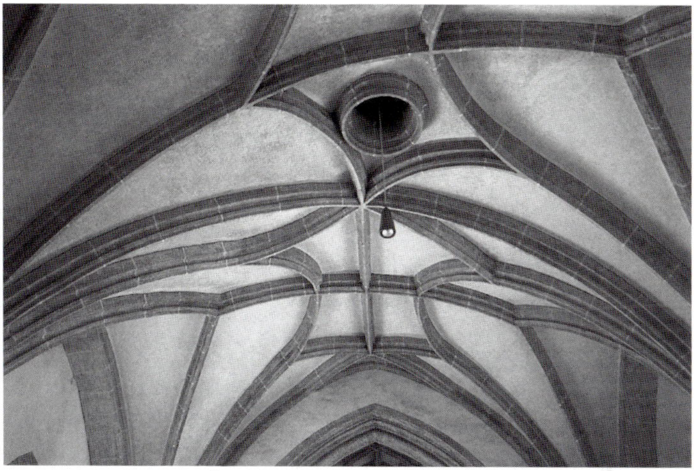

▲ *Burghausen: Burg, Äußere Burgkapelle Sankt Hedwig, Gewölbe nach Osten.*

deutschen Spätgotik steht dem etwa zeitgleichen Estilo Manuelino in Portugal näher; sicherlich ist dies kein Renaissance-Ornament, wie im Dehio 1990 angegeben. Die äußere Burgkapelle zeigt eine Summe von Eigentümlichkeiten, nicht zuletzt absichtlich nach Irrtümern bzw. Reparaturstellen aussehende Unterbrechungen der Rippenbahn, was eine deutlich gesteigerte Subtilität der Formensprache dokumentiert. Auch dies lässt sich in der Abteikirche Nonnberg zu Salzburg wiederfinden.

Dingolfing
Stadtpfarrkirche Sankt Johannes

• Errichtet 1467 – 1502. • Baumeister unbekannt. |

Dingolfing gehörte 1438 – 1505 zu Bayern-Landshut, bevor es an Bayern-München fiel. Dies lässt sich unmissverständlich an der Architektur der Pfarrkirche ablesen. Chor und Langhaus folgen dem Vorbild der Landshuter Spitalkirche, der Turm dem der Landshuter Jodokkirche. Mit seiner Pfarre wurde Dingolfing zu einem „kleinen Landshut“ – einschließlich ihrer Ausstattung, die nach Möglichkeit die Landshuter Martinskirche zitiert.

Sankt Johannes ist eine dreischiffige Anlage mit Rundpfeilern, wobei ein Pfeiler in der Mittelachse der Kirche vor dem Ostfenster steht. In diesen laufen Chor- und Umgangsgewölbe gemeinsam ein. Bekanntlich wurde diese Lösung von Hanns Purghauser erstmalig 1407 in der Landshuter Spital-, zum zweiten Mal ein oder zwei Jahre später in der Stadtpfarrkirche von Salzburg angewandt. Damit wurde der von Peter Parler erfundene Chormittelpfeiler der Bartholomäuskirche in Kolín nad

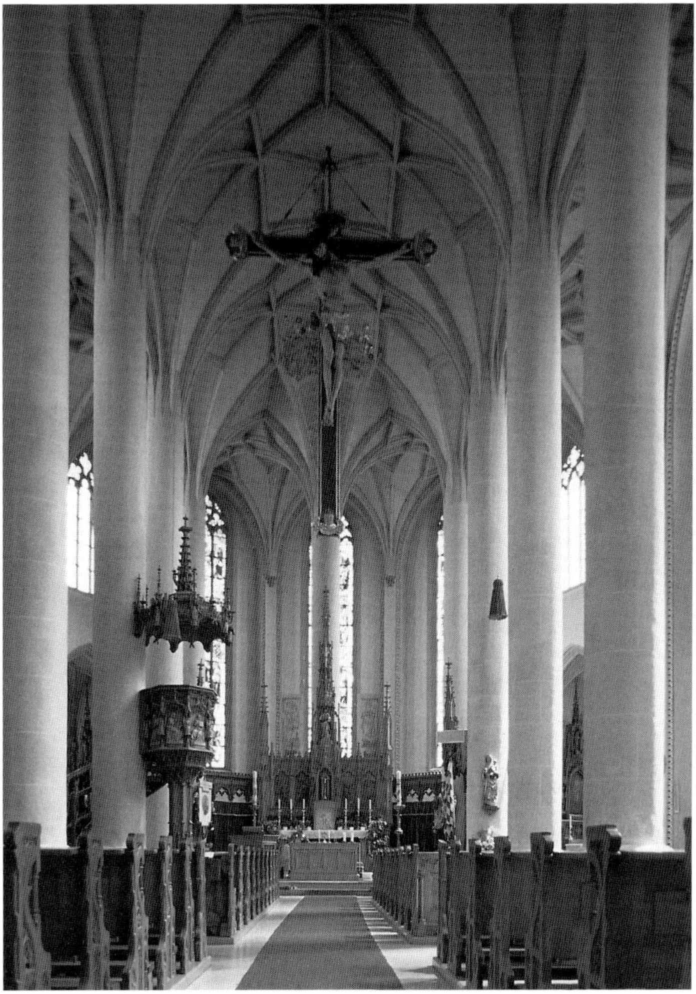

▲ *Dingolfing: Stadtpfarrkirche, Inneres nach Osten.*

Labem (Tschechien) von einer Basilika auf eine Halle übertragen und erhielt so seinen wahren ästhetischen Wert. Die raumverändernde Wirkung dieses Mittelpfeilers ist nicht zu unterschätzen, weniger wegen seiner das Achsenfenster absichtlich störenden Stellung als mehr durch die sich daraus ergebende starke Vereinheitlichung von Chor und Umgang. Dabei ist diese Lösung von einfacher Logik: Alternierende drei- und rechteckige Joche entsprechen einem Binnenchorschluss von 4/6, einem äußeren Chorschluss von 7/12.

Aus dem Mittelschiffsgewölbe hängt vor dem Chor seit etwa 1522 ein großer hölzerner Kruzifixus herab, der als „Kolossaler Herrgott" von

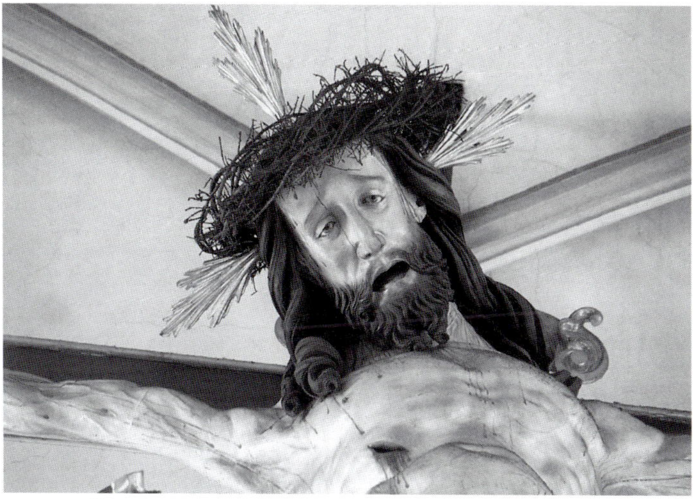

▲ *Dingolfing: Stadtpfarrkirche, „Kolossaler Herrgott".*

Dingolfing bekannt ist. Er imitiert in kleinerem Maßstab die Situation in der Kirche St. Martin zu Landshut, aus deren Chorbogen der 1495 vom Ulmer Bildschnitzer Michael Erhart geschaffene Kruzifixus herabhängt. Stilistisch sind beide Werke sehr verschieden, der Dingolfinger Kruzifixus erreicht auch nicht die Qualität des Landshuter. Beide wurden auf Untersicht gearbeitet. Auffällig in Dingolfing ist ein eigenartiges, anatomisch nicht ganz realistisches Verhältnis zwischen Schultern und Armen. Sehr breite Schultern sind zwar auch ein Merkmal des Bildschnitzers Hans Leinberger – man denke an den „Christus auf dem Rast" von Sankt Nikola in Landshut –, als Autor der 3,80 m großen Figur in Dingolfing kommt er allerdings trotz deren Zugehörigkeit zum Leinberger Umkreis nicht in Frage. Die Kopfstrahlen Christi sind barock, ebenso die Putti an den Kreuzenden; die Dornenkrone soll ebenfalls im Barock ausgewechselt worden sein. Das Antlitz ist von qualvollem Sterben gezeichnet, Mund und Augen sind geöffnet. Ein neues, vorbarockes Stilgefühl unterscheidet den Dingolfinger Herrgott von anderen, wenig älteren Kruzifixen um das Jahr 1500.

Eichstätt
Dom

• Mortuarium. • Als Westflügel des Kreuzgangs errichtet zwischen 1480 und 1510. • Baumeister Hans Paur.

Der Dom zu Eichstätt zeigt sich als erstrangiges Werk der Gotik nicht in seiner Ganzheit, sondern im Detail. Am wertvollsten sind das 1471 errichtete Westjoch des Wilibaldchores mit seinem den Rippen aufgelegten Astwerk, der Pappenheimer Altar mit dem virtuosen Sprengwerk und

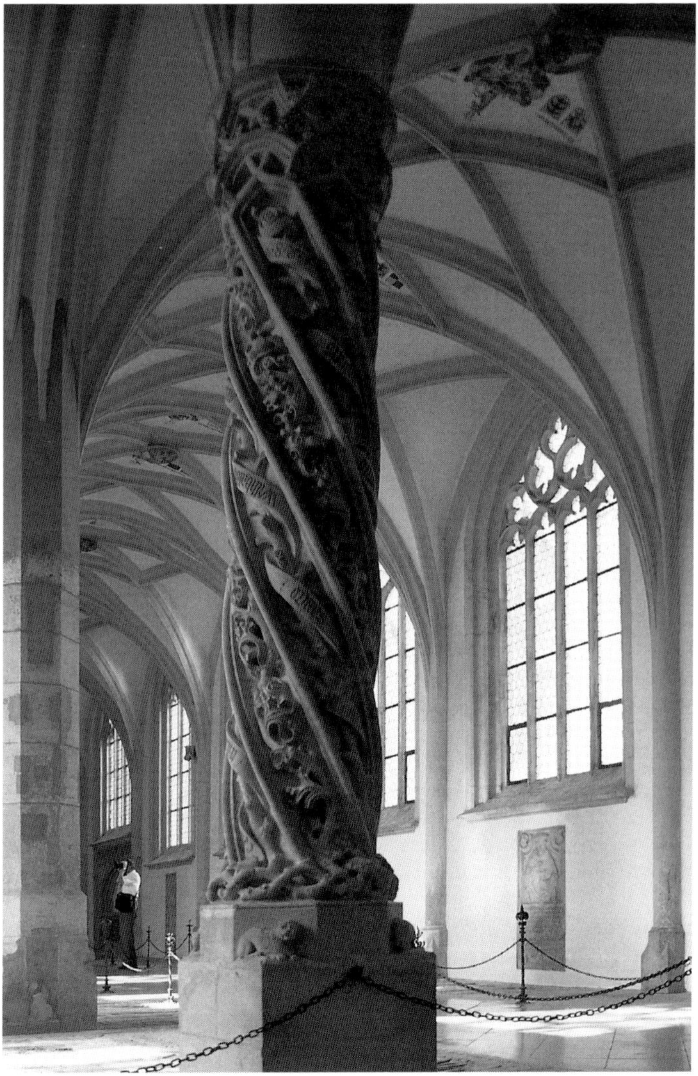

▲ *Eichstätt: Dom, Mortuarium mit „Schöner Säule".*

das Mortuarium. Die beiden Letzten sind das Werk Hans Paurs, eines wahrhaft modernen Meisters seiner Zeit.

Das Mortuarium im Eichstätter Dom wurde als Grablege des adeligen Domkapitels aufs Kostbarste angelegt. Zweischiffig erstreckt es sich in einer Länge von acht Achsen, die von sieben Pfeilern markiert werden. Der erste und der letzte Pfeiler sind gedreht, sonst alternieren achteckige und runde Pfeiler. Ein Netzgewölbe überspannt jochübergreifend die weite Halle. Die Grabsteine der Domherren liegen ebenerdig, die Wände zeigen kunstvolle Epitaphien. Renommierte Künstler wie Loy Hering und Hans Holbein d. Ä. waren an der Ausstattung beteiligt. Monumentale gedrehte Pfeiler erscheinen in der deutschen Gotik erstmalig 1469 – 1474 im doppelten Nordschiff des Braunschweiger Doms. Diese Form galt zu Recht als besonders kostbar, ein glatter Pfeiler war in seiner Bearbeitung wesentlich einfacher als die kostspielige und technisch herausfordernde Drehung eines gewundenen Pfeilers. In Eichstätt kommt am Nordpfeiler eine vollständige Bearbeitung der Binnenflächen mit Schriftband, Ast- und Laubwerk dazu. Es nimmt nicht wunder, dass er von alters her als die „schöne Säule" bekannt ist. Der Pfeiler scheint in Verbindung zu stehen mit dem Kreuzgang der ehemaligen Zisterzienserinnen-Abtei Himmelkron in Franken, der 1473 begonnen wurde.

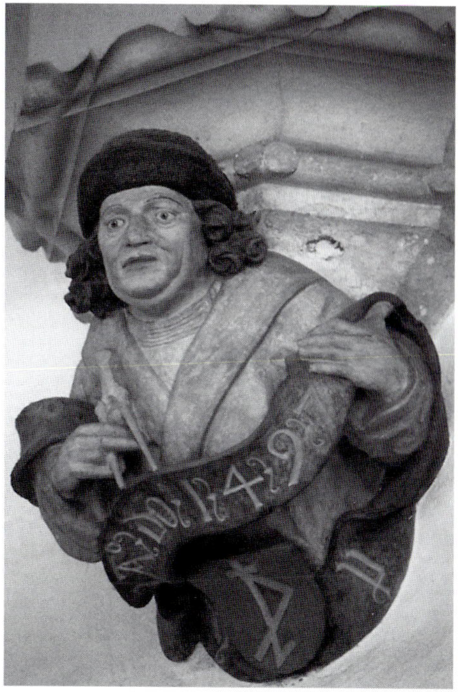

▲ *Eichstätt: Dom, Mortuarium, Selbstporträt von Hans Paur.*

Auf einer Konsole der Nordwand hat sich der Schöpfer des Mortuariums, Hans Paur, mit Architektenzirkel, Spruchband und dem Datum 1497 verewigt. Am unteren Teil der Konsole sind seine Initialen und auf einem Wappen sein Meisterzeichen zu sehen. Die architektonische Profilierung der Konsole fiel meisterhaft aus. Allem Anschein nach ist das Selbstporträt realistisch, es zeigt ganz individuelle Züge. Paur steht mitten im Leben und macht einen immer noch recht gesunden Eindruck, den die farbigen Fassung unterstreicht.

Gotik und Anonymität?

Mag auch die Feststellung Lucien Febvres zutreffen, dass sich in der Renaissance „der Übergang von einem Individualismus hinter Gittern zu einem solchen, der sich unter freiem Himmel entfalten kann" vollzogen habe, so war doch schon die Architektur der Gotik alles andere als anonym – ausgenommen der Norden Frankreichs zwischen 1130 und 1250, also die französische Gründungs- und Festigungsphase gotischer Baukunst, die für ganz Europa von entscheidender Bedeutung war. Peter-Cornelius Claussen erklärt dieses anfängliche Moment der Anonymität mit der Absicht der Erbauer der ersten gotischen Kathedralen, sie als Ergebnis eines mit Gottes Hilfe ereigneten „Wunders" erscheinen zu lassen. Bereits Meister der Spätromanik, wie Maestro Mateo aus Santiago de Compostela, genossen Ruhm und Berühmtheit. Für die deutsche Gotik ist wohl das erste bekannte Beispiel das des Entwerfers der geradezu überirdischen Kathedralfassade von Straßburg: Erwin von Steinbachs.

Aber nicht nur Namen sind in Mitteleuropa überliefert, seit dem fortgeschrittenen 14. Jh. sind auch zahlreiche Porträts der Baumeister eine normale Erscheinung in der Formenwelt der Sakralbauten, später auch der Profanbauten. Die meisten und schönsten Baumeisterporträts sind ein Spezialgebiet deutscher Gotik: beginnend mit Peter Parler im Triforium des Prager Veitsdoms über Konrad von Einbeck in der Moritzkirche von Halle an der Saale, Hanns Purghauser an der Martinskirche zu Landshut, Jörg von Halspach an der Münchener Frauenkirche (heute im Diözesanmuseum Freising), Adam Krafft am Sakramentshaus von Sankt Lorenz in Nürnberg bis zu Anton Pilgram an der Orgelempore des Wiener Stephansdoms. Daneben gibt es zahlreiche weniger bekannte Beispiele. Die Sujets sind ganz unterschiedlich: mal eine Nischenfigur, mal ein Epitaph, eine Konsole oder gar eine ganze Figur als „Atlant" wie Adam Krafft in Nürnberg.

Mitte und Norden Europas waren im Gegensatz zum redseligen Italien wenig mitteilsam. Architekten schrieben kaum oder gar nichts über ihre Werke. Ihre Spitzenleistungen sprechen für sich. Die Theorie hat nie die Qualität oder das Niveau eines Kunstwerkes bestimmt. Dass das Schweigen jedoch kein Zeichen für mangelndes Selbstbewusstsein war, belegen die schönen Porträts, die meistens Selbstdarstellungen sind.

Füssen
Hohes Schloss

I • Baubeginn 1269. Heutige Anlage 1486–1503. • Baumeister unbekannt.

Zwischen 1313 und 1803 war der Augsburger Bischof Landesherr von Füssen. Die bischöfliche Verwaltung hatte ihren Amtssitz im so genannten Hohen Schloss, das auch als Sommerresidenz diente. Bischof Friedrich II. von Zollern ließ die Anlage aus dem 13. und 14. Jh. in ihrer heutigen Erscheinung erweitern bzw. umbauen. Der Gebäudekomplex und seine Ausstattung waren so gut geraten, dass sie eine überaus würdige Residenz für Kaiser Maximilian I. abgaben, der hier mit seiner Gemahlin Maria Bianca Sforza den Sommer 1503 verbrachte. Die Burg ist eine spätgotische Reliquie, der die in der Nachbarschaft gelegenen historistischen Schlösser Ludwigs II., Neuschwanstein und Linderhof, den Rang abgelaufen haben. Kunsthistorisch gesehen ist das Hohe Schloss in Füssen von weit größerer Bedeutung als die Ludwigsschlösser. Die die Stadt beherrschende Burg hat bereits am Außenbau durch ihre aufwändigen Fassadenmalereien den Charakter einer ergötzlichen Residenz. Neben ihr wirkt alles Vergleichbare bescheiden, selbst die habsburgische Hofburg in

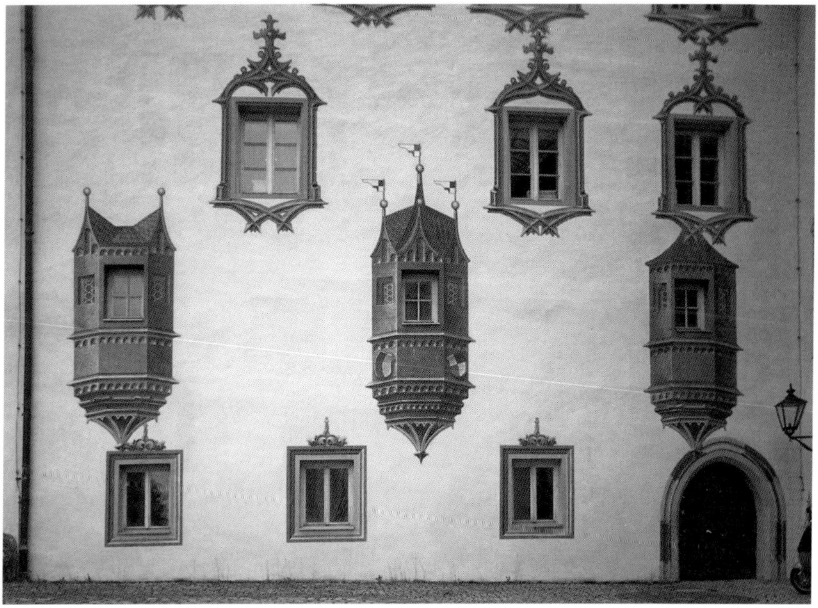

▲ *Füssen: Hohes Schloss, Fassade der Nordwestflügel.*

Innsbruck, die trotz der vollständigen Veränderung im Barock in ihrem ursprünglichen Zustand durch die realistischen Aquarelle von Dürer bekannt ist.

Nord-, West- und Südtrakt wurden um 1499 vollständig mit in den Putz geritzten Vorlagen ausgemalt. Die Malereien sind streng architektonisch und illusionistisch konzipiert. Sie täuschen eine reiche Architekturgliederung vor und richten sich nach den Fassadenöffnungen. Im ersten Obergeschoss des nordwestlichen Verbindungsflügels werden die kleinen Fenster von dreiseitigen „Erkern" umgeben. Die zwei folgenden Geschosse zeigen eine Fensterumrahmung in fein ausgeführten Profilüberkreuzungen, Krabbwerk und Kreuzblumen. Die Position der Erker wechselt lebendig an den verschiedenen Fassaden. Ein Licht-Schatten-Effekt sorgt für die volumetrische Wirkung. Die perspektivisch-naiv bemalten Eckkanten der Gebäudeflügel und Türme täuschen Quaderung oder Strebpfeiler vor. In diesem Ausmaß ist das Ganze einzigartig und von hohem Reiz. Vom Schlossinneren soll hier der Rittersaal mit seiner um 1500 prächtig geschnitzten Decke erwähnt sein. Heute sind im Schloss u.a. die staatliche und die städtische Gemäldegalerie untergebracht.

Füssen zeigt, dass die Fassadenmalereien doch ein bereits in der Spätgotik hoch entwickeltes Kunstmittel waren. Auf eine Blüte dieser Gattung muss man also nicht bis zur Renaissance warten. Insbesondere in Südbayern, Tirol und Vorarlberg sollte die Kunst der Fassadenmaler im Barock weite Verbreitung finden. Im Alpenraum war die teilweise Bemalung von Kirchenaußenwänden seit der Romanik keine Seltenheit.

Gaden (Markt Waging am See, Kreis Traunstein)
Sankt Rupertus

• Unter Verwendung romanischer Bauteile in der 2. Hälfte des 15. Jh. errichtet. • Baumeister unbekannt.

Der Außenbau ist schlecht als Werk der Gotik zu erkennen. Eine mehrfache barocke Zwiebelhaube bekrönt den Glockenturm. Die Ausgestaltung der Kirche als Zentralbau ist wegen der unregelmäßigen Grundrissdisposition in Form eines Pseudo-Achtecks mit quadratischem Chor und Westturm ebenso schwer erkennbar, wie auch das als Schopfwalm gestaltete Dach den zentrierten Grundriss nicht verrät. Das Innere präsentiert sich jedoch unverhüllt als zentral angelegter Raum unter einem weiten achtzackigen Sterngewölbe mit mittigem Schlussstein. Die unteren Rippen ruhen auf polygonalen Halbwandpfeilern und ergeben jeweils eine Stichkappe gegen den Wandabschnitt. Großfigurige Fresken auf den Gewölbekappen sind leider übertüncht. Bewusst übernimmt der spätgotische Bau die romanische Zentralbausubstanz und überformt sie in seinem Sinne. Einen Zusammenhang mit Ettal sah hier Richard Hoffmann, was durch eine Kopie des Ettaler Gnadenbildes in Gaden vielleicht bestätigt wird. Sankt Rupertus verkörpert den mittelstützlosen zentrierten Bau, wie er in der Gotik sporadisch vorkommt.

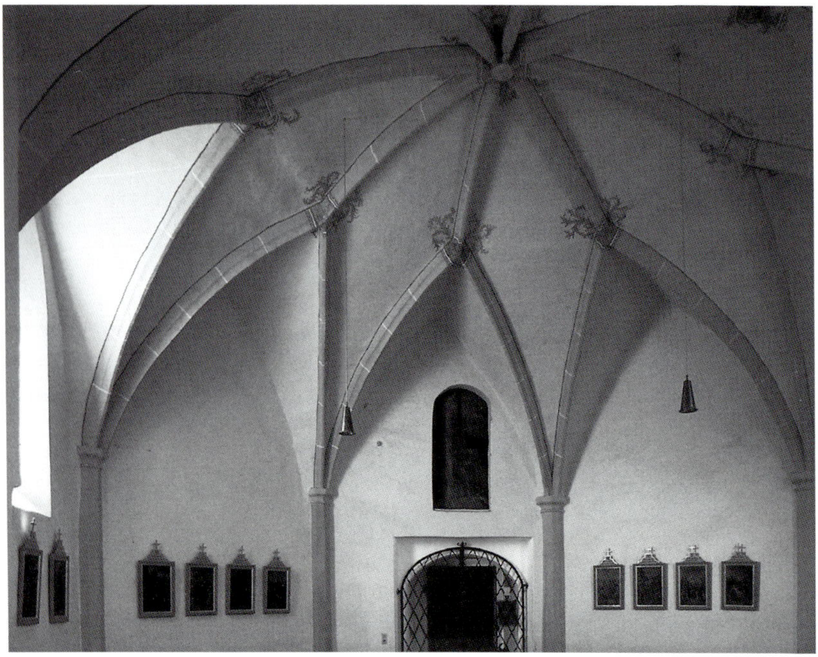

▲ *Gaden: Sankt Rupertus, Inneres nach Westen.*

Hausbach bei Vilshofen
Sankt Magdalena

• Spätromanischer Rundbau. • Umbau um 1470. • Baumeister unbekannt. I

Das Innere der romanischen Rundkirche wurde durch Wandstrebepfeiler nischenartig gegliedert und als Oktogon umgedeutet. Ein achtzackiges Rippensterngewölbe wird von dem mittigen Rundpfeiler gestützt. Der Bau ist von betonter Schlichtheit: Kleine Polygonalkonsolen fangen die Zackenspitzen des Sterns auf – ein weiteres architektonisches Glied findet man in der Kirche nicht. Das Äußere wurde bei dem spätgotischen Umbau mit einem hohen pyramidalen Dach versehen, das wie der gesamte Einstütz-Zentralbau an den ursprünglichen Zustand von Kloster Ettal erinnert.

Der Verlust der gotischen Anlage Ettals durch den Brand und den Umbau im 18. Jh. verleiht der kleinen Kirche von Hausbach ihre Bedeutung als einer der ganz selten anzutreffenden Bauten dieses Typus. Freilich war die abgegangene Ettaler Kirche im Unterschied zu Sankt Magdalena ein monumentaler Bau von internationalem Rang. Insofern stellt Hausbach nur einen kleinen Trost für diesen Verlust dar. Außerdem darf nicht vergessen werden, dass hier ein bereits vorhandener Bau lediglich gotisch verändert

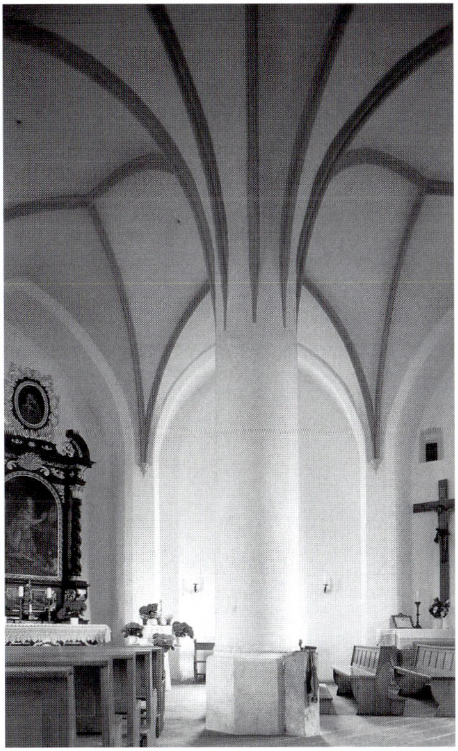

▲ *Hausbach bei Vilshofen: Sankt Magdalena, Inneres.*

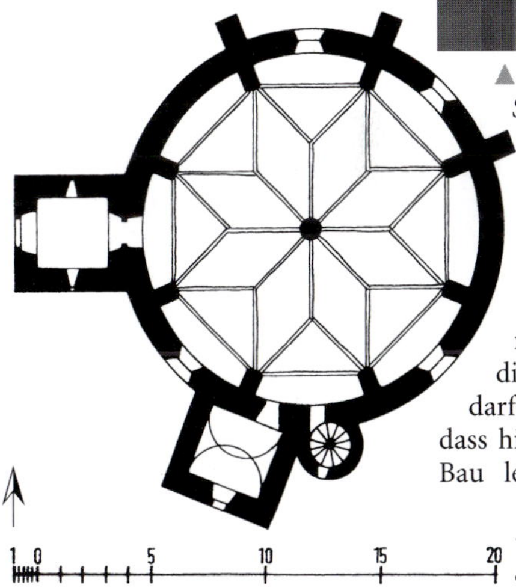

◀ *Hausbach bei Vilshofen: Sankt Magdalena, Grundriss.*

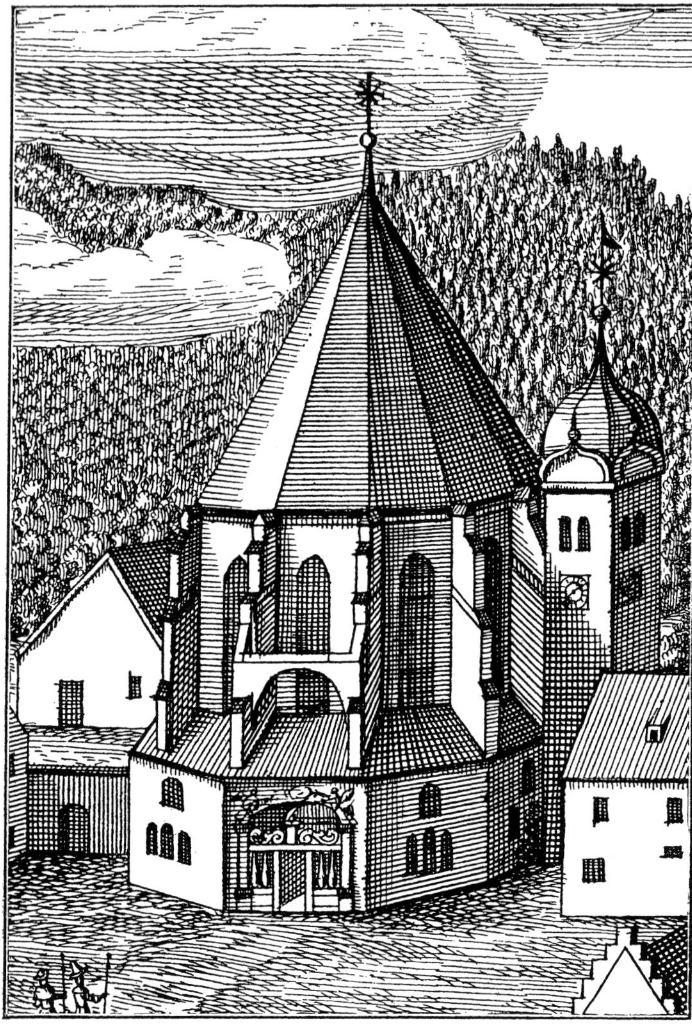

▲ *Kloster Ettal: Kupferstich aus der „Historico Topographica Descriptio" von Wening, 1701.*

wurde. Während der romanischen Zeit gab es nicht die Möglichkeit, auf das erst 1330 gestiftete Ettal zurückzugreifen. Das ursprüngliche Marienpatrozinium in Hausbach könnte eine Erklärung der gewählten Rundform bieten, denn einige frühe, der Jungfrau geweihte Kirchen weisen einen solchen Grundriss auf, so die Kapelle auf der Würzburger Veste. In Europa sind große Zentralbauten der Gotik mit einer Mittelstütze nur als Kapitelhäuser bei den Kathedralen Englands erhalten.

Ingolstadt
Liebfrauenkirche

• Gegründet 1425. • Chor begonnen 1429, geweiht 1439. • Westwerk im Bau bis 1447. • Langhauswände und Wölbungen 1460–1520. • Wölbemeister der Seitenschiffskapellen Erhard und Ulrich Heidenreich aus Regensburg, der mit seinem Parlier Henninger die Bauleitung der Kirche bis 1536 innehatte.

Bei der Teilung der wittelsbachischen Lande 1392 wurde Ingolstadt unter Stephan III. wie München und Landshut Residenzstadt. Seine Linie erlosch bereits 1447 mit dem Tod von Ludwig dem Gebarteten. Er verbrachte 24 Jahre in Paris am Hof seiner Schwester Isabeau de Bavière, Gattin des französischen Königs Karl VI. 1415 kehrte Ludwig nach Ingolstadt zurück, ließ das Schloss errichten und beeinflusste den ursprünglich als Bürgerkirche konzipierten Bau von Liebfrauen als Grablege zur Schaustellung seiner Dynastie. Allerdings kam es nicht zur Errichtung seiner Tumba. Ein hervorragendes skulptorisches Visier der nicht ausgeführten Grabplatte schuf 1430 Hans Multscher aus Ulm und ist heute im Bayerischen Nationalmuseum in München zu sehen. Ludwig brachte aus Paris außerordentlich kostbare Werke der Goldschmiedekunst mit. Für den sakralen Anteil dieser Schätze scheint er ebenfalls eine Heiltumskammer in der Kirche geplant zu haben. Sie wäre wahrscheinlich am Westwerk zwischen den Türmen über der unvollendet gebliebenen Portalhalle platziert worden. Trotz der nicht realisierten Projekte hinterblieb ein gewaltiger Kirchenbau, der zumindest teilweise auf Ludwigs Förderung zurückgeht, wenn er auch erst lange nach dessen Tod vollendet wurde.

Liebfrauen ist eine kolossale dreischiffige Pseudobasilika zu acht Achsen mit zwischen den Strebepfeilern platziertem, durchgehenden Kapellenkranz. Das Auffälligste an der Kirchendisposition ist die schräge Stellung der Türme, die im Grundriss eine chorartige „Abrundung“ bewirkte. Übereck gestellte Türme gab es vorher in der Kirchenarchitektur Europas nirgends. Dieser Gedanke, der einige Male im Barock wieder

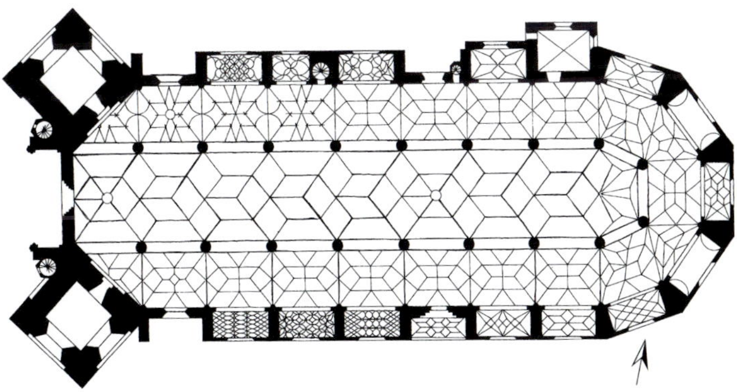

▲ *Ingolstadt: Liebfrauenkirche, Grundriss.*

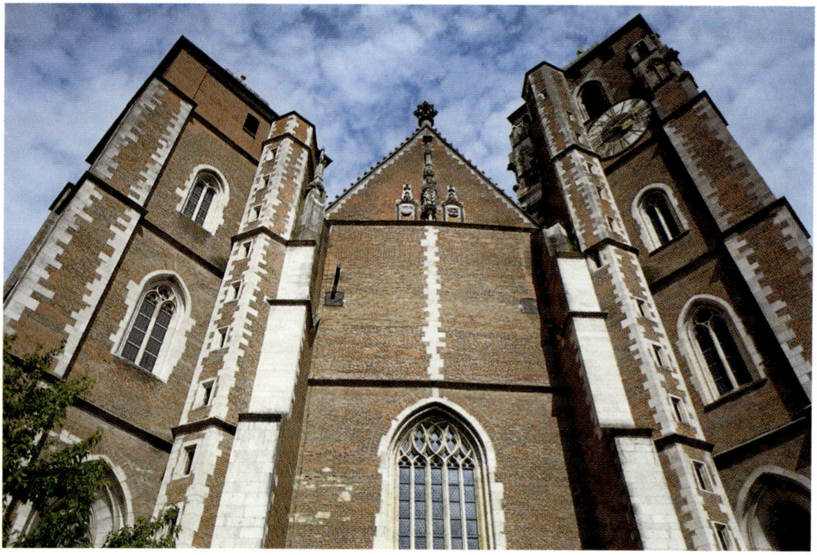

▲ *Ingolstadt: Liebfrauenkirche, Westfassade.*

aufgenommen wurde, ist voller Originalität. In der Gotik fand er nur an der wesentlich später begonnenen Westseite der Benediktinerkirche St-Ouen zu Rouen in der Normandie einen Widerhall, was allerdings im 19. Jh. durch eine neogotische Fassade zunichte gemacht wurde. Ob die Türme durch ihre Schrägstellung für Verteidigungsaufgaben geeignet waren, bleibt offen. Die Kirchenwestseite steht tatsächlich dicht an der Stadtmauer in der Nähe des schönen Kreuztors. Andererseits lässt der polygonale Westschluss an einen Chor denken. Allerdings bleiben die Pfeilerreihen geradlinig und folgen nicht wie im Osten der Chorschlussform. Andernfalls stünde man hier vor einem mit der Hofkirche zu Dresden vergleichbaren Grundriss, nur 300 Jahre älter!

Die wuchtige, klare Masse der Kirche mit dem riesigen Dach (das sogar etwas höher als die Umfassungsmauer ist) stellt einen weiteren Schritt in Richtung Vereinfachung des Baublocks dar – im diametralen Gegensatz zur französischen Spätgotik, die sich bei Bewahrung der konventionellen Basilikalstruktur von tausend Ornamenten überwuchern lässt. Die Klarheit des Gebäudes geht nicht auf das Baumaterial, den Backstein, zurück. Denn dieselbe Entwicklung belegen zahlreiche in Haustein errichtete Kirchen, so in Amberg, Dinkelsbühl oder Erfurt. Die plastischen Motive an Portalen und Fenstern wurden in Ingolstadt aus Naturstein gearbeitet. Unter der Dachtraufe läuft ein Putzbogenfries mit bemaltem Maßwerk. Die Modernität dieser Architektur zeigt sich in der fast rabiaten Selbstsicherheit, mit der der Baublock entworfen und ausgeführt wurde.

Im Inneren ist die fensterlose Erhöhung des Mittelschiffs um ca. 5 m über den Seitenschiffen für die Beleuchtung des Hauptgewölbes unbe-

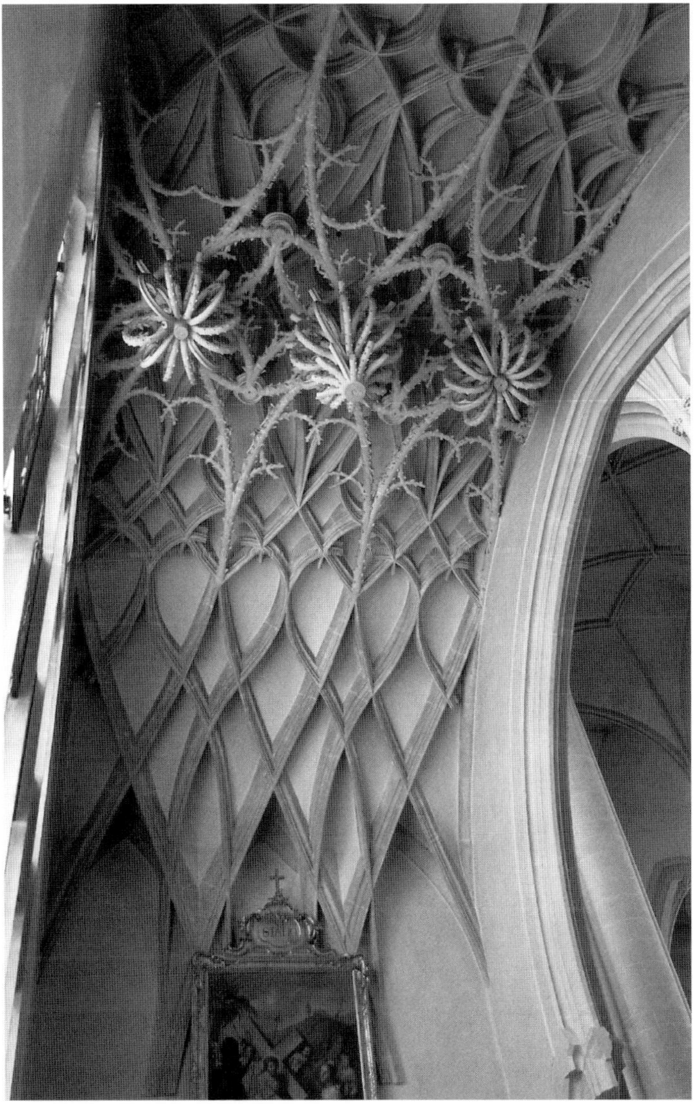

▲ *Ingolstadt: Liebfrauenkirche, Gewölbe der Annenkapelle.*

friedigend. Ob diese oft eher negative Eigenschaft der so genannten Pseudobasiliken oder Staffelhallen hier vorgesehene Wirkung war, lässt sich schwer sagen. Die wertvollsten Gewölbe finden sich nicht über dem Hauptschiff und den Seitenschiffen, sondern in den die Schiffe umgebenden Kapellen. Diese offenbaren eine phantastische Steigerung der Wölbekunst, die ihresgleichen sucht. Die sechs Kapellen der westlichen

Bauhälfte zeigen flache Tonnen mit modernen Rippennetzen, aus denen sich so genannte Luftrippen lösen. Das luftige Rippenwerk wurde im Sinne vegetabilisierter Architekturglieder naturalistisch gelöst. Mit höchster Feinheit ist hier dorniges Astwerk imitiert worden. Damit nicht genug, es finden sich offene, hängende „Schlusssteine", die wie Korallknäufe aussehen. Das Ganze ist jedoch nicht willkürlich, sondern streng geometrisch angeordnet. Mit diesen Gewölben stießen hier die Baumeister an die Grenzen des Machbaren – eine weitere Verfeinerung ist kaum denkbar. In der Exotik der gewonnenen Formen ist Ingolstadt nur noch die manuelinische Kunst Portugals an die Seite zu stellen. Dort wurde jedoch nie das räumlich-geometrische Können, das der deutschen Gotik eigen ist, erreicht.

Kaisheim
Kirche des ehemaligen Zisterzienserklosters

• Heutiger Kirchenbau 1352 begonnen und 1387 geweiht. • Vierungsturm 1459 errichtet, 1695 und 1780 verändert. • Baumeister der Kirche unbekannt. Meister der ursprünglichen Bekrönung des Vierungturms Heinrich und Hans Feldkirchner.

Mit einer Länge von 80,5 m, einer Breite von 27,7 m und einem 24 m hohen Mittelschiff gehört die Kirche zu den großen Anlagen der Zisterzienser. Ein dreischiffiges, achtjochiges Langhaus kontrastiert mit dem weit reicher gegliederten, nur dreijochigen, aber fünfschiffigen Chor, dessen Schluss innen sieben Seiten des Zwölfecks, außen elf Seiten eines Zwanzigecks zeigt. Das Querhaus wurde unsymmetrisch gestaltet, der südliche Arm ist länger als sein Pendant im Norden. In der Ostansicht fallen das hohe, halbrunde Pultdach des Umgangs und die übertrieben spitzen Lanzettenfenster des Obergadens auf. Unter der Dachtraufe des Hochchors erkennt man kleine Rundöffnungen, die in der Bettelordensarchitektur süddeutscher und schweizerdeutscher Städte häufig vorkommen. Bis auf eine Ausnahme fehlen die Fialen der Umgangsstrebepfeiler. Als störend erweist sich das Fehlen der ursprünglichen Vierungsturmbekrönung, die 1545 und erneut 1602 vom Blitz zerstört wurde; die erhaltene barocke Laterne hat eine eigenwillige Gestalt. Der Vierungsturm war von vornherein geplant und gehört konstruktiv mit der 1387 geweihten Kirche zusammen. Er wurde, wie weite Teile der Kirche, in Backstein ausgeführt. Vierungstürme sind in der deutschen Gotik außer im Elsass selten und erreichen nie die Qualität englischer, normannischer und spanischer Beispiele. Das Vorkommen eines solchen Turmes in der Zisterzienserarchitektur ist ebenfalls eine Seltenheit.

Die ehemals überaus bedeutende spätgotische Kirchenausstattung fiel der Barockisierung zum Opfer. Sogar das Sakramentshaus von Adam Krafft aus Nürnberg wurde zerstört! An der Einrichtung des 17. und 18. Jh. ist der große Hauptaltar störend, insofern durch ihn der Chorschluss versteckt wird, auch wenn Teile des lichten Obergadens noch

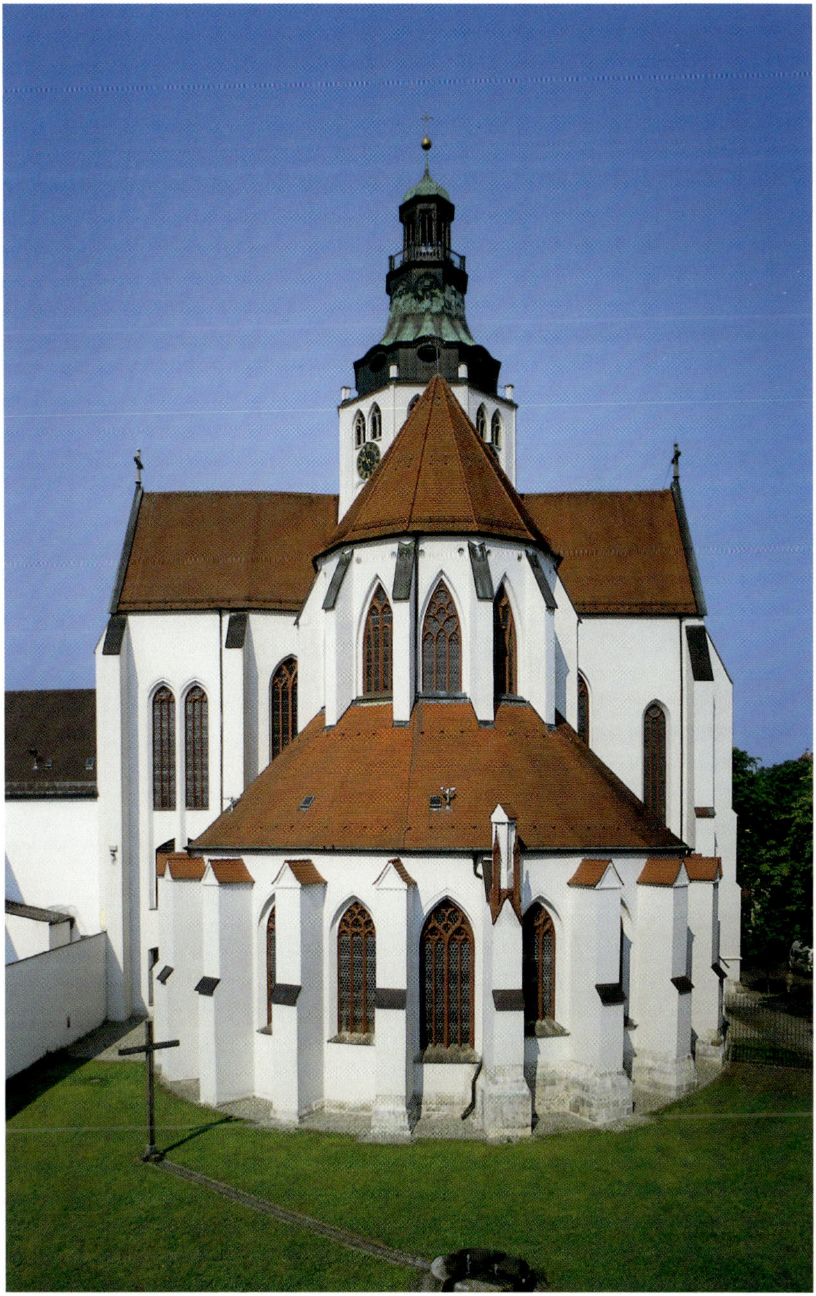

▲ *Kaisheim: Kirche des ehemaligen Zisterzienserklosters von Osten.*

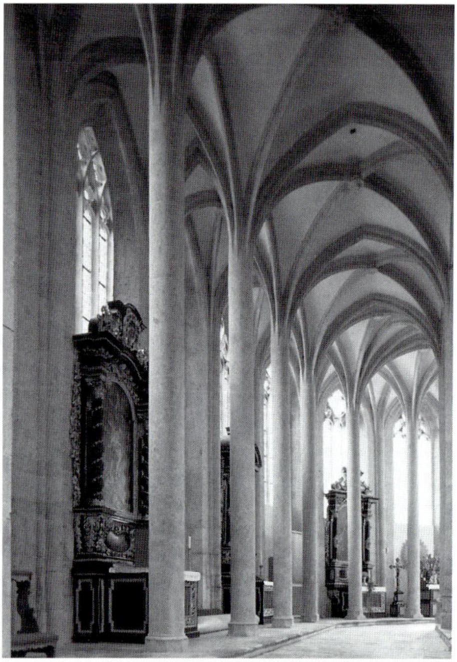

sichtbar bleiben. Von besonderer Qualität ist die Architektur des Chorumgangs. Der Binnenchor wird von einem lichten Raum ummantelt, der sich durch schlanke, kapitelllose Freipfeiler und ein recht enges Außenschiff kennzeichnet, das anstelle von Umgangskapellen auftritt. Es besteht kein Zweifel, dass sich der architektonische Aufwand auf diese Baupartie konzentrierte. Die Verwandtschaft mit der zeitgenössischen Architektur der Parler ist nicht zu übersehen. Zusammen mit dem Umgang der Oberen Pfarre in Bamberg ist dieser Umgang im heutigen Bayern der schönste seiner Zeit.

◀ *Kaisheim: Kirche des ehemaligen Zisterzienserklosters, nördlicher Chorumgang.*

Landsberg am Lech
Schmalzturm

• Errichtet Ende des 13. oder Anfang des 14. Jh. • Aufgestockt um 1450. • Dachausbesserung nach 1678. • Restauriert ab 1836.

Abgesehen von der Westseite zum Lech hat sich die alte Ummauerung von Landsberg nahezu vollständig erhalten. Zur ersten Befestigung gehört der Schmalzturm, der früher als „schöner Turm“ bekannt war. Er steht auf dem höchsten Punkt des Hauptplatzes und war damals durch eine Mauer mit der herzoglichen Burg verbunden. Einziger Ausgang der Gründungsstadt nach Osten war dieser Turm, verbunden mit einer Zollstelle.

Im Zuge der spätmittelalterlichen Stadterweiterung verlor der Turm seine fortifikatorische Funktion und wurde zum Stadtturm und repräsentativen Denkmal. Um die Mitte des 15. Jh. bekam er sein heutiges Aussehen, abgesehen von Detailrestaurierungen, zum Beispiel dem größeren Segmentbogenfenster aus dem 17. Jh. oberhalb des Uhrenschutzdaches oder dem frühklassizistischen Knauf der Laternenspitze. Das bunte Ziegeldach, das zuletzt um 1900 renoviert wurde, ist durch alte Stadtansichten belegt. Es handelt sich um ein beliebtes spätgotisches Motiv, das in Süddeutschland, insbesondere in der Deutschschweiz verbreitet war. Im bayerischen Raum war das bedeutendste Beispiel eines

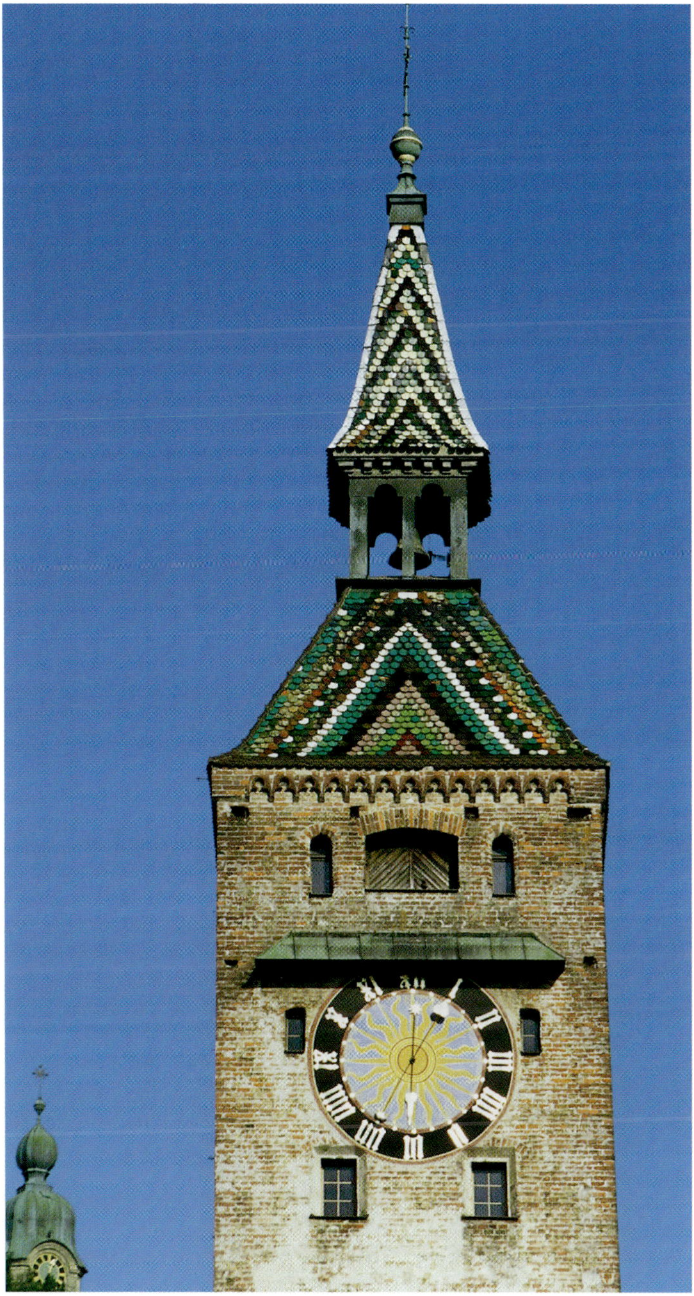

▲ *Landsberg am Lech: Schmalzturm von Westen.*

Dachs mit Mustern aus mehrfarbig glasierten Pfannen über dem Klosterbau von Ettal zu sehen, wie eine Zeichnung von 1560 belegt. Das winkelige Muster kommt in der Schweiz häufig vor (Bruggerturm in Baden, Zytturm in Zug). Die Farben der glasierten Dachpfannen in Landsberg dürften kaum der des Stadtwappens entsprechen; sie erscheinen in einer differenzierten Palette: Grün, Türkis, Braun, Rosa, Rot, Weiß! Das schöne Dach verdeutlicht die Absicht, aus dem Turm eine „Kostbarkeit" zu machen. In diesem Sinne erhielt er im 16. Jahrhundert eine aufwändige figurale und ornamentale Bemalung, von der heute lediglich Quellen und wenige Befunde am Bau selbst zeugen. Die große Uhr an der Westseite wurde im 15. Jahrhundert eingeplant – wenn nicht bereits in einer ersten Fassung vorhanden. Seit 1537 belegen Nachrichten, dass der städtische Türmer im obersten Geschoss saß und von hier aus Feueralarm zu blasen hatte.

Viel bekannter als der Schmalz- oder Schöne Turm ist das Landsberger Bayertor von 1425, das eine ungewöhnlich reiche nischen- und rahmenartige Gliederung und schöne Skulpturen aufweist. Es gehört in die Gruppe der betont ästhetisch gestalteten Tortürme, die zu dieser Zeit in vielen Orten des Deutschen Reiches entstanden und deren Hauptwerke wohl in Lübeck und Neubrandenburg zu finden sind. Während man im norddeutschen Raum viel Wert auf eine architektonische Gliederung von Tortürmen legte, waren sie im Süden vor allem figürlich bemalt – meist durch Künstler von Rang. Das nahe liegende Beispiel sind die längst verschwundenen Malereien an den Haupttortürmen in München, die vom Stadtmaler Jan Polock stammten.

Madonna in der Stadtpfarrkirche

I • Bildschnitzer Hans Multscher. • Um 1440.

Der Ulmer Meister Hans Multscher war in der ersten Hälfte des 15. Jh. der wohl bedeutendste Bildhauer Mitteleuropas. Durch sein Schaffen wurde die Zeit des „Schönen Stils" überwunden und ein neuer, stark persönlicher Stil geschaffen. Die Landsberger Madonna soll die Hauptgestalt des abgegangenen Hochaltars der Kirche sein. Sie steht seit dem Barock in einem für die Figur etwas befremdlichen marmorierten Lambrequin-Altar an der Evangelienseite des Chores. Die Marien-Kind-Gruppe ist in Lindenholz geschnitzt und weist die für gesicherte Multscherfiguren typische, sonst ungebräuliche rosa Zwischenschicht der Farbgrundierung auf. An der Urheberschaft Multschers wird nicht gezweifelt, wenn auch keine Urkunden vorliegen, die dies zusätzlich belegen. Stilistisch handelt es sich um ein vollends gereiftes Werk des Meisters. Mutter und Kind sind zu einem festen Block verklammert. Das Jesulein hält mit der Linken die Weltkugel und greift fest in das Tuch der Mutter, um nicht aus der Balance zu geraten. Es wirkt als Darstellung eines Kindes völlig überzeugend, graziös und keineswegs als „miniaturisierter Erwachsener", wie so oft in früheren Perioden gotischer Skulptur. Darüber hinaus sind Mutter und Kind individuell charakterisiert. Multscher muss ein echtes

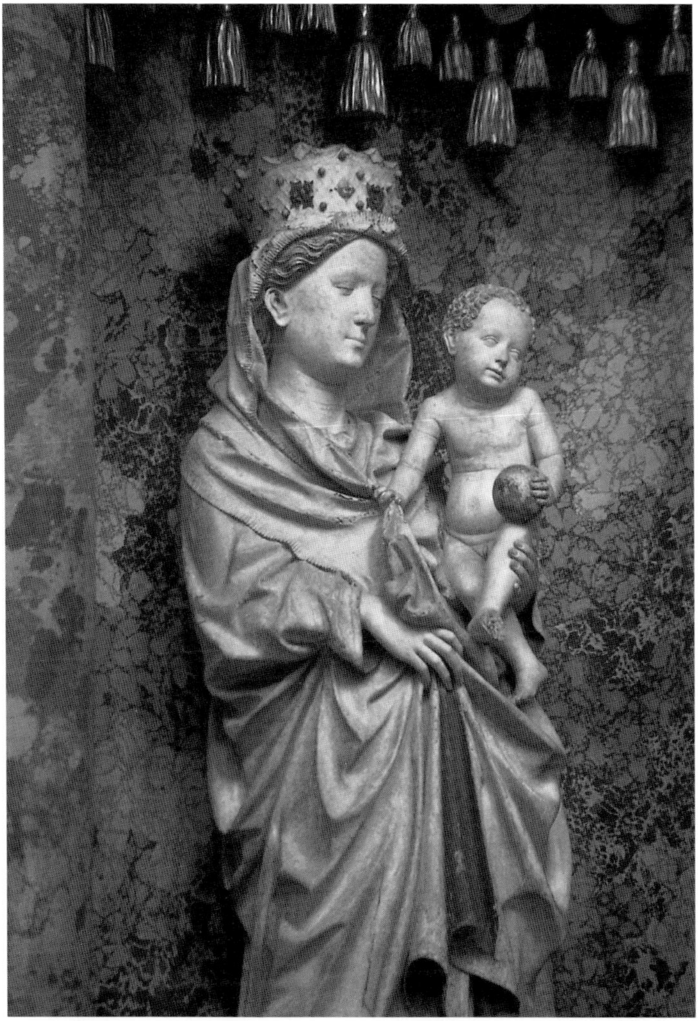

▲ *Landsberg am Lech: Madonna von Hans Multscher in der Stadtpfarrkirche.*

Weib mit Kind vor Augen gehabt haben (Barbara Meier-Lörcher): Die Ohren stehen ab und der Hals ist durch die Kopfdrehung faltig. Die Komposition wirkt außerordentlich solide mit einer meisterhaften Faltenführung. Der Fassmaler überzog die Mutter-Kind-Gruppe mit einer zartfarbenen, durchscheinenden Malhaut.

Der Innenraum der Stadtpfarrkirche zu Landsberg gehört zu den größeren Werken bayerischer Gotik, die durch die Barockisierung ihren Reiz als mittelalterliche Bauten eingebüßt haben.

Landshut an der Isar
Stadtgestalt

• Stadt 1204 von Herzog Ludwig dem Kehlheimer gegründet. • Erste und zweite Stadterweiterung vor und nach 1250, dritte Anfang des 14. Jh., vierte 1338, fünfte und letzte Erweiterung um 1350.

Landshut zählt zweifellos mit seiner hervorragend erhaltenen mittelalterlichen Bausubstanz zu den schönsten Städten Mitteleuropas. Diese Schönheit beruht auf der außerordentlich klaren Stadtstruktur, die in zeitlich dichter Erweiterungsabfolge entstand. Die topographische Lage zwischen Isar und Berghängen trug dazu bei, dass hier ein städtebauliches Kunstwerk von höchstem Rang entstehen konnte.

Die etwa parallel verlaufenden Hauptstraßen der Alt- und Neustadt, der intime Raum der „Freyung", die homogene Parzellierung, die Kirchtürme als Hauptakzente und die krönende Burg Trausnitz sorgen für eine ungemein festliche und fröhliche Stadtatmosphäre. Durch die großzügige Breite der Hauptstraßen fällt der Blick ungehindert auf die stolzen Giebelfassaden, die in Form und Farbe äußerst lebendig variiert wurden. Die engen transversalen Verbindungsgassen werden von Häusertraufen umsäumt. Die bewaldeten Hänge bilden eine schöne Naturkulisse für Häuser und Monumentalbauten. Die Stadtstruktur wurde mit einer Konsequenz und Stringenz geschaffen, wie sie wohl nur noch in Bern und im wiederaufgebauten Danzig zu finden ist.

Die „triumphale" Einfahrt zur Stadt erfolgt von Norden her. Nachdem man die barockisierte Abtei Seligenthal hinter sich gelassen hat, überquert man zunächst die Kleine Isar und dann den Hauptarm des Flusses. Dort beginnt die „Altstadt" mit der Anlage des Spitals und der dazugehörigen Kirche zum Hl. Geist, ein erstes Meisterwerk der Spätgotik. Danach öffnet sich in sanfter Kurve die glänzende Parade von Giebelhäusern, beherrscht von dem Schwindel erregend hohen Turm von Sankt Martin. Von alters her wurde die Stadtgestalt als kostbar empfunden. So ließ 1571 Herzog Albrecht V. von Bayern durch den Drechslermeister Jakob Sandtner ein Stadtmodell in Holz erstellen (heute im Bayerischen Nationalmuseum, München). Seit 1973 betreibt die Stadt Landshut den Modellbau des Stadtkerns – Sandtners Modell wurde nachgebildet, ein weiteres, sehr exaktes Modell entstand neu.

Tatsächlich lässt sich das spätgotische Ensemble Landshuts am besten auf Luftfotos oder anhand von Modellen betrachten (siehe Seiten 70/71). Aus dem Meer der Giebelhäuser ragen vor allem Sankt Jodok (links) und Sankt Martin unterhalb der Burg (rechts) heraus. Am Ende der Neustadt erkennt man das Jesuitenkolleg mit der Kirche. Die Neustadt selbst verkörpert den typischen lang gestreckten Straßenmarkt. Zwischen Sankt Jodok und der Spitalkirche (im Bild unten links) stehen das ehemalige Dominikaner- und das Ursulinenkloster. Der höchste Giebel der Altstadt ist der des Rathauses, in seiner heutigen Form neugotisch. Schräg gegenüber steht die Residenz aus der frühen Renaissance. Zu den zahlreichen Denkmälern der Gotik in Landshut zählen weite Teile der Burg, Anwesen

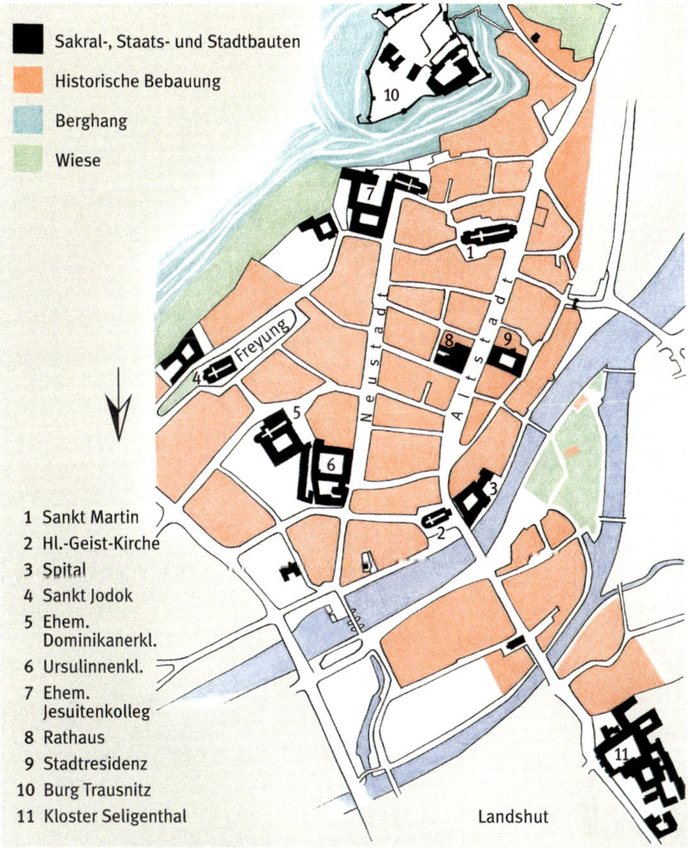

▲ *Landshut: Stadtgrundriss.*

des Adels und des Bürgertums mit schönen Gewölben und nicht zuletzt die auf dem Luftfoto nicht sichtbaren Kirchen Sankt Nikola und Heilig Blut – ebenfalls einen Besuch wert. Die ehemalige Dominikanerkirche ist zum größten Teil barockisiert worden. Die frühgotische Kirche der Franziskaner fiel der Säkularisation zum Opfer, ihr Kreuzgang dagegen blieb erhalten. Die späteren Veränderungen oder Bereicherungen an Hausfassaden und die punktuellen Neubauten des Barock fügen sich in die ältere gotische Stadtstruktur ein, ohne deren Dominanz in Frage zu stellen.

Das heute als „Freyung" bekannte Viertel um Sankt Jodok entstand 1338 nach dem Willen des Landesherrn und mag mit seinen kleineren Handwerkerhäusern ein mindergewichtiger Stadtteil geblieben sein. Dennoch sind dort das Wohnambiente und das Ensemble von Kirche und Vorplatz von hervorragender Qualität. Der das Geviert beherrschende 77 m hohe Turm von Sankt Jodok ist ein vorzüglicher Spross spätgotischer Baukunst.

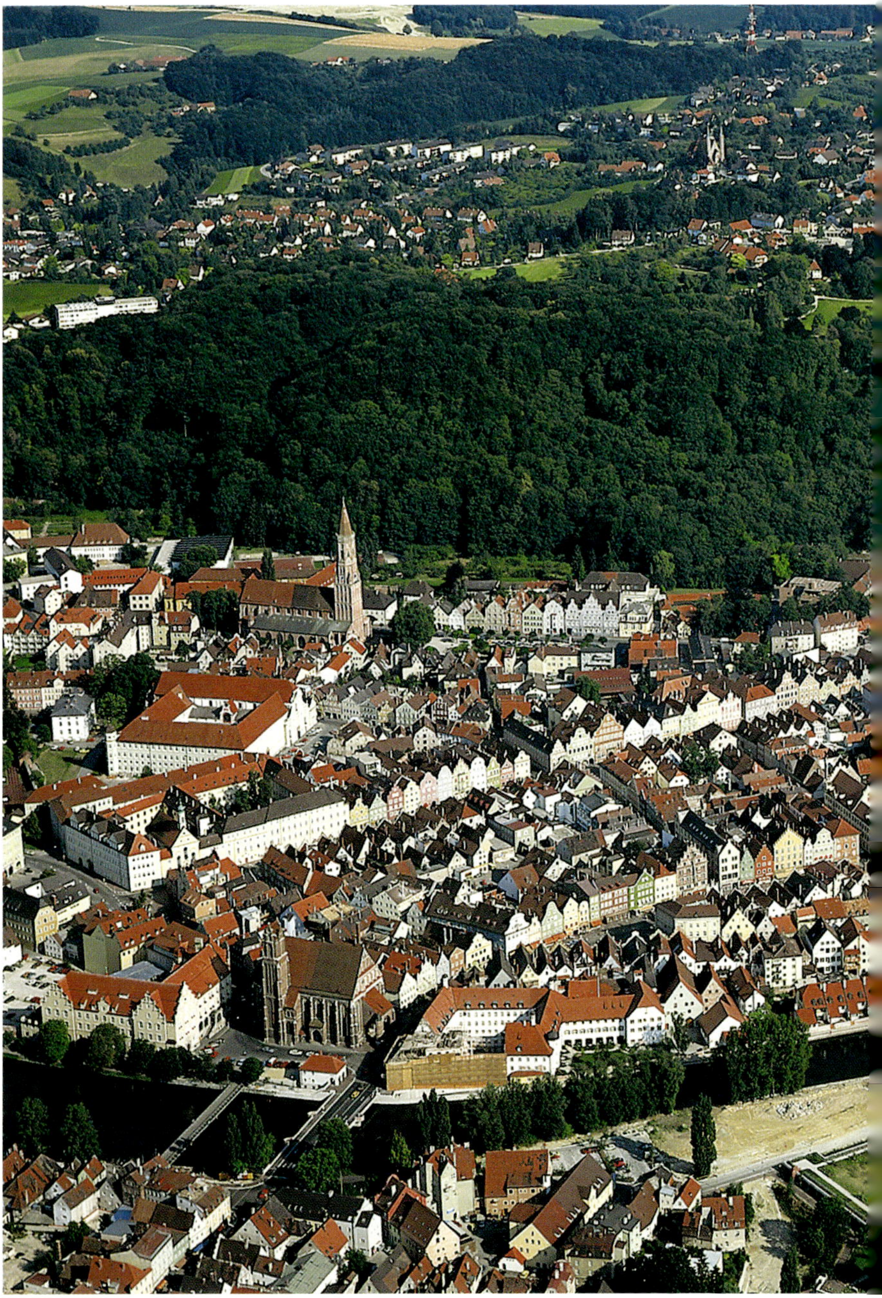

▲ 45. *Landshut: Luftaufnahme.*

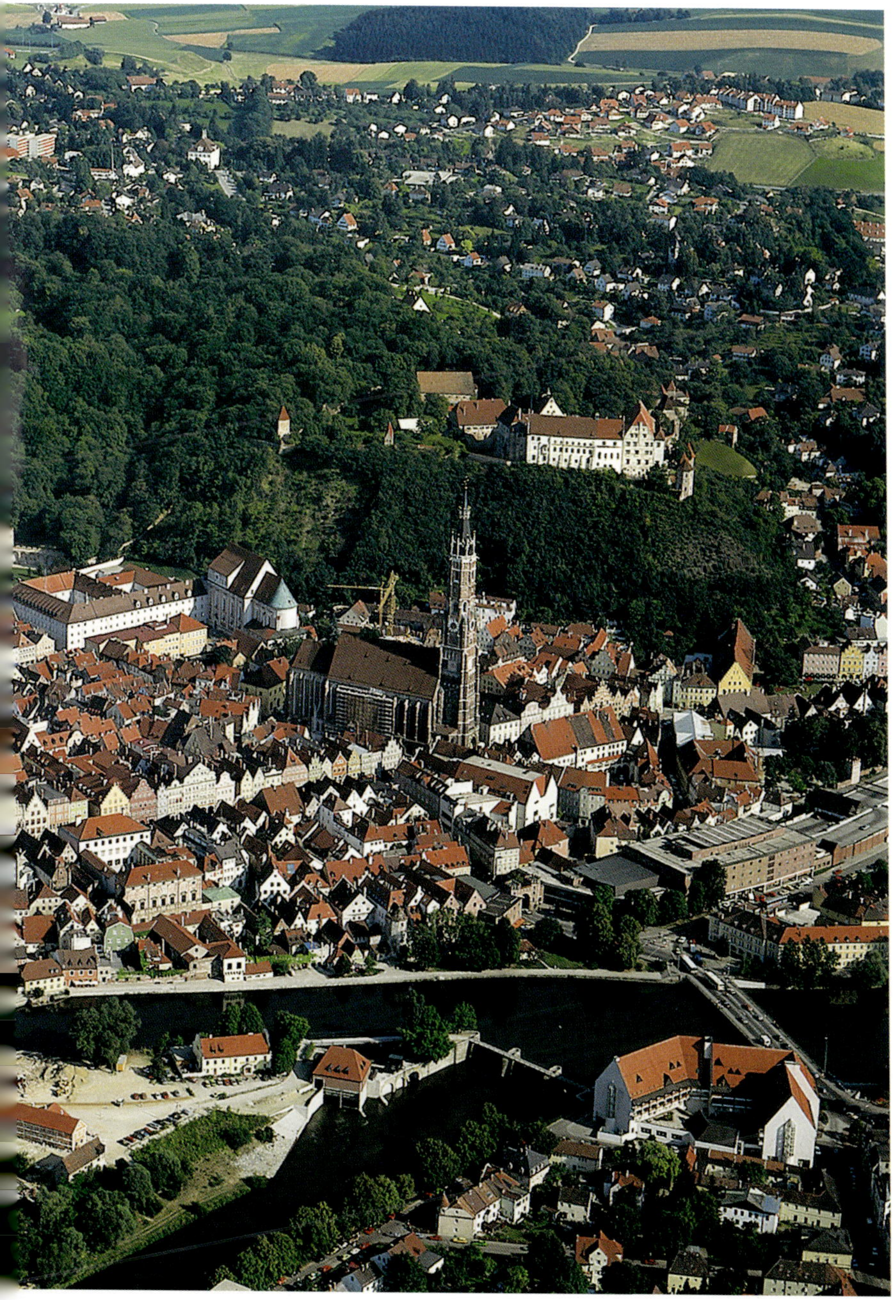

Afra-Kapelle im Zisterzienserinnenkloster Seligenthal

I • Geschnitzte Stifterfiguren um 1300. • Bildhauer unbekannt.

Die als Hochrelief gearbeiteten Figuren, die früher die Deckplatte eines hölzernen Hochgrabes zierten, sind seit etwa 1613 in einem Gehäuse über dem Emporenpfeiler der gotischen Afrakapelle aufgestellt und stellen Herzog Ludwig I. von Bayern und seine Gemahlin Ludmilla dar. Nach dem Bericht der Altaicher Annalen hatte Ludwig im Jahr 1204 Burg und Stadt Landshut zu bauen angefangen. Er gilt als der eigentliche Stadtgründer. Zu seiner Gemahlin hatte er sich Ludmilla, eine verwitwete Gräfin von Bogen, erkoren, die außer einem ansehnlichen Landbesitz auch das weißblaue Rautenwappen der Grafen von Bogen mit in die Ehe brachte, das seitdem die Geschichte Bayerns begleitet. Nach der Ermordung Ludwigs an der Donaubrücke zu Kelheim im Jahr 1231 gründete Ludmilla zum ewigen Gedenken an der Stelle einer alten Kapelle jenseits des Flusses das Kloster Seligenthal, wo sie nach ihrem Verscheiden 1240 zunächst in der Afrakapelle beigesetzt wurde.

Die Figuren sind aus Föhrenholz geschnitzt, während Haare und Verzierungen in Stuck ausgeführt wurden. Der Stil ist edel-aristokratisch: Wie eine Marienfigur wirkt die leicht kurvierte Ludmilla mit Zepter und Apfel – sie strahlt große Würde aus. Der etwas weniger überzeugende, bärtige Ludwig trägt das Bayernwappen, hinter dem sein Schwert zu

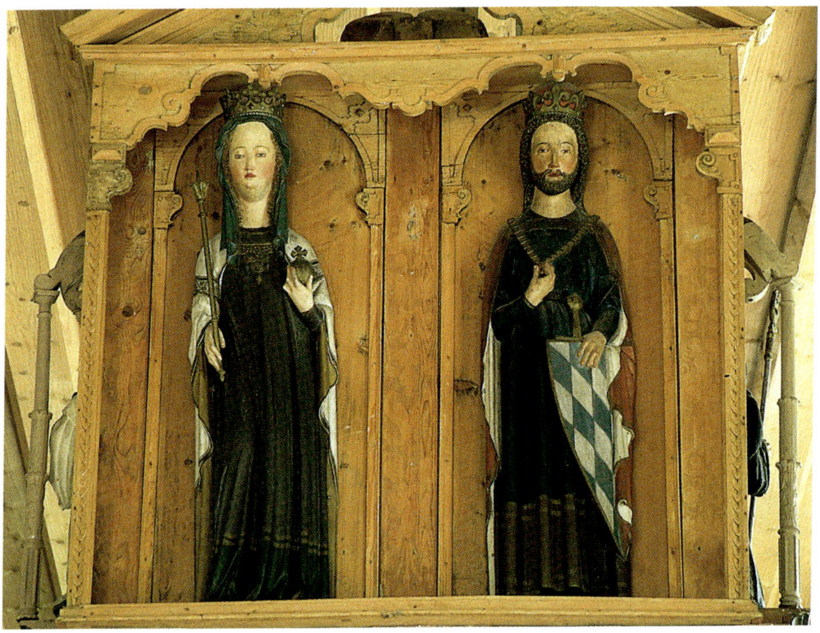

▲ *Landshut: Afrakapelle im Kloster Seligenthal, Stifterfiguren.*

sehen ist. Mit der Linken fasst er das Ende seiner Goldkette. Es handelt sich um hieratische, streng frontale Darstellungen, also typische Herrscherbilder der Hochgotik. In der Abtei Seligenthal wurden zwischen 1259 und 1579 über vierzig Angehörige der wittelsbachischen Familie beerdigt. Es bestand eine enge Bindung zwischen dem Landesherrn und seinem Hauskloster.

Lauben der „Altstadt“

• Lauben entstanden bereits im 13. Jahrhundert, verändert bis ins 16. Jahrhundert.

In Landshut sind Lauben ausschließlich an einer Straßenseite der Altstadt vorhanden, ähnlich wie bei der relativ nah gelegenen salzburgischen Stadt Mühldorf. Die Lauben liegen nur vor den ehemaligen Kaufmannshäusern zwischen Steckengasse und Nahem Steig. Das Westportal

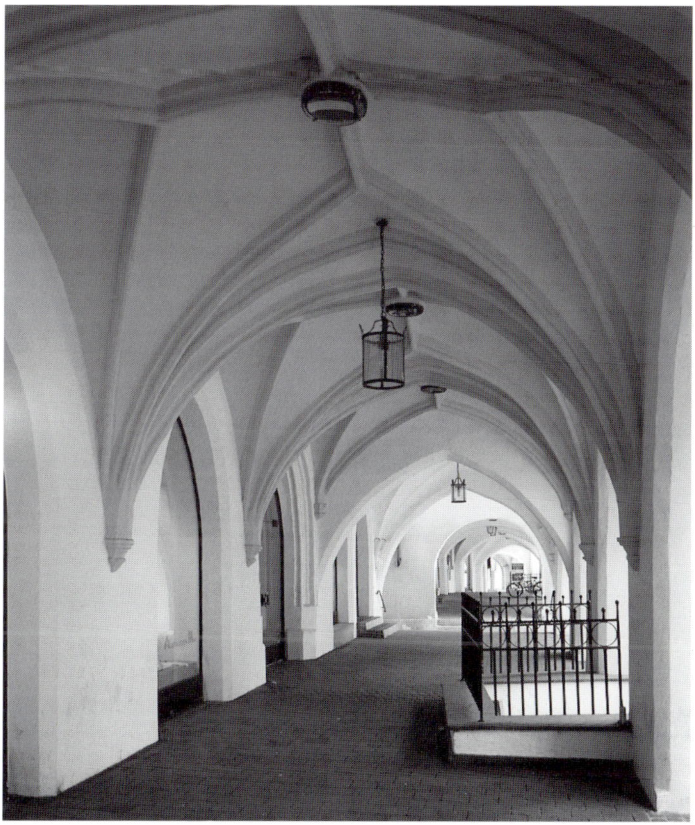

▲ *Landshut: „Altstadt“-Lauben.*

von Sankt Martin unterbricht so die Laubenreihe. Die Kirche war vom Marktbetrieb unmittelbar umgeben; beim Vorgängerbau belegten Kramläden sogar die Westvorhalle.

Die „Bögen" beruhen auf altem Gewohnheitsrecht. Die Grundstückseigentümer waren auch Besitzer des Laubengrundes. In der Folge war die Stadt bemüht, sich bei größeren Umbauten im Erdgeschoss ein Gehrecht zu sichern. Das Eigentum an Grund und Boden in den Lauben wurde formell erst 1597 von den Wittelsbachern an die Stadt übertragen. Die erhaltenen Lauben sind meistens spätgotisch und entsprechen stilistisch den Formen der Sakralbaukunst. Arkaden befinden sich oft auch an der Hofseite der Häuser. Im Profanbau glänzen die Wölbungen der Spätgotik, zum Beispiel an den Häusern Altstadt 81 mit Rückgebäude und Altstadt 300, ein Anwesen das wahrscheinlich von Hanns Stetheimer errichtet wurde. Die giebelständigen Landshuter Bürgerhäuser sind meistens dreiachsig und dreigeschossig. Ab und zu werden sie unterbrochen von Amtshäusern oder Stadthäusern des Adels, die vielachsig sind und durch Zusammenlegung von Parzellen traufständig wurden. Ein weiteres, sehr sehenswertes Beispiel von Straßenmarkt mit Lauben findet sich unweit von Landshut im oberbayerischen Neuötting.

Sankt Martin

• Stadtpfarr- und Stiftskirche. • Begonnen um 1385. • Baumeister Hanns Krummenauer erstmals erwähnt 1389. • Nachfolger Hanns Purghauser, Hanns Stetheimer, Stefan Purghauser. • Kirche mit dem Turm vollendet um 1500.

Sankt Martin ist zu Recht das bekannteste Gebäude Landshuts. Es handelt sich um einen wohl von Hanns Krumenauer geplanten Bau, bestehend aus einem dreiachsigen Langchor mit 5/8-Schluss, einem dreischiffigen, von flachen Seitenkapellen flankierten neunjochigen Langhaus und einem mittigen Westturm. Unter Krummenauer entstand der Chor mit seinen hohen Fenstern, während die ersten sieben Joche des Lang-

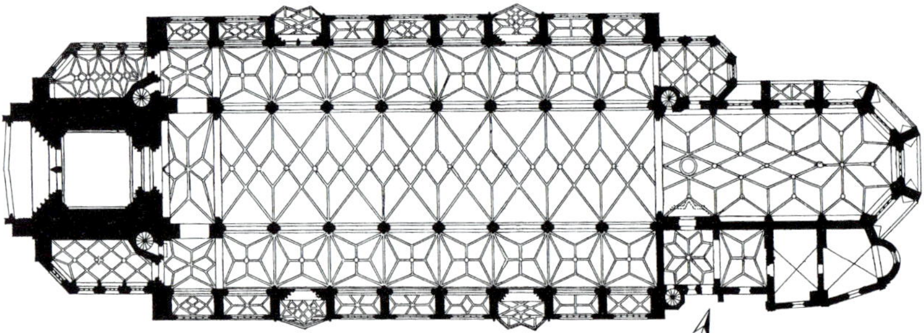

▲ *Landshut: Sankt Martin, Grundriss.*

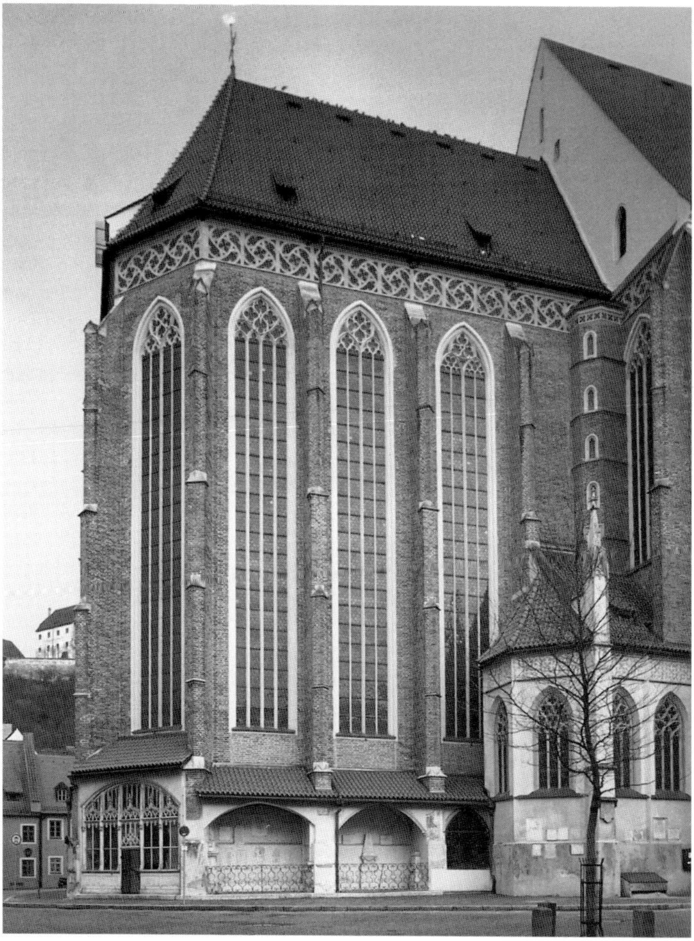

▲ *Landshut: Sankt Martin, Chor von Nordosten.*

hauses von Hanns Purghauser stammen. Stetheimer vollendete das Langhaus mit den zwei westlichen Jochen und unternahm den gewaltigen Turmbau, den Stefan Purghauser zu Ende brachte.

Architekturgeschichtlich gesehen gehört Sankt Martin zu den kühnsten Bauten der Gotik in ganz Europa. Das bezeugen das Langhaus mit seinem überschlanken, im Durchmesser nur 1 m, aber 22 m hohen Pfeilern (!) und der Turm – mit einer Höhe von 130,6 m der höchste Ziegelturm der Welt. Dieser Bau steht den berühmten Kathedralen in nichts nach, im Gegenteil: Er verkörpert eine extrem gewagte Raumlösung, die mitnichten in der Tradition französischer Basiliken steht.

Am Choräußeren fällt der bemalte, unterhalb der Dachtraufen verlaufende Maßwerkfries auf. Man begegnet ihm während der Spätgotik im

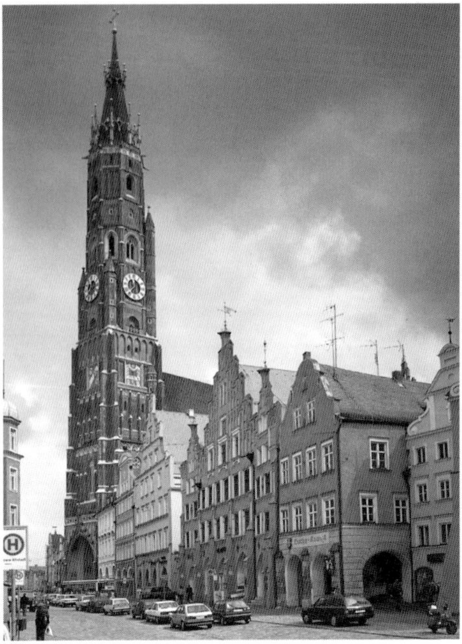

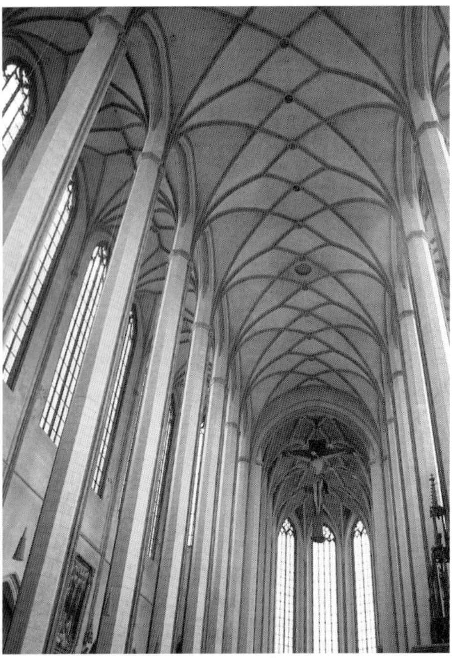

◀ *Landshut: Sankt Martin, Turm von Südwesten.*
▼ *Landshut: Sankt Martin, Inneres nach Osten.*

bayerisch-österreichischen Raum oft. Die weißlich gefasste Gliederung der Fenster kontrastiert mit den Backsteinflächen und wirkt ausgesprochen elegant. Als Chorwölbung wurde ein Rippennetz von Springrautenpaaren mit langlinigen Diagonalen gespannt. Es übernimmt das Prinzip der Springrautengewölbe von der Tordurchfahrt im Altstädter Brückenturm in Prag, ein Werk Peter Parlers. Die Landshuter Variante des Rippennetzes wurde für die süddeutsche Spätgotik sehr einflussreich. Das erst in den 70er Jahren des 15. Jh. vollendete Gewölbe des Mittelschiffs wurde vom Prager Dom abgeschaut. Wichtig ist die längsoktogonale Form der Pfeiler mit Dienstbesatz an den Breitseiten, die in mehreren Kirchen des bayerischen, schwäbischen und fränkischen Raums weiterentwickelt wurde. Das Hallenlanghaus von Sankt Martin ist ein lichtdurchfluteter weiter und, durch die verblüffend steilen Proportionen, hoher Raum. Sein Schöpfer war Hanns Purghauser, einer der kreativsten Köpfe des ganzen Quattrocento. Sein in Ton hergestellter Epitaph findet sich an der Außenmauer der Kirche nahe des westlichen Südportals, des so genannten Bauernportals. Das realistische Porträt dient als Konsole eines Erbärmde-Christus, es ist in einer hohen schmalen Nische platziert und heute von einem Glasgehäuse geschützt. Eine dazugehörige Originalinschrift nennt die wichtigsten Bauten des Meisters: Sankt Martin und Hl. Geist in Landshut und die Kirchen in Salzburg, Neuötting, Straubing und Wasserburg. Die Plastik selbst ist ein hervorragendes Werk, es zeigt einen alten, zahnlosen Meister voller Individualität und Menschlichkeit. Man ist fast geneigt, ihm eine bescheidene Persönlichkeit zuzuschreiben. De facto gehörte der Meister zu den großen Gestalten der Architekturgeschichte, was er freilich nicht ahnen konnte.

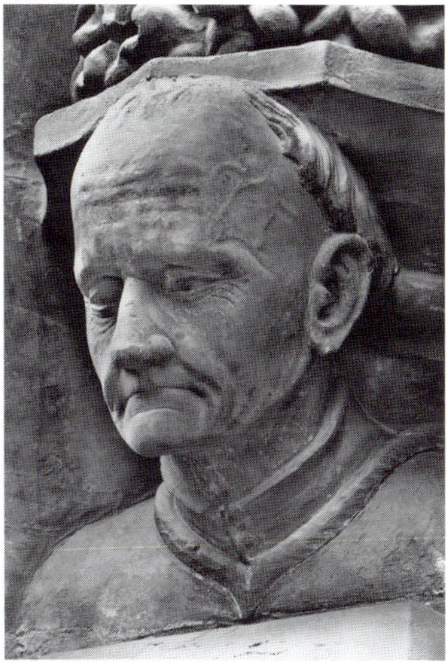

▲ *Landshut: Sankt Martin, Porträt Hanns Purghausers an der Kirchensüdwand.*

Ein Bau wie Sankt Martin ist kaum ohne die Förderung der „Reichen Herzöge" von Bayern vorstellbar. Die Kirche diente der fürstlichen Familie zur Repräsentation und ist nicht nur als Werk des Bürgertums anzusehen. Der Kirchturm war wohl ursprünglich niedriger geplant und wurde erst im Laufe der Bauarbeiten auf eine geradezu irrationale Höhe gebracht, die bis heute Bewunderung auslöst. Er ist bis zum Spitzende in Backstein ausgeführt, einschließlich des pyramidalen, mit Blech verkleideten Helms. Oben wird der Helm von einer Krone miteinander verflochtener Kielbögen umarmt, die den „Aussichtskorb" von Straßburg, Esslingen, Reutlingen und Burgos ersetzt. An der Helmbasis wiederholen sich die überkreuzten Kielbögen, mitgestützt von Fialen. Diese Details wurden in Haustein gearbeitet, ebenso wie einige Maßwerkfriese, Umrahmungen und die Wasserschläge der Strebepfeiler. Auffällig ist die aufwändige Gliederung der Turmgeschosse, insbesondere der unteren quadratischen. Die miniaturisierten Strebepfeiler-Architekturen, Blendfelder und Nischen gehen weit über das in der Backsteingotik Übliche hinaus. Eine Querverbindung zu den Niederlanden wäre angesichts des Hauses Wittelsbach von Straubing-Holland-Hennegau möglich.

Spitalkirche zum Heiligen Geist

• Grundsteinlegung 1407. • Baumeister Hanns Purghauser. • Nach dem Tod des Meisters 1432 fortgeführt von Hanns Stetheimer. • Kirchenbau mit der Wölbung abgeschlossen 1461, Nordturm unvollendet.

Die Kirche wurde als sechsachsige, kapellenlose, dreischiffige Halle mit einem achsenwinkligen 4/6-Binnenchorschluss und einem 7/12-Außenhaupt gestaltet. Dadurch ist ein Freipfeiler genau im Chorscheitel postiert. Innen bilden Langhaus und Chor eine ununterbrochene Einheit,

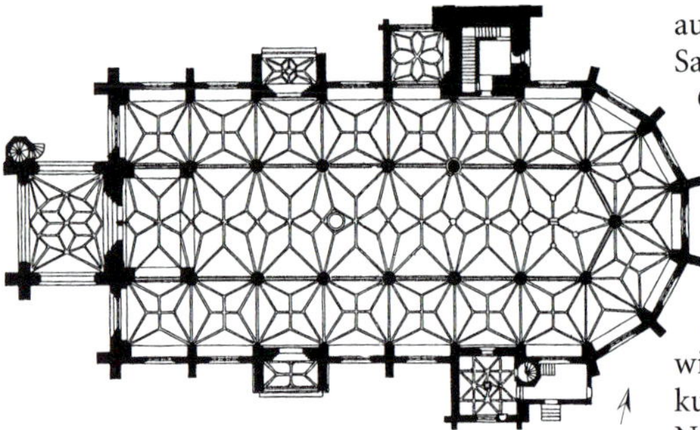

▲ *Landshut: Spitalkirche zum Heiligen Geist, Grundriss.*

außen markiert im Süden die Sakristei, im Norden ein Turm den Chorbeginn. Zwischen Turm und Langhauswand wurde 1411 vom Landesherrn die Katharinenkapelle angebaut. Sie ist aufgrund der sich hier wohl erstmalig überkreuzenden Rippenanfänger für die Entwicklung spätgotischer Wölbekunst von Bedeutung (Norbert Nußbaum). Sich überkreuzende Profile allerdings gab es in der deutschen Gotik schon viel früher, spätestens seit den 80er Jahren des 13. Jh., wie die Marburger Schlosskapelle beweist. Der isolierte Chormittelpfeiler erscheint hier zum ersten Mal in einer Halle, in einer Basilika war er bereits angewandt worden, und zwar von Peter Parler in Kolín nad Labem (Tschechien). Da die Wölbung von Heilig Geist lange nach dem Tod von Purghauser erfolgte, ist es denkbar, dass der isolierte Pfeiler nach Purghausers Originalplan eine bessere verbindende Funktion zwischen Umgang und Binnenchor als in der jetzigen Form bewirkt hätte. Die die Pfeiler verbindenden Scheidbögen sind stärker als die Gewölberippen und trennen die Wölbemuster von Chor und Umgang. Dieser Aspekt der

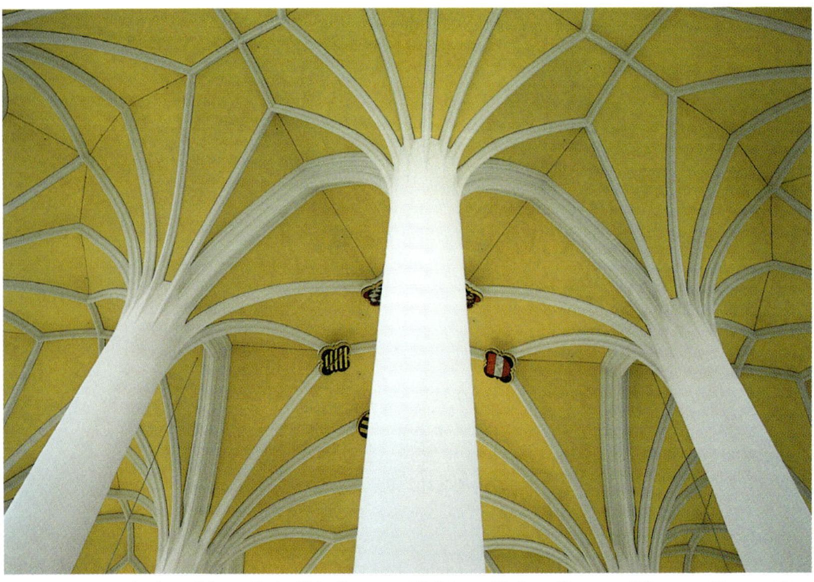

▲ *Landshut: Spitalkirche zum Heiligen Geist, Chorgewölbe von Ost nach West.*

Komposition wurde von Purghauser im Nachfolgebau der Stadtpfarrkirche von Salzburg souveräner gelöst. Trotzdem ist die Raumlösung von Heilig Geist eine bemerkenswerte Schöpfung.

Der Innenraum mit den schönen, kapitelllosen Rundpfeilern, die wie Wände und Rippen weiß gefasst sind, und mit den schrill gelben Gewölbekappen strahlt eine ungeheure Lebensfreude aus. Die weiß-gelbe Bemalung findet man in Landshut auch in den schönen Kirchen Sankt Nikola und Sankt Jodok, darüber hinaus auch in Wasserburg und Dingolfing. Durch die Perfektion der Formen und die wohl bedachten Proportionen erwartet den Besucher im Kirchenraum von Heilig Geist ein Kunsterlebnis ersten Ranges.

Die Westfassade ist zwar turmlos, hat aber eine große offene Vorhalle, die wohl provisorisch mit einem Pultdach überdeckt wurde. Eberhard Zorn hat die These formuliert, dass über der Vorhalle eine Heiltumskammer geplant war, ähnlich wie bei der Nürnberger Frauenkirche. Dafür sprechen die damaligen Aussichten der Wittelsbacher auf die Kaiserwürde. Diese Hoffnungen wurden allerdings 1438/40 endgültig zerschlagen, als die Kaiserkrone für Jahrhunderte an Habsburg ging. Die so geänderte politische Situation hat wohl den Bau einer für die Königsinsignien bestimmten Tribüne gehemmt. Der Westgiebel der Kirche mit seinen Blendnischen wurde erst 1446 aufgemauert.

Die Heilig-Geist-Kirche dient heute Ausstellungszwecken, die in wechselndem Maß das Raumerlebnis beeinträchtigen.

Laufen
Stiftskirche zu Unserer Lieben Frau

• Errichtet ca. 1330 – 1340. • Baumeister vermutlich Konrad Schrank aus Ingolstadt. • Romanischer Turm aus der Zeit um 1200 beim Bau der gotischen Kirche in deren westliche Fassadenflucht integriert und romanisierend aufgestockt.

Die Stadt Laufen wird durch die direkt hinter der Kirche fließende Salzach von Österreich getrennt und durch eine historistische eiserne Brücke verbunden. Die Kirche ist die älteste Hallenkirche Süddeutschlands, nicht der süddeutschen Gotik: Schon 1295 war die Zisterzienserkirche im österreichischen Heiligenkreuz vollendet. Bedingt durch die enge Lage unmittelbar an der Salzach und unter zisterziensischem Einfluss wurde der Chor rechteckig geschlossen, so dass der Grundriss ein Rechteck von sechs zu drei Jochen bildet. Alle drei Schiffe sind etwa gleich breit, die Joche annährend quadratisch. Die Pfeilerkerne wurden im Wechsel rund und achteckig gestaltet, versehen mit jeweils acht Runddiensten. Die Kapitelle sind kelchförmig mit hohen Deckplatten, die Kreuzrippengewölbe mit Birnstabprofil versehen. Der Raum ist klar und harmonisch proportioniert. Für die Wirkung der Architektur ist die farbige Fassung ihrer Glieder entscheidend: Grau, Gelb, Rot, Schwarz und Weiß kamen zum Einsatz. Sie trennen linien- und flächenmäßig die entsprechenden Partien voneinander.

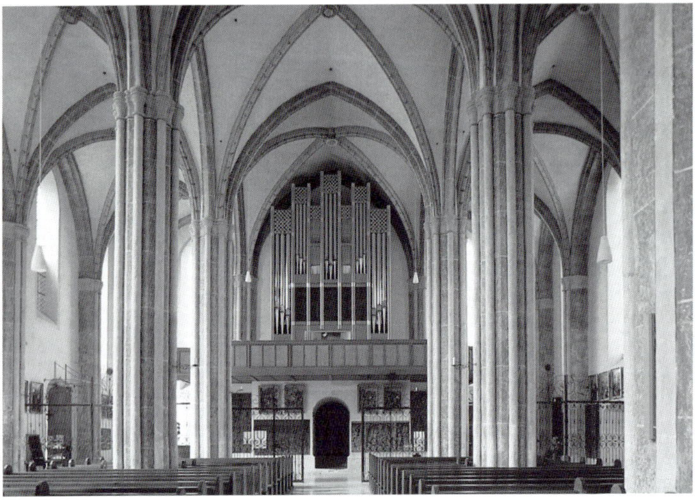

▲ *Laufen: Stiftskirche, Inneres nach Westen.*

Eine Kuriosität der Kirche stellt der über drei Außenseiten verlaufende Bogengang dar, der für Grablegen reicher Familien im 15. und 16. Jh. angelegt wurde und einen ausgesprochen altertümlichen Eindruck vermittelt. Da er fast um die ganze Kirche herumläuft, entstehen hier Assoziationen mit Wallfahrtsanlagen. Die Südseite zeigt zusätzlich eine Vorhalle mit Portal in den Formen salzburgischer Spätgotik.

Lauingen
Sankt Martin

• Stadtpfarrkirche. • Begonnen 1516, vollendet 1521. • Baumeister höchstwahrscheinlich Hans Hieber aus Augsburg unter Mitwirkung Stephan Weyrers d. Ä.

Der Bau ist eine der letzten Kirchen der deutschen Spätgotik und stellt zugleich einen ihrer Höhepunkte dar. Weit davon entfernt, Herkömmliches zu wiederholen, zeichnet sich Sankt Martin durch gewichtige Innovationen aus. Bereits der Grundriss verrät die Neuerungen. Der Baukörper beschreibt ein ungestört-kompaktes Rechteck, dessen Ostseite drei streng gereihte Apsiden zeigt. Im Aufriss werden diese jedoch als flache Wand empfunden, da sie zugunsten einer gewollten Vereinfachung des Dachs oben tatsächlich durch zwei Rundbögen vereinigt sind und so einen glatten Mauersteifen ergeben. Die polygonalen Brechungen der kompositorisch gleichwertig behandelten Apsiden erscheinen wie aus dem Baublock herausgeschnitten. Nur die äußeren Schrägen der Seitenapsiden vermitteln einen kurzen Übergang zwischen den Kirchenflanken und der Ostwand. Das Portal der Südapsis ist eine Zutat von 1613. Der Reinheit

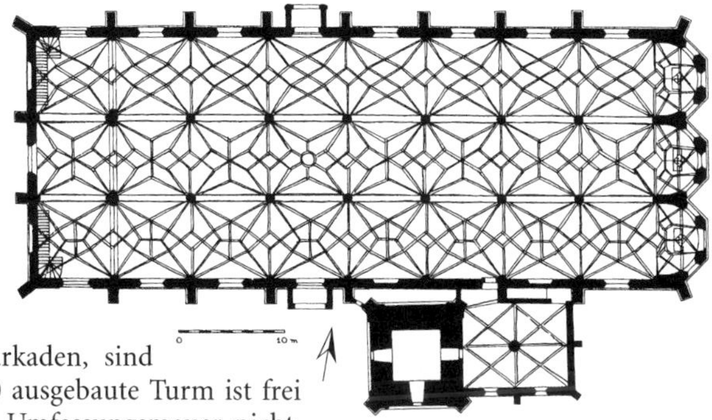

▶ *Lauingen: Sankt Martin, Grundriss.*

der Komposition zuliebe wurden bei den Apsiden die Strebepfeiler weggelassen. Nur die hohen Apsidenfenster sind spitzbogig – alle anderen in der Kirche, inklusive die Gewölbearkaden, sind halbrund. Der erst 1560 ausgebaute Turm ist frei stehend; er berührt die Umfassungsmauer nicht. Bei der angebauten Sakristei ist Ähnliches zu beobachten.

Der Kirchenbau ist achtachsig und dreischiffig, wobei das Mittelschiff nicht nur nicht breiter, sondern sogar geringfügig schmaler als die Seitenschiffe ausfällt. Es fehlt jede Unterscheidung zwischen Langhaus und Chor. Diese für die Zeit zu gewagte Lösung wurde missverstanden, so dass 1557 eine rötliche, marmorierte Bemalung der beiden östlichen Pfeilerpaare zwecks Absonderung des Chores angeordnet wurde. Die Ap-

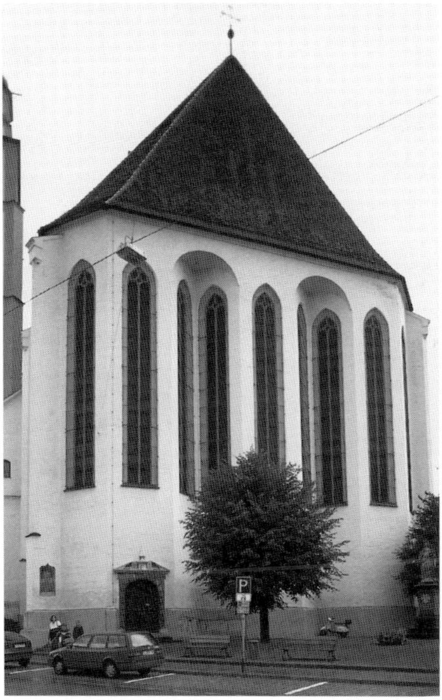

▲ *Lauingen: Sankt Martin, Ostwand.*

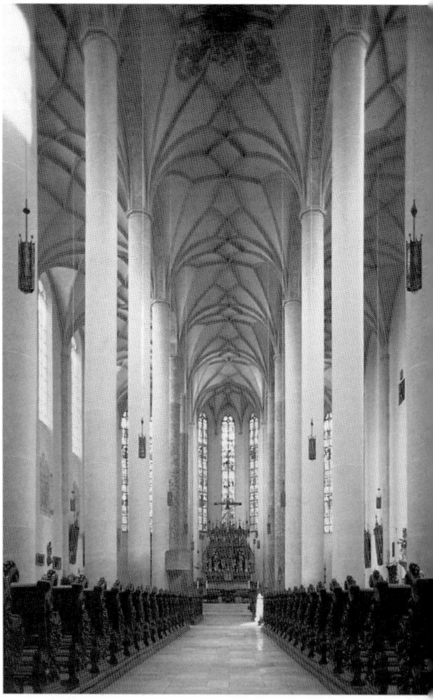

▲ *Lauingen: Sankt Martin, Inneres nach Osten.*

siden sind innen halbrund, außen polygonal – dasselbe plante Hieber für die nicht nach dem ursprünglichen Entwurf errichtete Wallfahrtskirche „zur Schönen Maria“ in Regensburg. Das Fehlen eines Umgangs und die ihn ersetzenden gradlinig gereihten Apsiden ergeben eine höchst eindrucksvolle „Glaswand“ als Raum-Ostabschluss, die wie ein Kaleidoskop wirkt. Die glatten Rundpfeiler steigen schwungvoll in die Gewölbezone auf und verleihen dem Raum seine Vertikalität. Sockel und Deckplatten der Pfeiler sind achteckig. Die relativ breiten Scheidbögen haben glatte Laibungen, die von dünnen Rippen eingerahmt werden. Dieses Detail mutet renaissancistisch an. Die Netzgewölbe zeigen in jedem Schiff ein eigenes Muster, das durchgängig von Ost nach West eingehalten wird.

Der geräumige, stattliche Bau zeugt von einer außerordentlich subtil-kreativen Meisterhand. Hier wurden noch einmal die Bestandteile einer Hallenkirche so umdisponiert bzw. umgeformt, dass eine völlig neuartige Wirkung erzielt wird. Leitmotiv der Architektur war offensichtlich die „intelligente Vereinfachung“, was wohl die schwierigste Aufgabe ist, vor die ein Meister gestellt werden kann.

Schimmelturm

- Errichtet 1457 – 1478. • Turmlaterne 1571.
- Baumeister Heinrich Hüttenhelm.

Das Wahrzeichen Lauingens vertritt als „Stadtturm“ eine typologische Besonderheit. Stadttürme in der Nähe von Rathäusern gibt es nur vereinzelt, in Schwaben zum Beispiel den Perlachturm von Augsburg. In den Niederlanden war dies mit den vielen, insbesondere flandri-

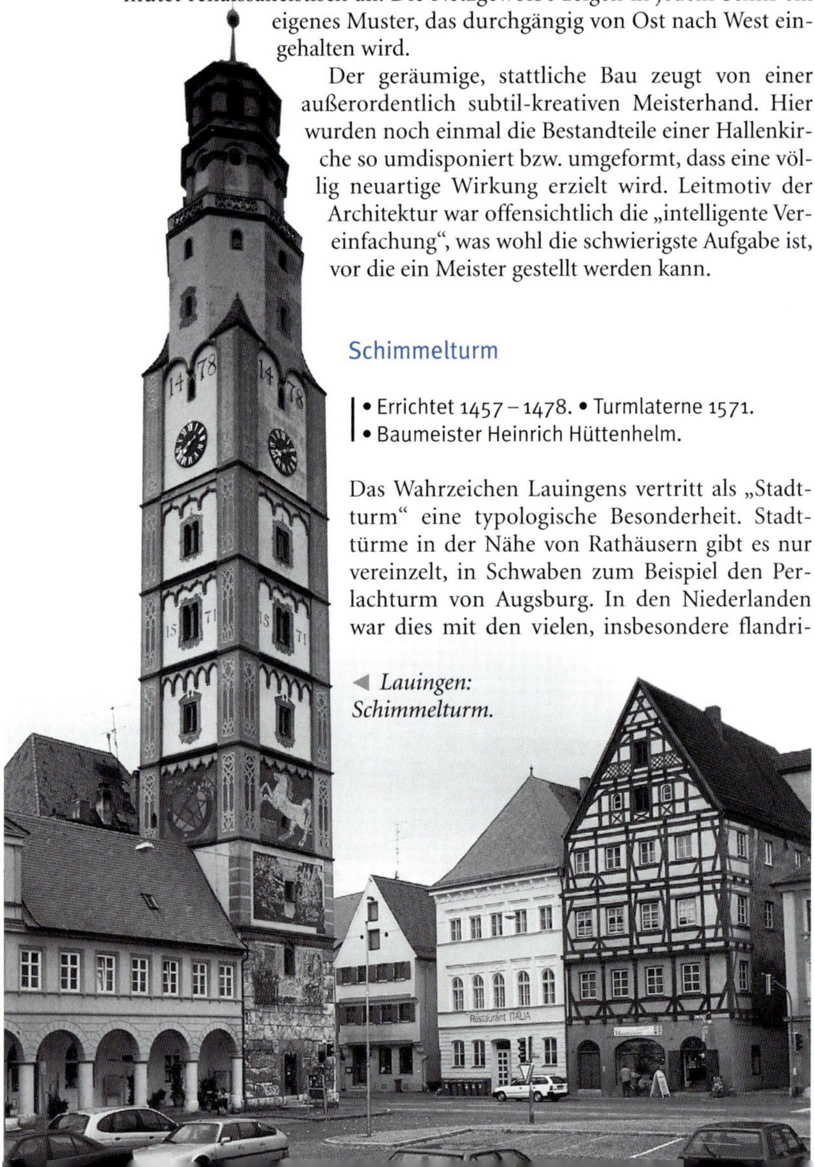

◄ *Lauingen: Schimmelturm.*

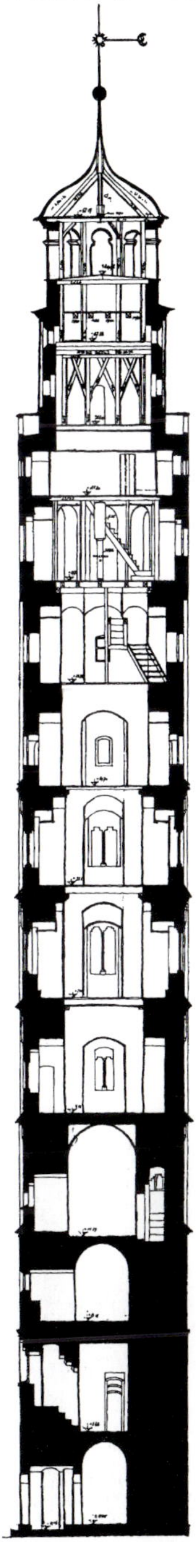

◀ *Lauingen: Schimmelturm, Schnitt.*

schen „Belforts“ anders. Der Schimmelturm wurde im Auftrag des Ratsherren Georg Imhoff errichtet und daher ursprünglich „Hofturm“ genannt. Er sollte einer besseren Überwachung des Umlandes dienen. Nicht minder wichtig war seine Botschaft als Selbstdarstellung stolzen Bürgertums.

Der Turm ist etwa 55 m hoch. Er besteht aus acht quadratischen und zwei achteckigen Geschossen sowie einer Laterne mit Unterbau. Der Turm ist nach deutscher Art ohne Strebepfeiler errichtet (man vergleiche den Unterschied zu Tournai und Gent in Belgien) und mit einer ausgeprägten geschosstrennenden Horizontalgliederung versehen. Unterhalb der mittleren Gesimse verlaufen jeweils Blendbogenfriese. Der schöne Übergang ins Achteck mittels der einwärts geschweiften Halbpyramiden ist reine schwäbische Spätgotik.

Der Turm war von Anfang an bemalt. Zu den Malereien die zuletzt 1961 erneuert wurden – verfasste 1571 Professor Nikolaus Reußner lateinische Hexameter. Seit 1561 bestand in der Geburtstadt von Albertus Magnus eine Fürstliche Schule, das Gymnasium, an der Reußner wirkte. An der Ostseite des vierten Geschosses ist im Malstil der 1960er Jahre die Gestalt des Schimmels, das legendäre Riesenross Lauingens, zu sehen, auf das der Name des Turms zurückgeht. Von der oberen Brüstung des Turmes bietet sich ein reizvoller Rundblick auf die „geheime“ Fachwerkstadt. Leider versteckt sich seit dem 19. Jh. das Fachwerk vieler Häuser unter einer dicken Putzschicht.

München
Frauenkirche

• Errichtet 1468–1494. • Baumeister Jörg von Halspach. • Zwiebelhauben der Türme 1524/25.

Die 1821 zur Metropolitankirche erhobene Frauenkirche ist ein gigantisches Werk modernster Spätgotik, das seinesgleichen sucht. Architektonisch ist sie von Anfang an einem großen Kathedralbau ebenbürtig. Für die im geistigen und materiellen Sinne grandiose Architektur spricht, dass der Bau unbeirrt Herz und Wahrzeichen der Metropole geblieben ist, obwohl diese in den letzten fünf Jahrhunderten zu einer Welt- und Millionenstadt wuchs.

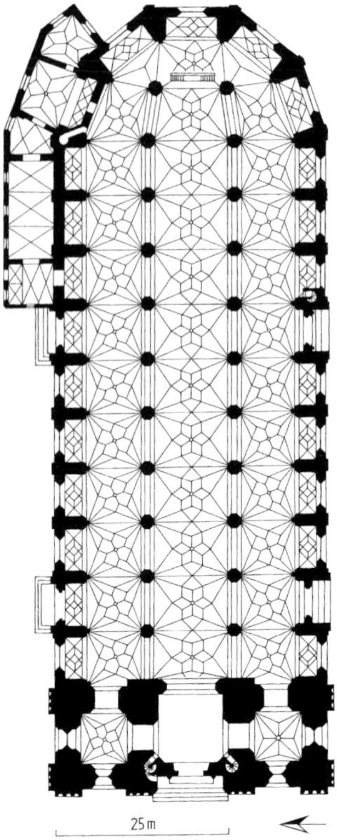

▲ *München: Frauenkirche, Grundriss.*

Um mit Norbert Knopp zu sprechen, offenbart die Münchener Frauenkirche viel weniger spontan als die meisten vergleichbaren Bauwerke die Intentionen ihres Baumeisters. Vielleicht deshalb wurde ihre Architektur manchmal als „monoton“ missverstanden. Die genaue Betrachtung des ausgesprochen einheitlichen Bauwerkes offenbart seine wahre Größe. Aber auch der aufgeschlossene Besucher wird ohne jegliche kunsthistorische Erklärungen unmittelbar in Bann gerissen.

Vergleichbar mit der Bauzeit der kleineren und späteren Lauinger Martinskirche wurde der Münchener „Dom“ in einer Rekordzeit von insgesamt 25 Jahren errichtet. Seine Hauptsubstanz entstand sogar zu Lebzeiten des Architekten binnen eines Jahrzehnts! Für den Bau mussten abertausende Backsteine gebrannt werden. Der Gedanke liegt nahe, dass die erlangten formalen Qualitäten mitunter ökonomisch bedingt waren – dass die Ökonomie nicht über die Kunst siegte, ist das große Verdienst des Jörg von Halspach (Peter Kurmann, der die bisher schärfste Analyse der Kirche 1994 unternommen hat).

Der Grundriss verdeutlicht die kompakte Einheitlichkeit der Kirche. Wie in den meisten Backsteinkirchen sind die Turmfundamente extrem stark. Hinter der Doppelturmfassade erstreckt sich ein querhausloser Baukörper zu zehn Achsen. Die elfte Achse entspricht dem durch ein leichtes Zusammenrücken des letzten Pfeilerpaares absichtlich schlecht definierten Binnenchor. Die Außenmauern des Chors sind dagegen als deutlicher 5/10-Schluss gestaltet. Von Westen gezählt entsprechen die ersten sieben Joche dem Laienlanghaus, die letzten vier dem Chor. Eine architektonische Unterscheidung von Chor und Langhaus fehlt weitgehend. Dies wurde in der Folgezeit als Mangel empfunden, weshalb 1604 Hans Krumper einen Triumphbogen am Chorbeginn errichtete, der zum Vorteil der Kirche im 19. Jh. entfernt wurde.

Der Raum des Hauptschiffs wird von Seitenschiffen ummantelt, die sich im Osten zu einem Umgang vereinen. Seitenschiffe und Umgang sind vollständig von einer Sequenz von Kapellen umgeben. Sie ergeben sich aus den nach innen versetzten Strebepfeilern und fielen geringfügig niedriger als die Seitenschiffe aus. Das Hauptschiff ist wiederum ein wenig höher als die Seitenschiffe, so dass das Innere eine subtile Abstufung der Höhenmaße aufweist. Die Grenze des flachen Kapellenkranzes, der den Innenraum einfasst, wird im Außenbau an der Abstufung der unteren Dachzone durch einen Blendmaßwerkfries sichtbar, der eigentlich die Restmauer der Seitenschiffe ist.

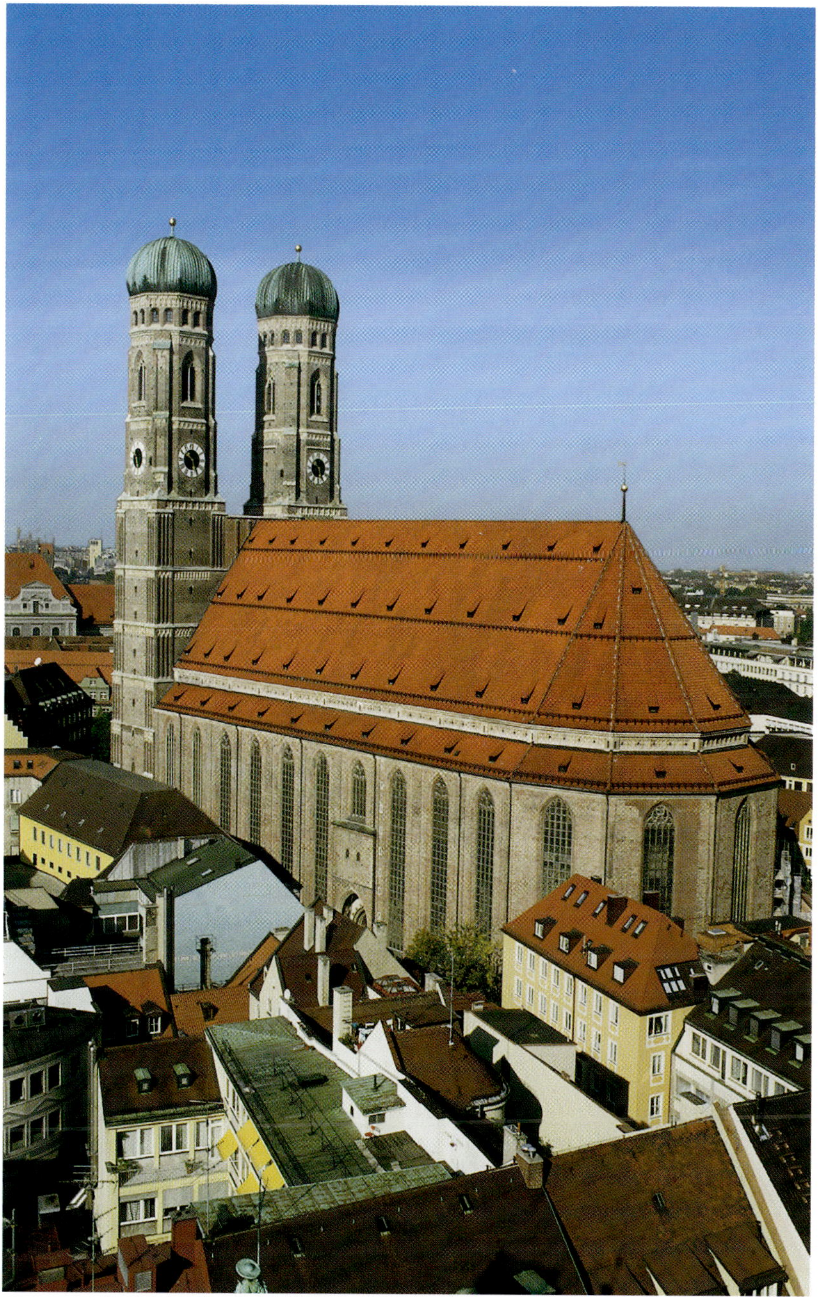

▲ *München: Frauenkirche von Südosten.*

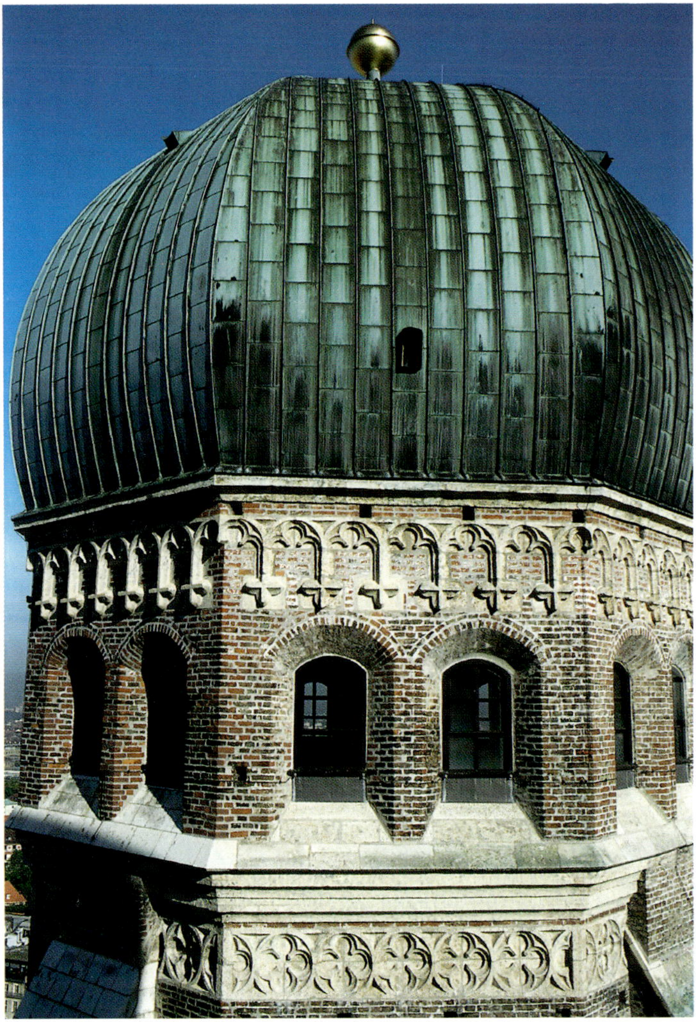

▲ *München: Frauenkirche, nördliche Zwiebelhaube.*

Das Dach hat gewaltige Dimensionen: Seine Höhe entspricht etwa derjenigen der quadratischen Turmgeschosse. Die Stärke der nach innen gewendeten Strebepfeiler ist außen von lisenenartigen Verkröpfungen markiert. An der südlichen Außenwand wird die Grenze zum Chorbereich durch ein Portal mit darüber stehender Wandfläche markiert, was die Größe ihres Achsenfensters beträchtlich reduziert. Sonst entwickelt sich die Kirchenbefensterung ungehindert in die Höhe. Die Fenster sind vier-, nur am Chorpolygon fünfbahnig. Ein zukunftweisendes Phänomen der Frauenkirche besteht darin, dass die groß ausgestalteten Fenster

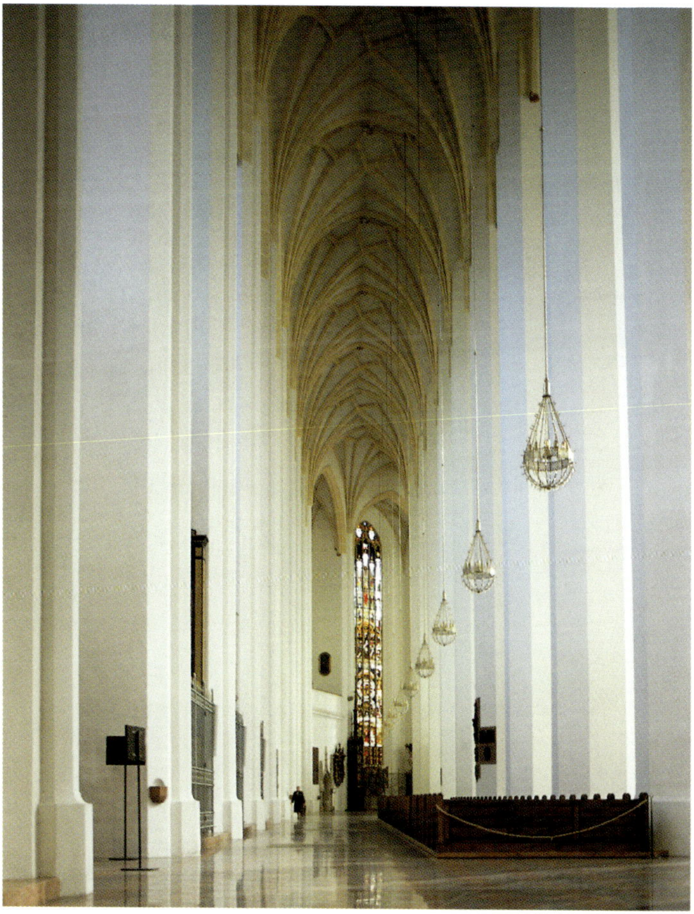

▲ *München: Frauenkirche, nördliches Seitenschiff nach Osten.*

das Innere lichtdurchfluten, ohne selber sichtbar zu sein, sie bleiben nämlich in den jeweiligen Kapellen versteckt. Auch die enorme Stärke der Pfeiler versperrt im Inneren die Durchblicke. Beim Betreten der Kirche durch das Hauptportal schließen sich die Pfeiler zu einer geschlossenen „Wand". Der Aberglaube sieht an der Stelle, wo dieser Eindruck entsteht, den Fußabdruck des Teufels. Tatsächlich sind Diagonalansichten, die den gesamten Innenraum erfassen würden, nicht möglich. Trotz der außerordentlichen Helligkeit der Kirche ist im Blick von West nach Ost sowohl im Hauptschiff als auch in den Seitenschiffen jeweils nur ein einziges Fenster am Ende der Raumflucht sichtbar. Es handelt sich eigentlich um das Prinzip, das die Barockkirchen in den darauf folgenden Jahrhunderten anstreben werden. „Ohne Übertreibung darf man sagen, dass der Architekt die Hauptansicht des Langhauses in der Art eines Bühnenprospektes gestaltet hat, und es ist kein Wunder, wenn man in der Barockzeit dafür ein besonderes Gespür entwickelte“ (Peter Kurmann).

Das Innere der Frauenkirche wird von den extrem ausgeprägten kapitelllosen Oktogonalpfeilern bestimmt. Man hat den Eindruck, dass Jörg von Halspach eher an Türme als an Pfeiler dachte. Diese völlig glatten, turmartigen Stützen tragen wesentlich zur Wahrnehmung der Kirche als einem kristallinen Gebilde bei. Dagegen wirkt das Gewölbe sekundär und etwas weit weggerückt. Die Rippenfiguration ist jochbetonend. Bei den Seitenschiffen erwecken die in jedem Gewölbejoch mittig angelegten Rippenkreuze den Eindruck einer Rotationsbewegung der Scheitel.

An den schiffshohen Kapellennischen und der Art ihrer Lichtführung sowie an den Oktogonalpfeilern erkennt man durchaus Parallelen zur norddeutschen Backsteingotik, insbesondere wohl zu Bauten wie der Marienkirche in Danzig und der Franziskanerkirche in Thorn. Peter Kurmann stellt sich die Frage, „ob Jörg von Halspach auf seinen Wanderjahren den Weg zur Ostsee gefunden hat. In nordostdeutschen Kirchen … wurde der einfache, prismatisch gebildete Achteckpfeiler nicht nur verhältnismäßig häufig angewendet, sondern man hat ihm fast ausnahmslos jene wuchtige, massive Form verliehen, welche die Stützen der Münchener Frauenkirche kennzeichnet.“ Das geradezu Bunkerhafte und Abweisende des Äußeren erinnert ebenfalls an die nordische Spätgotik, die auf Verdichtung des Entwurfs zielte. Wer solche Verdichtung als Reduktion, Vereinfachung oder sogar materialbedingt interpretiert, dem entgeht der Wert gesteigerter Abstraktion.

Die Westseite der Kirche als Doppelturmfront mit dazwischen liegender Portalvorhalle und Mittelfenster wirkt aufgrund der Wuchtigkeit der Türme wie ein trutziges „Westwerk“. Ungeachtet der Höhenentwicklung (die Türme sind jeweils 99 und 100 m hoch) betont die Gliederung durch Geschossgesimse und Blendfriese die Horizontale. Einen Widerspruch zwischen der Baumasse und dem Turmabschluss durch Zwiebelhauben als „zwei Fäuste" gibt es nicht, auch wenn diese kaum von Jörg von Halspach stammen können: Ohne die Flucht von Spitzhelmen bleibt die Baumasse in ihrer Kompaktheit bewahrt, ganz im Sinne des Urentwurfs. Insofern war die Absicht des 19. Jh., die Zwiebeln durch steile Pyramidalhelme zu ersetzen, nichts anderes als eine der Entgleisungen jener Zeit. Dem Konstanzer Münster ist sie nicht erspart geblieben, wodurch eines der kostbarsten Motive deutscher Spätgotik verloren ging.

Andererseits ist die Interpretation der Hauben als italienisches Motiv, „das im Norden als ein Fanal der Renaissancearchitektur aufgefasst werden musste“ (Martin Warnke), völlig irrig. Die Hauben haben weder mit der Renaissance noch mit Italien zu tun. Seit der niederländischen Spätgotik – wohl seit 1468 mit dem Entwurf des Einturms für die Frauenkirche zu Breda – waren sie fester Bestandteil spätgotischer Architektur. Übernommen wurde die Zwiebelform keineswegs aus Italien, sondern aus dem Nahen Osten, besonders aus Jerusalem. Man identifizierte nämlich den islamischen Felsendom mit dem Tempel Salomos. Zahllose Tafelgemälde der Gotik zeigen Passionsszenen mit mehr oder weniger phantastischen Architekturen im Hintergrund, die das Heilige Land dar-

▶ *Passionsretabel von Jan Polack aus dem Jahr 1492 im Bayerischen Nationalmuseum, Detail.*

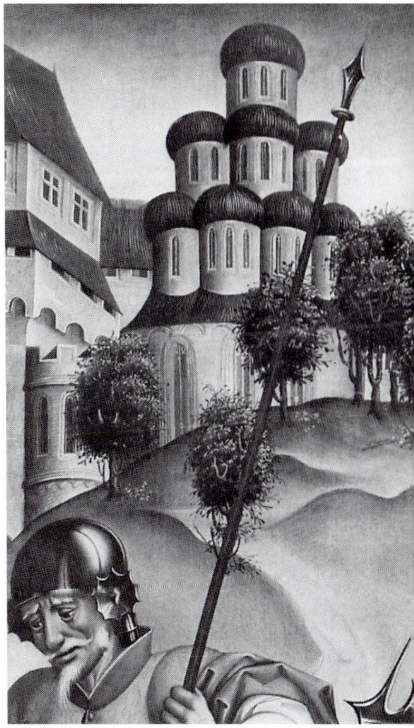

stellen sollen. Auch im München der Spätgotik waren Zwiebelhauben bereits bekannt: Man sieht sie beispielsweise bei Jan Polack, keinem Geringeren als dem offiziellen Stadtmaler. Sein 1492 für die Franziskanerkirche gemaltes Passionsretabel, heute im Bayerischen Nationalmuseum, zeigt ein exotisches Gebäude mit 8 Zwiebelhauben, man braucht also nicht einmal außerhalb Münchens zu suchen! Als realisierte Architekturen gab es in der deutschen Spätgotik vor der Frauenkirche Hauben unter anderem am Regensburger Dom, an Heiliggräbern auf Friedhöfen, am Konstanzer Münster, in Pfullendorf und in Rauschenberg bei Marburg. Die spitz-filigranen Bekrönungen, die Warnke für Deutschland als gewöhnlich bezeichnet, haben mit der Frauenkirche nichts zu tun.

An der Südseite der Frauenkirche war ein Epitaph mit dem Tonporträt des Architekten Jörg von Halspach angebracht, das sich fragmentarisch im Diözesanmuseum von Freising erhalten hat. Das Werk zeigt einen Mann mit sehr feinen Gesichtszügen, ganz individuell dargestellt. Es steht auf einem gleich hohen künstlerischen Niveau wie das Porträt von Purghauser an der Landshuter Martinskirche. Vor diesen Werken drängt sich die Frage auf, wie man die spätgotische Plastik Bayerns jemals als „rau" und „grob" bezeichnen konnte. Das Porträt des Jörg von Halspach hält jedem Vergleich mit dem schönsten Kopf eines Donatello stand.

Die Frauenkirche in München, die im Zweiten Weltkrieg arg beschädigt war, wurde in der Folgezeit beispielhaft restauriert. Insbesondere die feinfühlig-geschmackvolle Renovierung von 1989 bis 1994 hat der Kirche ihren unvergleichlichen Glanz zurückgegeben.

Nördlingen
Stadtgestalt

• Der Ort erstmals erwähnt 898. • Erhebung zur Reichsstadt 1215. • Erweiterung der ringförmigen Befestigung ab 1327. • Umbau der Tortürme im 16. Jh.

Nördlingen ist der Glücksfall einer „auf Eis gelegten" mittelalterlichen Stadt, die sich trotz Beschädigungen im 30-Jährigen Krieg praktisch Haus für Haus und Straße für Straße im ursprünglichen Zustand erhalten und so wenig bayerischen Charakter hat wie Ulm oder Nürnberg. Der Besu-

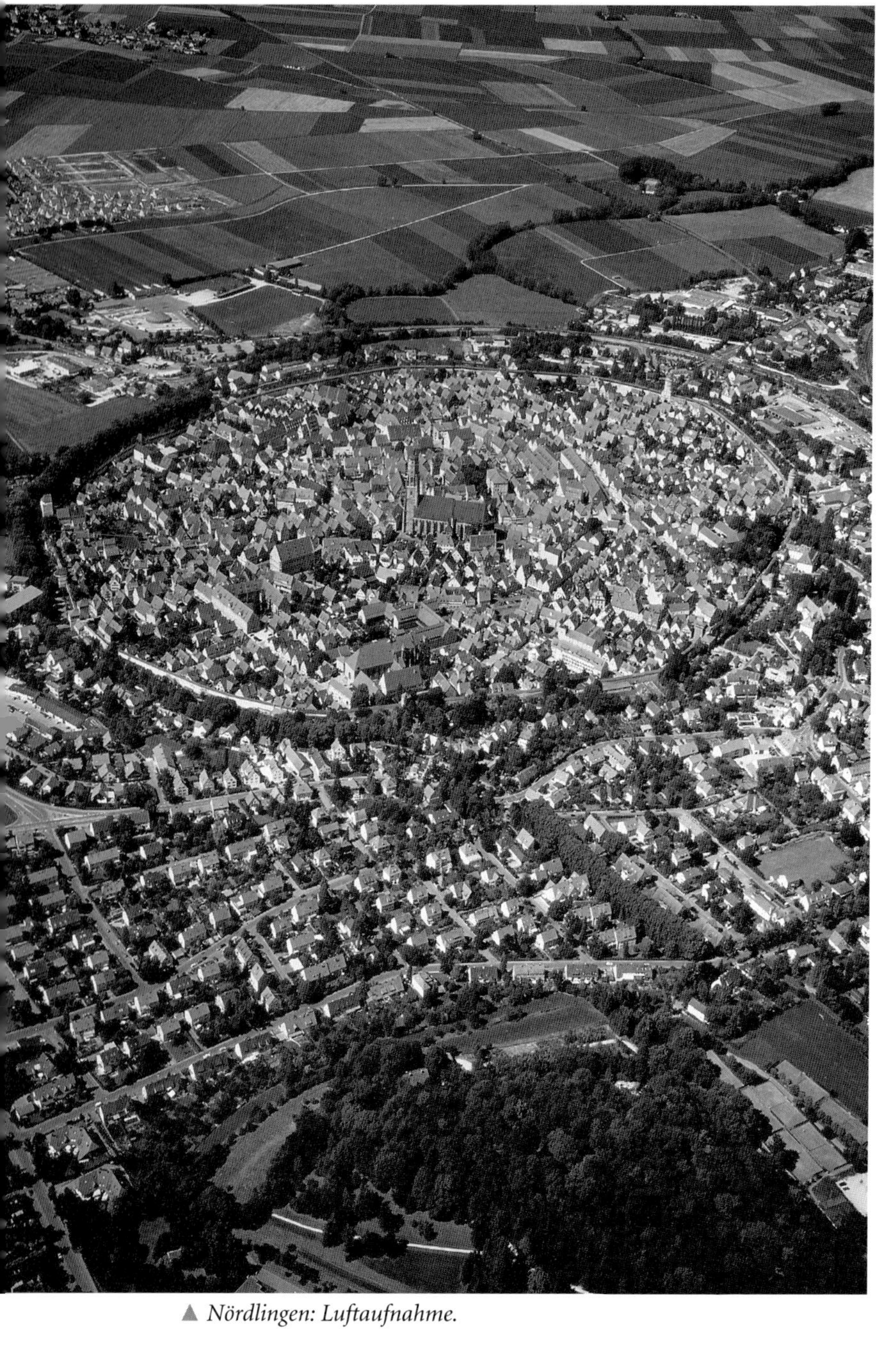

▲ *Nördlingen: Luftaufnahme.*

cher wird von den Häusern, der komplett erhaltenen und begehbaren Stadtmauer und der Schönheit der Georgskirche, von der gesamten Atmosphäre der Stadt tief beeindruckt.

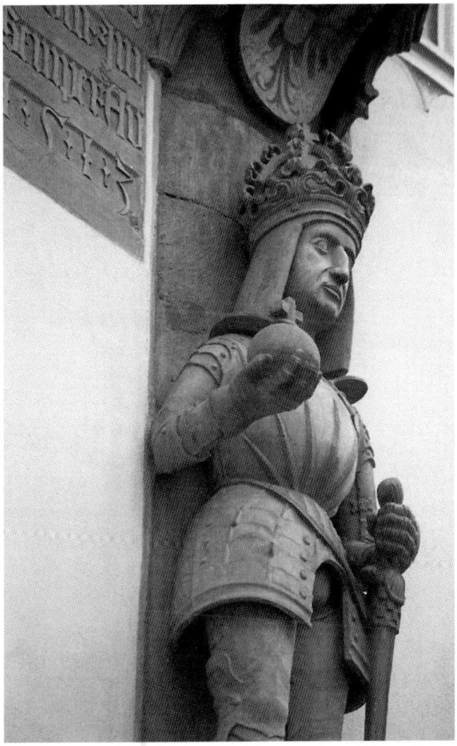

▲ *Nördlingen: Brot- und Tanzhaus, Statue Maximilians I.*

Der Krater, in dem die Stadt liegt, entstand durch den Einschlag eines Meteoriten von 1 km Durchmesser vor ca. 15 Millionen Jahren. Die erste und die zweite erhaltene Stadtmauer sind annähernd kreisförmig. Die erste Mauer ist gut als Ring erkennbar, den die Herrengasse, die Vordere Gerbergasse, die Bauhofgasse, die Kornschrannen, die Drehergasse und die Neubaugasse bilden. Die zweite Mauer entstand ab 1327, die letzten Änderungen datieren ins 17. Jh. Durch ein unregelmäßiges Straßennetz führen fünf Hauptstraßen von ebenso vielen Tortürmen ins Zentrum. Dessen Mitte bildet die Hauptkirche Sankt Georg mit dem „Daniel", einem 90 m hohen Turm. In seinem obersten Geschoss lebt noch immer ein Türmer, der zwischen 22 Uhr und Mitternacht die halben und vollen Stunden ausruft.

Die Häuser sind meist giebelständig. Um den „Daniel" gruppieren sich die wichtigsten, bis zu vier Geschosse hohen Häuser des Patriziats und der Kaufmannsfamilien. Danach kommen die Viertel der wohlhabenden Handwerker mit zwei- bis dreigeschossigen Gebäuden und an der Peripherie die breit gestreuten kleinbürgerlichen Ansiedlungen. Das Karmeliterkloster liegt im Süden an der Mauer, das ehemalige Franziskanerkloster im Norden nahe der Eger, das ehemalige Spital außerhalb der ersten Ummauerung direkt am Fluss. Nahe der Georgskirche am Markt gruppieren sich Rathaus und Tanz- oder Brothaus. Letzteres, errichtet 1442–44, diente zu Messezeiten als Verkaufsfläche, ferner feierten hier die vornehmen Familien ihre Feste. Im Erdgeschoss waren kleine Läden den Bäckern vorbehalten – daher der Name Brothaus.

Der öffentliche Charakter des Tanzhauses wird von einer Statue des besonderen Gönners von Nördlingen unterstrichen: Kaiser Maximilian I. Laut Inschrift wurde die Plastik 1513 aufgestellt. Sie zeigt den Herrscher mit seiner unverkennbar habsburgischen Hakennase und seiner Ponyfrisur. In der Rechten hält er den Reichsapfel, mit der Linken das Schwert.

Sankt Georg

• Chor begonnen 1427, geweiht 1451. • Baumeister des Chors wohl Hans Kun und Hans Felber mit Beteiligung von Konrad Heinzelmann. • Langhaus 1439 begonnen. • Baumeister Nikolaus Eseler. • Turm 1461–1490. • Baumeister Konrad Roritzer und Heinrich Kugler. • Chorpfeiler 1492. • Baumeister Stephan Weyrer. • Einwölbung des Langhauses 1495–1505. • Beratender Baumeister Burkhard Engelberg. • Westempore 1507–08. • Turmhaube nach Blitzschlag errichtet 1537–38. • Baumeister Klaus Höflich.

Die Kirche ist weitgehend aus Suevit (Schwabenstein) gebaut, einem Gestein, das durch enorme Hitze des Meteoriteneinschlages entstand. Der Suevit ist als Baumaterial wenig geeignet. Einerseits lässt seine Bearbeitung weniger Feinheiten zu als die des Sandsteins, andererseits ist die Konservierung des Suevits problematisch. Mit seinen unschönen Steinen erinnert Sankt Georg an die Salzburger Kirchen. Die Außenhaut des Gebäudes befindet sich in einem ziemlich schlechten Zustand und wird zur Zeit restauriert. In seiner Baugeschichte stellt das Bauwerk insofern eine Antithese zur Münchener Frauenkirche dar, als es das Ergebnis vieler beteiligter Baumeister und Bauphasen ist. Mit der bayerischen Gotik hat es kaum Verwandtschaft.

Sankt Georg präsentiert sich als grandioser Raum ausgezeichneter Architektur, der durchaus auf emotionale Wirkung beim Kirchengänger bzw. Besucher angelegt ist. Wenn Räume der Gotik „Offenbarungen" darstellen, dann dieses Beispiel. Insofern ist manch hartes bis zurückhaltendes Urteil der Kunsthistoriker wenig nachvollziehbar: „herb", „trocken", „eigensinnig" soll die Kirche (Hans Karlinger 1967) sein; als „spröd" wurde das Kirchengewölbe (Norbert Nußbaum 1999) empfunden.

Es handelt sich um eine dreischiffige Hallenkirche, die in der Längsachse aus zwei etwa gleichwertig angelegten Hälften besteht: sechs Joche für das Langhaus, ebenso viele für den Chor. Beide Teile sind unter anderem durch eine unterschiedliche Gestaltung der Pfeiler differenziert: Im Chor sind sie monozylindrisch, im Langhaus werden sie jeweils in der Querachse von Diensten flankiert, die zur Aufnahme mehrerer, sich überkreuzender Rippenanfänger bestimmt wurden. Während die Profile der Scheidbogenlaibungen sich jeweils in den Pfeilerschaft tot laufen, fallen die Gewölberippen – auch im Chor – auf meisterhaft gestaltete Konsolen. Im Chor fehlen die Dienste zur Stützung der Konsolen. Dies zeigt, wie unnötig eigentlich ein Dienst für die Statik des Gewölbes ist; Dienste werden meistens zur Gliederung eingesetzt und dienen eher der Optik als der Stabilität. Das Netzgewölbe, je nach Schiff und Raumabteil in unterschiedlichem Muster, fällt gleichzeitig jochübergreifend und -betonend aus: Die Einzeljoche weisen eine kuppelige Bauchung auf.

Eine spannungsgeladene Partie ist die außerordentlich ausgedehnte Westempore, die sich bis zum zweiten Pfeilerpaar erstreckt. Unter ihrem Gewölbe öffnet sich ein herrlicher Blick ins Kircheninnere. Bei der Einrichtung der Kirche fallen unter anderem die schwungvolle Kanzeltreppe und die Orgel auf, die ein aufs kostbarste gearbeitetes, zum Teil nachgoti-

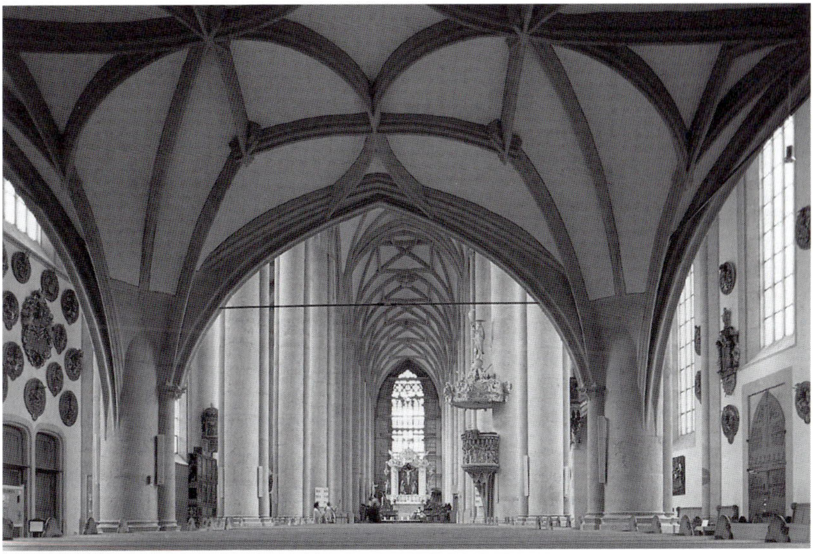

▲ *Nördlingen: Sankt Georg, Inneres nach Osten.*

sches Gehäuse zeigt. Zur Erbauungszeit besaß Sankt Georg 20 Altäre, von denen einige in Resten erhalten sind. Die um 1460 geschaffenen, qualitätvollen Figuren im – heute barocken – Hauptaltar stammen wohl von Nikolaus Gerhaert von Leyden, dem Mitbegründer der spätgotischen Plastik in Deutschland.

Passau
Dom

• Neuchor-Bau begonnen 1407. • Baumeister Hans Krummenauer und Hans Hesse. • Arbeit am Querhaus seit ca. 1450. • Baumeister Jörg Windisch. • Vollendung des Nordarmes mit dem Stefanstürmchen gegen 1500. • Baumeister Hans Mitterberger, Hans Lindorfer und Hans Frank. • Vierungsturm 1505 unter der Leitung Franks oder 1517 von Georg Glabsberger begonnen, 1524 unvollendet unterbrochen. • Stadt- und Dombrand 1662, danach barocker Neubau des Doms unter weitgehender Bewahrung gotischer Bausubstanz.

Passau wurde bereits im 8. Jahrhundert zum Bischofssitz erhoben. Bis Ende des 13. Jh. blieb die vorromanische Kirche erhalten. Dann begann ihr Umbau, der bis ins 16. Jh. hinein andauerte. Die gotische Kathedrale stellt eine Ausnahme in Deutschland dar: Stilistisch präsentiert sich die Kirche durch die Intervention der Architekten Hesse und Windisch im Gewand der Flamboyant-Gotik, typologisch trägt die Kathedrale einen von innen offenen Vierungsturm. Diese beide Merkmale sind für Deutschland untypisch. Es gab natürlich auch in Bayern die Kathedralgotik, vertreten durch den Regensburger Dom, aber in der Großform

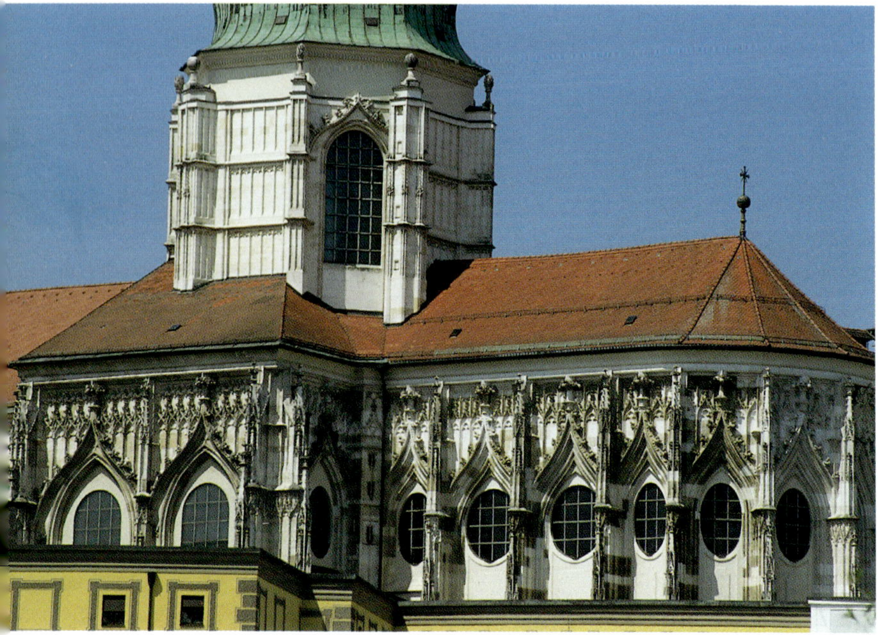

▲ *Passau: Dom, Vierungsturm, Querhaus und Chor von Südosten.*

wurde auf deutschem Boden keine andere Kirche im Flamboyantstil errichtet. Flamboyant sind beim Passauer Dom der gesamte Obergaden, ebenso die Querhausarme mit ihren vielen Kielbögen, von reicher Gliederung unterstützt. – Anders als in Frankreich sind in Deutschland höchstens Einzelelemente eines Bauwerkes als flamboyant zu bezeichnen, niemals ganze Bauwerke oder große Baupartien.

Die Seltenheit von Vierungstürmen im gotischen Deutschland wurde bereits bei der Zisterzienserabtei Kaisheim in Schwaben kommentiert. Wahrscheinlich wollten sich die Passauer Bischöfe oder das Domkapitel an einer internationalen, allerdings ganz unitalienischen Form der Gotik orientieren. Der hohe Anspruch wird am Formenreichtum des „Thumbs" deutlich. Zwar hat die Kirche kein Strebesystem – der Chor ist einschiffig und dementsprechend ohne Strebebögen –, aber das Formenrepertoire ist allemal Kathedralgotik. Richtung Osten findet sich als nächstes Werk in diesem Stil erst der Stephansdom in Wien, der freilich in seiner Typologie keine Kathedrale, also keine mehrschiffige Basilika ist.

Das Stefanstürmchen, das sich an der nordöstlichen Ecke des Nordquerhauses erhebt, ist ein schöner Beleg der eigenen Schöpfungskraft deutscher Gotik am Passauer Dom. Das Werk war so verwittert, dass es abgetragen und rekonstruiert werden musste. Heute ist es weiß geschlämmt. Richtigerweise müssen auch Chor und Querhaus zum Schutz der Steine und zur optischen Vereinheitlichung der gotischen und barocken Partien in gleicher Weise weiß gefasst werden. Genial ist die Bekrö-

▶ *Passau: Dom, Aufriss des Stefantürmchens.*

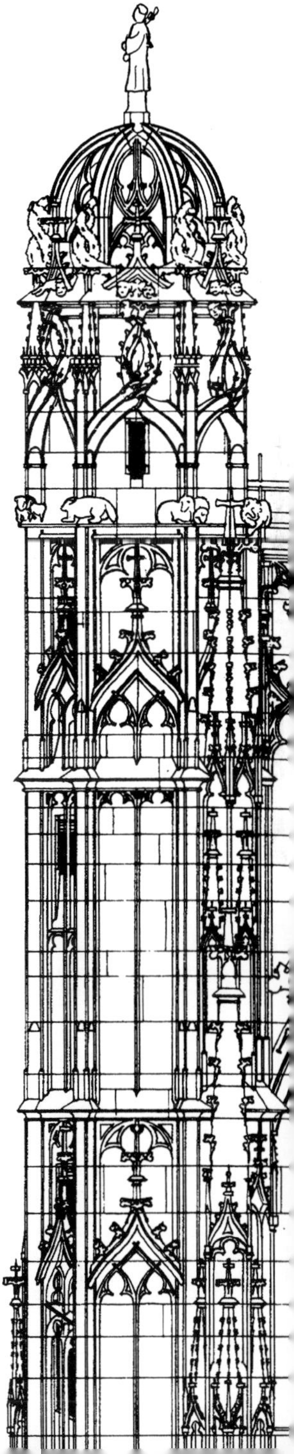

nung des Türmchens: Eine durchbrochene Maßwerkhaube endet seltsamerweise in einer Stephansstatue. Das Motiv der Haube war seit der Vollendung der Kirche Sankt Maria am Gestade in Wien, also schon vor 1450, bekannt. An der Basis der Haube winden sich Astwerkelemente. Gleich darunter, im obersten Oktogonalgeschoss, umarmen sich gedrehte Fialen in einer ausgesprochen räumlichen, höchst originellen Komposition. Um eine Vorstellung vom Dominneren vor dem Brand zu gewinnen, helfen einige Darstellungen des Malers Wolf Hubers. Eine ca. 1519 zu datierende Federzeichnung stellt „die Zurückweisung des Opfers Joachims" dar, die Szene spielt im Passauer Dom. Sie ist eine Vorzeichnung für den Feldkirchner Flügelaltar. Auch für eine „Beschneidung Christi" hat sich Huber als Hintergrund den Dom ausgesucht. Mehr oder weniger zuverlässig sind in den erwähnten Bildern der unfertige Vierungsturm, das Gewölbe und der nischenartige Obergaden dargestellt. Der Zeichnung nach scheint die Wölbung ein so genanntes Netzgratgewölbe gewesen zu sein, während sie auf dem Gemälde eher als dünnes Rippennetz erscheint, zumindest im Langhaus.

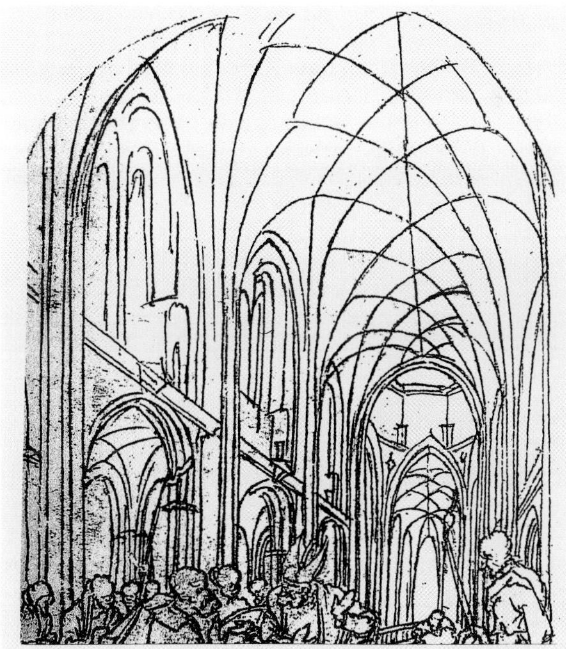

▲ *Passau: Dom, Inneres 1519, Zeichnung von Wolf Huber.*

Sankt Salvator

• Ehemalige Propstei- und Wallfahrtskirche. • Errichtet 1479 – 1500/10.
• Wölbung 1566 – 70. • Restauriert 1848 – 54. Baumeister unbekannt.

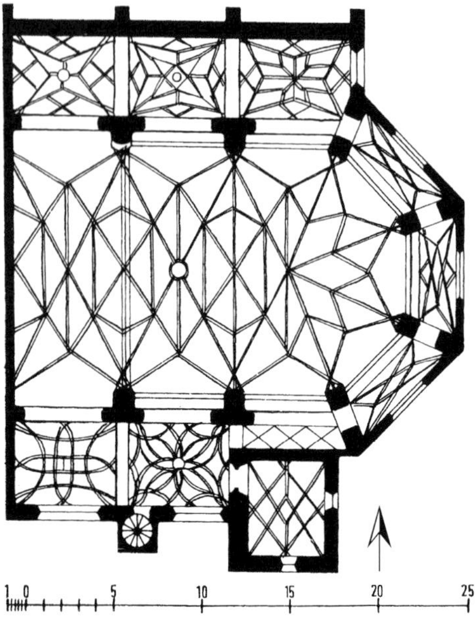

▲ *Passau: Sankt Salvator, Grundriss.*

Die zwischen Berghang und Ilz errichtete, zwei Achsen kurze Kirche sticht durch ihre damals sehr fortschrittliche Konzeption heraus. Es handelt sich um eine Wandpfeilerkirche – wie später im Barock – mit einer Empore, die den Raummantel zweigeschossig gestaltet. Die nach innen versetzten Strebepfeiler, die den Raum unten und oben in Kapellen unterteilen, haben Durchgangsöffnungen und erlaubten so den Umzug der Pilger. Die Emporenkapellen tragen Maßwerkbrüstungen, die wohl nach alten Mustern in der Neogotik wiederhergestellt wurden. Verblüffend ist die Weite der Raums, die durchaus als neue Qualität dieser Architektur betrachtet werden kann. Es ist also nicht so, dass man auf die Michaelskirche in München und die Rezeption des römi-

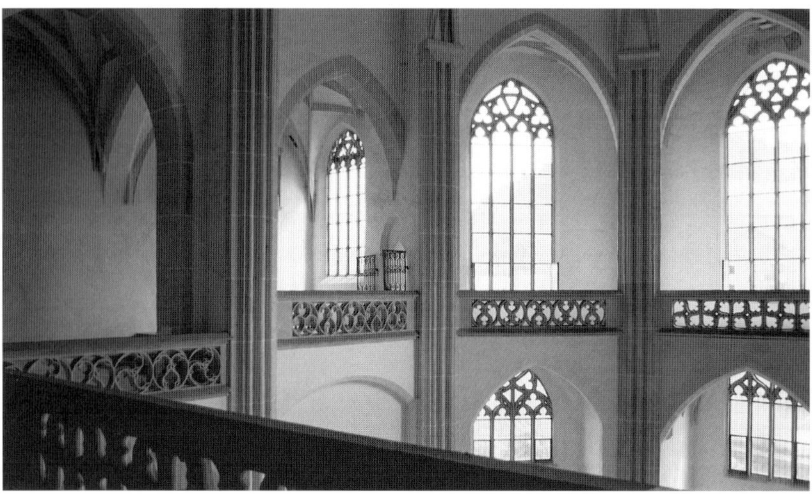

▲ *Passau: Sankt Salvator, Inneres von der Empore aus.*

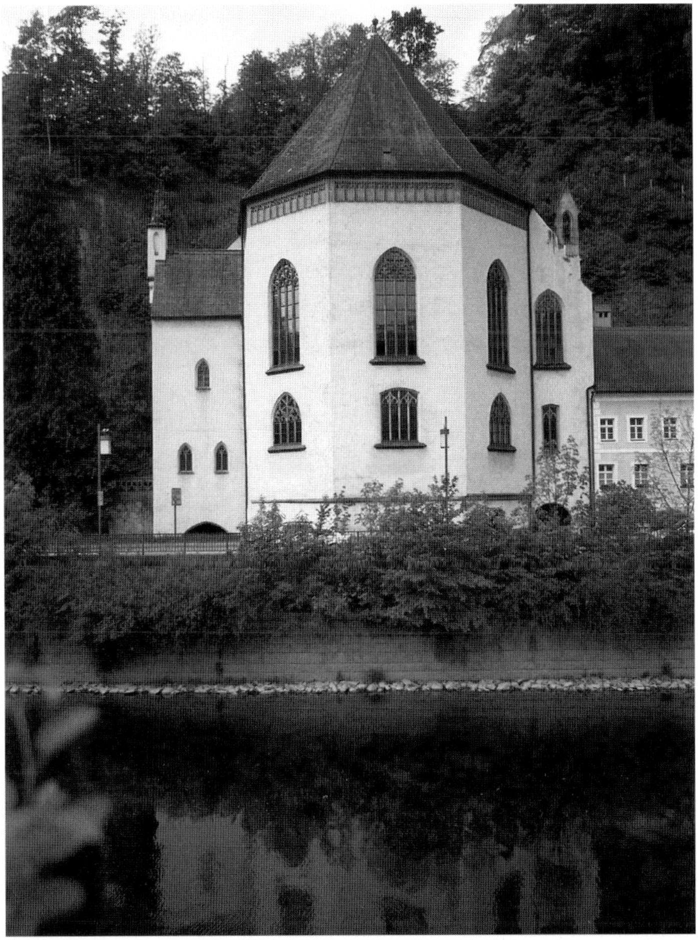

▲ *Passau: Sankt Salvator von Osten.*

schen Gesù warten musste, um eine neue Art von Weite in die Architektur einfließen zu lassen. Gestalterische Verwandtschaften mit Sankt Salvator lassen sich ungeachtet unterschiedlicher Funktionen mit zeitgleichen Burgkapellen feststellen, zum Beispiel mit der der Moritzburg in Halle an der Saale, die 1509 geweiht wurde. Dies gilt auch für das Äußere, das in prismatischer Einfachheit und in der charakteristischen Unterscheidung von unteren Segment- und oberen Spitzbögen erscheint – auch wenn sie hier in Passau nicht konsequent eingehalten wurde. Die Präsenz umlaufender Emporen war ein Motiv sächsischer Spätgotik in der Rezeption der Martinskirche zu Amberg in der Oberpfalz.

Sankt Salvator besitzt eine unter dem Patrozinium des Heiligen Kreuzes stehende Krypta, die der Breite des oberen Mittelraumes entspricht.

Sankt Wolfgang bei Dorfen
Sankt Wolfgang

• Pfarr- und Wallfahrtskirche. • Begonnen nach 1400, geweiht 1484. • Baumeister unbekannt.

Sankt Wolfgang grüßt die sich nähernden Besucher mit seinem 70 m hohen Kirchturm, dessen Spitzhelm von vier pyramidalen Eckaufsätzen an der Basis begleitet wird. Diese selten anzutreffende Bekrönungsform, die entgegen der Meinung Hugo Schnells nicht aus Moosburg kommt, war in der Romanik von Saint Martin d'Anay in Lyon vorgebildet. Ein letztes Mal wurde das Motiv im deutschen Expressionismus variiert, so 1928 beim Helm von Sankt Servatius im schönen Duderstadt (Niedersachsen).

Die unsymmetrische, zweischiffige Anlage der Kirche kann als gutes Beispiel altbairischer Spätgotik gelten. Die sehenswerte gotische Ausstattung hat sich im barocken Rahmen des 17. Jh. erhalten. Es war das bayerische Herrscherhaus, das die Kirche damals reich bedachte und sie neu

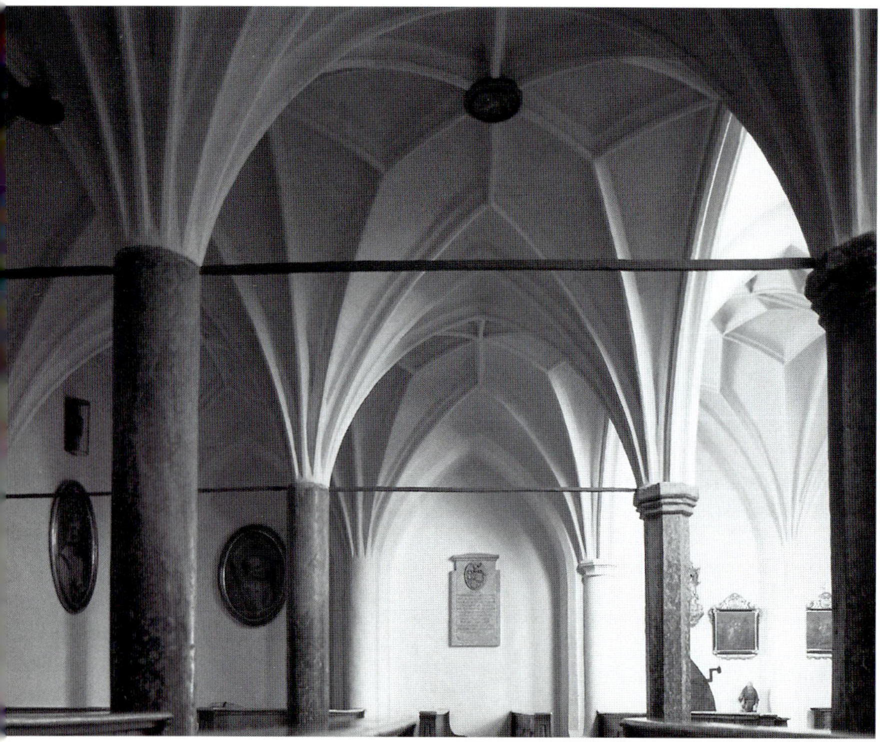

▲ *Sankt Wolfgang: Pfarr- und Wallfahrtskirche, Halle der Westempore nach Norden.*

ausstatten ließ. Unversehrt blieb dabei die mittelalterliche Architektur. Hervorzuheben ist die großzügig entwickelte Westempore, die dreischiffig und zweiachsig ausfiel und von vier frei stehenden Rotmarmorpfeilern gestützt wird. Die zwei vorderen sind achteckig und tragen Kapitell, die hinteren dagegen rund und kapitelllos. Die Wölbung erfolgte in einheitlichem Sternmuster, mit Schlusssteinen in der Mittelachse. Diese Empore ist nur ein Vorgeschmack derjenigen im österreichischen Raum, die sich um 1500 als hochwertige Bauteile quasi verselbstständigen (Salzburg Stift Nonnberg, Kirchen von Vöcklamarkt und Vöcklabrück). Der Einsatz von Admondter Rotmarmor stellt eine weitere Gemeinsamkeit dar. Westemporen sind in den südöstlichen Regionen deutscher Gotik zu Baupartien avanciert, die in ihrem ästhetischen Wert Apsiden und Chören gleichzustellen sind.

Schildthurn
Sankt Ägidius

• Wallfahrtskirche. • Errichtet ca. 1480 – 1530. • Inneres barockisiert nach 1730. • Baumeister unbekannt, Hans Amann aus Braunau zugeschrieben.

Im abgelegenen Schildthurn erhebt sich die dem Nothelfer Ägidius geweihte Wallfahrtskirche, die einen eindrucksvollen Turm von ca. 80 m Höhe besitzt. Er ist im Vergleich zur Kirche völlig überdimensioniert und stimmt damit mit anderen Werken deutscher Gotik überein, nicht nur mit Sankt Martin in Landshut, sondern beispielsweise auch mit Sankt Katharina in Osnabrück oder Sankt Peter in Rostock. Ein Zusammenhang zwischen diesen Kirchen und Schildthurn besteht natürlich nicht, jedoch ist die Errichtung großartiger Türme eine Spezialität der deutschsprachigen Länder.

Der Turm wurde in Backstein errichtet, aber mit Tuff verkleidet. Die fünf unteren Geschosse sind quadratisch und mit Eckstrebepfeilern verstärkt. Die zwei oberen Geschosse werden von einfachen rundbogigen Arkadenblenden gegliedert. Mittels Halbpyramiden erfolgt der Übergang zu dem achteckigen oberen Turmschaft, der viergeschossig ist und von einem hohen Spitzhelm bekrönt wird. Die schrägen Seiten werden ebenfalls von Strebepfeilern begleitet, die gleich bei den Halbpyramiden einsetzen. Der Schaft schließt mit einem Blendfries aus Vierpässen, der vielleicht von der Münchener Frauenkirche abgeschaut wurde. Als erstaunlich ergiebig zeigt sich das Motiv des Vierpasses, in der Spätgotik war er bereits Jahrhunderte im Gebrauch – man denke nur an die Türme der Lübecker Marienkirche. Das Oktogon wird durch Blenden zierlich gegliedert: Jede Nische trägt ein Maßwerkcouronnement mit hängender Lilie. Der Schwung des Turmes ist grandios und dominiert entschieden die Landschaft.

Als ob es nicht genug mit diesem Beispiel wäre, findet sich im fünf Kilometer entfernten Taubenbach ein ganz ähnlicher Turm, dessen Helm statt mit Kupfer mit Holzschindeln verkleidet ist. Im Übrigen reduziert er etwas das Schema Schildthurns. Beide Werke stammen aller Wahr-

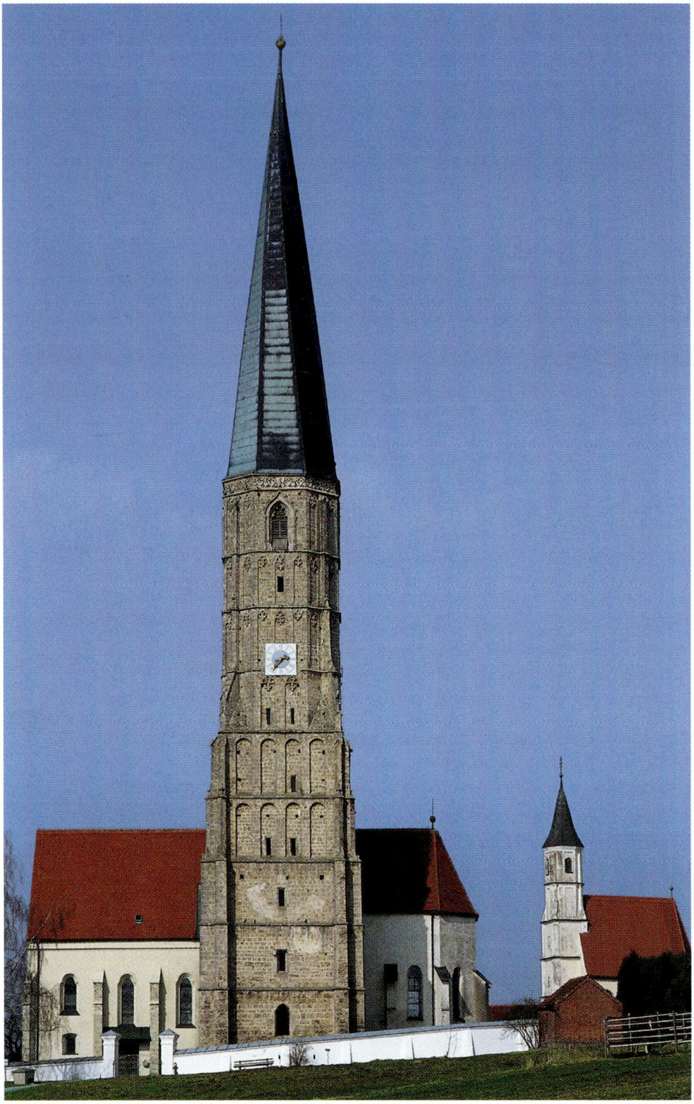

▲ *Schildthurn: Wallfahrtskirche Sankt Ägidius von Süden.*

scheinlichkeit nach vom selben Meister. Erwähnung verdienen in diesem Zusammenhang der Turm der Leonhardskirche in Aigen am Inn und der von Deutschland aus gut sichtbare Großturm der Stadtpfarrkirche im österreichischen Braunau, der allerdings barock bekrönt ist. Taubenbach, Schildthurn und Aigen sind wie Sankt Wolfgang bei Dorfen weitere Zeugnisse aufblühender Wallfahrt im ausgehenden Mittelalter.

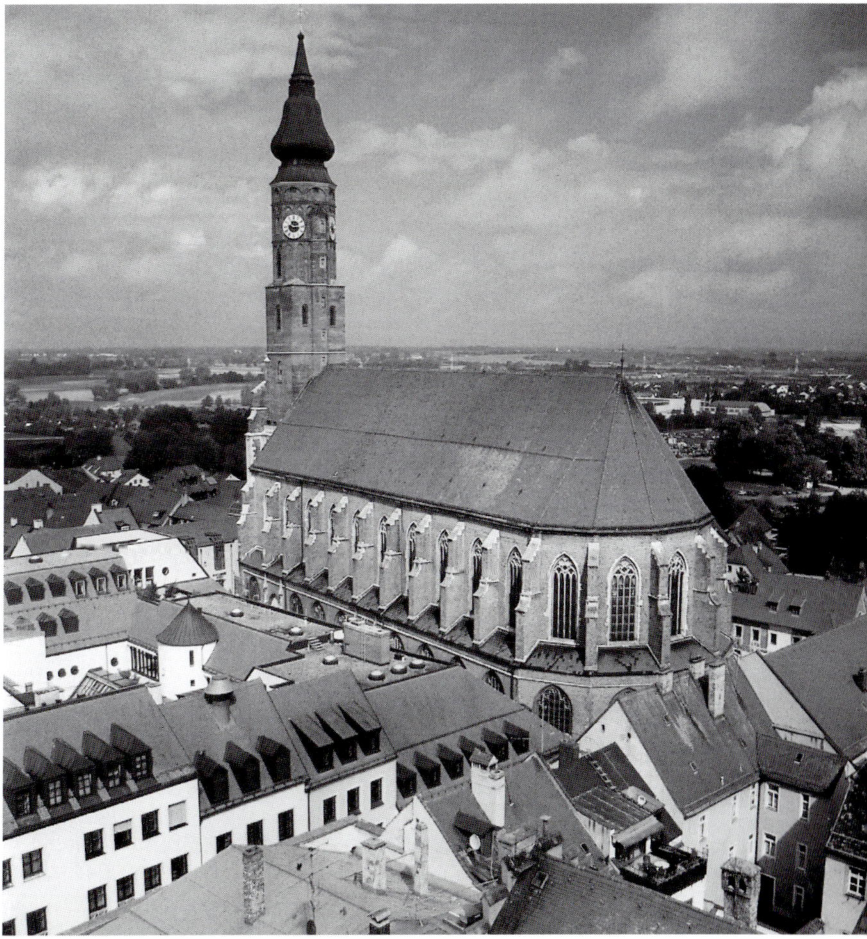

▲ *Straubing: Sankt Jakob von Südosten.*

Straubing
Sankt Jakob

• Begonnen wohl um 1400, Vollendung gegen 1512. • Gesamtplan wohl auf Hanns Purghauser zurückgehend. • Am Turm weitergebaut bis Ende des 16. Jh. • Gewölbe, Dach und Turmhaube beschädigt bzw. zerstört beim Stadtbrand von 1780. Jetzige Birnenhaube spätbarock.

Die große Kirche steht architekturgeschichtlich auf halbem Wege zwischen Sankt Martin in Landshut und der Frauenkirche in München, ohne deren Qualität zu erreichen. Wie später in München ist hier ein Hallenumgang vorhanden, auch das östlichste Pfeilerpaar ist hier wie dort kaum merklich nach innen zusammengetreten. Flache Kapellen umsäumen den ganzen Raum, auch wenn sie, wie in dem Langhaus von Landshut, niedrig gehalten wurden. Der Baukörper in Straubing ist ebenfalls sehr kompakt, durch die niedrigen Kapellen aber abgestuft.

Die Eintürmigkeit hat die Kirche mit Landshut gemeinsam. Nur ist der Straubinger Turm wesentlich bescheidener: Die Stärke der unteren Strebepfeiler lässt auf einen wuchtigeren Entwurf schließen, als er aufgrund der konfessionellen Unruhen im 16. Jh. umzusetzen war. Die Schmucklosigkeit der Kirche unterscheidet sie von allen anderen Großkirchen der bayerischen Residenzstädte, zu deren Gruppe sie zweifellos gehört. Leider ist das Innere nicht mehr im ursprünglichen Zustand erhalten. Das Gewölbe wurde im 18. Jh. in veränderter und um etwa 3 m tiefer liegender Form neu gebaut. Durch den Verlust des Netzgewölbes hat das Gebäude viel an Charakter eingebüßt. Eine längst fällige Restaurierung des Kirchenbaus findet zur Zeit statt.

Stadtturm

I • Begonnen 1316, ausgebaut bis kurz vor 1400. • Baumeister unbekannt.

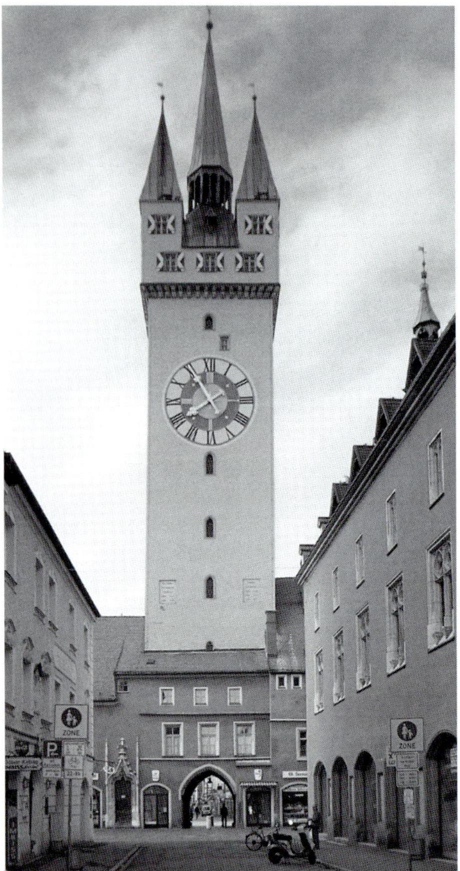

Straubing wurde 1218 als „Neustadt“ einer etwa 1 km entfernten alten Siedlung plan- und regelmäßig angelegt. Es stellt die typische wittelsbachische Gründung des 13. Jh. dar. Bis auf die Stadtmauer hat Straubing seine gotischen Grundzüge wohl erhalten. Die Stadt hat einen 600 m langen Straßenmarkt mit 16 zu ihm senkrecht stehenden Straßen. In der Mitte des Marktes erhebt sich der Stadtturm, im Osten und Westen von zwei angebauten Häusern begleitet: ehemals Rathaus und Trinkstube. Der Turm ist in der Nord-Süd-Achse (Kaesmarkt–Steiner Gasse) durchfahrbar, das Erdgeschoss öffnet sich in einer entsprechend gewölbten Passage. Stolz erhebt sich der quadratische Turmschaft, der charaktervoll in einer auskragenden Fünfer-Spitzengruppe endet. Im Detail weicht sie geringfügig vom ursprünglichen Zustand

◄ *Straubing: Stadtturm von Norden.*

ab. Dieser ist in dem schönen Stadtmodell Jakob Sandtners im Bayerischen Nationalmuseum bzw. in der Kopie vor Ort im Gäubodenmuseum dokumentiert. Als Herzog Albrecht V. um das Jahr 1568 die Stadt Straubing besuchte, zeigte ihm der Drechslermeister Sandtner das Modell seiner Vaterstadt, das er für sich in seiner Freizeit angefertigt hatte. Der Herzog muss an dieser Arbeit großen Gefallen gefunden haben, denn er kaufte das Modell und gab Sandtner den Auftrag, auch seine übrigen Rentamtsstädte München, Landshut, Burghausen sowie Ingolstadt in gleicher Weise darzustellen.

Viele Stadtbilder des deutschen Sprachraums sind geprägt von einer Vielzahl von Türmen. Neben Stadtmauer- und Tortürmen handelt es sich dabei überwiegend um Kirchtürme. Hin und wieder verfügt ein gotisches Rathaus über einen eigenen Turm wie in Rothenburg o.d. Tauber, Würzburg, Brandenburg, Danzig oder Thorn oder ist selbst weitgehend als Turm gestaltet wie in Köln. Eigenständige Stadttürme wie in Innsbruck, Halle an der Saale oder eben Straubing stellen eine seltene Form von Turmarchitektur dar. Die Rolle der „Stadttürme“ übernahmen meist die Kirchtürme, die sogar juristisch nicht unbedingt zu ihren Kirchenbauen gehörten und oft sogar andere Auftraggeber hatten. In Flandern waren die selbstständigen Belforts in der Regel mit einer Tuchhalle assoziiert wie in Ypern, Gent oder Brügge. Der Straubinger Stadtturm jedenfalls verleiht dem Ort einen unverwechselbar markanten Akzent.

Tettenweis
Sankt Martin

• Pfarrkirche. • Überlieferte Jahreszahlen 1472 und 1531. Das letzte Datum könnte sich auf eine Renovierung beziehen. Der spätgotische Bau wurde um 1904 als exakte Kopie des alten Baubestandes nach Westen verlängert.

Der ursprüngliche Zustand der Kirche lässt sich durch Weglassen des jetzigen Westbereichs im Grundriss leicht rekonstruieren. Tettenweis gehört zu einer Gruppe höchst moderner Bauten, denen die endgültige Auflösung der Jocheinteilung im Raum gelang. War durch die jochübergreifende Netzwölbung eines Langhauses die Schwächung räumlicher Grenzen bereits seit der Parlerzeit möglich, so gelingt jetzt durch die Aufhebung der alten Baulogik ein noch nie da gewesener Sprung nach vorn. Herkömmlich galt die axiale Entsprechung der Pfeiler untereinander sowie der inneren Pfeiler und der äußeren Strebepfeiler, außerdem ein festgeleg-

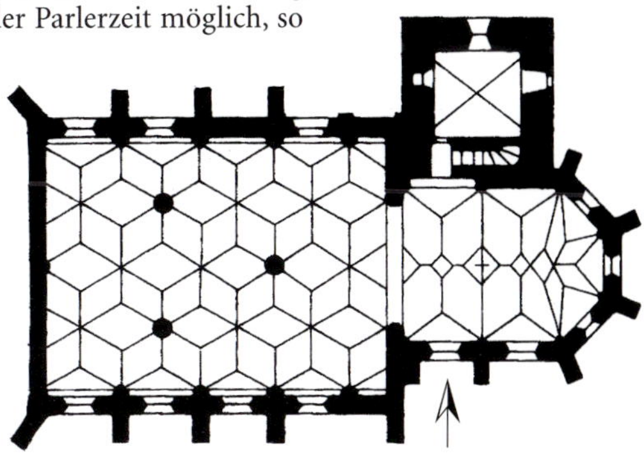

▶ *Tettenweis: Sankt Martin, Grundriss vor der Verlängerung.*

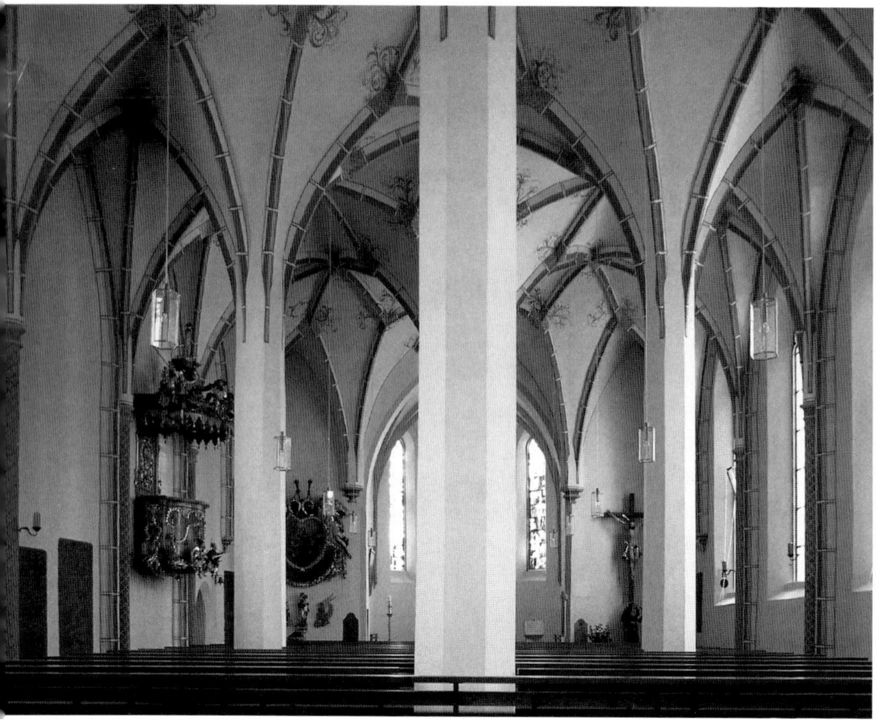

▲ *Tettenweis: Sankt Martin, Inneres von West nach Ost.*

tes Verhältnis zwischen Wölbung und Stützsystem. Die Überwindung dieser alten Baulogik zeigt sich schon in der Parlerzeit in der Nicht-Korrespondenz der Polygone von Binnen- und Außenchor, wie bei Heilig Kreuz in Schwäbisch Gmünd und ihrer ganzen Nachfolge während des späten 14. und des ganzen 15. Jh. Damit hängt auch die gelegentliche Platzierung eines Pfeilers in der Achse des Chores vor dem Ostfenster des Umgangs zusammen, wie in der Landshuter Spitalkirche oder in Dingolfing.

Was in Tettenweis geschah, geht viel weiter: Es existieren überhaupt keine Pfeilerreihen mehr, die drei Originalpfeiler bilden im Grundriss ein Dreieck. Man kann nicht mehr von Jochen sprechen und auch die Achsen wurden gebrochen. Es gibt in der Kirche keine durchgehende Axialität mehr, die räumlichen Grenzen erscheinen völlig verzerrt! Auf dem Bild sieht man im Vordergrund den in der Flucht der ursprünglichen Westwand stehenden Pfeiler von 1904, dahinter die beiden seitlichen Originalpfeiler, während der dritte von dem neuen Pfeiler verdeckt wird. Das scheinbare Raumchaos erweist sich bei näherer Betrachtung als subtil durchdachte, radikale Neuordnung. Zur Optik des Stützsystems gehören Vorlagen entlang der Wände. In der Hauptrichtung (West-Ost) ergibt sich „ein dreifacher Wechsel von Freistütze und Vorlage, im Takt von eineinhalb Achsen gegeneinander versetzt“ (Dehio 1988).

Die Tettenweiser Kirche folgt einem Grundschema, das in einem bedeutenderen Bau erfunden wurde: der 1417 – 1439 errichteten Bürgerspitalkirche zu Braunau. Dort hat sich jedoch der Raum nicht im ursprünglichen Zustand erhalten, weil der mittlere Pfeiler 1686 entfernt wurde. Im Übrigen geschah das Gleiche in der Pfarrkirche von Anger im Berchtesgadener Land. Die Kirchen im oberbayerischen Burgkirchen am Wald und im oberösterreichischen Eggelsberg sind wie in Tettenweis gut erhaltene Dreistützenpfeiler-Räume. Dass Braunau und Anger ausgerechnet im Barock ihren mittleren Pfeiler verloren haben, ist umso erstaunlicher, als diese Kirchengruppe Vorreiter einer „barocken" Raumkonzeption war. In der Barockzeit wurde diese spätgotische Raumlösung sicherlich als wertvoll, aber einengend empfunden, daher kam es zur Pfeilerbeseitigung.

Die Wölbung in Tettenweis, Burgkirchen am Wald und Eggelsberg zeigt ein Ineinandergreifen von Schirmgewölbekörpern. Das Netzmuster besteht nur aus Rhomben. Allein die als Stichkappen gestalteten Gewölbefelder sind dreieckig, da sie von den Umfassungsmauern geschnitten werden. Die gerade renovierte Martinskirche in Tettenweis ist ein Raum voller Fröhlichkeit, ein weiterer Beweis für die Freude, die in der Gotik lebt.

Wasserburg am Inn
Sankt Jakob

• Stadtpfarrkirche. • Beschluss zum Bau einer neuen Kirche 1410. • Baumeister Hanns Purghauser. • Fortgesetzt unter Hanns Stetheimer nach 1432. • Nach Vollendung des Langhauses Bau des Chors 1445. • Baumeister Stephan Krumenauer. • Chor geweiht 1448. • Abschluss der Arbeiten 1478.

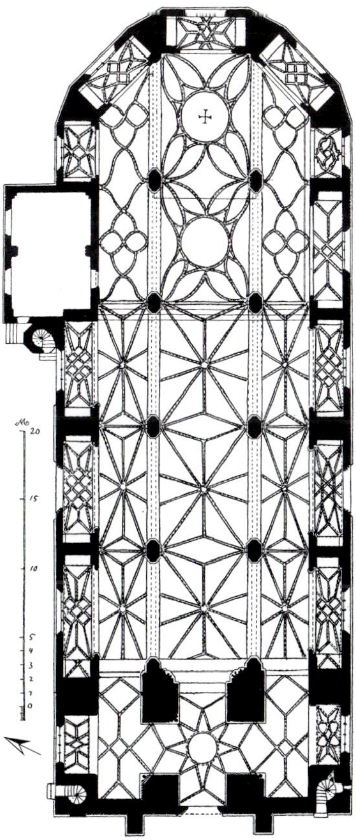

Sankt Jakob ist eine der kompakt ausgebildeten Hallen bayerischer Spätgotik, bei der drei Achsen dem Langhaus und zwei dem Chor entsprechen. Chor und Langhaus sind durch Stufen und Wölbung sowie durch eine Gurtarkade voneinander abgesetzt. Darüber hinaus sind die Seitenkapellen im Chorbereich hochgezogen, während sie im Langhaus niedrig ausfallen und außen eine Abstufung

◄ *Wasserburg: Sankt Jakob, Grundriss.*

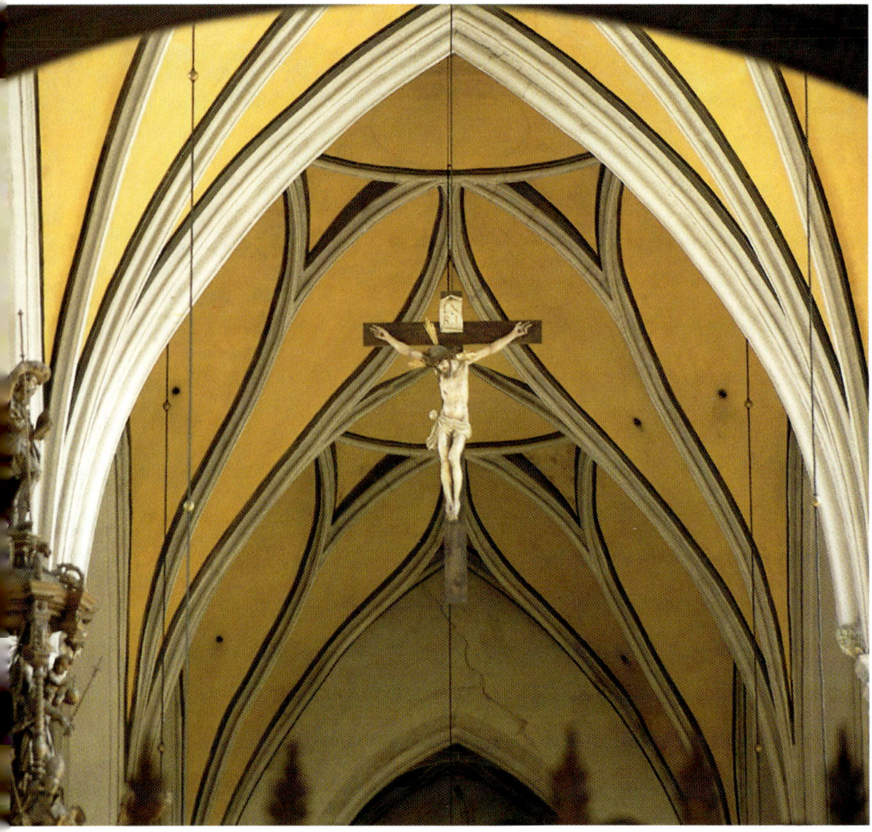

▲ *Wasserburg: Sankt Jakob, Chorgewölbe.*

der Umfassungsmauer bewirken, was aus dem Grundriss nicht zu erschließen ist. Im Binnenchor fehlt jeder Polygonalschluss. Besonders relevant und zukunftsweisend ist die von Stefan Krumenauer entworfene Wölbung der zwei mittleren Chorachsen: Um das jeweils als flacher Ring gestaltete Jochzentrum gruppieren sich paarweise Rippen, die wie Blütenblätter aussehen und auf dem Wölbgrund einen multidimensionalen Verlauf nehmen. Ermöglicht wird dies durch die jochweise gerundete Form der Gewölbekurvatur, genauer durch ihre konoidale Kuppelung. Diese 1445 – 48 errichteten Gewölbejoche wirken aufgrund des Ringes mit der darauf liegenden, stummen Flachkuppel etwas ungotisch. Die Rippen wurden aus Gips hergestellt, es fehlt ihnen also die steifende Schalhilfe für die Kappen.

Vor Wasserburg war bereits um 1415 eine ähnliche Lösung – im kleineren Maßstab und in Haustein ausgeführt – am nördlichen Turmportal von Sankt Bartholomäus in Frankfurt am Main erprobt worden, ein Werk von Madern Gerthener. Ein verwandtes, frühes Werk ist das feine, zwischen 1458 und 1462 gebaute Gewölbejoch im Kreuzgang des Baselers Münsters. Solche Schöpfungen öffneten den Weg zu einer ungehinderten Räumlichkeit, die ohne Berücksichtigung der zeitlichen Dimension nicht zu erfassen ist. Bewegung und Dynamik bedingen Zeitlichkeit. Am Anfang dieses Prozesses steht die Wasserburger Kirche, die mit dem intensiven Gelb ihrer Wölbung reine Lebensfreude ausstrahlt.

III. Die Renaissance – Neu entdeckte Antike oder Zeit des Übergangs?

Eine weitere selbstständige Entwicklung der Spätgotik blieb aus. Der Grund hierfür lag nicht in dieser selbst, hatte doch in der Spätgotik ein enormes Zukunftspotential gesteckt. Die veränderten historischen Verhältnisse machten jedoch eine kontinuierliche Fortführung der sakralen Bauaufgaben beinahe unmöglich. Zudem war der Kirchenbau, unabhängig von seiner anfänglichen Lähmung durch die Reformation, kaum ein zentrales Anliegen der Renaissance, wenn auch ganz Europa für den Neubau von Sankt Peter in Rom wirtschaftlich strapaziert wurde. Die Spätgotik konnte überall nur noch unter einem neuen Gewand fortleben, das häufig mehr Zwangsjacke als angemessene Kleidung war. Wenn man die ungeheuere Menge spätgotischer Kirchen in Europa mit der spärlichen Zahl italienischer Renaissancekirchen vergleicht, wird sofort verständlich, warum die wenigen Italiener, die nach Mitteleuropa kamen, von diesem zutiefst beeindruckt waren. Dagegen sind die Kirchen der Renaissance kaum Teil des allgemeinen Bewusstseins geworden und blieben in der bekannten Äußerung von Pier Paolo Pasolini ungenannt: „Es stecken zweitausend Jahre Christentum in mir: Ich habe zusammen mit meinen Ahnen die romanischen Kirchen, dann die gotischen und später die barocken gebaut."

Die Renaissance hat sich in Europa gewiss nicht durch so etwas wie spontanen Erfolg durchgesetzt. Große Persönlichkeiten jener Zeit waren zweifellos von ihr als „Brücke" zur antiken Welt fasziniert. Ein Künstler wie Albrecht Dürer war vor allem an den neuen Prinzipien der Perspektive, der Proportionen- und Formenlehre interessiert, nicht an oberflächlichen Stilmerkmalen. Aber nicht jeder war ein Dürer. Den Fürsten bot die Kunst der Renaissance an erster Stelle Gelegenheit, ihre privilegierte Stellung auffällig sichtbar zu machen. Dabei wurde die Renaissance ohne Volk und oft genug gegen das Volk durchgesetzt. Das humanistische oder wissenschaftliche Interesse Einzelner ändert an diesem Tatbestand nichts.

Für Deutschland, Frankreich, England waren die italienischen Formen so unbekannt wie exotisch. Jeder Bau der Renaissance, sofern er das Italisierende mehr oder weniger deutlich zum Ausdruck bringen konnte, wirkte wie ein bizarrer Blickfang in der homogenen Welt der gotischen Städte. Dieser Exotik, die Prestige verschaffte und ein Synonym für Kultur wurde, waren sich die Auftraggeber wohl bewusst. Daraus resultiert die unzulässige Gleichsetzung von Renaissance, Klassik und Kultur. Dabei wird außerdem vergessen, dass schon die spätmittelalterlichen Städte gut differenzierte Organismen waren, die alle Funktionen, lebensnotwendige wie symbolische, erfüllten. An den sprichwörtlich schlechten hygienischen und medizinischen Verhältnissen änderte sich auch durch durch die Renaissance bis weit in das 19. Jh. nichts. Bis heute spricht man pejorativ vom Mittelalter als dunkler Epoche, als einer Zeit, die nicht einmal einen eigenen Namen verdient. Während klassische Antike und Renaissance Konkretes benennen, meint Mittelalter nämlich ein bloßes „Dazwischen". Stattdessen ist zu bedenken, dass die europäische Kultur auf dem Boden des Mittelalters steht.

Wie überall, so ging auch in Bayern die Renaissance mit der religiösen Spaltung einher. Benno Hubensteiner bemerkt, dass in Altbayern das Volk trotz der breiten lutherischen Strömung mit Gewalt bei der alten Lehre gehalten wurde. Damals definierte sich das bis heute gültige „katholische Gesicht" Bayerns: „Die Welle der Reformation, die von Ostpreußen bis Württemberg, von Friesland bis Böhmen, alles mit sich riß, brach sich an den altbayerischen Grenzen. Daß es so kam, war das Werk der Wittelsbacher Herzöge. Und diese Entscheidung eines Wilhelm IV. und eines Ludwig X., eines Albrecht V. und eines Wilhelm V. hatte letztlich nichts mit Politik zu tun, sondern lag in der religiösen Überzeugung. Auch für die bayerischen Wittelsbacher hätte die Reformation nur Vorteile gebracht. Die Hochstifte Salzburg oder Eichstätt hätten das eigene Landgebiet abgerundet, eine Säkularisation der bayerischen Klöster das Jahreseinkommen der Herzöge um gut 200 000 Gulden ausgebessert. Trotzdem läßt sich nicht der leiseste Beweis erbringen, daß die Herzöge je an eine Trennung von der alten Kirche gedacht hätten." Die bedingungslose Verteidigung des katholischen Glaubens war der gemeinsame Nenner zwischen den sonst traditionell verfeindeten Häusern Habsburg und Wittelsbach. Allerdings konnte die neue Predigt in der im Bayerischen gelegenen Reichsstadt Regensburg sowie in den Herrschaften und Gerichten der Kurfürsten von der Pfalz in Heidelberg und der Pfalzgrafen von Neuburg an der Donau und auf dem Nordgau festen Fuß fassen. Ein außergewöhnliches Beispiel frühen lutherischen Kirchenbaus ist die rein italienische Schlosskapelle im oberbayerischen Neuburg. Welten trennen sie von der von Luther persönlich geweihten nachgotischen Torgauer Schlosskapelle.

Die Rezeption italienischer Baukunst begann nicht in Altbaiern, sondern in Schwaben. Bevor die Fugger mit der Einführung von Renaissanceformen begannen, gab es nur sporadische Einzelelemente, die für eine erste Kenntnis der Renaissance sprechen. So erhielt das Überlinger Rathaus 1490 – 94 eine Spiegelquaderung, die italienisch anmutet und wahrscheinlich der Fassade des Hauses „Zur Katz" in Konstanz (1424), der ältesten in Deutschland bekannten florentinischen Rustika, abgeschaut wurde. Bis Anfang des 16. Jh. scheinen alle frühen, isolierten Kontakte mit Italien vergessen gewesen zu sein.

Bezeichnenderweise schlug in Deutschland kein Adeliger oder Geistlicher als Erster die Brücke zur Renaissance, sondern die Handels- und Bankiersfamilie der Fugger. Ihre engen Beziehungen zu Italien verstanden sich von selbst, hatten sie sich doch bereits in Venedig im Fondaco dei Tedeschi, dem Handelshaus der Deutschen, eine eigene Stube einrichten lassen. Vor allem mit der Fuggerkapelle in Sankt Anna und mit den Fuggerhäusern an der Maximilianstraße, beides in Augsburg, entstanden erste Werke einer – allerdings angepassten – Renaissance.

Die nicht mehr erhaltene Originalfassade der Fuggerhäuser trug am Dach kleine Türmchen mit Welschen Hauben, die wohl zu den ältesten dieser Gattung gehörten.

Nach den Augsburger Anfängen übernahm für Bayern zunächst das schöne Landshut den neuen Stil, und zwar ausnahmsweise in weitgehend orthodoxer Form, wie die Stadtresidenz zeigt. Sie war das Werk Herzog Ludwigs X. Langsam gewann die Renaissance ihre Gestalt als dynastisch diktierte Stilrichtung. Auf Landshut folgte München mit der Residenz und der Michaelskirche, die nicht weniger vom Fürsten als vom Jesuitenorden geprägt wurde. Die wichtige Rolle Ingolstadts während der Renaissance bezieht sich in erster Linie auf die Reformationsgeschichte: In der 1472 dort gegründeten Universität wurde 1515 Johannes Eck Professor. Er wirkte zwischen 1519 und 1540 als Stadtpfarrer und wurde zum bekanntesten Gegner Luthers.

Um 1600 waren München und Augsburg die unbestrittenen Zentren der Spätrenaissance. Diese zweite, reifere Phase, die als Manierismus bekannt ist, reflektiert mehr die niederländisch geprägte als die eigentlich italienische Renaissance. Der Beitrag der schwäbischen und bayerischen Renaissance besteht darin, das wiedervereinigte Land gegenüber dem Süden zu öffnen und eine Basis für die spätere Entwicklung eines katholischen Barock zu schaffen. Diese Basis konkretisiert sich in der Münchener Michaelskirche, die für den barocken Sakralbau zum Vorbild wurde. Während des ganzen 16. Jh. wurden die deutschen Künstler so sehr in der Art der italienischen und der italo-niederländischen Kunst geschult, dass um 1600 zumindest ihr Formenrepertoire gleichsam heimisch geworden war. So gesehen war eher die Renaissance Bayerns Zeit des Übergangs als das so genannte Mittelalter. Anders formuliert, das Mittelalter war die Geburtsstunde der europäischen Kultur.

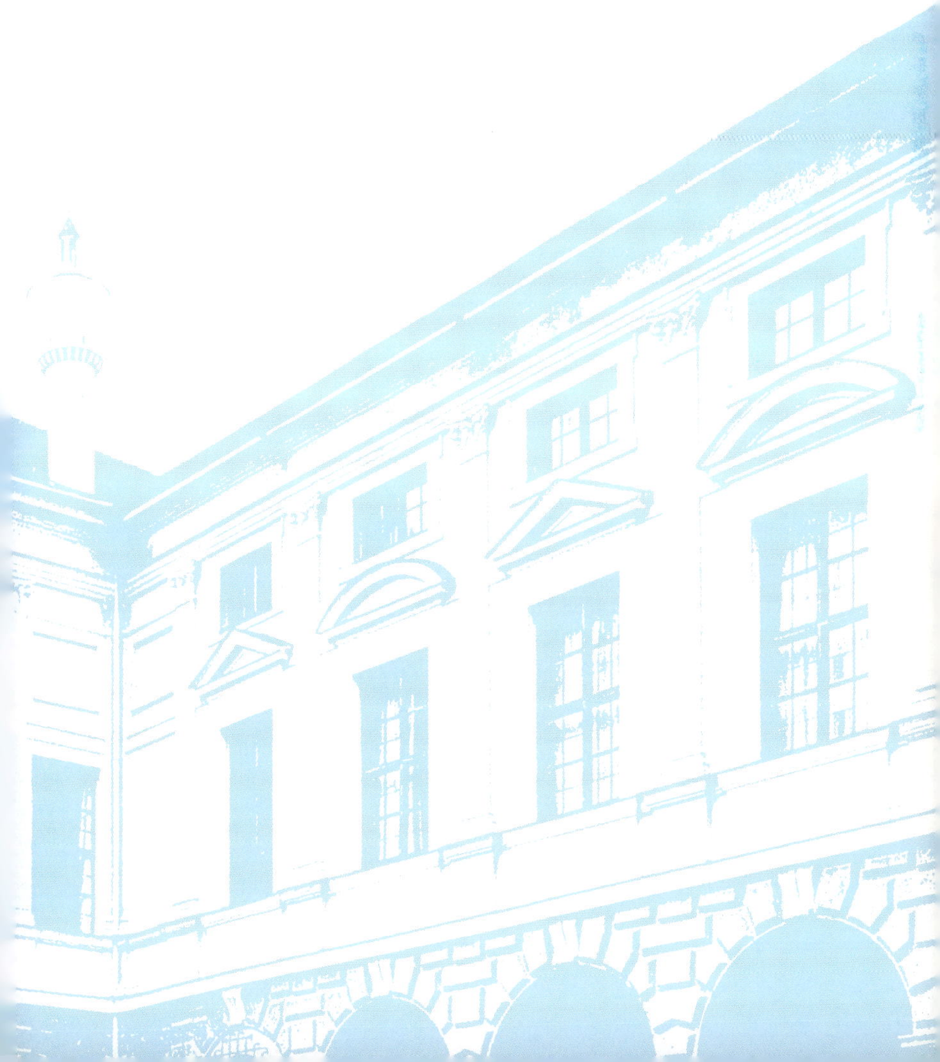

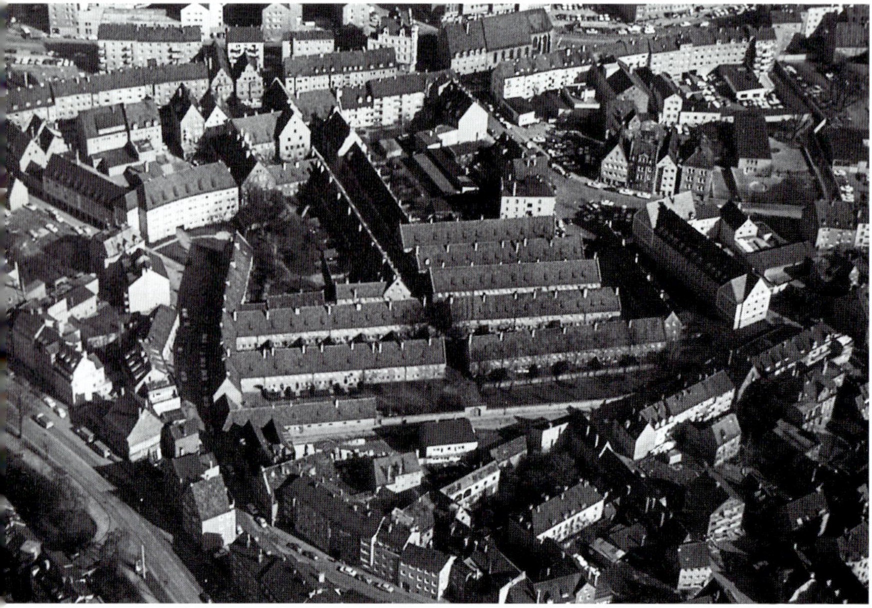

▲ *Augsburg: Fuggerei, Luftaufnahme.*

Augsburg
Fuggerei (Jakoberstraße 24/26)

• Errichtet 1514–1523, erweitert Ende des 16. Jh. und nach 1945. • Bauleiter Thomas Krebs.

Die Fuggerei ist als „erste Armensiedlung der Welt" bzw. als „älteste Sozialsiedlung des Reichs" (Martin Warnke) bekannt – wahrscheinlich zu Unrecht. Die Kunstgeschichte möchte dieses Verdienst im Sozialwesen gerne der Renaissance zuschreiben und vergisst dabei absichtlich sämtliche mittelalterliche Stiftungen – weniger die bekannten Spitäler, sondern vor allem kleinere Sozialsiedlungen, wie sie zum Beispiel für das spätgotische Lübeck typisch sind. Dort datieren das Wickede-Stift 1397, das Segebergs-Armenhaus und das Illhorn-Elendenhaus 1438. Auch diese sind in ihrem ursprünglichen Zustand durch gangartige Hofanlagen mit einheitlichen Budenreihen charakterisiert. Die Absicht, solche Sozialinitiativen auf Süddeutschland zu beschränken, hält daher einer Überprüfung nicht stand. Insofern ist die Fuggerei lediglich in ihrer Ausdehnung, ihrer Größenordnung neu. Sie bildet eine Kleinstadt in der Stadt und stellt eine abgeschlossene Wohnsiedlung dar, die durch fünf Tore zugänglich ist. Auch die kleineren Lübecker Siedlungen waren abgeschlossen – wie vieles in der mittelalterlichen Stadt, so Kloster- und Dombezirke, Pfarreien und Friedhöfe. Als neuzeitlich können die betonte Regelmäßigkeit des Grundrisses und die Normierung der Hauseinheiten der Fuggerei gelten, auch sie nicht ohne mittelalterliche Vorstufen. Die Gleichförmigkeit bzw. Wiederholung der Einheiten war schon in spätgotischen Arbeitersiedlungen vorgegeben, so zum Beispiel in den fünf ersten Häusern von 1489 der späteren „Sieben Zeilen" zu Nürnberg, was bereits durch das Wort „Zeilen" zum Ausdruck kommt. Ungeachtet der Unterschiede finden die parallel laufenden Reihenhäuser der Fuggerei hier einen Vorläufer.

Verschiedene Autoren haben nach Vorbildern für die Fuggerei gesucht. Die vielfach zitierten Beginenhöfe in den Niederlanden, die „venezianischen Siedlungen für verarmte Adlige" (Suckale) bzw. die Stiftung des Venezianers Nobile Marco Lando in Padua (Gudila von Pölnitz-Kehr) bleiben jedoch recht unzureichende Vorbilder.

Stilistisch ist die Fuggerei kaum als Renaissance einzustufen. Es handelt sich um massive Hauseinheiten mit steilen Dächern und viel gestuften Giebeln, was dem in der Gotik üblichen Haustypus entspricht. Abgesehen von der 1581 errichteten Fuggereikirche St. Markus fehlen der Anlage Stilmerkmale der Renaissance. Die Segment- und Rechtecköffnungen, die hohen Schornsteine und Treppengiebel sind Allgemeingut gotischer Typologie.

Die Wohnungen durften von unverschuldet verarmten Augsburgern gegen einen symbolischen Betrag von jährlich einem rheinischen Gulden beansprucht werden. Zur Verfügung standen Dreizimmerwohnungen mit einer Fläche von ca. 60 qm, die ursprünglich von Familien aller Altersgruppen bewohnt waren. Die Erdgeschosswohnungen der Häuser verfügten über einen kleinen Garten mit einem Schuppen. Bei den oberen Wohnungen gab es stattdessen einen geräumigen Dachboden. Die Häuser sind seit 1519 mit gotischen Ziffern nummeriert, den ersten Hausnummern der Stadt. Das museal genutzte Haus Nr. 13 an der Südseite der Mittleren Gasse hat als einziges Innenräume im Originalzustand bewahrt. Im Laufe der Geschichte haben einzelne Häuser neue Funktionen erhalten.

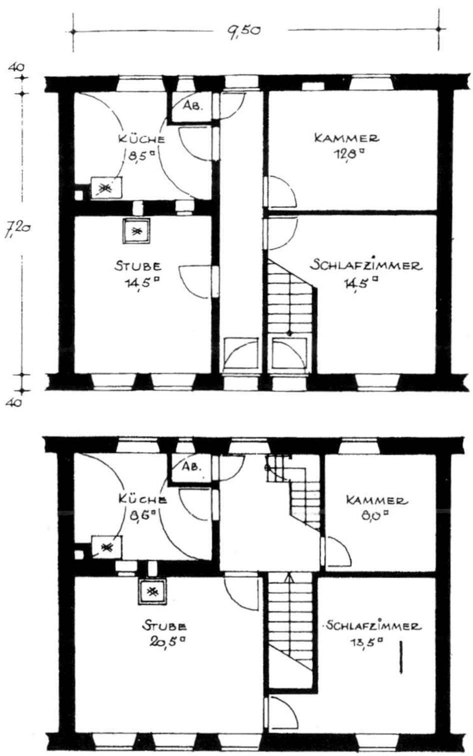

▶ *Augsburg: Fuggerei, Grundriss der Erd- und Obergeschosswohnungen.*

Für Nr. 35 an der Herrengasse ist belegt, das es ab etwa 1650 als katholische Glaubenschule diente, nachdem alle öffentlichen Schulen Augsburgs protestantisch geworden waren. In den Familienhäusern der Fuggerei durfte Handwerk ausgeübt werden, so dass diese faktisch auch eine Art Arbeitersiedlung war.

Erst im 20. Jh. wurde für die Aufnahme in die Fuggerei das Rentenalter vorausgesetzt, nach wie vor ist aber die ideelle Jahresmiete von etwa einem Euro zu entrichten. Die Kontinuität der Funktion der Fuggerei durch die Jahrhunderte hindurch bis zum heutigen Tag ist bewundernswert und zugleich ein Beleg dafür, wie sinnvoll eine solche Einrichtung ist. Eine nicht unwichtige Einschränkung für die Aufnahme in die Fuggerei war und ist immer noch die Zugehörigkeit zum katholischen Glauben. Da Jakob Fugger schon 1525 gestorben ist, geht diese Bedingung kaum auf ihn zurück. Augsburg wurde erst 1534 – 37 reformiert, 1548 begann dann die Gegenreformation.

Die vermeintlich rein altruistischen Motive für die Gründung der Fuggerei durch Jakob Fugger wurden zu Recht 1998 von Robert Suckale bestritten: „Ein Anlaß für die Errichtung war die sich verschärfende Diskussion um die Berechtigung des Zinsnehmens, die sich auf die Person Jakob Fuggers und seine Einflußnahme auf die Kurie in diesem Sinne konzentrierte. Jedenfalls hatte Jakob allen Grund, sich mit dieser für Deutschland neuartigen Stiftung in ein besseres Licht zu rücken. Außerdem wollte er den Augsburger Herren, die der neureichen Familie die Aufnahme ins Patriziat verweigerten, soziales Engagement demonstrieren."

Jakob II. Fugger der Reiche

Der Augsburger Kaufmann und Bankier (1459 – 1525) war eine der einflussreichsten Persönlichkeiten der frühen Neuzeit in Europa. Die Fugger'sche Gesellschaft wurde durch den Handel mit Kupfer, Silber, Quecksilber, Zinnober und Gold reich und avancierte zum größten Metalllieferanten der Zeit. Die mit dem großen Kreditbedarf der Staaten und Hofhaltungen verbundenen Geldgeschäfte sicherten die Bedeutung der Firma und sorgten für große Geldtransfers in andere Länder und an die Kurie. Jakob hatte eine hervorragende kaufmännische Begabung. Es gab in Europa kaum ein Thema von Belang, bei dem er nicht die Finger im Spiel hatte. Moralische Bedenken scheinen dabei überhaupt keine Rolle gespielt zu haben: Fugger war in den Sektor der Ablass- und Gebührenüberweisungen involviert, beeinflusste wirtschaftlich Papstwahlen, finanzierte Kriege, kaufte die Stimmen der Kurfürsten zur Wahl Kaiser Karls V., führte Kreditgespräche mit Heinrich VIII. von England (der Fuggers Geld für seine Frankreichpolitik benötigte) und übte unbeirrt Wirtschaftsmonopole aus. Wenig davon entging seinen Zeitgenossen, aber die Anfeindungen beispielsweise durch die Protestanten oder die Führer des schwäbischen Bauernkriegs trafen auf das Selbstbewusstsein eines „Reichtums von Gottes Gnaden". Als es aber darum ging, in der Stadt Augsburg gesellschaftlich aufzusteigen, half das nicht: Zur Geschlechterstube neben dem Rathaus wurde er nicht zugelassen. Selbst seine Erhebung in den Freiherrenstand 1511 und drei Jahre später in den Grafenstand durch Kaiser Maximilian änderten daran nichts. Im Grunde konnte Fugger darüber nur lachen, denn faktisch hatte er alle anderen Augsburger Patrizier weit hinter sich gelassen.

Im April 1523 schrieb Jakob Fugger an Karl V. seinen bekannten Brief, in dem er daran erinnerte, dass Karl die Kaiserkrone ohne seine Beihilfe kaum erhalten haben würde. Um seine Schulden zu tilgen, übertrug der Kaiser der Fugger'schen Firma die Verwaltung der spanischen Ritterorden, was mit beträchtlichen Einkünften verbunden war. So wurden die Fugger auch in Spanien (sogar architektonisch) präsent. Davon zeugt bis heute das Fuggerhaus in Almagro und die dort von ihm gestiftete Kirche San Blás, an deren Seitenfassade Jakobs Name in großen Lettern eingemeißelt ist. Entscheidend war auch die Hilfe der Fugger bei der Rekonstruktion des Handelshauses der Deutschen in Venedig, das 1505 durch Brand zerstört worden war. Die Fuggerkapelle bei Santa Maria dell'Anima in Rom ist ein weiteres steinernes Zeugnis der italienischen Interessen der Familie. Auch in Schwaz (Tirol) sind die Fugger baukünstlerisch erlebbar. Die Gesellschaft besaß außerdem Niederlassungen in Krakau und Antwerpen. Norbert Lieb veröffentlichte 1952 und 1958 eingehende Studien über „Die Fugger und die Kunst".

Fuggerhäuser (Maximilianstraße Nr. 36/38), Damenhof

• Errichtet 1512 – 1515 für Jakob Fugger d. Ä. (Nordteil mit dem Damenhof). Südteil errichtet 1507 – 1509, von Jakob Fugger erworben 1523. • Baumeister unbekannt, Jakob Zwitzel oder Hans Hieber zugeschrieben.

Die Fuggerhäuser entstanden aus dem Umbau mehrerer spätmittelalterlicher Anwesen und stellen ein uneinheitliches Ensemble dar, das sich zur Straße hin dennoch als lang gestreckt-kompaktes Traufenhaus präsentiert. Die den Dachansatz begleitenden Türmchen mit Welschen Hauben gingen leider im Laufe der Zeit verloren. Die Vorderhäuser sind durch Seitentrakte mit den Rückgebäuden verbunden. So entstehen drei Innenhöfe mit unregelmäßigen Grundrissen, die teilweise von Arkaden umgeben werden. Die Häuser waren 1944 stark zerstört und mussten vereinfachend wiederhergestellt werden, dabei hat sich der Damenhof am besten in der Originalsubstanz erhalten.

Ulrich und Georg Fugger hatten schon um 1490 – 1495 an der Annastraße ein Doppelhaus mit Hofarkaden errichten lassen, jedoch noch in spätgotischen Formen. Die Arkaden dort waren Teil einer gewölbten Halle, entsprechend der Typologie des Handelshauses. Neu an dem Haus ihres Bruders Jakob ist der Stil, der ganz italienisch sein möchte. Da es nicht möglich war, alle vier Hofseiten als Arkadenlauben zu gestalten, entstand hier aber typologisch gesehen kein italienischer Bau. Der Hof gilt als erstes profanes Bauwerk Deutschlands, in dem die italienische Renaissance zur Geltung kam.

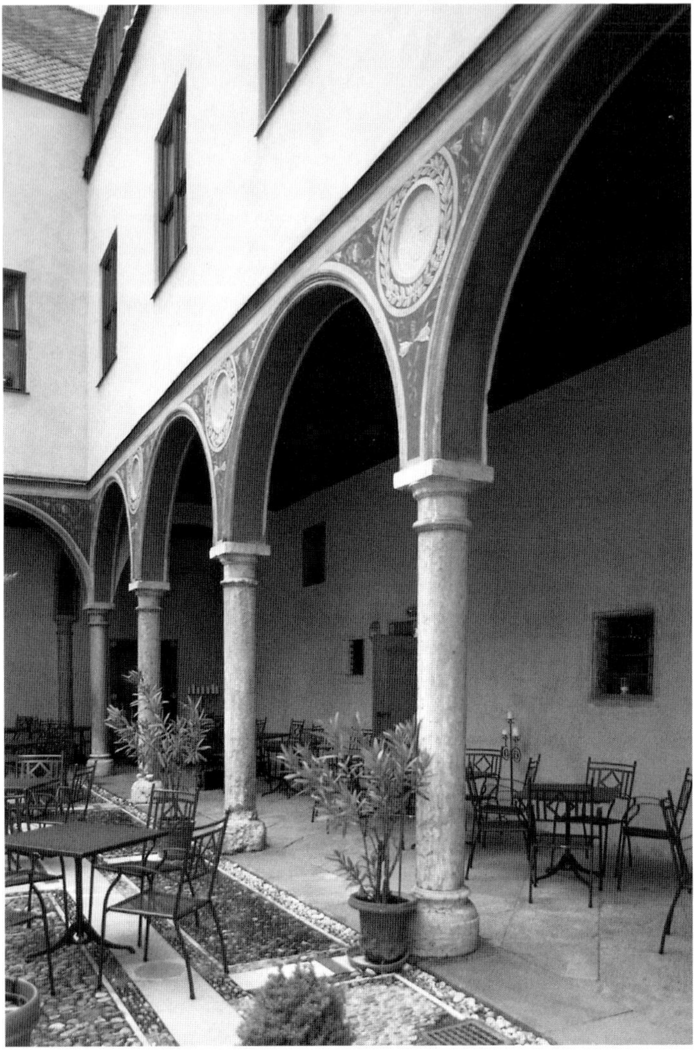

▲ *Augsburg: Fuggerhäuser, Damenhof.*

Sachlich gesehen ist die Architektur des Hofes unbeholfen, sie lebte in der Hauptsache von ihrer vollständigen Bemalung, die heute nur noch an den Arkadenzwickeln und -laibungen zu sehen ist. Nachdem die Malereien verschwunden sind, bleiben nur die Arkadenstellungen mit ihren tuskischen Säulen und die profillosen Fenster – allesamt ausdrucksschwach. Das Besondere ist der Import als solcher, die Entscheidung zugunsten einer neu-alten Stilrichtung. Vor allem die Vorstellung, die Baukunst durch eine figürliche Bemalung zu beleben, war den Deutschen bislang völlig fremd: Die in der Spätgotik häufig angewandten Bemalungen ahmten Architektur nach, beispielsweise am Schloss Füssen, der Damenhof dagegen war mit Szenen aus dem Triumphzug des Kaisers Maximilian geschmückt. Die architektonischen Aufrisse wurden zu bloßen Trägern der Malerei. Dies hing gewiss mit der Überzeugung der Italiener zusammen, dass die Malerei die oberste aller Künste sei. Schon im 13. Jh. betätigten sich italienische Maler auch als Architekten, was unter Umständen die mäßige architektonische Qualität italienischer Gotik erklären kann.

Auch die Hausfassaden der Fuggerhäuser zum ehemaligen Weinmarkt, der heutigen Maximilianstraße, waren vollständig bemalt. Hier war bis ins 18. Jh. die Darstellung der Belehnung Herzog Augusts von Sachsen mit der Kurwürde zu sehen. 1517, beim letzten Einzug Kaiser Maximilians, war das alte gotische Rathaus mit Wandmalereien zum Thema der kaiserlichen Genealogie geschmückt. Rathaus und Fuggerhäuser waren somit die einzigen Großbauten Augsburgs mit flächenmäßigen Darstellungen renommierter Künstler. Die Dächer der Fuggerhäuser waren ursprünglich kupfergedeckt, das erste Mal, dass dieses teure Material in Augsburg für ein privates Anwesen benutzt wurde. Ungeachtet der in den Hintergrund getretenen Architektur machten die externen und internen Fassadenbemalungen und die Pracht der Inneneinrichtung einen großen Eindruck auf die Zeitgenossen, ganz im Sinne Jakob Fuggers. Zwischen dem Kaiser und seinem Bankier Fugger bestand eine enge Verbindung. So war es ganz natürlich, dass Maximilian im Fuggerhaus zu Gast war. Sein Enkel und Nachfolger Karl V. wohnte dort sogar längere Zeit. 1518 fand in den Häusern ein Teil der Hochzeitsfeierlichkeiten zwischen Herzogin Susanna von Bayern und dem Markgrafen Kasimir von Brandenburg statt. Auch Thomas Cajetan, Pfalzgraf Philipp bei Rhein, Herzog Heinrich von Braunschweig und Königin Maria von Ungarn zählten zu den Gästen der Fugger. Die Fuggerhäuser erfreuten sich also hoher Wertschätzung, was heute aufgrund des bescheidenen Erhaltungszustands nur schwer nachvollziehbar ist.

Mit den Fuggerhäusern wurden punktuell Renaissancemotive in Deutschland eingeführt, so Teile der tuskischen Ordnung, Widderkopfkonsolen, Tondi und venezianische Kapitelle.

Fuggerkapelle in der ehemaligen Karmelitenklosterkirche Sankt Anna

• 1506 geplant, 1509 begonnen, 1512 vollendet, 1518 geweiht. • Unbekannter Baumeister, nach einem Entwurf von Albrecht Dürer unter Mithilfe eines Bausachverständigen.

Die Fuggerkapelle bei Sankt Anna ist als Kapellenraum nicht erkennbar. Vielmehr bildet sie den Westchor der älteren Karmelitenkirche, die durch diese Verlängerung eigentlich doppelchörig-bipolar wurde. Bereits 1506 war von Peter Vischer aus Nürnberg ein Trennungsgitter geplant, wurde jedoch nicht ausgeführt. So war die Kapelle nie wirklich vom Schiff optisch getrennt, auch nicht durch das 1558 ausgeführte eiserne Gitter.

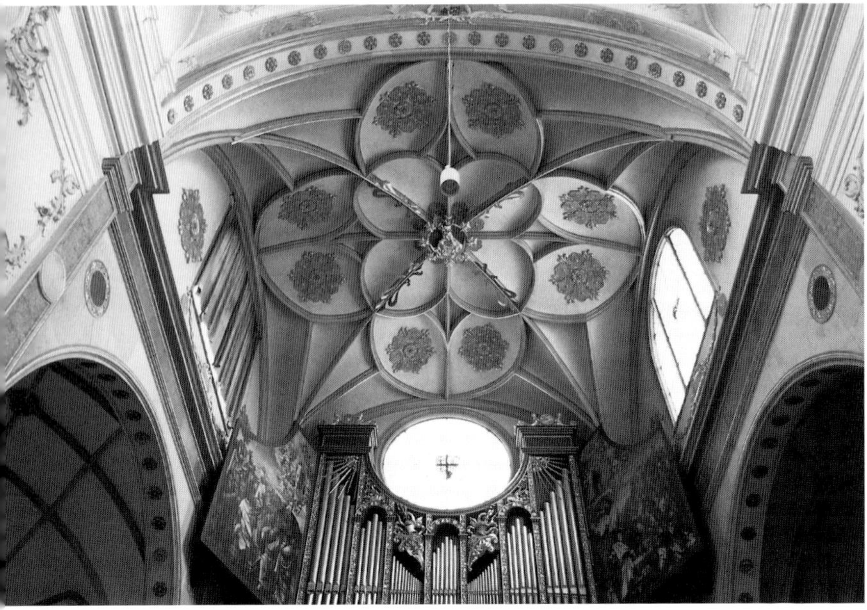

▲ *Augsburg: Sankt Anna, Fuggerkapelle, obere Zone.*

Nach der Aufgabe der Grablegefunktion für die Fugger in der unterirdischen Gruft der Kapelle und der 1581 erfolgten Entfernung der Figurengruppe auf dem Altar diente der Raum als Musikempore der evangelisch gewordenen Kirche. Durch Abnahme des Spätrenaissance-Gitters und Rückkehr der Altar-Skulpturengruppe 1922 wurde die ursprüngliche Wirkung der Kapelle wiederhergestellt. Nach den Beschädigungen von 1944 wurde sie restauriert. Vom Original abweichend sind lediglich die klein geratenen Bogenöffnungen links und rechts des Orgel-Rückpositivs hinter der Balustrade der Epitaphien.

Auftraggeber der Kapelle waren die Brüder Ulrich, Georg und Jakob Fugger. Der Bau sollte das Seelenheil sichern und war eine Danksagung für Handelsglück: Kunst wurde hier in aller Konsequenz zur Verdeutlichung und Selbsterfahrung ihrer gesellschaftlichen Stellung eingesetzt. Die Kapelle gilt als Inkunabel der deutschen Renaissance und besteht aus einem von zwei unregelmäßigen Abseiten flankierten Joch. Alle drei, also der Haupt- und die niedrigeren Nebenräume der Fuggerkapelle, sind mit spätgotischen Rippengewölben bedeckt. Im Hauptraum bilden die Rippen ein Blütenmuster. Sonst sind Bögen, Gebälk, Pilaster und Details in der Art der venezianischen Renaissance gelöst. Jedoch ist das große, die Komposition beherrschende Orgelgehäuse dem gotischen Grundschema eines deutschen Flügelaltars verpflichtet. Der Mittelschrank nimmt Rücksicht auf das darüber liegende Rundfenster, das durch das Fehlen eines Maßwerks einen italienischen Charakter erhält. Hans Hieber, der von der Forschung als Baumeister dieser Kapelle angenommen wird, mied allerdings in seinem Modell der Kirche „zur Schönen Maria" in Regensburg jedes maßwerklose Rundfenster. Ein Verzicht auf Maßwerk bei den Rosetten sorgt für kompositorische Armut, wie in der italienischen Gotik vielfach belegt. Vielleicht wollte man in der Fuggerkapelle allein die Gewölbefiguration wirken lassen. Die seitlichen Rundfenster im Obergaden weisen immerhin eine zaghafte Pfosten-Einteilung als „Thermenfenster" auf.

Die Kapelle ist tatsächlich eine Hybride, die nicht wirklich italienisch aussieht und vor deren Überbewertung Vorsicht geboten ist. Vielleicht ist hier das wirklich Neue, dass Raumschale und Inventar vollständig aufeinander bezogen und füreinander konzipiert sind – mehr noch als bei spätgotischen Werken, wie beispielsweise bei der Valentinskirche zu Kiedrich, wo sogar das Laiengestühl Originalbestand ist. Diese Konzeption belegt die dürersche Entwurfszeichnung der Fuggerkapelle, die in Form einer späteren Kopie des Meisters LS erhalten ist. Die Kapelle wirkte auf die Zeitgenossen neuartig und wurde als Werk *„auf welsche art, der zeit gar neu erfunden"* definiert. Zur Erbauungszeit und bis zur Barockisierung der Annakirche blieb die kostbare Wirkung der Kapelle erhalten, die vor allem auf der Verwendung edler Materialien beruht. Später verwischte der barocke Dekor den ursprünglichen Kontrast zur schlichten Bettelordensarchitektur des Langhauses.

Die gotische Rippenfiguration des Gewölbes schien offenbar unerlässlich, um diesem Monument sakrale Weihe zu verleihen (Norbert Nußbaum), die Formensprache der italienischen Renaissance hingegen schien zu profan bzw. nicht genug religiös. Dieses zu jener Zeit berechtigterweise so empfundene Problem beschäftige die Architektur in Deutschland, Frankreich und Spanien bis ins 17. Jh. hinein. Es handelt sich also nicht um eine erste, bald überwundene Reaktion auf die italienische Renaissance. Das Zusammenleben von Formen der Gotik und Renaissance ist typisch für alle außeritalienischen Architekturen des 16. Jh. In Frankreich, England, den Niederlanden und nicht zuletzt in Spanien wurden ebenso wie in Deutschland alle ungeeignet scheinenden italienischen Elemente weggelassen und dafür Bauglieder beibehalten, die Auftraggebern und Baumeistern teuer waren, beispielsweise Kreuz- und Maßwerkfenster, Rippengewölbe und steile Dächer.

Die Bemühungen um eine Assimilierung der Renaissance sind in der Fuggerkapelle jedoch beträchtlich: In ganz besonderem Maße gilt dies für den unteren Kapellenbereich mit seiner Epitaphienwand, deren Reliefs – abweichend von den dürerschen Skizzen – ganz und gar italisierend sind. Dasselbe gilt für den marmornen Fußboden und die Balustraden. Neu ist weniger das Material – Kelheimer Kalkstein, der wie Marmor aussieht –, sondern die Art seiner Anwendung. Es darf nicht vergessen werden, dass „Marmor" (Adneter bzw. Salzburger Marmor und Solnhofener Stein) in der Spätgotik des deutschen Südostens ein häufig angewandtes Baumaterial war.

In seiner 1994 veröffentlichten Analyse der Kapelle trifft Bruno Bushart den Kern ihrer Problematik: „Dennoch läßt sich das Augsburger Werk nicht in die Renaissancearchitektur Italiens oder Venedigs einglie-

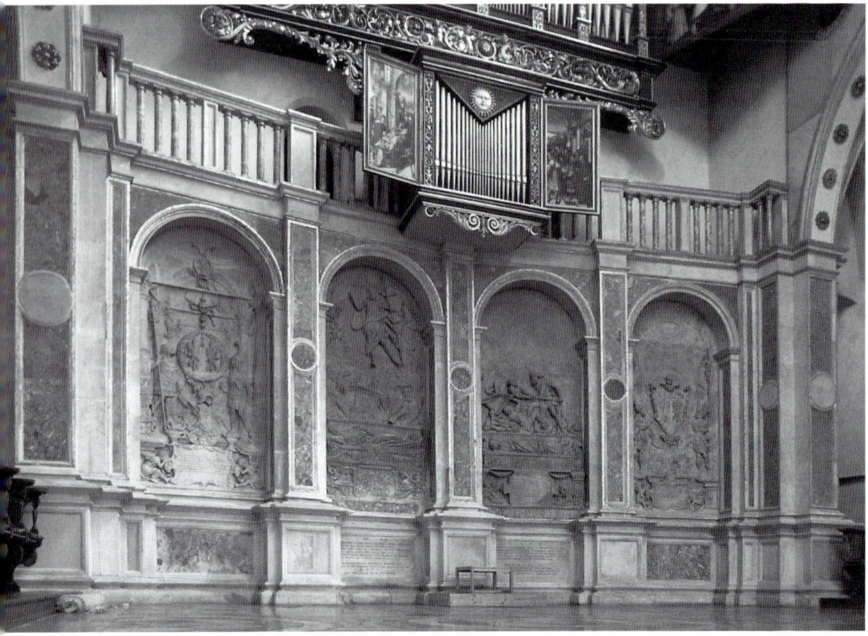

▲ *Augsburg: Sankt Anna, Fuggerkapelle, untere Zone mit der Epitaphienwand.*

dern. Es ist weder ein Ableger der dortigen Kunst noch kopiert es als Ganzes wie im Einzelnen ein benennbares Vorbild. Selbst die typisch venezianisch anmutenden Pfeiler würden in der Lagunenstadt als Fremdlinge auffallen. Jeder Ähnlichkeit steht eine Unähnlichkeit gegenüber, jedoch nicht im Sinne eines Mißverständnisses der Vorbilder, sondern im Sinne einer Weiter- und Umbildung. Vor allem der Verzicht auf die in Venedig obligatorische Kuppel und ihr Ersatz durch das Kreuzgewölbe mit Rosettenmuster bedeuten mehr als eine quantité négligeable."

Herkulesbrunnen (Maximilianstraße)

I • 1596 – 1600. • Bildhauer Adriaen de Vries, Gießer Wolfgang Neidhart.

Die vielerorts in Europa stehenden bronzenen Statuendenkmäler und Brunnen aus dem 19. Jh. haben etwas den Blick für die Bedeutung älterer Exponate verstellt. Augsburg besitzt eine überaus beeindruckende Brunnen-Trilogie der ausgehenden Renaissance, die großen Seltenheitswert hat: den Augustusbrunnen auf dem Rathausplatz (1588 – 94), den Merkurbrunnen hinter der Moritzkirche (1596 – 99) und den Herkulesbrunnen vor dem Schaezler-Palais (1596 – 1600). Alle drei stehen ziemlich exakt auf der Nord-Süd-Achse der Altstadt, die beiden Letzteren auf der

Maximilianstraße. Die binnen nur 12 Jahren entstandene Gruppe belegt zugleich ein Dreifaches: die Potenz der Kommune als Auftraggeber von Kunst, das extrem hohe künstlerische Niveau der immer außerhalb ihrer Heimat arbeitenden Niederländer (Hubert Gerhard aus Amsterdam und Adrian de Vries aus Den Haag) und die Perfektion der Augsburger Bronzegießer (Peter Wagner mit Gehilfen und Wolfgang Neidhart).

Martin Warnke hat 1999 auf das überkonfessionell-neutrale Programm der drei Brunnenanlagen aufmerksam gemacht. Einschließlich der figürlichen Thematik im Rathaus stellen sie ein vorsichtig ausgewähltes *Neutrum* zwischen den katholischen und evangelischen Sprengeln der Stadt dar, das den Anspruch auf die Selbstständigkeit der Kommune dokumentierte. Alle drei stehen, für jedermann unübersehbar, in exponierter Lage auf der alten Reichstraße.

Während sich der Augustusbrunnen auf die römische Vergangenheit Augsburgs bezieht, sind Merkur- und Herkulesbrunnen mythologischer Thematik gewidmet, die sich damals größter Beliebtheit erfreute. Der schöne Merkur – vielleicht die beste Statue von de Vries – wird von dem kleinen Amor in seiner Ungeduld gebremst: Der Handel soll klug florieren, aber nicht alles beherrschend sein. Herkules ist dabei, die siebenköpfige Hydra zu bezwingen. Die Tugend siegt über das Laster – tatsächlich Vorbilder neutraler Art für die Stadtbewohner.

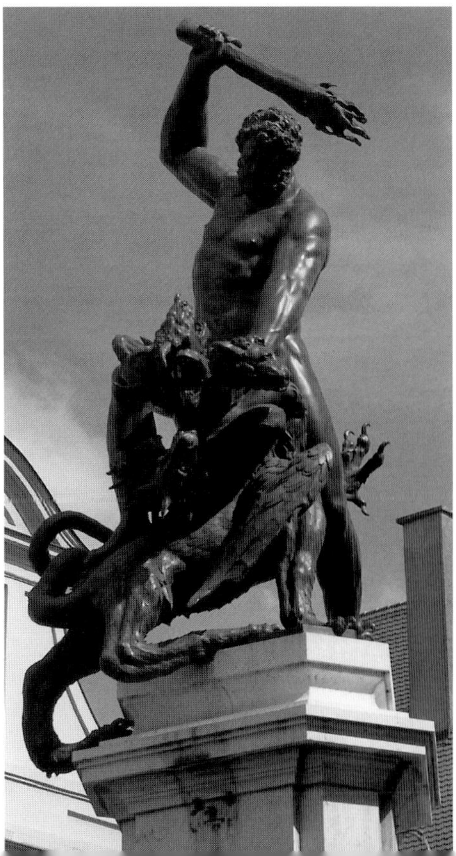

Am Herkulesbrunnen, der zweifellos der anspruchsvollste ist, signierte der stolze de Vries als *Sculptor et Architectus*, de facto hat er dort das ganze Monument mit Pfeiler, Becken und Treppenstufen entworfen, was ihm sehr geglückt ist.

Herkules bleibt Inbegriff der Riesenstärke, wortwörtlich des Herkulischen. Er scheint sich ohne größere Mühe der wesentlich kleineren Hydra zu entledigen. Jeder Blick auf die Gruppe ist interessant, sie wurde für die betrachtende Umrundung konzipiert. Mit der Linken packt Herkules einen Kopf des Untiers, mit der Rechten hebt er die Keule für den nächsten Schlag. Mensch und Tier schreien, was den Kampf so realistisch erscheinen lässt. Die Hydra schiebt eine Tatze zwischen die Beine des Riesen und spreizt ihre furchtbar bedrohliche Kralle.

▶ *Augsburg: Herkulesbrunnen.*

Für den Brunnen wurden 16 Bronzen angefertigt. Monumentale und lebensgroße Aktfiguren, Reliefs und Büsten, Najaden, Gänsewürger und Tritonen bevölkern die Anlage, die einen großen Eindruck auf die Zeitgenossen machte. 1610 stach Wolfgang Kilian den Brunnen in Kupfer und trug so zu dessen Berühmtheit bei. Es war in Augsburg, wo Kaiser Rudolf II. Adrian de Vries zum Kammerbildhauer ernannte. Als de Vries sich in Prag niedergelassen hatte, diente der Augsburger Herkulesbrunnen als Vorbild für einen Auftrag des dänischen Königs Christian IV., den Monumentalbrunnen am Schloss Frederiksborg, der heute am Schloss Drottingholm bei Stockholm steht.

Das größte Talent von Adrian de Vries war die Behandlung des männlichen Akts. Bei seinen Brunnen hat er es aber nicht gewagt – oder er sollte es nicht –, die sexuellen Attribute von Merkur und Herkules zu zeigen: Bei jenem werden sie dezent von einem Flügel Amors gedeckt, bei diesem erfüllt die Hydra diese keusche Funktion! Damit stehen beide öffentliche Skulpturen in auffälligem Kontrast zu den vollends unbedeckten Männerstatuen Italiens, wo man in dieser Hinsicht wesentlich unbefangener war.

Rathaus

• Errichtet 1615 – 1620. • Baumeister Elias Holl. • Innenausstattung abgeschlossen 1624. • Ausstattungsleiter Matthias Kager. • Zerstörung 1944. Goldener Saal und Fürstenzimmer vollständig rekonstruiert bis Anfang der 1990er Jahre.

Das Augsburger Rathaus ist ein gewaltiger Kubus mit 14-achsigen Haupt- und 10-achsigen Seitenfassaden, im Westen sieben, im Osten acht Stockwerke hoch. Die etwas zu wuchtig geratene Baumasse wurde dank eines nicht ursprünglich geplanten Turmpaares wesentlich eleganter, das auf einen Änderungsvorschlag Holls um 1618 zurückgeht. Nach seinen Worten sollten die Türme den „heroischen“ Charakter des Gebäudes steigern. In seiner Chronik berichtet der Architekt: „*Es hat mich aber bedüngt, es wurde viel ein besseres Ansehn haben, da man auf jede Stiegen einen achteckigen Thurn bauen und setzen würde, und meine Herren fleißig gebeten, sie wolten mir solchen Bau ferner auch gönnen.*“ Wie entscheidend diese Zutat war, kann man am zweiten Holzmodell des Rathauses sehen, das 1614 – 15 datiert und sich in den Städtischen Sammlungen der Stadt Augsburg erhalten hat: Dem völlig italisierenden, kistenförmigen Bauprojekt fehlt jeder Elan. Nicht nur für das Gebäude selbst sind die zwiebelbekrönten Türme von Belang, die Fernwirkung, die Präsenz des Baus in der Stadtsilhouette wurde erst durch sie erreicht.

Das Gebäude steht heute in einem nicht ursprünglichen baulichen Kontext. Mag die 1882 erfolgte Räumung der Häuser an der Ostseite zur Schaffung des heutigen Elias-Holl-Platzes ein Gewinn für die Sicht auf den gewaltigen Bau sein, so ist der heutige Rathausplatz eine ausgesprochen unbefriedigene Nachkriegslösung. Die westliche Häuserzeile

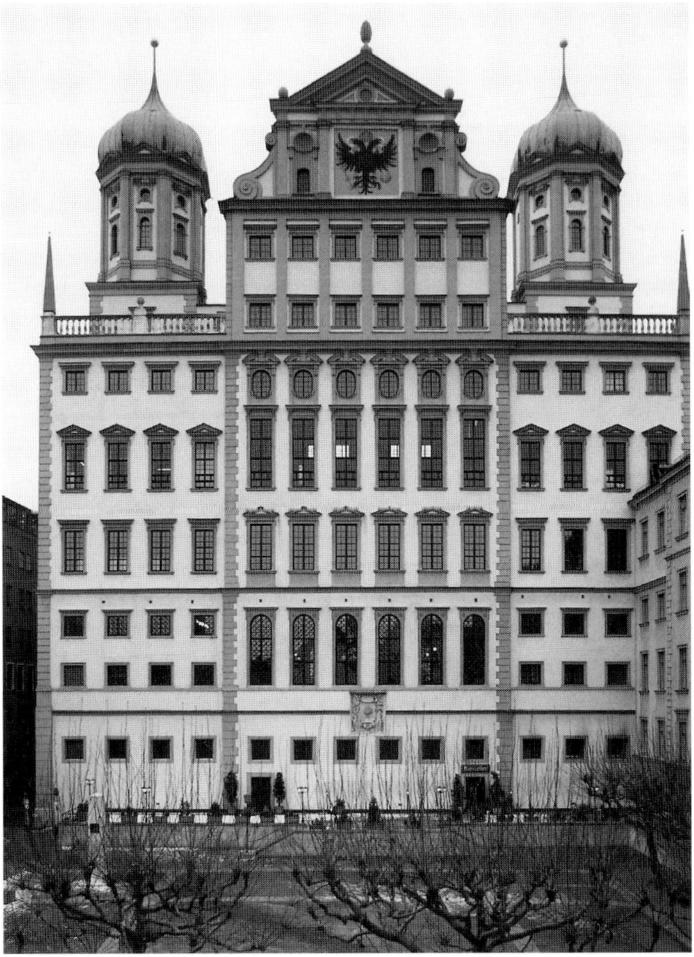

▲ *Augsburg: Rathaus vom Elias-Holl-Platz aus (Ostseite).*

des Platzes zeigt bis heute das Versagen jedes denkmalpflegerischen Prinzips.

1614 waren die Pläne zu einem Umbau des alten Rathauses verworfen worden. Holl wurde nach einem Treffen mit dem Stadtpfleger Jakob Rembold mit der Vorbereitung eines neuen Gebäudes beauftragt. Das alte, aus drei gotischen Häusern bestehende Rathaus, von dem sich ein gutes Holzmodell erhalten hat, genügte nicht mehr den Repräsentationsbedürfnissen der in der Zwischenzeit so mächtig und berühmt gewordenen Stadt. Auch war die Bekanntschaft mit Formen der italienischen Renaissance in Augsburg mittlerweile hundert Jahre alt und die Vorbilder waren vollends gereifte „welsche" Renaissance- bzw. manieristische Architekturen geworden. Allerdings beschwerte sich Holl während des neuen Zeughausbaus, dass seine Bauleute immer noch nicht die Proportionierung nach *Moduli und Parto* verstünden und weiterhin nach Werkschuh denken würden. Das Problem der klassischen, aus dem Säulendurchmesser gewonnenen Proportionen und -ordnungen war eben in Deutschland noch lange nicht bewältigt.

Erst mit dem Rathausneubau konkretisiert sich in Deutschland der Einzug monumentaler Baukunst italienischer Prägung. Die Mauern sind völlig schmucklos, allein die Ecken und Risaliten wurden mit Rustika versehen. Die Horizontalgesimse am Außenbau entsprechen nicht immer den inneren Geschosshöhen. Das Haupt- oder Kranzgesims markiert für den dahinter liegenden Goldenen Saal eine nicht vorhandene Teilung zwischen beiden Oberlichtreihen, während der Sockel des Saales von außen nicht ablesbar ist. Das heißt, der obere Teil des Goldenen Saales gehört zum zwerchhausmäßigen Aufbau des Rathauses, also zum Würfel aufgesetzten „Giebelhaus". Dieses Giebelhaus hat eine Art Querhaus, das die Türme miteinander verbindet. Dadurch entstehen vier flache, von Balustersäulchen umzäunte Dachterrassen, deren Ecken mit spitzen Obelisken markiert werden. Die oberen Gebäudepartien entsprechen so in etwa dem griechischen Kreuz des Erdgeschossgrundrisses. Der durch Voluten flankierte Giebel zeigt im Mittelfeld einen gemalten Adler. Der ursprüngliche, vergoldete Bronzeadler des Hauptgiebels stürzte 1802 ab und wurde leider nicht wieder hergestellt. Ein ähnlicher metallener Adler lässt sich noch am Hauptportal des Nürnberger Rathauses bewundern, 1616 prachtvoll vom Goldschmied Christoph Jamnitzer geschaffen. Als Krönung der Augsburger Rathausgiebel stehen jeweils Pinienzapfen, das Motiv des Stadtwappens. Flachheit und Wiederholung sowie die Abwechslung von Voll- und Halbgeschossen bestimmen das Rathausäußere. Wegen des abfallenden Geländes hat die Ostseite ein Geschoss mehr als die Hauptfassade und wirkt bereits wie ein Hochhaus.

Die Nüchternheit des Außenbaus steht einem überreichen Baukern gegenüber. Allerdings gelangt man zu diesem Kern, dem Goldenen Saal, nur über vier Treppen. Die dreischiffige Erdgeschosshalle ist noch sehr zurückhaltend. Die Dekoration nimmt zum Kern hin zu und scheint im Goldenen Saal zu explodieren. Zudem sprengt der Saal den Boden der Dachterrassen mit der Höhe eines Mezzaningeschosses. Über diesem ist unter dem Dachwerk noch ein volles Geschoss vorhanden. Ist im Außenbau die Lehre Palladios spürbar, so fühlt sich der Besucher im Goldenen Saal angesichts der grandiosen Holzdecke in den Dogenpalast von Venedig versetzt (Sala delle Quattro Porte). Die Nussholzdecke krönt den 14 m bzw. drei Geschosse hohen Saal von 17 m Breite und 32 m Länge. Sie enthält einen Bilderzyklus von elf Einzelgemälden, das mittlere, längsovale Bild von ca. 24 qm zeigt die *Sapientia* (Weisheit) mit zahlreichem Gefolge. Alle andere Leinwandbilder der Decke beziehen sich auf dieses Zentralthema. 24 umgebende Kartuschen zeigen Devisen, was die Rolle der Emblematik in der Kunst jener Zeit verdeutlicht. Aufs Kostbarste sind die zwei Haupt- und vier Nebenportale geschmückt, die Wandflächen mit Grisaillen und bunten Malereien überzogen. Die großzügigen Ver-

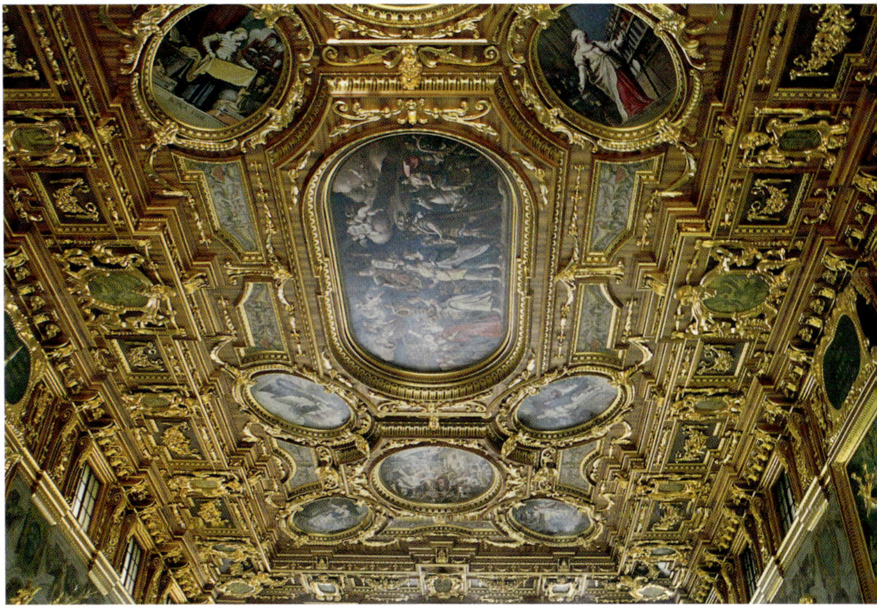

▲ *Augsburg: Rathaus, Goldener Saal, Decke.*

goldungen gaben dem Saal seinen Namen. Weit über 90% Prozent des Saales sind reine Rekonstruktion nach der sinnlosen Zerstörung im Zweiten Weltkrieg. Der durch farbige Originalfotovorlagen aus der Vorkriegszeit und durch reichliche Dokumentation ermöglichte Wiederaufbau zeigt nicht nur größtes Können, sondern erfüllt ebenfalls das letzte Ziel der Denkmalpflege, nämlich die Konservierung der Form, auch und gerade dann, wenn die Originalsubstanz bis auf die Mauerschale und spärliche Reste von Malereien gänzlich verloren gegangen war.

Sankt Katharina (Staatsgalerie, Katharinengasse 9)

• Ehemalige Dominikanerinnenklosterkirche. • Errichtet 1516 – 1517. • Baumeister unbekannt, Hans Hieber zugeschrieben. • Umgebaut zur Gemäldegalerie 1833 – 35.

Die Dominikanerinnen nannten eines der begütersten Klöster Augsburgs ihr Eigen, da dort Töchter der mächtigen Familien lebten, so der Rehlinger, der Riedler und der Welser.

Sankt Katharina folgt der unmittelbar vorher, nämlich 1513 – 15 errichteten Dominikanerkirche St. Magdalena, die 1716 – 24 barockisiert wurde und heute das Römische Museum der Stadt beherbergt.

Die bei dem Umbau als Galerie leider in zwei Geschosse unterteilte Kirche zeigt sich nur an den vier Jochen des westlichen Saales im Origi-

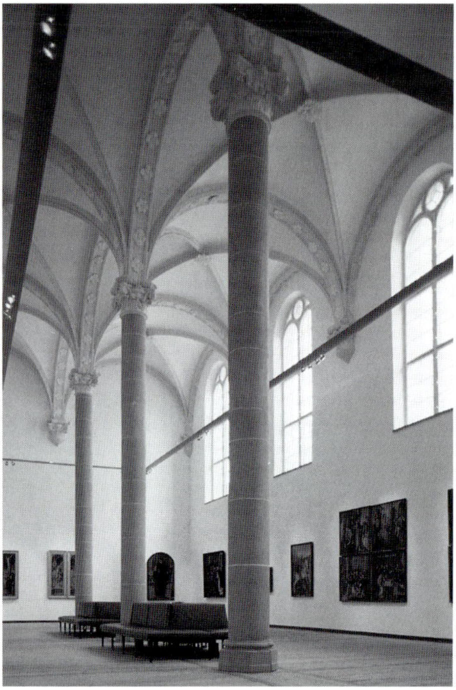

▲ *Augsburg: Ehemalige Klosterkirche Sankt Katharina.*

nalzustand. Sie entsprechen der ehemaligen Nonnenempore in zweischiffiger Hallenform. Hohe Rundpfeiler tragen venezianische Kompositkapitelle. Die Wölbungsform ist jochweise durch Rundbögen unterteilt, wobei die Joche Kreuzrippen tragen. Die Laibungen von Gurt- und Scheidbögen sind mit Rosetten geschmückt. An den Wänden werden die Bögen von Kapitellkonsolen aufgefangen. Die lichte, ursprünglich höhere Kirche zeigt die Vorliebe für steile, gotische Strukturen, die sich jetzt weitgehend im Gewand der Renaissance präsentieren. Die modischen, antikisierenden Motive sind zwar nicht zu übersehen, stellen jedoch den Wert der älteren Strukturtypus nicht in Frage. Nach der Dekoration zu urteilen, gehört der Kirchenbau zu den allerfrühesten Beispielen der Renaissance in Deutschland.

In der Kirche des 1802 aufgehobenen Klosters wurde 1835 eine Filiale der Königlichen Zentralgemäldegalerie eingerichtet. Sie besteht fort als Zweiggalerie der Bayerischen Staatsgemäldesammlung und beherbergt eine hoch bedeutende Sammlung altdeutscher Malerei, unter anderem die „Basilikabilder", die zwischen 1499 und 1504 für eben dieses Kloster entstanden.

Spital zum Heiligen Geist (Spitalgasse 11 – 17)

I • Errichtet 1625 – 1631. • Baumeister Elias Holl.

Der letzte Bau von Elias Holl ist wohl der unitalienischste seines Werks. Der lang gestreckte, nord-süd-orientierte Hauptkörper des Spitals steht in der Tradition der Kornhäuser der Renaissance, die eine direkte Fortsetzung deutscher Gotik darstellen – man denke nur an den „Leeren Beutel" in Regensburg. Mit den vielen Gaupen seines steilen Dachs bekommt das Spital am südlichen Rand der Altstadt eine starke Präsenz. Das Ensemble besteht aus einer Vierflügelanlage um einen unregelmäßigen Innenhof und liegt dicht bei dem 1622 ebenfalls von Holl errichteten Roten Turm und den drei alten Wassertürmen, die auch die Brunnen mit Wasser speisten. Der so genannte Kastenturm steht sogar in der Ostmauer des Spitals.

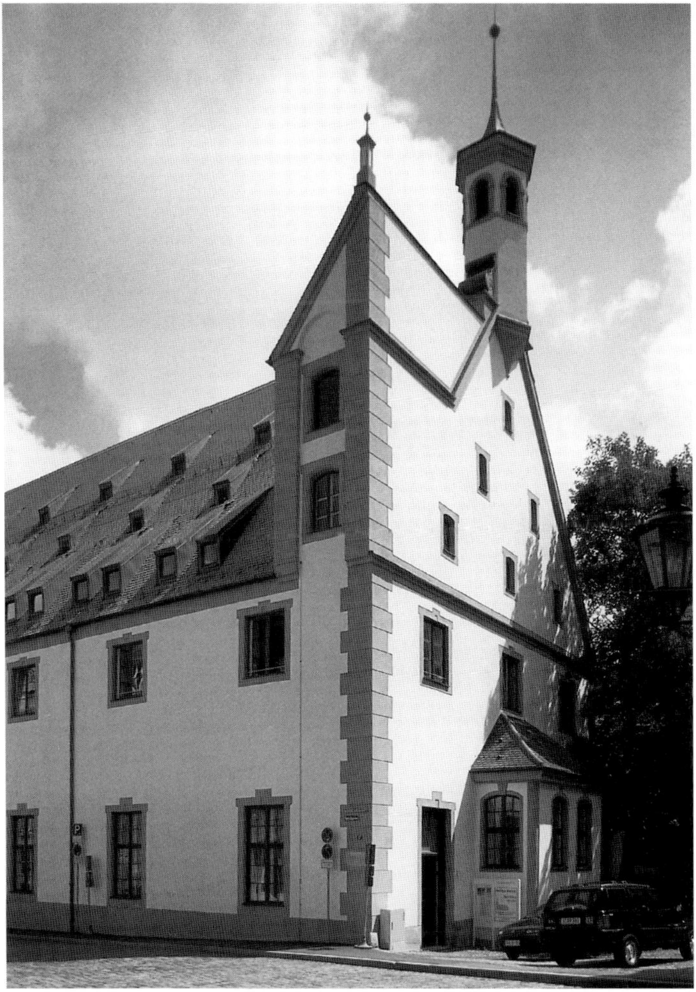

▲ *Augsburg: Spital zum Heiligen Geist.*

Seine architektonische Formensprache ist streng flächig-geometrisch. Den Südgiebel löste Holl in glücklicher Verbindung mit einem zweigeschossigen Aufzugerker, der die Form eines insbesondere in München und Augsburg verbreiteten „halben Giebels" mit Pultdach aufnimmt. Dessen Rückwand zeigt ein geschicktes Spiel mit dem Gesims, das zunächst die Höhe des Dachwerks des Aufzugerkers markiert, um dann der Schräge des Hauptgiebels in Richtung Dachtürmchen zu folgen. Der Dachreiter ist hexagonal und sitzt übereck, oben von einem graziösen, einwärts geschweiften Helmchen gekrönt, unten von Kleinvoluten eingefasst.

Neuartig für die Fassadengestaltung ist die Nicht-Berücksichtigung der Kapelle, die sich hinter den zwei letzten Fensterachsen befindet und deren Eingangstür an der Südwand zu sehen ist. Die daneben stehende, rechteckige Auskragung ist der Sakristeianbau von 1724, den man sich zur Vorstellung des Originalzustands wegdenken muss. Nichts verrät die Präsenz einer Kapelle an dieser Stelle, es sei denn der Dachreiter. Auch die Fensterform der Kapelle bleibt dieselbe wie im restlichen Bau, das sakrale Moment wird zugunsten einer vereinheitlichenden Komposition verleugnet. Im Mittelalter hätte man zumindest die Fensterform der Kapelle durch Bögen von den restlichen Öffnungen unterschieden. Das von Holl angewandte Prinzip ist vorbarock: In Barockschlössern sind Kapellen oft derart in die Baumasse integriert, dass man sie von außen nicht als solche erkennen kann.

Welser/Hainhofer-Haus (Maximilianmuseum, Philippine-Welser-Straße 24)

• Errichtet 1543 – 1546. • Baumeister unbekannt. • Fassadenmalereien 1979 in Anlehnung an den Zustand im 16. Jh. rekonstruiert.

Das Anwesen wurde 1543 für den Kaufmann und kaiserlichen Rat Lienhard Böck von Böckenheim gebaut. Der Name Hainhofer-Haus geht auf den Patrizier und als Kunstagenten international bekannten Philipp Hainhofer zurück, der es zu Beginn des 17. Jh. besaß. 1696 wurde das Haus mit dem der Welser (Annastraße 19) verbunden. 1854 – 55 wurden beide zu Museumszwecken innen umgebaut und schließlich 1907 – 09 von Gabriel von Seidl erneut verändert.

25 m lang ist die leicht geknickte Fassade des Traufenhauses, das ein drei Böden hohes Dach mit zahlreichen Gaupen trägt. Die abschließenden Giebel sind geschweift gestuft, ebenso der Halbgiebel des Aufzugerkers am linken Ende der Fassade. Die Fassade wurde reliefiert durch zwei sehr flache Erker, links zwei-, rechts einachsig. Ferner lebt die Front durch eine illusionistische Architekturbemalung, die eine Gliederung in Diamantenquader, Pilaster und Fensterrahmen suggeriert. Sie konnte 1979 von Severin Walter anhand eines Stiches aus dem 18. Jh., der den ursprünglichen Zustand wiedergeben dürfte, rekonstruiert werden. Die Komposition ist lebendig-asymmetrisch, mit nach oben zunehmenden Fenster- und Geschosshöhen. Das zweite Obergeschoss mit seinen durch ovale Oberlichter vergrößerten Fenstern spricht von dem hier vorhandenen Festsaal. Die beiden querovalen Oculi auf beiden Seiten des rechten Erkers sind lediglich gemalt. Das war nicht neu, denn bereits in der Gotik des 13. Jh. wurden Blendfenster mit Pfosten und Maßwerk als reine Malerei geschaffen, um im Einklang mit den wirklichen Fensteröffnungen zu stehen. Der Verzicht auf die Fassadengliederung in einem architektonisch-plastisch ausgeführten System von Gesimsen, Pilastern und Giebeln und dessen Ersatz durch Bemalungen darf nicht als ärmliche oder notgedrungene Lösung verstanden werden. Eine Bemalung war unter Umständen teurer als eine Architekturgliederung, die „Großen“ der Zeit

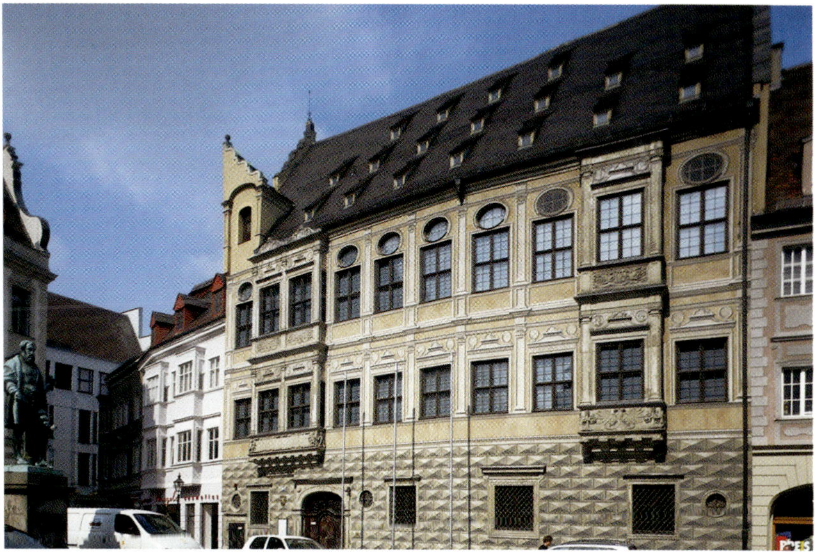

▲ *Augsburg: Welser/Hainhofer-Haus, Fassade.*

setzten Bemalungen bei erstrangigen Bauaufgaben wie der Münchener Residenz ein.

Außer einem im ersten Obergeschoss befindlichen Schlafzimmer ist die Raumaufteilung des Inneren nicht mehr historisch, da sie für die Museumsfunktion aufgegeben werden musste.

Ein Besuch im Maximilianmuseum ist aufgrund der hervorragenden Sammlung dringend zu empfehlen. Die Skulpturen, u.a. die Originale der großen Bronzestatuen der Augsburger Brunnen und die hölzernen historischen Baumodelle, faszinieren jeden Kunst- und Architekturinteressierten. Ebenso wertvoll im Hainhofer-Haus sind die Deckenfresken der Galerie und des Festsaales aus der Zeit um 1700.

Zeughaus

• Errichtet 1602–1607 als Überformung eines älteren Korn- bzw. Zeughauses. • Baumeister Elias Holl nach einem Entwurf von Joseph Heintz d.Ä.

Die Ostfassade des Zeughauses steht mit ihrer stark plastischen Gliederung in krassem Kontrast zur Flachheit des Augsburger Rathauses. Diese Plastizität kann auf den Einfluss italienischen Frühbarocks zurückgeführt werden. Die Formen sind jedoch ausgesprochen hart, was im Einklang mit der militärischen Bauaufgabe des Gebäudes steht (Robert Suckale): Tatsächlich ist das Zeughaus ein Waffenarsenal mit gedrungenen, martialischen Proportionen. Das Dachwerk beginnt nicht hinter den Voluten, sondern ein Geschoss tiefer, das als Mezzanino die Ansatz-

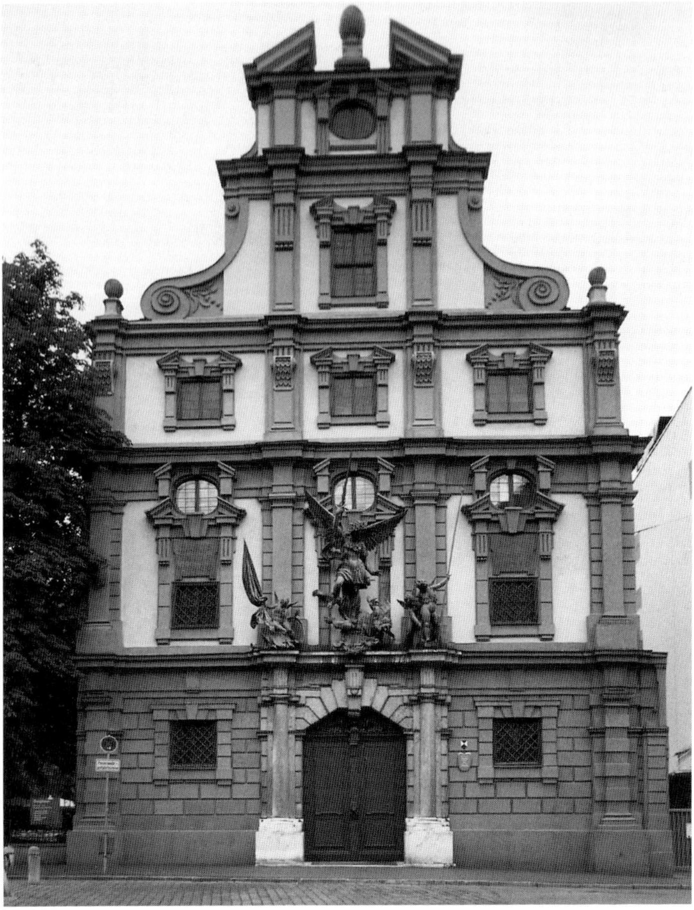

▲ *Augsburg: Zeughaus, Fassade.*

punkte der Dachschräge verbirgt. Der Zeughausfassade gelingt es, dem in Deutschland kaum zu brechenden Typus des Giebelhauses ein Ende zu setzen. Sie verdrängt ihn einfach mit ihrem verstärkten Italianismus. Verantwortlich für die Härte der Formen ist die Gradlinigkeit – so beispielsweise die Portalöffnung, die nicht halbrund, sondern trapezoidal ist. Allein die Voluten besänftigen etwas diese Derbheit.

Das anderthalb Geschosse hohe Hauptstockwerk zeigt eine für die ganze Fassadenwirkung entscheidende Skulpturengruppe. Eigentlich hatte der Hofmaler und entwerfende Baumeister Josef Heintz eine Plastik von Minerva geplant, aber Holl zog eine Michaelsgruppe vor. Sie reagiert sicherlich auf die etwas ältere und inzwischen berühmt gewordene Michaelstatue von Hubert Gerhard an der Fassade der Münchener Jesuitenkirche Sankt Michael (1588). Der Augsburger Michael wurde 1603 –

1606 von Hans Reichle geschaffen. Der sich in antik-römischer Soldatenkleidung zeigende, etwas androgyn wirkende überlebensgroße Erzengel steht auf den Genitalien Luzifers und zerdrückt sie. Luzifer versucht vergeblich, den bevorstehenden Schlag mit dem Flammenschwert abzuwehren, und verrenkt sich in qualvollem Körperausdruck. Die triumphierende Pose Michaels ähnelt der eines Tänzers – wie üblich im internationalen Manierismus. Der Kampf findet im Himmel statt, d.h., Luzifer liegt nicht, sondern ist im Fallen begriffen. Die Gruppe ruht optisch auf einer griechisch beschriebenen Bronzetafel. Die vollplastisch-räumliche Darstellung könnte nicht souveräner ausfallen, die Gruppe ebenso gut statt vor einer Wand auch frei stehen, ohne ihre Wirkung einzubüßen. Links und rechts flankieren Putti mit Trophäen die dramatische Hauptszene.

Reichle lernte bei dem berühmten flämischen, in Florenz niedergelassenen Bildhauer Jean de Boulogne (Giambologna) aus Douai, was an seinem Stil deutlich erkennbar ist. Dem Flamen gelang eine erste Reaktion gegen die allmächtige Gewalt Michelangelos, Vater der titanischen Körper.

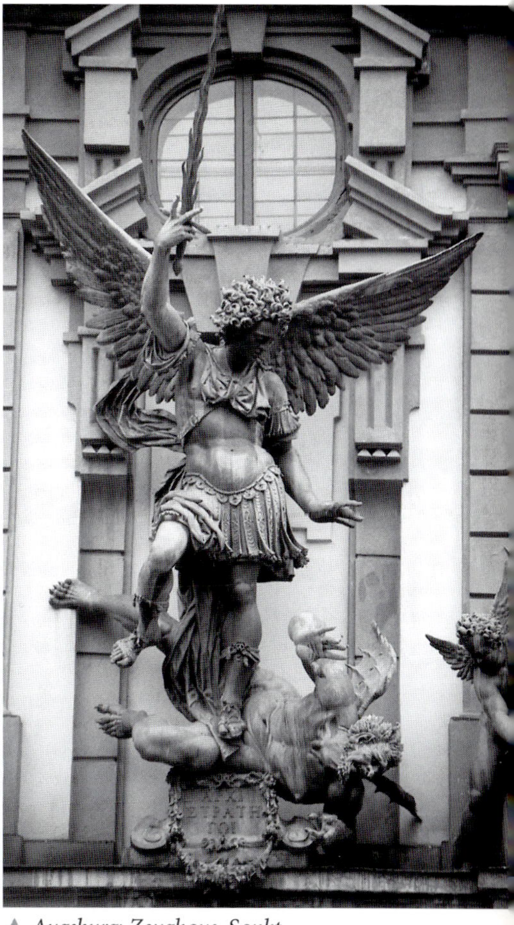

▲ *Augsburg: Zeughaus, Sankt Michael und der Teufel.*

Burghausen
Ehemalige kurfürstlich-bayerische Regierung (Stadtsaal, Stadtplatz 108)

• Errichtet um 1551, im 18. Jh. mit Wappen und Fensterrahmungen bereichert. • Baumeister unbekannt.

Als prächtiges Beispiel eines Grabendach-Hauses der Renaissance kann der sechsachsige und vier Stockwerk hohe ehemalige Regierungsbau im schönen Burghausen gelten. Obwohl im Rokoko farbig und dekorativ geändert, blieb die ursprüngliche Gestalt des Hauses unberührt. Hauptmerkmal ist die lebendig gestaltete Vorschussmauer des Dachs, die drei-

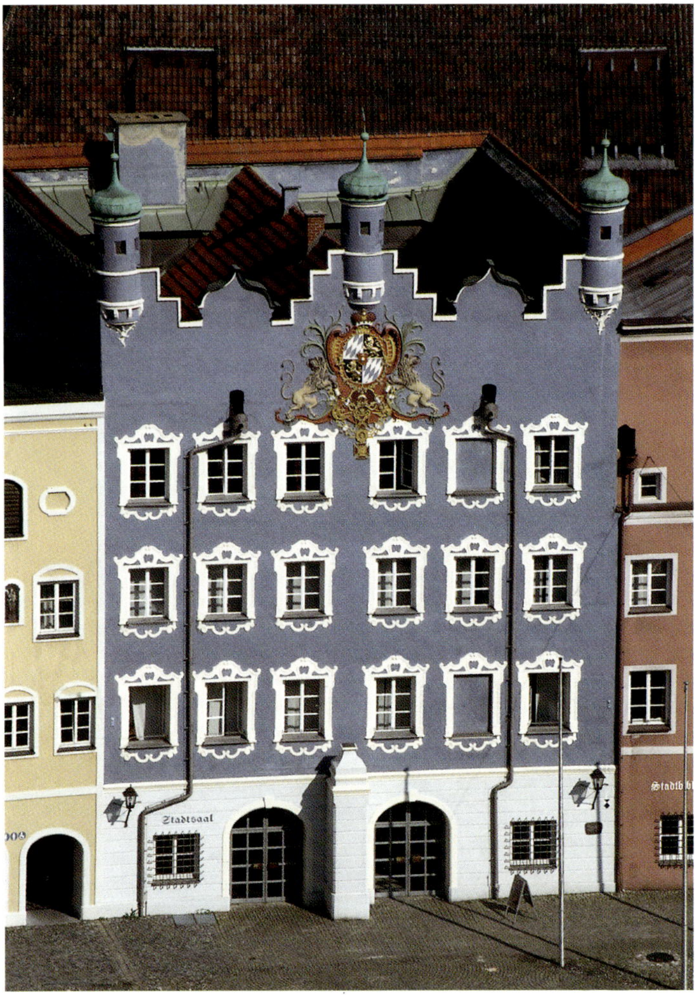

▲ *Burghausen: Ehemalige kurfürstlich-bayerische Regierung (Stadtsaal).*

mal abgetreppt und mit zwei kielbögigen Zinnen versehen ist. Die äußeren Halbtreppen- und der mittlere Treppengiebel wurden mit runden Türmchen versehen, welche in kupfernen Zwiebelhauben enden – eine hinreißende Lösung.

Das Grabendach ist vor allem ostalpenländisch und war bereits in der Spätgotik voll ausgebildet, es wurde aus dem sich an eine Brandmauer anlehnenden Pultdach entwickelt. Zwischen zwei Brandmauern entwässern zwei Pultdächer zur Mitte hin in eine Rinne, die Dachflächen eines Grabendachs sind nach innen geneigt und stoßen also statt in einem First in einer Rinne aufeinander. Die immer einen Halbgiebel bedingenden Pultdächer wurden an der Fassade durch eine so genannte Vorschussmauer überdeckt oder „begradigt". Diente dies anfänglich dem zusätzlichen Mauerschutz, so wurde später die Begradigung zum Kunstmittel der Horizontalisierung der Hausfassaden. Sie war im Sinne der Renaissance und blieb ebenfalls für den Barock gültig. Dass auf diese Weise für den Fußgänger die Dächer im Stadtbild verschwinden, lässt sich in Deutschland besonders in Passau erleben.

Beim Burghausener Stadtsaal besteht das Grabendach aus vier Pultdächern, die in der Mitte ein normales Satteldach bilden, wobei die Firsthöhe unterhalb der Umfassungsmauern liegt, so dass diese das Dach hinter sich verbergen. Nur die vordere Vorschußmauer wurde mit einer lebhaften Silhouette ausgestaltet. Tief sitzen die Öffnungen der Entwässerungsrinnen. Das Regenwasser wurde ursprünglich durch wasserspeierartige Rohre ausgelassen, heute dagegen über Abfallrohre abgeleitet.

Donauwörth
Ehemaliges Fuggerhaus (Landratsamt, Hl.-Kreuz-Str. 1)

• Errichtet 1537 – 1546. • Baumeister Quirin Noll.

Das schwäbische Donauwörth gehört zu den bemerkenswertesten Leistungen deutscher Stadtbaukunst. An prominenter Stelle, schräg gegenüber der Stadtpfarrkirche an der Reichsstraße gelegen, erhebt sich das ehemalige „Pfleghaus" der Fugger, das Anton Fugger ab 1537 neu bauen ließ. Die Reichspflege war ein historisch und juristisch kompliziertes Amt, das im Sommer 1536 an Anton Fugger überging.

Die Fugger traten als Bauherren mit größeren Ansprüchen an und ließen die alten Gebäude abreißen. Der Neubau fügt sich gut und ohne jeglichen Konflikt in die mittelalterliche Struktur der Altstadt ein. Der lang gestreckte Bauflügel gehört in die gotische Bautradition mit seinem die Höhe der Umfassungsmauer weit übersteigenden Dach, dessen Giebel mit Schrägzinnen ausgestattet sind. Die nicht allzu übliche schräge Gestaltung der Zinnen, die der Dachneigung folgen, wurde von der Augsburger Spätgotik abgeschaut. Dort sind sie am Domchor über jedem Strebepfeiler und auf dem Aufzugserker zu sehen. Vor allem die Fensterform verrät die Entstehung des Pflegehauses im 16. Jh., weniger die der unteren Fenster mit ihren in etwa quadratischen Oberlichtern, als vielmehr die der Oculi, die als Oberlichter der Hauptgeschossbefensterung in Erscheinung treten. Das Hausinnere bricht dagegen mit der Bautradition, bereits die Erdgeschosshalle mit ihren Säulen, Konsolen und Kreuzgratgewölben ist deutlich italisierend.

1548 notiert Wolram Graf von Waldeck in lateinischer Sprache über sein Besuch im Pflegehaus: „*In Donauwörth sahen wir Anton Fuggers Haus, das innerhalb der Stadtmauern liegt und von großem Reichtum zeugt. Es könnte ein Königssitz sein. Einige Kamine bestehen aus glänzendem Marmor, zwar nicht aus parischem, sondern aus Eichstätter; Vertäfelungen aus verschiedenem Holz; Decken vergoldet oder mit Farbe Gold vor-*

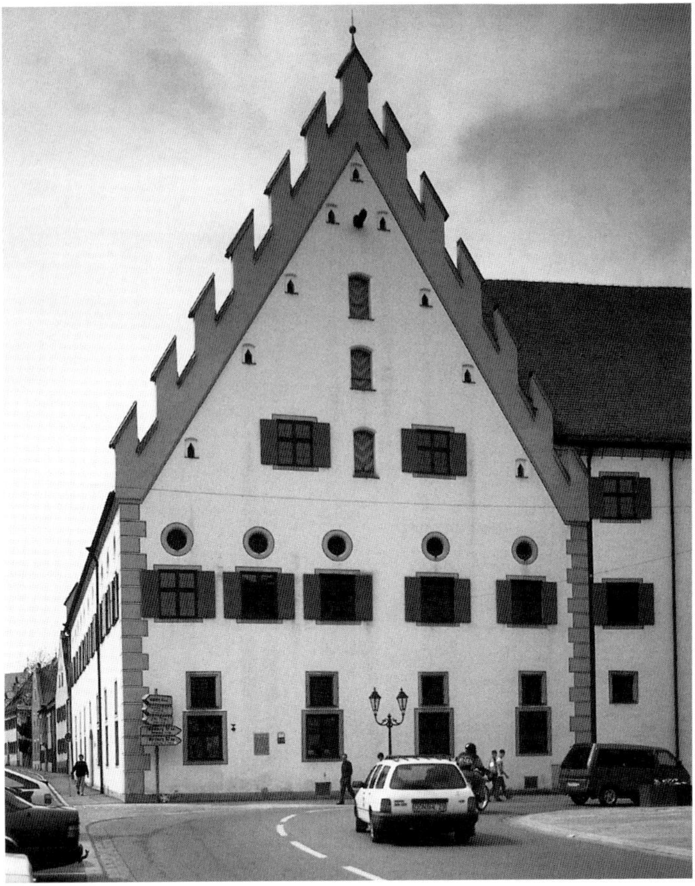

▲ *Donauwörth: Ehemaliges Fuggerhaus.*

täuschend, der Fußböden zu geschweigen, die meisterlich gelegt sind und in ihrer Farbe prunken (…).“

Während der Nordflügel die Verwaltung der Reichspflege beherbergte, diente der Hauptbau wohl überwiegend der Repräsentation. Tatsächlich war seine Ausstattung so kostbar, dass man sich 1864 entschloss, Kunstschreinerarbeiten in das Bayerische Nationalmuseum nach München zu verlegen, wo sie bis heute zu sehen sind. Dort stellt die kleine Holzstube aus dem Donauwörther Fuggerhaus eines der entschiedensten Renaissancestücke dar, die je in Deutschland hergestellt wurden. Sie zeigt keine bloße Anpassung von Renaissancemotiven an eine gotische Stube, sondern wurde nach italienischem Maß in vollends überzeugender Reife ausgestaltet.

In Donauwörth verblieb unter anderem eine kostbare Holztür mit Intarsienarbeiten, die zu der „Kammer vor der Reichstube“ führte.

Eichstätt
Dom, Willibalddenkmal

• 1514 in Auftrag gegeben. • Bildhauer höchstwahrscheinlich Gregor Erhart, früher Loy Hering zugeschrieben.

Den Auftrag für die Erstellung des Willibalddenkmals erteilte Bischof Gabriel von Eyb. Willibald war ein vornehmer, mit Bonifatius verwandter Angelsachse, der um das Jahr 774 zum ersten Bischof von Eichstätt geweiht wurde. Der damals schon vor Jahrhunderten verstorbene Heilige erscheint so realistisch, dass sicherlich ein lebendiger Mensch vor Erhart Modell gestanden hat.

Die vor dem Westchor im Eichstätter Dom ausgestellte Statue ist 1745 bedauerlicherweise in einen neuen Marmoraltar des Rokoko integriert worden, der den hohen Wert des Renaissancedenkmals beeinträchtigt. Er ist zu wuchtig, zu anders als der ursprüngliche Denkmalrahmen, der in zwei Stichen des frühen 17. Jh. dokumentiert ist. Der Dreiecksgiebel, der das Denkmal abschloss, hat sich an einer anderen Stelle im Dom erhalten, ebenso die damals das Ensemble krönende Kreuzigungsgruppe.

Die lebensgroße, unter einer nischenförmigen Muschelkalotte sitzende Gestalt wurde in Eichstätter Marmor gearbeitet. Es handelt sich wohl um die reifste Statue der deutschen Frührenaissance und eine der besten dieses Stils außerhalb Italiens. Nur ein erstrangiger Meister kommt als Urheber in Frage. Nach langer Zeit unangefochtener Zuschreibung an Loy Hering stellte 1975 Alfred Schädler mit guten Argumenten die These auf, dass es sich um ein Werk Gregor Erharts handelt. In der Tat gibt es im Œuvre des Letzteren viel eher als bei Hering vergleichbare Höhepunkte. Allerdings untertreibt Schädler etwas die hervorragenden Qualitäten Loy Herings.

Der Ulmer Gregor Erhart, der zusammen mit seinem Vater Michael in Ulm gearbeitet hatte, ließ sich 1494 in Augsburg nieder. Die spätgotischen Bildhauer-Werkstätten Ulms zählten europaweit zu den führenden ihrer Zeit. Vater Michael kann durchaus als geniale Künstlerpersönlichkeit gelten. Um 1500 gab es in Augsburg zwar sehr gute Maler, es fehlte aber bis zur Ankunft Gregor Erharts und seines Schwagers Hans Daucher an großen Bildhauern. Es war das Ambiente in der Stadt, das die Kunst Erharts und Dauchers veränderte: Gregor Erhart ist einer der wenigen deutschen Künstler, wenn nicht der einzige, denen es gelang, große Vertreter zunächst der Spätgotik und dann der Renaissance zu werden. Während es bei Riemenschneider nur zu einem oberflächlichen Kontakt mit der Renaissance kam und Veit Stoß in der Hauptsache doch ein Mensch der Gotik blieb, verwandelte sich Erhart in einen wirklichen Vertreter des aus Italien importierten Stils – ein Prozess, der in der deutschen Plastik des frühen 16. Jh. alles andere als selbstverständlich war. Spätestens mit dem 1509 erteilten Auftrag für das Reiterstandbild Kaiser Maximilians in Sankt Ulrich zu Augsburg befand sich Gregor Erhart mitten in der Auseinandersetzung mit der Renaissance. Vom nicht ausgeführten Denkmal hat sich ein Bronzemodell des Pferdes erhalten. Weitere

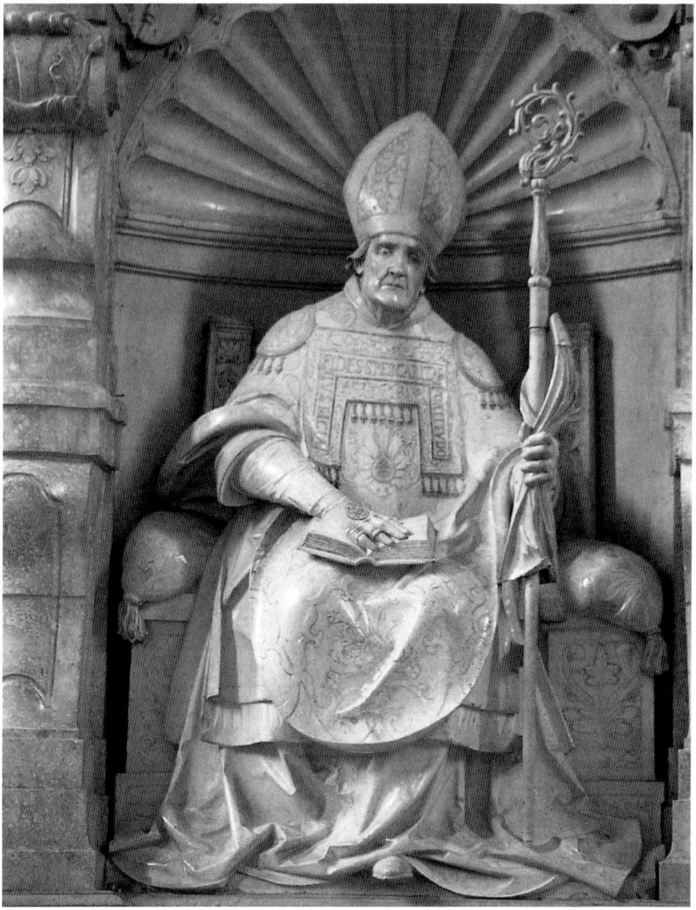

▲ *Eichstätt: Willibalddenkmal im Dom.*

renaissancistische Schöpfungen Erhards sind die spektakuläre Magdalena (die „belle allemande" im Louvre), ein marmornes Relief der Muttergottes (Victoria and Albert Museum, London) und das Modell für die exquisite Statue der Elisabeth von Görz (Innsbrucker Maximiliansgrab). All diese Werke stellen skulptorische Höhepunkte dar.

Neu an der Eichstätter Statue sind „das schöne Ebenmaß der Form, die menschliche Souveränität ... Der Bildhauer begreift die Figur von ihrer körperlichen Struktur her: unter dem prunkvollen Bischofsornat sind die Schultern, die Armgelenke, der verborgene Kontrapost der Beine spürbar. Energisch legt sich die rechte Hand auf die Heilige Schrift, umgreift die linke den Stab mit dem Pannisellum. Die Gefahr repräsentativer Erstarrung wird vermieden durch feine Differenzierung in der gleichwohl großartigen Anordnung der Gewänder" (Alfred Schädler).

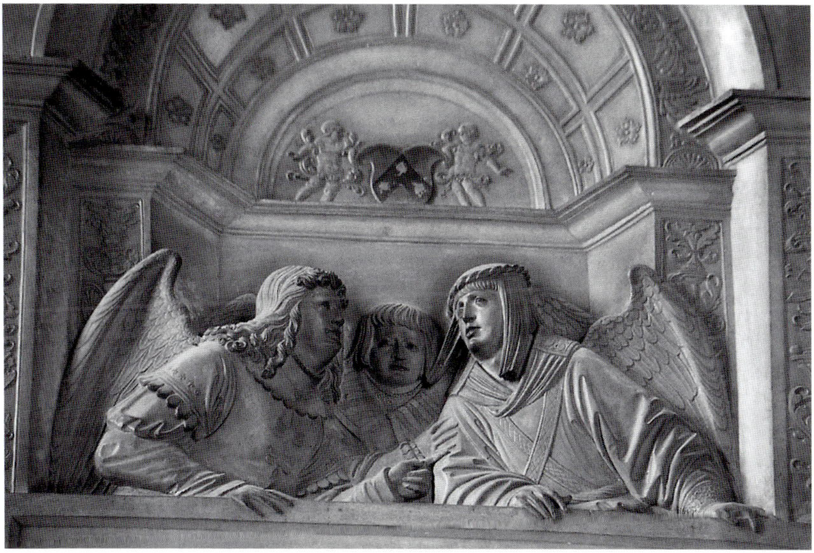

▲ *Ingolstadt: Franziskanerkirche, Epitaph für Wolfgang Peisser, Detail.*

Ingolstadt
Epitaph für Wolfgang Peisser in der Franziskanerkirche

• Behauen zwischen 1527 und 1530. • Bildhauer unbekannt, Hans Daucher nahe stehender donaubayerischer Meister.

Seit der Gründung der Landesuniversität 1472 wurde die Ingolstädter Franziskanerkirche bevorzugte Grablege der Professoren. Auch hochmögende Familien ließen sich dort bestatten – ein für den Bettelorden nicht ungewöhnlicher Brauch. Nicht selbstverständlich dagegen ist die auffällig hohe bildhauerische Qualität der an Pfeilern und Wänden platzierten Epitaphien.

Am südwestlichen Langhauspfeiler, rechts vom Kircheneingang ist in einigen Metern Höhe das Epitaph für den 1526 verstorbenen Medizinprofessor Wolfgang Peisser eingelassen. Das 137 × 80 cm große Werk mit einer Relieftiefe von ca. 10 – 15 cm besteht aus drei Platten polierten, warmtönig-hellen Solnhofener Kalksteins. Die Pupillen der Halbfiguren sind wie die Wappenschilde gefasst bzw. vergoldet.

Im nischenartigen Raum einer nach dem Vorbild der italienischen Kunst gelösten architektonischen Perspektive gruppieren sich drei Engel in leicht variierter Spiegelsymmetrie. Die zwei vorderen sind im lebendigen Gespräch einander zugewandt, der dritte, nur als Büste sichtbar, ist frontal dargestellt. Seine Flügel sind hinter den Köpfen der Hüftfiguren zu erkennen. Der Inhalt der dargestellten Handlung entzieht sich einem eindeutigen Erklärungsversuch. Ist die mittlere Gestalt die Seele des Verstorbenen Peisser, die von zwei Engeln ins Paradies geleitet wird? Diese legen ihre Hände auf eine Art Balkonbrüstung, eigentlich eine lateinische Inschriftstafel, sich leicht hinauslehnend. Aus ihr geht hervor, dass Peisser verdient habe, „die himmlischen Chöre zu schauen". Die Schlüsselgestalt scheint der rechte Engel zu sein: Der linke zeigt mit seinem erregten Finger auf ihn, der hintere greift an dessen Oberarm. Durch die typisch donauschulische Ponyfrisur mit langem, glattem Haar ist dieser Engel auch die charakterstärkste Person. Das unmissverständlich Deutsche am Epitaph beruht ebenfalls auf der genannten Frisur. Am unteren Rand der Platte sind noch zwei kleine Gestalten zu sehen, die wohl den Verstorbenen und seinen Schwager darstellen, beide als bärtige Gelehrtenporträts. Der Stil ist sanft und glatt, die Technik sorgfältig. Trotz realer Flächigkeit werden die Körper dreidimensional aufgefasst.

Kirchheim in Schwaben
Schloss, Cedernsaal

• Schloss 1578–1582 errichtet, Cedernsaal 1581–1587. • Baumeister Jakob Eschay. • Holzdecke 1585 von Meister Wendel Dietrich eingebaut.

Das alte Schloss Kirchheim an der Mindel wurde 1551 von Anton Fugger gekauft. Erst 1578 veranlasste sein Sohn Hans einen Neubau. Das Haus wurde zum Stammsitz der Linie Fugger-Kirchheim. Die Erben des Hans Fugger wurden verpflichtet, das Schloss auf ewig in der Familie zu halten. 1879 ging es an das Haus Fugger-Glött, in dessen Besitz es noch heute ist.

Der Bau erlitt im 19. Jh. mit dem Abbruch von anderthalb Flügeln und der Abtragung der Turmbekrönungen große Verluste. Von der einstigen Pracht zeugt jedoch zur Genüge der glanzvolle Cedernsaal, der sich im Ostflügel des Schlosses befindet.

Hans gehörte bereits zur dritten Generation großzügiger Kunstförderer des Hauses Fugger. Er war nicht zuletzt aufgrund seiner Tätigkeit als Vermittler und Käufer von Kunstgegenständen und Luxusgütern bekannt. In Augsburg ließ er 1569–1573 in den Fuggerhäusern überreiche Schauräume für seine Sammlungen einrichten, die so genannten „Badstuben". Daher verwundert es nicht, dass Hans einige der besten Künstler der Zeit für Kirchheim verdingt hat. So wurde der Amsterdamer, in München und Augsburg arbeitende Hubert Gerhard mit zahlreichen Aufträgen für das Schloss gewonnen. Er schuf den 1822 verkauften Mars-Venus-Brunnen, der damals im Schlossgarten stand und heute im Bayerischen Nationalmuseum in München zu sehen ist. Ebenso von Gerhards Hand stammen die Figuren für den schönen – aber veränderten – Kamin des Cedernsaales sowie viele der überlebensgroßen, dort in Wandnischen platzierten Terrakottafiguren, an denen auch der Künstler Carlo Pallago beteiligt war. Durch die hervorragende Tätigkeit des Augsburger Schreiners und Kistlers Wendel Dietrich nimmt der Saal eine privilegierte Stellung unter den Sälen deutscher Renaissance ein. Die geschnitzten Holzdecken hatten in den deutschen Landen eine lange Tradition. Ein extrem reiches

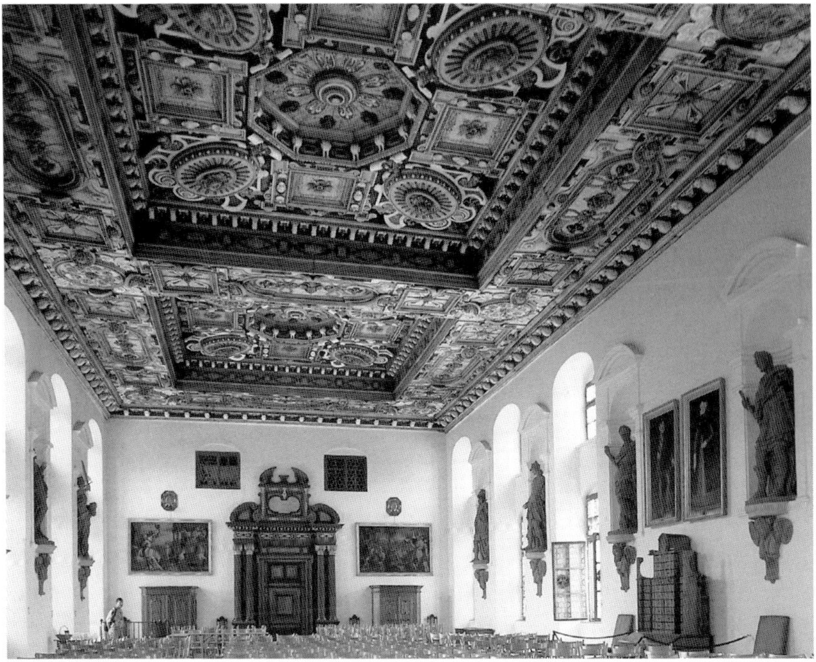

▲ *Kirchheim in Schwaben: Schloss, Cedernsaal.*

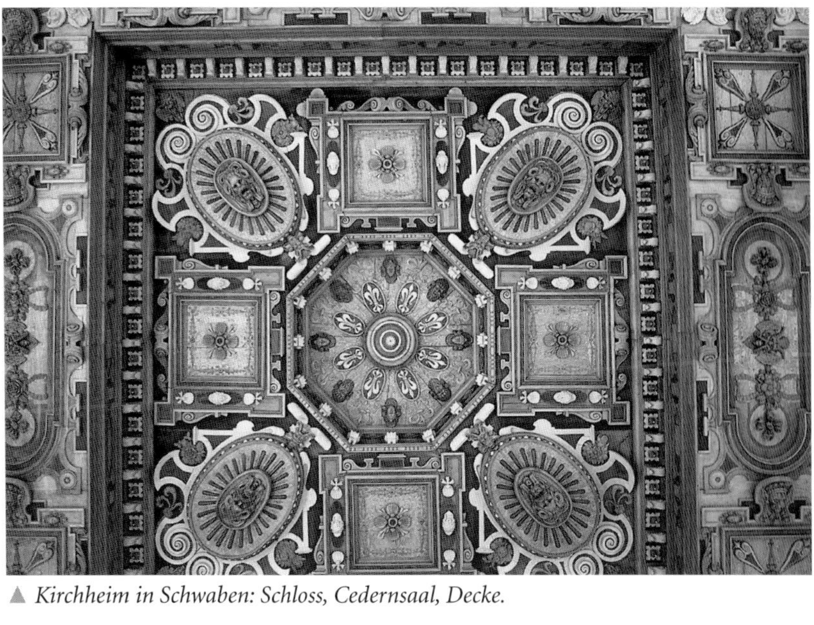

▲ *Kirchheim in Schwaben: Schloss, Cedernsaal, Decke.*

Beispiel aus der Spätgotik ist die Decke aus dem Saalbau der Hauptburg auf der Feste Oberhaus in Passau, die nicht zufällig ins Münchener Bayerische Nationalmuseum transloziert wurde. Sogar auf dem Land, zum Beispiel in vielen deutschweizerischen Kirchen um 1500, gibt es aufwändige Holzdecken mit geschnitzten Maßwerkornamenten. Von den späteren Renaissancedecken unterscheiden sich diese Werke nicht nur in den Formen. Gotische Holzdecken zeigen oft farbigen Hintergrund, in der Renaissance geht die Polychromie zurück, dafür nehmen Vergoldungen oder, wie im Fall von Kirchheim, Holztönungen deutlich zu.

Die Kirchheimer Decke wurde aus acht verschiedenen Holzarten hergestellt: Linde, Eiche, Eibe, Esche, Ahorn, Zwetschge, Nuss und Zirbelkiefer. Die Hölzer sind durch ihren natürlichen Farbton und durch die Beizung bzw. Verwendung von durchsichtigen und gefärbten Überzügen differenziert. Für die Lesbarkeit der nicht gerade einfachen Ornamente war dies unabdingbar. Der wichtigste Beitrag dieser Holzdecke ist ihre kräftige Reliefierung, der stark plastische Charakter. Möglich wurde dies durch Vertiefungen von bis zu zwei Metern, so dass der Saal an einigen Stellen 8, an anderen 10 m hoch ist. Die Grundkomposition ist so einfach wie monumental: Drei riesige quadratische „Kassetten" gliedern die Decke. Da sie so deutlich vertieft sind, ergeben sich jeweils Schattenzonen, die eine klare Lesbarkeit ermöglichen. Die Reliefierung der mannigfaltigen Ornamentik ordnet sich dieser Hauptgliederung unter. Jede der großen Kassetten ist in eine Art griechisches Kreuz mit achteckigem Zentrum und ovalen Eckzwickeln gegliedert. Die Dekoration ist in der Hauptsache geometrisch mit reichem Rollwerk. Sie enthält außer den Lilien als Wappenmotiv der Fugger noch Blumendekor, Girlanden, Muscheln, Masken und antikische Architekturprofile. Die gewaltige Deckenkonstruktion hängt vom Dachwerk, an dem sie mit etwa 400 Bauhaken befestigt wurde, die speziell von dem Augsburger Kunstschmied Michael Mezger angefertigt wurden.

Vergleicht man diese Decke mit einer anderen ausgezeichneten der Zeit, der 1575 – 1587 ausgeführten im Schloss Heiligenberg (Bodenseekreis), so fällt sofort die Überlegenheit der betont plastischen Komposition Kirchheims ins Auge.

Landshut
Burg Trausnitz

• Innerer Burghof: Arkaden vor der Dürnitz. • Errichtet 1578. • Entwerfender Baumeister Friedrich Sustris.

Zu den unter Herzog Wilhelm V. unternommenen Modernisierungsmaßnahmen der Burg Trausnitz gehört die Verblendung der ursprünglich frei stehenden Südmauer der Dürnitz durch zweigeschossige Laubengänge. Dadurch gewann der innere Burghof einen neuartigen manieristischen Charakter. Die Arkadenstellungen mit ihrem ungleichmäßigen Rhythmus sind nicht mehr Frührenaissance. Die etwa mittigen Bogenöffnun-

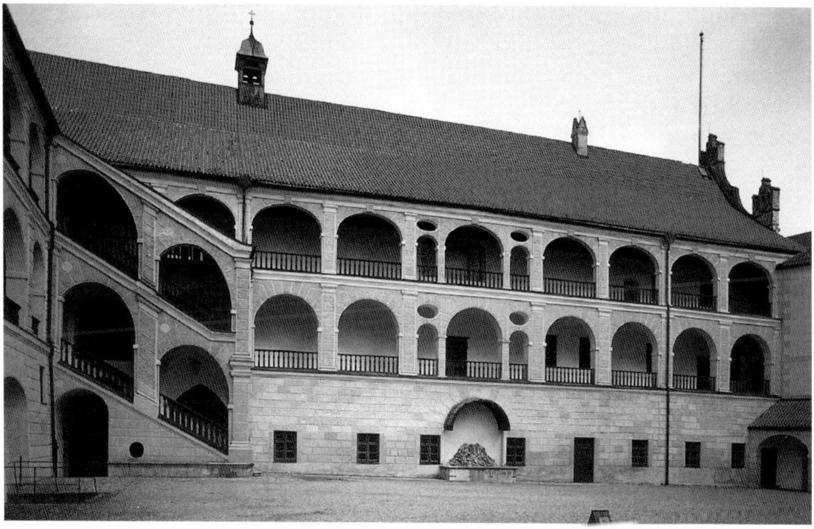

▲ *Landshut: Burg Trausnitz, Arkaden vor der Durnitz.*

gen werden von kleineren Arkaden und darüber liegenden ovalen Oculi flankiert und dadurch stark hervorgehoben. Auf diese Weise entsteht quasi ein von Oculi bereichertes Triumphbogenmotiv mit Haupt- und Nebenarkaden, gewissermaßen eine veränderte Serliana ohne Kurzarchitrave. Tatsächlich begann Palladio spätestens 1549 in seiner „Basilika" von Vicenza die Serliana mit Oculi-Oberlichtern zu versehen. In Kürze war das Motiv bis zur Sprachgrenze bei Trient verbreitet, so beim dortigen Palazzo delle Albere. Die Verbindung zwischen Arkade und Oculi an den Bogenstellungen war so erfolgreich, dass sie sogar für die großen Kreuzgänge der Klosterkirchen im peruanischen Lima des 17. Jh. adoptiert wurden und zur letzten Blüte kamen.

Eine ganz andere Neuerung erschien mit den von Sustris in Landshut errichteten Arkadengängen: der Rauhputzdekor. Das Baumaterial der Burg war nach wie vor Backstein, man wollte aber nicht auf die Illusion einer gegliederten Natursteinfassade verzichten. Dazu simulierte man eine Rustika in rauem erhabenen Putzmuster. Dieser Putz wurde in der Stadt schnell Mode. Er wurde an etlichen Bürgerhäusern nachgeahmt und wird dort bis heute in verschiedensten Abwandlungen gepflegt.

Der mit Renata von Lothringen vermählte Wilhelm V. verbrachte von 1568 an ganze elf Jahre auf der Burg, wo er sich nach dem Vorbild italienischer Renaissancefürsten mit zahlreichen Schauspielern und Künstlern umgab und mit aufwändiger Hofhaltung und Sammlungen die Schulden des Vaters vergrößerte.

Nach dieser Phase verfügte die Burg Trausnitz über die berühmte „Narrentreppe" und ein Kabinett sowie über die exquisit bemalten Renaissancegemächer im Fürstenbau, die tragischerweise durch einen Brand im Oktober 1961 zugrunde gingen.

Rosenkranzmadonna in Sankt Martin

I • Geschnitzt um 1518. • Bildhauer Hans Leinberger.

Die sich heute an der Stirnwand des südlichen Seitenschiffes von Sankt Martin befindende Schnitzfigur aus gefasstem Lindenholz war ursprünglich in der Landshuter Dominikanerkirche frei aufgehängt. Sie gehörte zu den aus Kirchengewölben herabhängenden „Rosenkranzmadonnen", einem in Franken, jedoch auch am Niederrhein, in den Niederlanden und Norddeutschland bekannten Typus. In Landshut verloren gegangen sind der Rosenkranz mit den Ave-Maria-Perlen und die Paternostermedaillons, von denen sich aber drei außerhalb der Stadt erhalten haben.

Die 2,20 m hohe Maria mit dem Jesukind gehört zu den monumentalen Plastiken zwischen Spätgotik und Renaissance, die durch eine geradezu stürmische Faltenführung charakterisiert sind. Die als räumlich empfundene Behandlung der Gewänder, die zu Recht oft als Barock *avant la lettre* bezeichnet wird, teilt Hans Leinberger nicht nur mit den Meistern der so genannten Donauschule; auch im deutschen Südwesten arbeitende Schnitzer wie Meister HL (Breisach, Niederrottweil) scheinen in ihrer Kunst von einem ähnlichen Wirbel erfasst worden zu sein.

Ungeachtet der äußersten Lebendigkeit der Komposition strahlt die Jungfrau eine unbeirrte innere Ruhe aus, die man als neuzeitliche Gelassenheit ansehen kann. Bei genauer Betrachtung erkennt man das Weiche der Falten, womit trotz der sehr deutlichen Linienführung die winkelige, gebrochene Welt der Gotik bereits verlassen wird. Um eine Parallele mit der Schriftkunst zu ziehen, ist Leinberger nicht mehr *Textur*, sondern *Fraktur*. Mit der *Capitalis quadrata* und der italienischen *Maniera* ist Leinberger definitiv nicht verwandt. Im Gegenteil gehört er zusammen mit Claus Berg aus Lübeck, Meister HL in Breisach und Heinrich Douvermann in Kalkar zum Deutschen in der Skulpturgeschichte Mitteleuropas. Lediglich in der Kleinform findet man bei Leinberger antikisierende Ornamentik, im Übrigen steht sein Stil der Antike fern (DaCosta Kaufmann).

Die Madonna lebt aus dem eigentümlichen Verhältnis des Körpers zum sturmgeblähten Faltenwerk, das von einer starken Diagonale von Mariens rechtem Fuß zum Kind dominiert wird. Das Jesukind mit den gekreuzten Beinchen und dem Granatapfel in der Linken ist das an der Plastik am wenigsten Gelungene. Offenbar hatte Leinberger Schwierigkeiten mit der Darstellung von Kindern, denn das Jesukind der Muttergottes in der Pollinger Stiftskirche ist noch hässlicher als das nicht gerade schöne von Landshut, ja an der Grenze zum Grotesken. Dennoch stehen die künstlerischen Leistungen Leinbergers außer Frage. Georg Dehio staunte vor dem Moosburger Altar, der „unter den spätgotischen Altären durch Pracht und Größe den ersten Platz einnimmt".

Wie für die „Donauschule" überhaupt, so sind auch für Leinberger extravagante Züge typisch. Ein Beispiel ist die Vorliebe für „gekämmte" und hängende Formen, die sich nicht nur in der Darstellung der Fichte *Pendula* (*picea abies*) zeigt, unter anderem an den Reliefs des hl. Kastulus

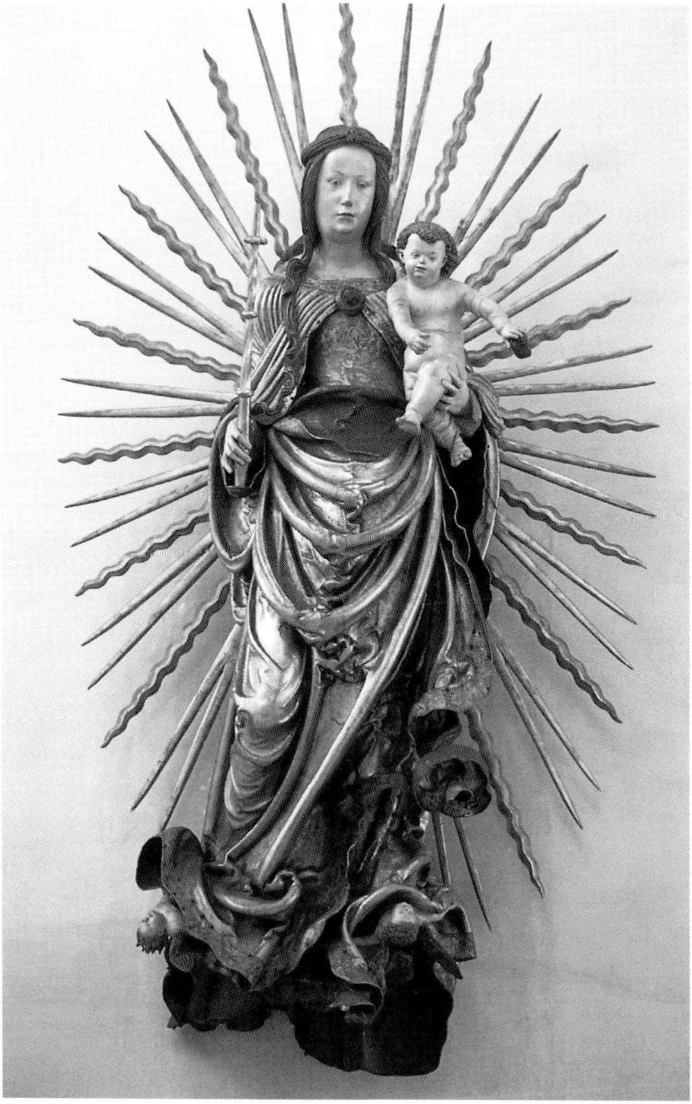

▲ *Landshut an der Isar: Rosenkranzmadonna in Sankt Martin.*

in Moosburg. Leinbergers Beteiligung auch an der Herstellung der Bronzestatue des Albrecht von Habsburg am Innsbrucker Maximiliansgrab ist unübersehbar. Durch die betonte Exotik unterscheidet sich dieses, wohl von Dürer gezeichnete Kunstwerk von den restlichen 27 Figuren: Albrechts hat sich schon halbwegs in eine Fichte Pendula verwandelt, ähnlich Leinbergers „Tödlein" im Schloss Ambras!

Stadtresidenz (Altstadt 79)

• Deutscher Bau an der Altstadt 1536 – 1539 errichtet, 1780 klassizistisch verändert. Italienischer Bau an der Ländgasse 1537 – 1543 errichtet. • Dessen Architekt wohl Meister Sigmund mit seinem Polier Anthoni Walch, beide aus Mantua. 1540 Ankunft von 26 italienischen Maurern.

Die wertvolle Anlage verlor im Klassizismus ihre ursprüngliche Fassade zur Altstadt. 1896/97 erfuhr der so genannte Italienische Saal, Kern des Italienischen Baus, willkürliche Veränderungen im Sinne des Historismus, so dass er heute kaum als genuines Werk der Renaissance gelten kann. Diese Eingriffe im Italienischen Saal werden in der Kunstgeschichte oft ignoriert, und auch Robert Suckale erwähnt in seiner Beschreibung von 1998 diesen Umstand nicht, obwohl weder die Wandgliederung mit Pilastern noch die Farbgebung noch die Tür original sind. Auch die kostbaren Tondi befinden sich nicht mehr an ihrem angestammten Platz. Zum Glück ist jedoch vieles in der Residenz ursprünglich geblieben, auch die bemalten Gewölbefelder des Italienischen Saales. Aus der Erbauungszeit stammen unter anderem die Fassade zur Ländgasse, der von drei Seiten von Arkaden umgebene Innenhof samt Lauben, die meisten bemalten Decken (Sternen-Arachne und Apollozimmer) und der unmöblierte, aber warm wirkende Deutsche Saal mit seiner herrlichen Holzdecke. Die Residenz kann nach wie vor als hochrangiges Werk ihrer Zeit gelten.

Der Bau ist architektonisch von vornherein im Widerspruch zur gotischen Struktur der Stadt angelegt. Nicht nur die Formen, auch der Bautyp waren fremd: Zwischen dem traufständigen, die „Giebelparade" der Altstadthäuser absichtlich störenden sog. Deutschen Bau und dem hinteren Italienischen Bau erstreckt sich der Innenhof. Beide Hauptbauten werden jedoch von gangartigen Flügeln ohne weitere Raumtiefe verbunden – typologisch gesehen eigentlich die bereits in Nürnberg übliche Verbindung von Vor- und Rückgebäude (Welserhof 1509). Die Residenz weist keinen quadratischen Grundriss mit vier bewohnbaren, sich um einen Innenhof anordnenden Flügeln auf wie die Schlösser Italiens.

Mit der entschiedenen, weitgehend bedingungslosen Übernahme italienischer Baukunst für die Landshuter Residenz war das Scheitern ihrer stil- oder schulbildenden Funktion vorprogrammiert. Innerhalb der Architekturgeschichte Deutschlands blieb die Residenz ein Fremdkörper.

1536 war Herzog Ludwig X. bei Federigo Gonzaga in dessem Palazzo del Tè in Mantua zu Gast. Der Palast soll ihn derart beeindruckt haben, dass er ein Jahr darauf den Vertrag für die Erweiterung seiner bereits begonnenen Landshuter Residenz schloss. Anders als in Mantua ist der Palast nicht als Landvilla konzipiert, er liegt mitten in der Stadt, vis-à-vis vom Rathaus. Der entscheidende Schritt in die Zukunft mag darin bestanden haben, dass der Herrscher seinen Platz auf der Burg aufgab und in die Stadt hinunterzog. Man darf aber nicht vergessen, dass Herzog Ludwig der Strenge schon um 1255 seine Hofhaltung von Landshut nach München verlegt hatte, wodurch der Münchener Alte Hof als herzogliche Residenz entstand. Er lag innerhalb des damals noch engen Mauergür-

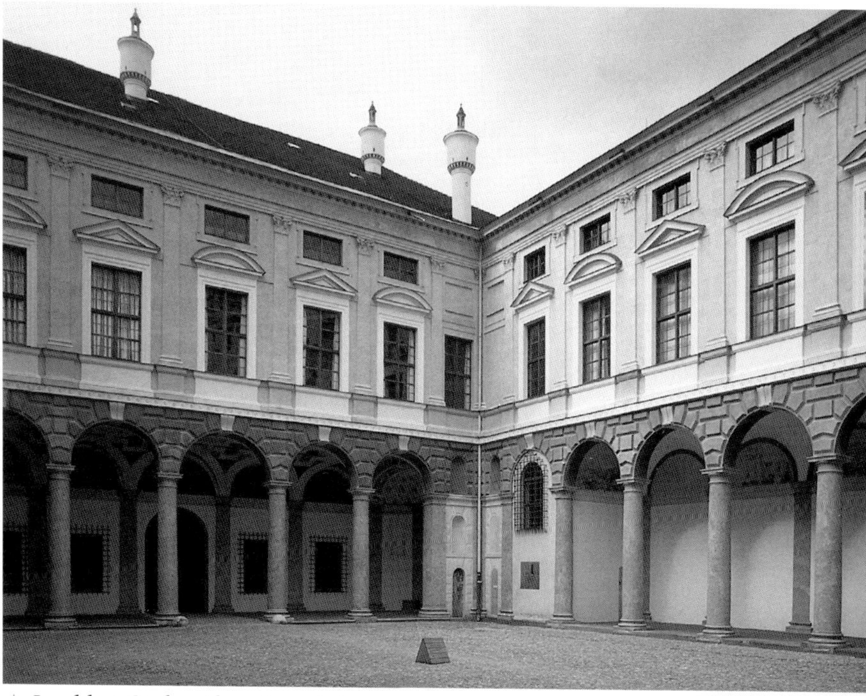

▲ *Landshut: Stadtresidenz, Innenhof.*

tels, also ebenfalls in der Stadt. Nach dieser ersten Münchner Stadtresidenz wurde die Neuveste errichtet, als Fluchtburg gedacht, immer noch in der Stadt und unweit des Alten Hofes. Sie war die Urzelle der heutigen Residenz.

Im Landshut der Renaissancezeit verlor die Burg Trausnitz für Herzog Ludwig X. nicht ganz ihre Bedeutung, dort ergriff er vor und nach dem Bau der neuen Stadtresidenz Umbaumaßnahmen. Auch von späteren Herzögen wurde die Burg Trausnitz architektonisch beträchtlich bereichert. Herzog Wilhelm V. bevorzugte beispielsweise bis zu seinem Regierungsantritt 1579 das Leben auf der Burg. Stetig war der Prozess der Aufgabe von Burgen jedenfalls nicht. Lagen Burg und Stadt auf einer Ebene, so war die Umwandlung der Burg in eine schlossartige Anlage wesentlich leichter. Am Ende des Prozesses stand die Integration in die Stadtstruktur. Das war in Landshut wie vielerorts aus topographischen Gründen nicht möglich.

Als Motiv Ludwigs X., eine glanzvolle Residenz in der Stadt zu bauen, wird das Renaissance-Postulat Leon Battista Albertis und Baldassare Castigliones vermutet, dass der Fürst in einem Palast inmitten der Bürgerschaft wohnen und über ein leutseliges Wesen verfügen soll.

Auch wenn sie nicht an der Schauseite steht, kann die hintere Front an der Ländgasse als die eigentliche Fassade der Residenz gelten. Ihr Vorrang

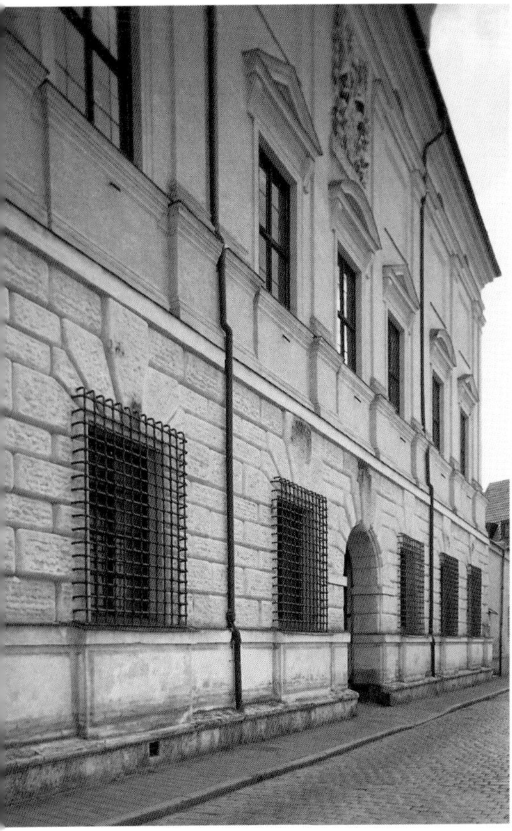

▲ *Landshut: Stadtresidenz, Fassade an der Ländgasse.*

ist am mächtigen Steinrelief mit dem bayerischen Wappenschild und an der Anwendung einer Kolossalordnung ersichtlich, die übrigens im Hof wieder auftaucht. Die Gestaltung des Erdgeschosses über der Sockelbank bzw. dem mit Fenstervorsprüngen belebten Sockelband ist als gequaderte Rustikaverkleidung gelöst. Ein Torbogen mit vorhängendem Keilstein bildet den Eingang in die Residenz. Hier betrat der von der Schiffslände herkommende Herzog den Stadtpalast. Das darauf folgende Stockwerk ist der *piano nobile* mit seinen von abwechselnd dreieckigen und gerundeten Giebeln bekrönten Fenstern. Das niedrigere Halbgeschoss darüber ist fensterlos, durch Rechteckblenden gegliedert. Abschließend erscheint eine Art Kniestock als Gebälk, in den kleine Fenster eingelassen sind. Die Schornsteine mit ihren oberen, in winzigen Laternen endenden Kübeln sind wie der Rest der Architektur reines Oberitalien. Dasselbe gilt für den Innenhof: In tuskischer Ordnung findet man hier Rotmarmorsäulen, die Arkadenzwickel sind stark rustiziert. Die Farbigkeit der Hoffassaden konnte 1994 nach Befund wiederhergestellt werden. Die Bogenzwickel sind dunkelgrau, ihre Keilsteine gelb. In dieser Farbe ist die gesamte obere Zone mit Ausnahme der weiß umrahmten, hohen rechteckigen Fenster gefasst. Die gliedernden Pilaster zeigen eine der korinthischen verwandte Kompositordnung. Die Hofecken wurden parterre massiv gelassen. Ein Mezzanino bildet das Obergeschoss. Kostbar ist die Loggia der Westhalle mit ihren Exedren, ihr blieb der Schmuck aus der Zeit um 1540 erhalten. Hier scheint die Gartenloggia des Castello del Buonconsiglio in Trient Pate gestanden zu haben, das unmittelbar an der deutschen Sprachgrenze liegt.

Immerhin waren die guten Renaissancemaler, die mit der Dekoration der Residenz beauftragt waren, keine Italiener, sondern bereits in der italienischen *Maniera* geschulte Deutsche: Hans Bocksberger und Ludwig Refinger. Schöpfer der marmorartigen Tondi war Thomas Hering, der Sohn des in Eichstätt aktiven, meisterhaften Loy Hering.

Loppenhausen
Sankt Johannes Baptist und Blasius

• Pfarrkirche. • Errichtet um 1500, umgebaut 1710. Turm 1522–1524.
• Baumeister unbekannt.

Ein gutes Beispiel für die ausgesprochen elegante Turmarchitektur Schwabens im beginnenden 16. Jh. liefert Loppenhausen. Der um ein Vielfaches die Höhe des Kirchbaukörpers überragende, siebengeschossige Turm auf der Chornordseite wurde in altdeutscher Art ohne Strebepfeiler errichtet. Genau darin liegt die ungemein modern wirkende Ge-

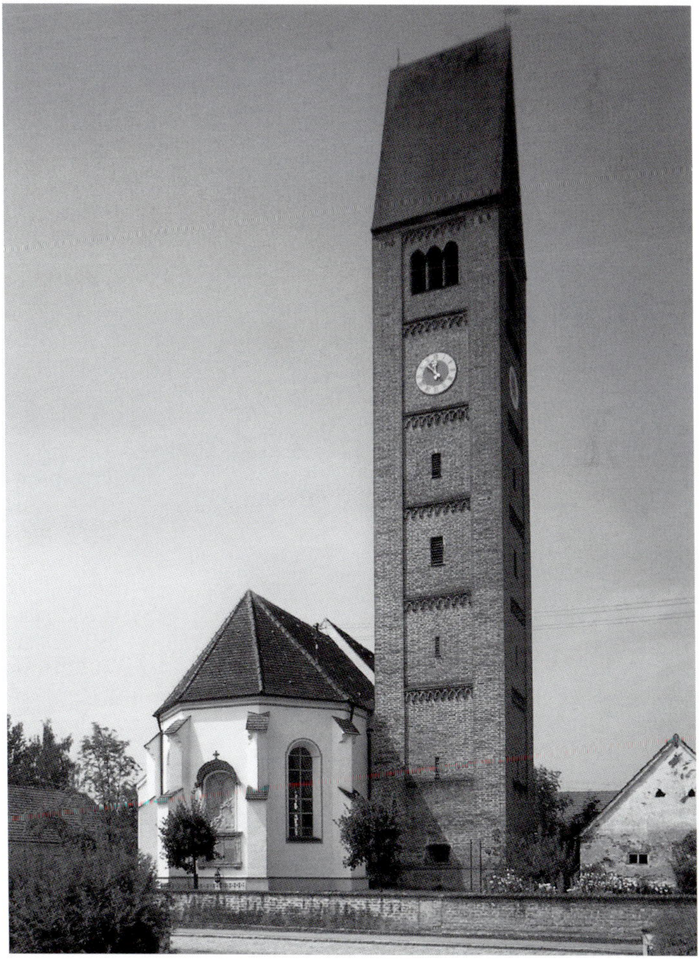

▲ *Loppenhausen: Sankt Johannes Baptist und Blasius, Chor und Turm.*

stalt seiner Architektur. Die Dachform ist ebenfalls die einfachste, das straffe Prisma betonende Lösung. Um den Abschluss charaktervoll zu gestalten, wurde das Satteldach besonders steil ausgeführt. Die Gliederung der Turmseiten erfolgte durch sanft vertiefte Geschossfelder. Simse und Friese aus sich überschneidenden Bögen (Kreuzbogenfriese) markieren die Geschosse, während die Turmkanten ganz frei bleiben. Eine dreifache Bogenstellung öffnet das Glockengeschoss. Dieser Turm zeigt wie andere – beispielsweise der von Klein Sankt Martin in Köln (1460 – 1486) – die in der deutschen Spätgotik des 15. Jh. zu beobachtende Tendenz zu Formen der Romanik.

Loppenhausen benutzt nicht nur die typisch romanische, von zwei Säulchen gestützte rundbogige Dreibogenöffnung (man vergleiche die Klangarkaden am Augsburger Dom oder an Sankt Mang in Füssen), sondern auch den in Backsteingebieten üblichen Kreuzbogenfries des 12. Jh., wie er in Norddeutschland an bedeutenden Bauten wie Jerichow oder Ratzeburg erscheint. Dieser Fries war nach 1500 im Norden wieder aktuell geworden, wie die Treppe zur Wallenrodtschen Bibliothek im Dom zu Königsberg in Ostpreußen belegt.

Die Sauberkeit und extreme Vereinfachung der Bauvolumina mit Satteltürmen findet sich öfter in backsteinernen Landkirchen. Ein niederbayerisches Beispiel ist Gehersdorf, Gemeinde Zeilarn (gegen 1470); dort sind ebenfalls nachromanischen Biforen vorhanden.

Ob die Rückbesinnung auf die Romanik, die keineswegs isoliert in Bayern da steht, ein spätgotisches oder frührenaissancistisches Prinzip ist, muss offen bleiben – eine Einordnung des Loppenhauser Turms in das Kapitel Gotik wäre ebenfalls legitim gewesen. Fest steht, dass sich im Mitteleuropa des 15. Jh. ohne jeglichen Einfluss Italiens eine Annäherung an die eigene Romanik, nicht ans Römische, bemerkbar macht. Wahrscheinlich ist dieser Prozess im Rahmen der Selbstvereinfachung zu sehen, die die modernste Gotik der Zeit anstrebte und zweifellos erreichte – sonst bliebe auch die Münchener Frauenkirche ohne Erklärung. Zunehmend schlichter wurden also nicht nur Dorfkirchen.

München
Ehemalige Münze (Hofgraben 4)

• Errichtet 1563 – 1567. • Entwerfender Baumeister wohl Bernhard Zwitzel, Bauleitung Wilhelm Egckl.

Der unter Herzog Albrecht V. entstandene Bau sollte zwei völlig kontrastierende Funktionen erfüllen: Marstall- und Kunstkammergebäude. Im Erdgeschoss des um einen rechteckigen Innenhof organisierten Vierflügel-Baus befanden sich lange Zeit die Pferdeställe. Im zweiten Obergeschoss waren die Sammlungen Herzog Albrechts untergebracht, die eine typische „Kunst- und Wunderkammer“ der Renaissance darstellten. Somit kann der Bau auch als ältestes Museum in Bayern gelten. Auf ihn geht letztlich die Tradition Münchens als Museumsstadt zurück.

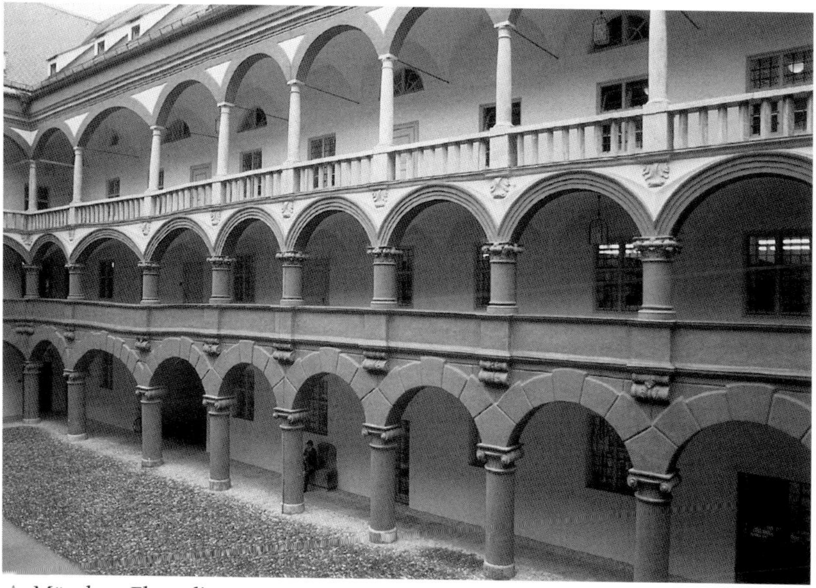

▲ *München: Ehemalige Münze, Innenhof.*

Erst um 1807/09 wurde er als Königliche Münze umfunktioniert und bekam eine neue klassizistische Fassade sowie eine veränderte Raumordnung. Dem 8 × 3-achsigen, etwa 35 × 12 m großen Arkadenhof blieb zum Glück ein Umbau erspart. Er gehört in die Reihe großer Arkadenhöfe der deutschen Renaissance wie diejenigen des Alten Schlosses in Stuttgart (1557), der Stallburg in Wien (1559), des Wolff'schen Baus im Nürnberger Rathaus (1616) und des Stockalper Palastes in Brig (1658). Anders als die Höfe in Wien, im Grazer Landhaus oder später in Nürnberg zeigt der Münchener Bau kaum deren kultivierte Formensprache. Mit seinen Unregelmäßigkeiten und seinen eigenwillig eingesetzten stilistischen Mitteln präsentiert er sich als ein recht derbes, dabei jedoch reizvolles Werk. Seine Proportionierung ist insofern noch gotisch, als sie mehr nach Gefühl als nach Normen geschaffen wurde. Dies alles macht den Hof zu einem unitalienischen Bau. Er teilt mit dem Alten Schloss in Stuttgart die grundsätzliche kompositorische Freiheit, steht aber hinter dessen nobler, sorgfältiger Ausführung deutlich zurück. Im Vergleich zu den Nürnberger Arkadenhöfen der Spätgotik bedeutet das Münchener Werk in puncto Feinheit und Eleganz einen deutlichen Rückschritt.

Dem Münchener Arkadenhof liegt ein dreigeschossiger Aufriss zugrunde, dessen beide unteren Stockwerke durch eine robuste ionisierende bzw. korinthisierende Ordnung kennzeichnet sind. Diese Geschosse dienten rein nützlichen Zwecken, während das Obergeschoss Repräsentationzwecken entsprach und sich als luftiges, beinahe graziles Werk darstellt. Ob diese Entsprechung von Funktion und Formensprache absichtlich war, sei dahingestellt. Die Ordnungen sind jedenfalls „falsch" übereinander gestapelt: Das Tuskische ist statt ebenerdig nach oben versetzt, das Komposit-pseudokorinthische in die Mitte geraten.

Im Südflügel hat sich die dreischiffige Halle des Pferdestalls erhalten. Die hier angewandte tuskische Ordnung, die auch als ein Symbol für die Kraft der Pferde interpretiert werden könnte, hätte sich ebenso außen an den Erdgeschossarkaden zeigen sollen. Bis auf die obersten sind die Säulen pfeilerähnlich, die mittleren wegen der niedrigeren Geschosshöhe recht dicklich geraten. Rundbögen wurden nicht gebraucht, an ihre Stelle tritt der Segmentbogen, der u.a. den Vorteil hat, bei gleich bleibender Höhe unterschiedlich breite Interkolumnien zu spannen. Abgesehen von einigen Verformungen wurde die Axialität bewahrt. Die Brüstung im ersten Obergeschoss ist massiv, im zweiten offen und mit geradlinigen Stielen versehen, die keine richtigen Balustersäulchen sind. Die Säulenpfeiler stehen auf Postamenten. Sie scheinen ihrerseits auf Voluten- und Blattkonsolen zu ruhen, stören aber die Rustika der unteren Arkadenstirne nicht.

Bis auf die Arkadenzwickel des ersten Obergeschosses ist die Fassung dunkelgrau, im Übrigen sind die oberen Säulen in der Naturfarbe des rötlichen Marmors belassen, die Zwickel der zwei oberen Geschosse weiß getüncht.

Heiliger Rasso in der Frauenkirche

• Um 1525. • Bildschnitzer unbekannt, Meister von Rabenden zugeschrieben.

In der Hofbruderschaftskapelle Sankt Anna und Georg, auch Preysingkapelle genannt, stehen auf gemauerten Sockeln vor einem verblendeten Fenster die überlebensgroßen Schnitzfiguren des heiligen Georg und des heiligen Rasso. Soweit überhaupt nachzuweisen, befinden sie sich an ihrem alten Platz. Heute schwebt über dem Ritterpaar eine etwa 10 Jahre ältere Anna-Selbdritt-Gruppe von Stefan Rottaler.

Die Plastiken von Georg und Rasso werden von der Forschung im Umkreis des Meisters Hans Leinberger angesiedelt, der Georg ist wahrscheinlich sein eigenhändiges Werk. Die Nachbarschaft der beiden selbstständigen Ritter-Figuren ergibt eine etwa spiegelsymmetrische Komposition. Beide halten sehr hohe Turnierlanzen, Rasso mit der Rechten, Georg mit der Linken. Rasso trägt eine geschlitzte Tracht über dem Harnisch. Die modische Erneuerung der Schlitzkleidung war den schweizerischen Landsknechten zu verdanken, jenen haltlos-verwegenen Gestalten, zu denen Rasso freilich weder historisch noch standesgemäß gehörte. Je mehr Schlitze die Kleidung aufwies, desto kampfbewährter stellte sich der Träger dar. Die Tracht vergegenwärtigte und charakterisierte also die Person Rasso für die Zeitgenossen.

Der Heilige war schon über 500 Jahre tot, als seine Statue geschnitzt wurde. Dessen ungeachtet wirkt er außerordentlich lebendig, weniger im Sinne eines Porträts als einer Charakterfigur: Das üppige, krause Haar

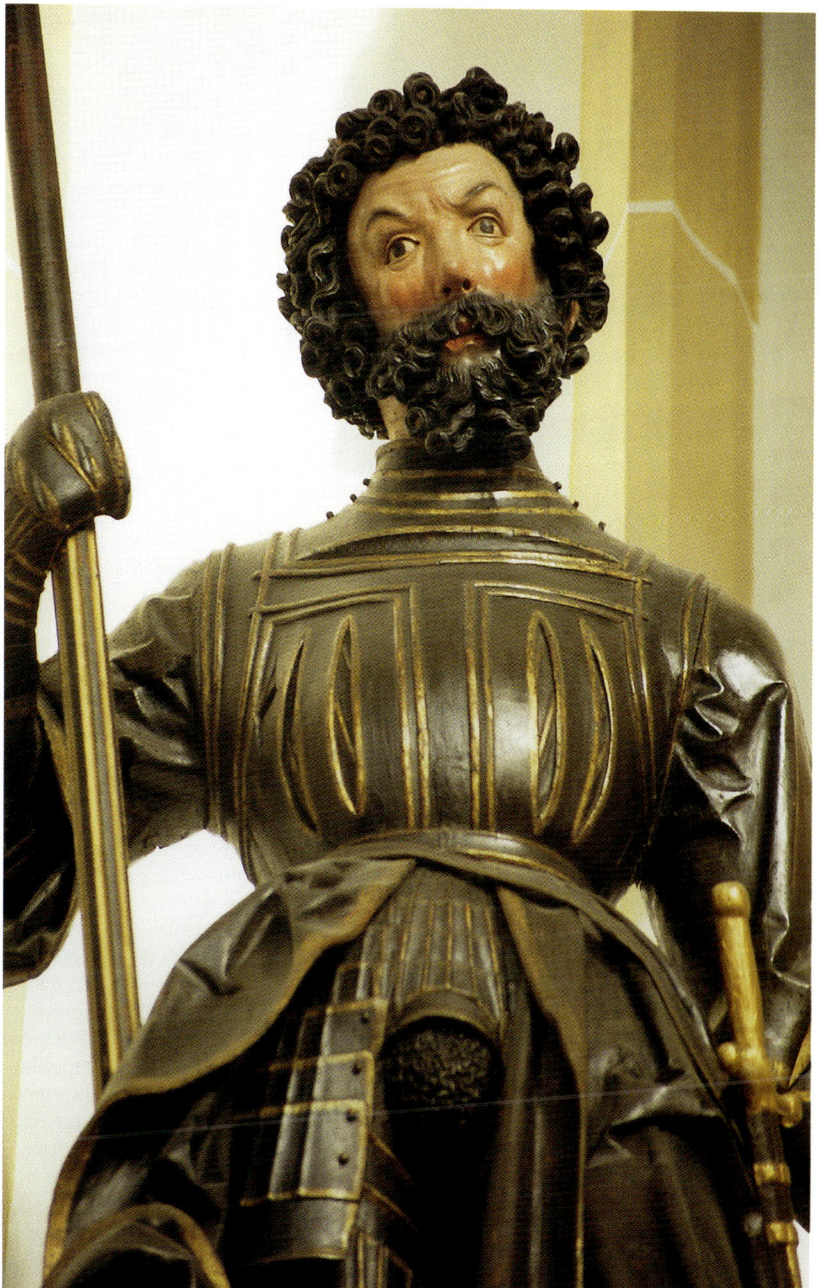

▲ *München: Heiliger Rasso in der Frauenkirche.*

umrahmt ein stirnrunzelndes Gesicht, die Augen schielen geringfügig auswärts – ein Merkmal vieler Plastiken deutscher Spätgotik. Der Heilige mit seinen roten Wangen und Lippen strahlt Gesundheit aus. Die Polychromie unterscheidet nicht zwischen Harnisch, Schlitztracht und Zubehör. Der dunkle Harnisch mit den goldenen Leisten lässt möglicherweise an ein teures Toledaner Werk aus schwarzem Stahl denken, aber der Stoff darüber, ja auch die Lanze, das Schwert und das Wappen sind in denselben Farben gehalten. Umso mehr betont die monotone Farbgebung der frei stehenden Figur die Lebendigkeit des Gesichts.

Stilistisch steht die Rasso-Plastik zwischen Hans Leinberger und dem Meister von Rabenden, dem Schöpfer des um 1515 entstandenen Altars der gleichnamigen Kirche in der Nähe von Baumburg. Der namentlich nicht näher bekannte Meister muss eine produktive Werkstatt geleitet haben. In Oberbayern schreibt man ihm zahlreiche Kunstwerke zu.

Rasso war niemand anderes als jener vornehme Graf von Andechs, der zweimal siegreich die einfallenden Ungarn bekämpfte und im Anschluss an eine Pilgerschaft nach Rom und Jerusalem auf der Amperinsel Wörth das Benediktinerkloster Grafrath gründete, in das er 952 eintrat.

Residenz

• Antiquarium. • Errichtet 1568–1571. • Baumeister Jacopo Strada und Simon Zwitzel, Bauleitung Wilhelm Egckl. • 1581–1600 unter Baumeister Friedrich Sustris geändert. • Neugestaltung der Stirnwände unter Maximilian I. nach 1600.

Die Münchener Residenz ist eine komplexe, ausgedehnte Anlage, bestehend aus vielen unterschiedlichen Trakten. Urzelle war die kurz vor 1826 abgebrochene „Neuveste". Bis in das 19. Jh. hinein wuchs die Residenz, ihre erste Erweiterung war der Antiquariumsbau.

Anregung für das Antiquarium waren die Räume des Giulio Romano im Palazzo Ducale von Mantua, die für die Ausstellung der antiken Kunstwerke der Gonzaga entworfen worden waren. Jacopo Strada ließ detaillierte Zeichnungen dieser Räumlichkeiten anfertigen, die als Vorbild für die Residenz dienten. Die Idee einer Ausstellung von Porträtbüsten auf Sockeln unter Fensternischen stammt von dort.

Wie das Wort schon besagt, war das Antiquarium ein Saal für die Unterbringung einer Antikensammlung, und zwar der des Auftraggebers Herzog Albrecht V. Sie bestand freilich nicht nur aus meist ergänzten römischen Kopien griechischer Modelle und römischen Porträts, sondern auch aus zahlreichen antikisierenden Plastiken des 16. Jh., in der Folgezeit auch des 17. und 18. Jh.

Charakter und Funktion des Saales änderten sich bald unter Albrechts Sohn Wilhelm V., der in Landshut bereits die Burg Trausnitz von Friedrich Sustris und anderen hatte umgestalten lassen. Der in Italien als Sohn des bekannten niederländischen Malers Lambert Sustris geborene Friedrich wurde von Hans Fugger nach Augsburg gerufen, von wo er zu-

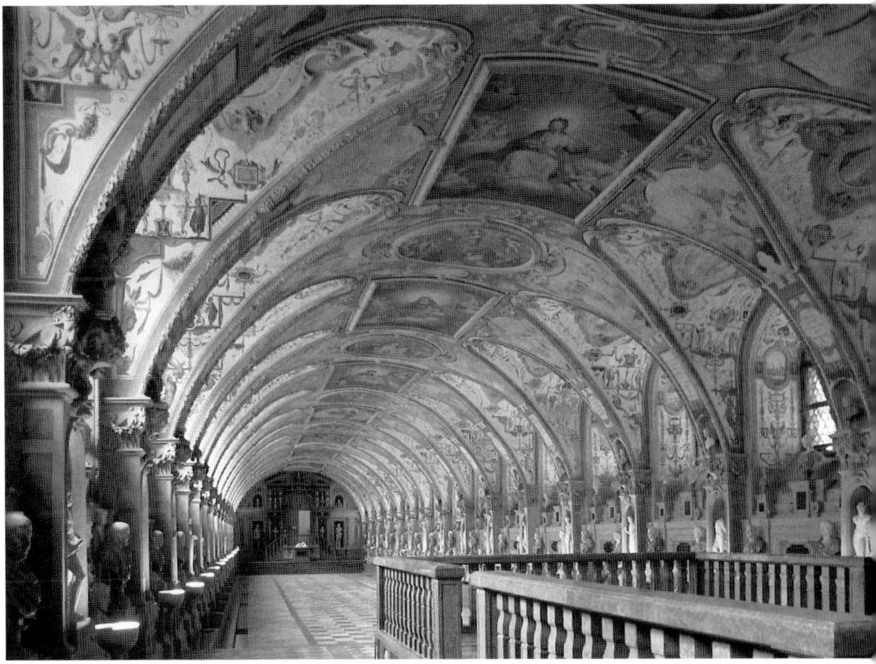

▲ *München: Residenz, Antiquarium.*

nächst nach Landshut und später nach München kam. Jetzt wurde das Antiquarium unter Beibehaltung seiner Funktion auch zu einem reich dekorierten Festsaal und diente gleichermaßen der Selbstdarstellung der Wittelsbacher. Beispielsweise sind in den Fensterstichkappen Veduten 34 altbayerischer Orte zu sehen. Wilhelm ließ eine Estrade für die Abhaltung fürstlicher Bankette anlegen, deren Grenze von einer Brüstung mit Balustersäulchen markiert ist. Diese Estrade hat heute noch das ursprüngliche Bodenniveau, das Sustris leider absenkte, um dem Raum die gedrückten Proportionen zu nehmen. Bis dahin war das Gewölbe das alles beherrschende Moment des Antiquariums, was seine typologische Verwandtschaft mit älteren Burg- und Palastsälen deutscher Architektur beweist, insbesondere mit der des Wladislawsaales im Prager Hradschin (1493 – 1502, Benedikt Ried aus Landshut) und dem Rittersaal der Ansbacher Residenz (1522 – 28, Hans Beheim d. Ä. aus Nürnberg). Das 66 m lange Antiquarium bewahrt denn auch trotz aller Italianismen in seiner Funktion und Formgebung den spätgotischen Typus. Der 62 m lange Prager Wladislawsaal und der 45 m lange Ansbacher Rittersaal leben allein von der Wölbung. Bevor Wilhelm V. die Dekorationen des Antiquariums dem Gesamtentwurf von Sustris folgend anordnete, sah der Raum traditionsverhafteter aus. Der von Sustris vertiefte Boden verleiht dem Raum ein beckenartiges Aussehen, das mit Sicherheit von den ersten Baumeistern nicht gewollt war. Es stellt sich die Frage, ob sich nicht trotz der von Jacopo Strada eingeführten büstengeschmückten Fensternischen der Bauleiter Wilhelm Egckl mit einem deutschen Saaltypus durchgesetzt hat.

Das Antiquarium ist ein frei stehendender Baukörper mit beidseitiger Beleuchtung. Das Obergeschoss beherbergte eine bedeutende Bibliothek, die es vor Brandgefahr zu schützen galt. Die weitgehend isolierte Stellung des Antiquariums innerhalb der Residenz erklärt sich auch durch diesen Tatbestand.

Einfacher kann die Großform des Antiquariums nicht sein: Es handelt sich um einen niedrigen Unterbau, der ein gewaltiges Tonnengewölbe trägt. Es wird von zahlreichen Stichkappen gehöhlt; sie entsprechen den tiefen achsenbildenden Fensternischen, in denen die marmornen Büsten stufenartig ausgestellt sind. Die Stichkappen sitzen auf Wandpfeilern, in die die Nischen für die ganzfigürigen Statuen eingelassen sind.

Es gab um 1600 in Deutschland, außer dem leider 1844 abgerissenen Lusthaus in Stuttgart, kaum einen Festsaal, der sich mit dem Münchener Antiquarium hätte messen können. Wegen der imposanten Architektur und den vielen *Curiosa* ist ein Besuch des Antiquariums sehr zu empfehlen – wie überhaupt der Residenz.

Sankt Michael

• Errichtet ab 1583, nach Turmeinsturz 1590 – 1597 verändernd vollendet. • Baumeister Friedrich Sustris nach fremden Anregungen. • Werkmeister Wolfgang Miller.

Mit der Münchener Jesuitenkirche erscheint in Deutschland erstmalig nach fast 400 Jahren eine monumentale Sakralbaukunst, die nicht mehr gotisch bzw. nachgotisch ist. Dass dies in Bayern und nicht woanders geschah, ist kein Zufall: Im Kampf gegen die Reformation waren die Wittelsbacher Vorreiter. Albrecht V. rief die Jesuiten 1556 nach Ingolstadt und 1559 nach München. 1576 wurde das dortige Ordenskolleg bereis von 600 Studenten besucht. Es dauerte jedoch nach der Ankunft der Jesuiten noch über 20 Jahre, bis man einen großen Kirchenbau in Angriff nehmen konnte. Der Auftraggeber fand sich in Wilhelm V., der die Belange der katholischen Reform und der Gegenreformation zur Staatsangelegenheit erhoben hatte: „Wilhelm selbst verkörperte die mustergültige Symbiose von Kirche und Staat in seiner eigenen Person“ (Marianne Sammer).

Aufs Engste war der Auftraggeber mit seiner Kirche identifiziert, angefangen mit dem Patrozinium: Wilhelm war am Michaelstag geboren. Dass im Mai 1590 ein an der Dachkante der Kirche zur heutigen Ettstraße erbauter Turm einstürzte und große Schäden anrichtete, sah der Herzog als direkten Wunsch des Erzengels nach einem großzügigeren Bau. Daraufhin wurden eine Art Querhaus angelegt und der Chor wesentlich vergrößert. „Wilhelm V. machte sich die Aufgabe so zu Eigen, dass er den Staat fast in Bankrott, die Untertanen fast zum Aufstand trieb und nach der glücklichen Vollendung des Baus 1597 abdankte, um noch Jahrzehnte in seinem geräumigen, später Maxburg benannten Palast in unmittelbarer Nähe der Jesuiten als Büßer zu leben" (Heinz-Jürgen Sauermost).

Das ausgesprochen ausgedehnte jesuitische Areal mit Kirche, Kolleg und Wohntrakten bewirkte eine einschneidende Veränderung im Stadtgrundriss. 35 Häuser mussten abgerissen werden, um der Anlage Platz zu machen. Der wilhelminischen Veste in unmittelbarer Nachbarschaft fielen weitere 54 Häuser zum Opfer. Wilhelm schwebte wahrscheinlich ein ihm eigenes, städtisches El Escorial vor. Die Jesuiten erhielten oder suchten sich selbst weltweit zentral gelegene Stellen für den Bau ihrer Kollegien. Bei den alten Stadtstrukturen Europas war dies – anders als in Mittel- und Südamerika – immer mit der Zerstörung ganzer Stadtviertel gekoppelt. Salamanca liefert ein Paradebeispiel.

Sankt Michael steht trotz aller Monumentalität im Schatten des benachbarten, grandiosen Frauendoms. Der ausgeführte Bau zeigt gravierende Abweichungen zu dem von Sustris nach dem Turmeinsturz gezeichneten Ausbauplan. Zu nennen ist vor allem der Verzicht auf eine Kuppel, die auf einer „richtigen Vierung" hätte sitzen sollen, allerdings unter dem Dach von außen unsichtbar geblieben wäre. Ferner wurde der Chor nicht wie geplant mit halbrunder Apsis, sondern in längerer und polygonal abgeschlossener Form realisiert. Damit ist der Bau von der „Mutterkirche" il Gesù in Rom noch weiter entfernt.

Die Seitenansicht (Ostflanke) verrät einige der eigenwilligen Baumerkmale. Am zweimal leicht abgestuften Langhausaufriss ist die oberste Zone unter der Dachtraufe völlig verblendet. Die Fenster des Obergadens sitzen eine Etage tiefer. Dies zeigt schon von außen, wie enorm gestelzt das Tonnengewölbe als Leitmotiv des Kircheninneren ausfiel. Von außen werden die Seitenkapellen an apsidialen, verblendeten Rundungen wahrnehmbar (auf dem Foto nicht zu erkennen). Die auf der Wandflucht der Seitenkapellen stehende Querhausfront trügt, da sie zwar vereinheitlichend giebelbekrönt ist, jedoch nur ihre linke Hälfte zum Pseudo-Querhaus gehört. Deshalb ist sein großes Fenster asymmetrisch platziert. Die oberen drei Fenster haben keine Entsprechung im Inneren, sondern beleuchten lediglich die Gewölbekammer. Der flache, dreiteilige Giebel

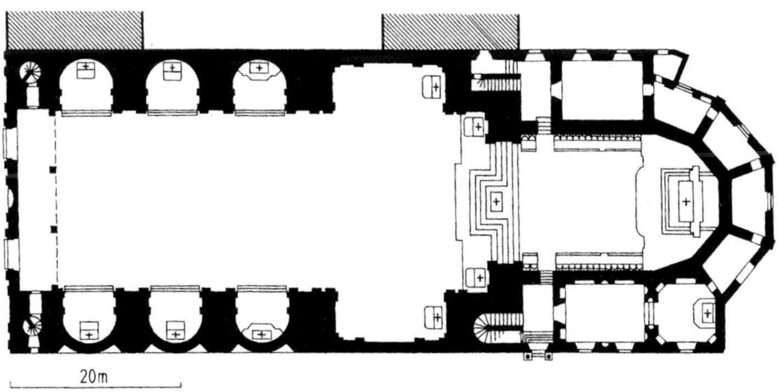

▲ *München: Sankt Michael, Grundriss.*

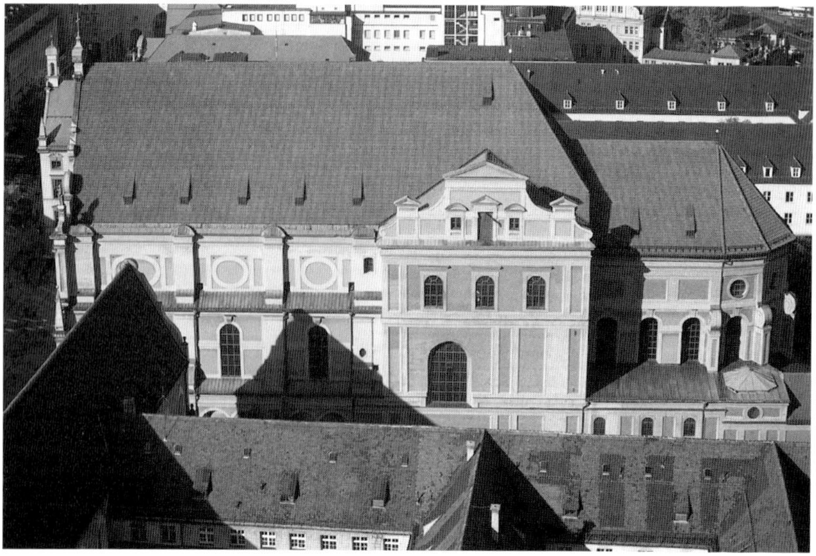

▲ *München: Sankt Michael, Ostflanke an der Ettstraße.*

darüber scheint nicht ohne Folgen für die Entwicklung von Bürgerhaus- und Palastfassaden geblieben zu sein. Parallelen findet man kurz nach 1600 vor allem in Böhmen und Mähren, so am Palast Martinitz in Prag oder am Haus Nr. 42 auf dem Platz von Teltsch (Telč).

Der eingezogene Chor trägt ein entsprechend niedriges Dach, das an die Walm des Hauptdachs anknüpft. Über dem Chorobergaden finden sich wieder Blendfelder. Die Oculi vom oberen Polygon beleuchten auch hier nur eine Gewölbekammer und sind im Chorraum nicht sichtbar.

Da immer die Hauptfassade der Kirche die Aufmerksamkeit der Kunsthistoriker auf sich zog, wurde die freie Flanke selten kommentiert oder gar missverstanden. Ihr Hauptmerkmal der Seitenfassade sind die leicht eingetieften Blendfelder, das Rahmenwerk. Eine solch abstrakte Gliederung darf als spanisches Moment der Architektur von Sankt Michael verstanden werden. 1559 war die Fassade der Descalzas Reales in Madrid von Juan Bautista de Toledo entworfen und damit diese Art von Wandgliederung „eröffnet" worden. Der spanische Jesuitenorden adoptierte sie, so an der Kirche San Miguel in Valladolid, deren Erbauung gleichzeitig mit Sankt Michael war. Querverbindungen erscheinen insofern plausibel, als die Jesuiten nach Ursprung und Ausrichtung ein spanischer Orden sind.

Die Hauptfassade wurde vom Herzog als „Tafel" zur dynastischen Eigendarstellung benutzt. Nicht genug, dass Wilhelm selbst als Statue in einer Nische, das Modell der Kirchenfassade haltend, erscheint, sind auch die übrigen Fassadennischen nicht von Heiligen, sondern von Kaisern besetzt. Außer Wilhelm ist auch sein Vater Albrecht V. dargestellt, im Giebel die frühesten christlichen Herrscher Bayerns: Otto, Theo und Theo-

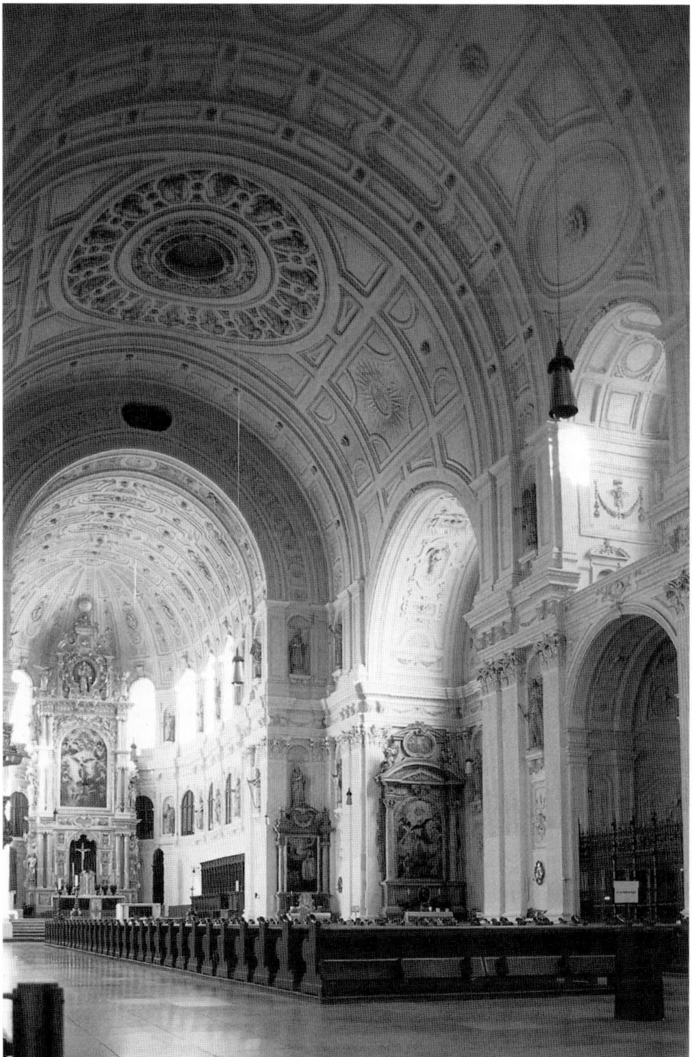

▲ *München: Sankt Michael, Inneres Richtung Chor.*

dovalda. Die mittlere untere Nische beherbergte anfänglich nicht die Statue von Michael, sondern den bairischen Löwen. Kein Wunder, dass die Kirche einmal als „erster Staatsbau des neuzeitlichen Bayerns" bezeichnet wurde. In einem Kupferstich der Fassade aus der *Trophaea Bavarica* von 1597 sind alle Nischen beziffert und darunter alle Namen der dargestellten Personen aufgelistet. Die Bedeutung der Fassade wird schon daraus ersichtlich, dass sie zur Hauptstraße, dem ehemaligen Nikolausmarkt, orientiert wurde. Damit wurde die Ostung der Kirche – wie allgemein in nachgotischer Zeit – aufgegeben und das Gotteshaus genordet. In München bildet die Allerheiligenkirche eine Ausnahme, die bereits in der Gotik nach Süden ausgerichtet wurde.

Außer dem nicht ausgebauten Turm der jesuitischen Anlage an der Ecke Ett-/Maxburgstraße gab es bei Sankt Michael nur einen längst verloren gegangenen Dachreiter. Wie der 1590 eingestürzte Turm aussah, ist durch einen unmittelbar davor erstellten Kupferstich von Sadeler überliefert. Das Stadtmodell von Jakob Sandtner aus dem Jahre 1573 (Bayerisches Nationalmuseum) wurde nachträglich an der Stelle des Jesuitenkollegs verändert. Es zeigt den gewünschten, aber nicht vollendeten Turmbau, der die Konkurrenz zum Turmpaar der Frauenkirche herausgefordert hätte.

Das Kircheninnere von Sankt Michael ist ein gutes Beispiel der modischen Stuckierung und der vollständig weißen Fassung der Architektur. Durch das reich einströmende Licht wirkt die Kirche weder schwer noch ernst – trotz ihrer italienischen Formensprache stellt Sankt Michael ein Gegenpol zu den dunklen, schwermütigen Kirchen Roms dar. Die wichtigste Errungenschaft ist die großartige Weite des Einheitsraums. Als Wandpfeilerkirche hat Sankt Michael schon mittelalterliche Vorstufen. Vielleicht ist mit Robert Suckale in dem tonnenüberwölbten Raum ein Echo der Maxentiusbasilika auf dem Forum Romanum zu sehen, die man für den Friedenstempel des ersten christlichen Kaisers, Konstantin des Großen, gehalten hat.

Wichtig an Sankt Michael war die schulbildende Funktion. Erst durch diese Kirche wurde die Basis für die Entwicklung barocker Baukunst in Deutschland geschaffen. Zahlreiche Kirchen des 17. Jh. nehmen direkten gestalterischen Bezug auf diesen Bau, andere entwickeln ihn weiter. Allerdings hatten die Jesuiten bis in die zweite Hälfte des 17. Jh. in Deutschland keinen einheitlichen Stil entwickelt. In Westfalen und am Rhein hinterließ der Orden hochinteressante nachgotische Bauten, allen voran Sankt Maria Himmelfahrt in Köln (1618–1678).

Jesuiten und Architektur

Ein ganz wesentlicher Motor der weltweiten Verbreitung frühbarocker Baukunst war der Jesuitenorden. Er ist eine Gründung des baskischen Priesters Íñigi López Oñaz y Loyola und wurde von Papst Paul III. bereits im Jahre 1540 anerkannt. Für den deutschsprachigen Kulturraum war der Orden ein unverzichtbares Instrument, um reformierte Gebiete wiederzugewinnen und den alten Glauben zu festigen. Als „zweiter Apostel der Deutschen“ wurde Petrus Canisius vom Heiligen Stuhl zur Rekatholisierung nach Deutschland gesandt, wo er eine entsprechende Ordensprovinz organisierte. In Bayern wurden die Jesuiten 1549 nach Ingolstadt gerufen und zehn Jahre später von Herzog Albrecht V. nach München geholt.

Die Ordensmutterkirche in Rom, il Gesù, spielte in der Ausformung eines „Jesuitenstils“ eine viel eingeschränktere Rolle als allgemein angenommen. Nicht einmal die Grabeskirche von Canisius, Sankt Michael in Freiburg im Üechtland (1604 – 1613), steht in der Nachfolge vom Gesù. Sie stellt einen der vielen typischen nachgotischen Jesuitenbauten, die man in Münster, Köln, Bonn, Paderborn oder im normannischen Rouen begegnet. Sankt Michael in München und dessen unmittelbare Nachfolge in Landshut bieten eine gegenüber dem Gesù bis zur Unkenntlichkeit abgewandelte Architektur.

Besonders wichtig waren der spanische und der portugiesische Typus, da beide nach Mittel- und Südamerika bzw. China exportiert wurde. Das lusitanische Modell war eine Saalkirche mit flachen Seitenkapellen, Pseudoquerhaus und niedrigerem Chor, das sich auch nicht aus dem römischen il Gesù, sondern aus der spätgotischen Kirche des hl. Franziskus in Évora herausformte. Es waren Portugiesen, die es wagten, 1660 in Peking ein Kolleg mit einheimischer Barockkirche zu errichten! Schon im Jahr der Ankunft der Jesuiten in Bayern, 1549 gelangte bereits der spanische Jesuit Franz Xaver nach Kagoshima in Japan. Der 1622 heilig gesprochene Navarrese wurde im barocken Bayern zum Namenspatron vieler Männer (man denke allein an den berühmten Stuckateur Franz Xaver Schmuzer).

Für ihre amerikanische Architektur benutzten die Spanier verschiedene Bautypen und passten sich unterschiedlichen Gegebenheiten an. Beispielsweise verwendeten sie insbesondere für die Kirchen der Indio-Dörfer in der jesuitischen Provinz Paraguay hölzerne Hallenstrukturen, die naturgemäß nicht in klassischer Tradition stehen konnten. In Lateinamerika sind hölzerne Decken und nachgotische Rippengewölbe zwei von den vielen Elementen, die die spanische von der italienischen Bauweise trennen.

Neuburg an der Donau
Schloss

• Ottheinrichsbau. • Errichtet 1537 – 1545. • Baumeister Paul Beheim zugeschrieben, jedoch unter Beteiligung einer italienischen Bautruppe, die zuvor in Landshut tätig war.

Das schmucke Neuburg beherbergt wertvolle Architekturen, allen voran die seines Schlosses. Die Voraussetzungen, die Neuburg zu einem Zentrum der Renaissancearchitektur machten, liegen in der Gründung des Fürstentums Pfalz-Neuburg für Ottheinrich und Philipp, den Enkeln Herzogs Georg des Reichen von Landshut, Söhnen des Pfalzgrafen Ruprecht von der Pfalz und der Elisabeth von Landshut. Die so genannte „Junge Pfalz“ war 1505 dank des späteren Kaisers Maximilian I. als Beendigung des Landshuter Erbfolgekrieges entstanden.

Mit dem Namen des 1559 verstorbenen Ottheinrich sind zwei nicht gleichermaßen berühmte, dennoch gleichwertige Architekturen deutscher Renaissance verbunden: die so genannten Ottheinrichsbauten der Schlösser Neuburg und Heidelberg. Während Neuburg ein Frühwerk darstellt, das aus uneinheitlichen Partien und Stilrichtungen besteht, ver-

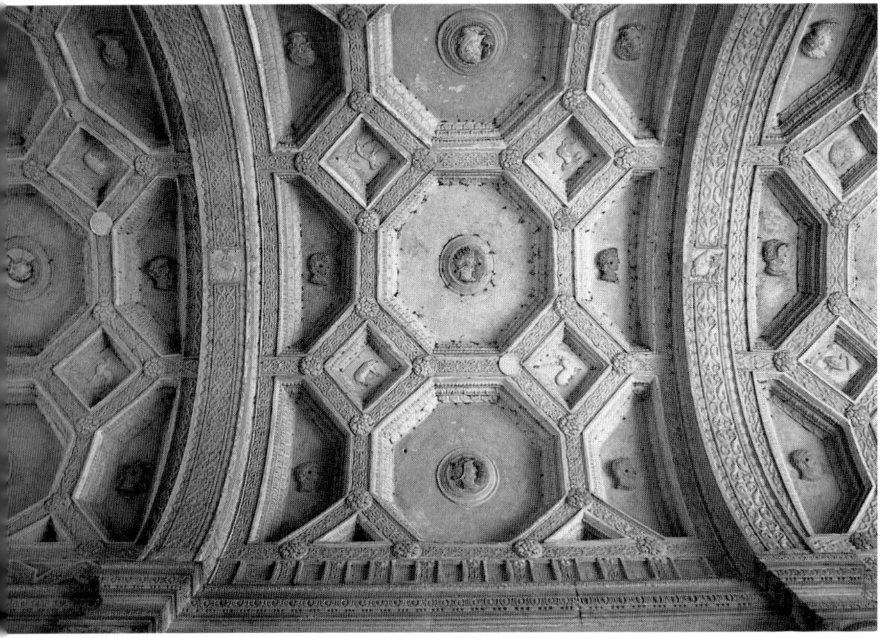

▲ *Neuburg an der Donau: Schloss, Gewölbe der Einfahrt.*

körpert das fast 20 Jahre später entstandene Heidelberg die reife, weithin bekannte Frucht renaissancistischer Baukunst.

Die Kapelle im Neuburger Schloss ist ein einziges Phänomen: Zum einen verwirft sie die allgemein verbreitete Vorstellung von protestantischer Sakralbaukunst, zum anderen fühlt sich der Besucher hier zu Recht schlagartig nach Italien versetzt.

Schon die tonnengewölbte Einfahrt ins Schloss mit ihren 1545 datierten Stuckarbeiten ist vollkommen italienisch. Dass der Gesamtentwurf des Ottheinrichsbaus auf den Nürnberger Paul Behaim zurückgeht, erscheint schier unmöglich. Die Urheberschaft kann nur auf die in Landshut arbeitende Bautruppe zurückgehen.

Das durch Gurte in fünf Sektionen gegliederte Gewölbe ist mit Hexagonen und übereck gestellten Quadraten bzw. deren halben Formen kassettiert. Die sechseckigen Kassetten zeigen Profilbildnisse antiker Imperatoren, unter sie haben sich die Porträts der Brüder Ottheinrich und Philipp eingeschlichen. Es ist unklar, ob diese Tondi aus den Giebeln der Westfassade stammen, die 1824 einer klassizistischen Aufstockung zum Opfer fielen. In den kleineren, quadratischen Kassetten sind Tierreliefs zu erkennen.

Durch die Einfahrt gelangt man in den Innenhof und auch in die Kapelle: Zwei verschiedene Welten prallen aufeinander. Ost-, Nord- und Südseite des Hofs sind mit spätgotischen Laubengängen ausgestattet. Sie wirken wie ein Katalog unterschiedlichster Pfeilergestaltung. Die gedreh-

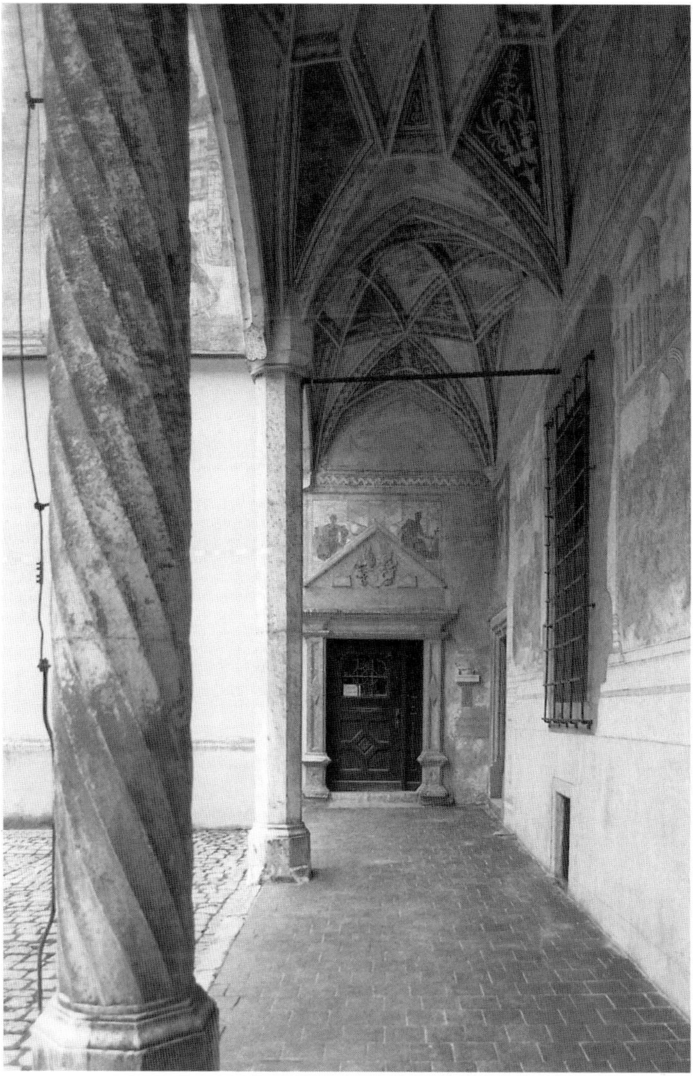

▲ *Neuburg an der Donau: Schloss, Arkaden des Innenhofs.*

ten Pfeilerschäfte waren schon von Hans Beheim d. Ä. in der landauerschen Zwölfbruderkapelle in Nürnberg angewandt, allerdings sind sie dort subtilerer Art als die seines Nachkommen in Neuburg. Auch die diamantartige Behauung eines Pfeilers hat ihr Vorbild in der genannten Nürnberger Kapelle. Die Gänge sind gotisch rippengewölbt, nur dass die Gewölbekappen mit Grotesken ausgemalt wurden. Die Lauben im Westflügel werden von einem quadratischen Treppenturm unterbrochen. Die

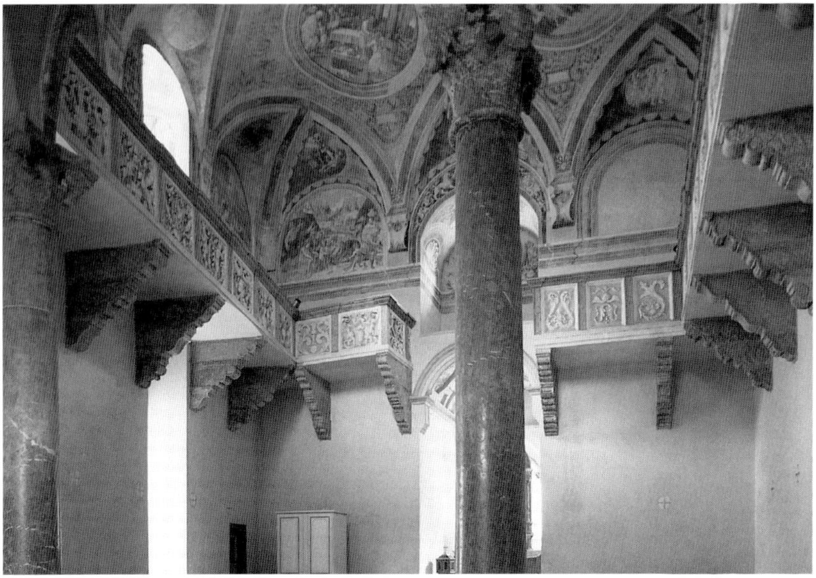

▲ *Neuburg an der Donau: Schloss, Kapelle, Inneres nach Osten.*

auf dem Foto gut erkennbare Tür zur Treppe ist wiederum Renaissance und eigentlich mit einem für diesen Stil zu steilen Giebel versehen. Innen- und Außenwände des Hofes wurden mit Sgraffitodekoration geritzt, welche unter Ottheinrich begonnen und unter Pfalzgraf Wolfgang vollendet wurde.

Die Kapelle ist ein trapezoidaler Raum mit einer geosteten, rechteckigen Chornische. Dem Typus nach handelt es sich, wie bei den meisten Schlosskapellen um eine Emporenkirche, jedoch in einer Gestaltung, die in keiner Weise in deutscher Tradition steht. Die durchgehenden Emporen werden nur an der Apsis-Nische unterbrochen. Im Westen werden sie von einer Arkadenstellung auf Kompositsäulen, an den übrigen Seiten von großen profilierten und reliefierten Konsolen getragen, die balkonartig den Saalcharakter des Raumes unterstreichen. Unterhalb der Empore bleiben die Wände ungegliedert. Die Emporenbrüstungen bestehen aus einer Folge von Groteskenplatten. Die vollends italienische Wölbungsform ist die eines Spiegelgewölbes mit Stichkappen. Emporenwände und Gewölbefelder sind beinahe vollständig ausgemalt. Im Gewölbespiegel dominiert die Gestalt des auferstandenen Christus mit der Kreuzesfahne. Das Bildprogramm des Freskenzyklus wurde wahrscheinlich vom Theologen Andreas Osiander konzipiert. Es entfaltet das Thema des „Gerechtwerdens des Menschen vor Gott durch Christi Erlösung“. Maler war der Salzburger Hans Bockberger, der zuvor in der Landshuter Residenz gearbeitet hatte. Er fällt durch seine vollständige Assimilierung der italienischen *Maniera* auf. Die Formen erinnern an Dosso Dossi und andere ferraresische Künstler.

Außer dem kleinen Altaraufsatz von Loy Herings Sohn Thomas gibt es in der Kapelle nichts, was mit Deutschland in Verbindung zu bringen wäre. Wie der Landshuter Residenz, so blieb auch der Neuburger Schlosskapelle wegen deren Fremdartigkeit jede Nachfolge versagt. Beide bilden ein hochinteressantes, aber fruchtloses Exempel der Renaissance diesseits der Alpen. In der Geburtsstunde des „protestantischen Kirchenbaus" beweist die Kapelle, dass das Luthertum der Bilderfreudigkeit nicht im Wege stand. Ottheinrich schuf mit dem Kapellenbau die erste lutherische Kirche – nur die von Luther persönlich 1544 geweihte Schlosskapelle zu Torgau ist gleich alt. Dafür, dass Ottheinrich offiziell 1542 die Reformation in Pfalz-Neuburg eingeführt hatte, wurde er vom Kaiser Karl V. bestraft: Bereits 1546 eroberten die Kaisertruppen im Schmalkaldischen Krieg Neuburg und plünderten das Schloss. Karl verbannte Ottheinrich nach Weinheim an der Bergstraße. Gewalt und Brutalität bereiteten so der protestantischen Kunstblüte Neuburgs ein schnelles Ende. Obwohl Ottheinrich 1552 wieder eingesetzt wurde und 1556 die Pfälzer Kurwürde antreten konnte, wurde jetzt Heidelberg und nicht mehr Neuburg zum wahren Kunstzentrum.

Nördlingen
Klösterle

- Errichtet 1420 als Franziskanerkirche. • Umbau zum Kornhaus 1583–87.
- Baumeister des Umbaus Wolfgang Waldberger und Martin Lind.

Bevor Nördlingen 1552–55 endgültig reformiert wurde, war es schon zur Auflösung des Franziskanerklosters und zur Übergabe an die Stadt gekommen. Die Reformation hatte nämlich schon 1522 ersten Eingang in die Stadt gefunden.

Die Kommune war im 16. Jh. bemüht, eine neue Infrastruktur der Vor- und Fürsorge zu schaffen, und hatte 1541/44 durch die fuggerschen Baumeister Christian Knoll und Ulrich Beck das mächtige Hallhaus als Salz- und Weinlager errichten lassen. Einige Jahrzehnte später schien es sinnvoll, das profanierte Bauensemble der Franziskaner umzubauen und aus der Kirche einen städtischen Kornspeicher zu machen. Der letzte Zweckbau dieser Reihe, die Alte Schranne am Viehmarkt, wurde 1601–1602 errichtet.

Für den Umbau der Franziskanerkirche als Kornspeicher ab 1583 veränderte man die alte Kirche so radikal, dass sie im Neubau überhaupt nicht mehr zu erkennen ist: Der Chor wurde niedergelegt, alle Geschosse und Fenster neu gestaltet, zwei prächtige Stufengiebel mit Schneckenvoluten hochgezogen und ein dreigeschossiges Dachwerk gezimmert. An der Südseite gestaltete man ein Portal, das die hinreißende Naivität der deutschen Renaissance zu Tage treten lässt: Es steht nicht einmal ganz achsengerecht zu dem darüber platzierten Fenster. Auffällig ist nicht nur die Formensprache, bei der keine gotischen Elemente mehr vorkommen, sondern auch die freie, für die Renaissance ganz unorthodoxe Komposition. Der an sich bescheidenen korbbogigen Portalöffnung verhalf man

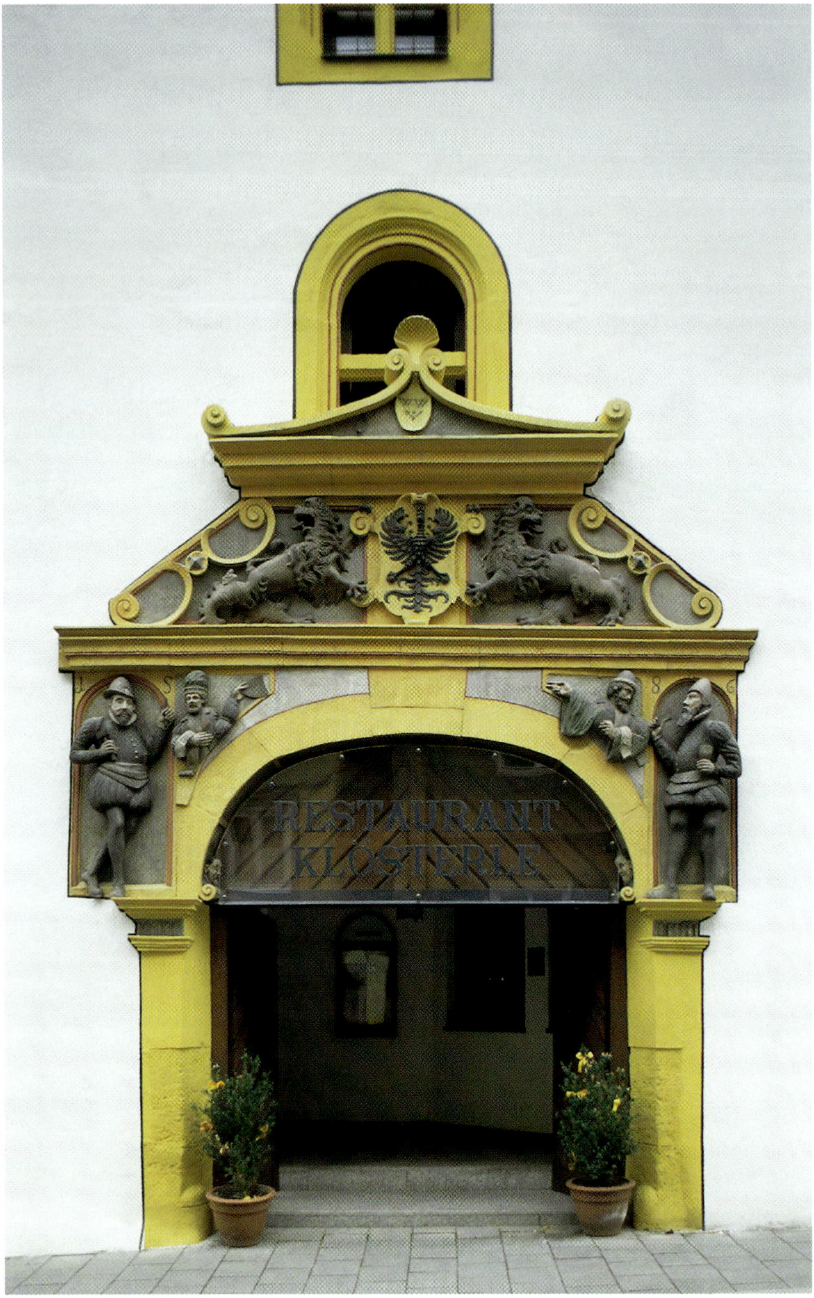

▲ *Nördlingen: Klösterle, Portal.*

durch eine in die Breite entwickelte Bekrönung zu hohe Expressivität. Auf den Kämpfern der Pilaster stehen vor jeweils umrahmenden Nischen die als Hochrelief gearbeiteten Gestalten der Baumeister bzw. Handwerker Wolfgang Waldberger und Martin Lind. Im darüber liegenden Giebel findet sich ein Wappen mit Waldbergers Initialen und seinem Meisterzeichen. Der links platzierte Meister steht mit dem rechten Bein auf der Kante des Kämpfers, den linken Fuß in der Luft. Der Meister rechts riskiert weniger sein Gleichgewicht und steht fest auf dem Pilaster. Diese Anomalie ist durch die Asymmetrie der Komposition bedingt. Beide Meister präsentieren sich stolz in der damals modischen spanischen Tracht: Kugelige Oberhosen mit Strumpfhosen, panzerartige Oberkleidung – alles schwarz wie die Pest. Die ursprünglich nur vom Hof und Adel getragene Kleidung ging nach einiger Zeit auf das Bürgertum über. Etwas weniger bedeutend erscheinen die Halbfiguren in den Bogenzwickeln.

Der Fries im Gebälk zeigt das Stadtwappen, gehalten von zwei aufgerichteten Löwen. Das hochmodische Motiv der Voluten kam am Portal wiederholt zum Einsatz: Die Laibung des Korbbogens scheint sich in kleine Voluten zu rollen, auf denen jeweils Masken sitzen, und Voluten finden sich auch auch in schräger Stellung als Grenzen des Gebälkfrieses und als Giebelkontur

IV. Der Barock – Pomp und Gloria

Die große Kultur des barocken Zeitalters konnte sich in Bayern wie andernorts in Deutschland erst nach Ende des Dreißigjährigen Krieges etablieren. Vor allem die Feldzüge von 1632–34 und 1646–48 hatten das Land verwüstet. Im heutigen Bayern waren von den damals nicht ganz 5000 Städten und Flecken an die 900 ausgeplündert und niedergebrannt (Benno Hubensteiner). In München hatte der Krieg rein äußerlich nichts verändert, und so konnte Giacomo Fantuzzi 1652 auf seiner Rückreise von der päpstlichen Nuntiatur in Warschau nach Rom notieren, dass die Stadt „nicht schöner und liebenswürdiger sein könnte". Besonderes Lob fand er für die Michaelskirche des Jesuitenkollegs und für die Residenz. Es zeigt sich: Die Herrscher hatten den italienischen *gusto* durchgesetzt, die Kulturwelt hatte nichts anderes als eine Kunst in der Nachfolge antiker Formensprache im Sinn. Damals war dennoch sehr viel von der mittelalterlichen Substanz Münchens erhalten, die Stadt hatte ein stark mitteleuropäisches Gesicht; der Druck des offiziell geförderten Stils konnte den *genius loci* nicht ganz ersticken. Am Ende hat er ihn bereichert. Hamburg etwa wuchs zur selben Zeit zu einem großen Meer von Fachwerkhäusern, tatsächlich zur größten Fachwerkstadt Deutschlands – ein bürgerliches Gegenbeispiel zur bayerischen Metropole –, während 1666 die großflächige Fachwerkstadt London in Schutt und Asche sank, was die Möglichkeit bot, eine massiv gebaute Stadt zu errichten, die deutlich internationaler wurde.

Der Nuntius Giacomo Fantuzzi notierte auch, dass Herzog Ferdinand Maria sich in München nach spanischem Brauch „mit großen Gepränge" umgab. Über die Strenge der spanischen Etikette beschwerte sich allerdings die Herzogsgattin Henriette Adelaide aus Savoyen, eine Enkelin des französischen Königs Henri IV. Sie hatte aus ihrer italienischen Heimat eine Reihe Maler, Stuckateure, Baumeister, Musiker und Sänger mitgebracht, die einen weiteren, entscheidenden Schub zur Italisierung Münchens brachten. Überhaupt war die Zeit von Ferdinand Maria und Henriette Adelaide eine wichtige Periode des Friedens, in der der gereifte Barock seinen Eingang in Bayern fand. Einziges Unglück war 1674 ein Brand in der Residenz, der sie praktisch halbierte. Der Tod der unbeliebten habsburgischen Schwiegermutter Henriettes 1665, Maria Anna, machte den Weg für die politische Annäherung Bayerns an Frankreich frei, die einhundert Jahre halten sollte.

Leider war der Sohn Max Emanuel, auf dessen Geburt die Errichtung der Theatinerkirche in München zurückgeht, kein Mann des Friedens wie sein Vater Ferdinand Maria. So sah sich das Land in den Spanischen Erbfolgekrieg involviert, der Bayern das Leben tausender junger Soldaten und den Traum der Kaiserkrone kostete. Die bayerisch-französischen

Truppen wurden 1704 von der englisch-österreichischen Armee vernichtend geschlagen. Max Emanuel flüchtete in die Niederlande, die Bauarbeiten im Schloss Nymphenburg kamen zum Stillstand. Bis dahin war das Bewusstsein wach geblieben, dass Kurbayern und die österreichischen Stammlande trotz ihrer politischen Trennung nach Stamm und Salzburger Kirchenprovinz zusammengehörten. Die österreichische Okkupation trübte dieses Verhältnis, was sich allerdings nicht mit der jahrhundertealten Feindseligkeit zwischen der Schweiz und Österreich vergleichen lässt. Als ob nichts geschehen wäre, setzte sich nach der Rückkehr Max Emanuels aus zehnjährigem Exil das Kunstleben in München fort. 1725, ein Jahr vor seinem Tod, berief er François Cuvilliés zum Hofarchitekten.

Auch in künstlerischer Hinsicht wurde die Orientierung an Frankreich deutlich. Aus den italienischen und vor allem französischen Impulsen, glücklich mit lokalen Traditionen und Erneuerungen verbunden, formte sich der bayerische Rokoko. Nach der Zeit von Barelli und Zuccalli, dem 17. Jh., wuchs im 18. neben den ausländischen Hofkünstlern die einheimische Künstlerschaft heran. Dass das Verhältnis zwischen ausländischen und lokalen Künstlern bis Ende des 18. als nicht unproblematisch empfunden wurde, belegt ein 1773 verfasstes Gesuch von Ignaz Günther, der als besoldeter Bildhauer am kurfürstlichen Hof an Stelle von Charles de Grof angestellt werden wollte: „*daß besagter Hofbildhauer Grof pro Emerito sollte erklärt werden, desselben Platz und Stelle mir als einem Landeskind vor Ausländern gnädigst zu erteilen*“.

Seit 1721 fällt im Münchener Hofbauamt unter Effner immer häufiger der Name Johann Baptist Gunetzrhainer. „Sein jüngerer Bruder Ignaz Anton Gunetzrhainer hat 1715 die Lehre im Mauerhandwerk abgeschlossen. Der Gunetzrhainer-Stiefvater, der Stadtmauermeister Johann Mayr, wird an den höfischen Bauunternehmungen beteiligt. Seit etwa 1718/19 arbeitet bei ihm als Palier der Oberpfälzer Johann Michael Fischer. Er wird 1723 Bürger und Maurermeister, bald auch Mayrs Schwiegersohn. Ins Bildhauerrecht kommen 1718 Johann Georg Greiff aus der Meringer Gegend, 1720 sein Landsmann Gabriel Luidl. Neu treten zur gleichen Zeit auch Ägid Quirin Asam und der Wessobrunner Johann Baptist Zimmermann, die zwei vielseitig Begabten, in Münchens Künstlerleben ein, ohne Bindung an die bürgerliche Handwerksordnung. In Gabriel Luidls Werkstatt wird etwa 1722 Johann Baptist Straub aufgenommen (…). Als neue Maler erschienen zwischen 1716 und 1719 Nikolaus Gottfried Stuber, Kosmas Damian Asam und Balthasar Augustin Albrecht vom Starnberger See. Mit diesen Meistern sind die Grundlagen der nächsten Zukunft bereit“ (Norbert Lieb).

Von Karl Albrecht II., der zwischen 1726 und 1745 regierte und in seinen letzten drei Lebensjahren die Kaiserkrone trug, gingen die vorletzten äußeren Anstöße zur unvergleichlichen Blüte der bayerischen Rokokokunst aus. Karl und vor allem sein Bruder, Erzbischof Clemens August von Köln, dürfen als große Bauherren und Mäzene gelten. Karl sind die Grüne Galerie der Residenz sowie die Amalienburg und die „Carlstadt“ in Nymphenburg zu verdanken, Clemens August die bedeutende, ehemalige Hofkirche Sankt Michael in Berg am Laim, ursprünglich auf freiem Feld östlich der Stadt gelegen. Die Regierungszeit unter Karl Albrecht war jedoch alles andere als ruhig: 1740 starb Kaiser Karl VI. in Wien und setzte seine älteste Tochter Maria Theresia als Erbin ein. Karl Albrecht, der mit einer Schwester des Kaisers verheiratet war, machte auch Ansprüche auf den Thron geltend und wurde tatsächlich 1742 einstimmig zum Kaiser gewählt. Da das Haus Habsburg diese Wahl nicht anerkannte, kam es erneut zum Krieg und zu Bayerns Besetzung durch Österreich. Karl Albrecht starb 1745 ohne politisches Verdienst. Unter seinem Nachfolger Max III. Joseph (1745 – 1777) entstand noch das prächtige Cuvilliés-Theater der Münchener Residenz. Mit diesem Fürsten ging das Zeitalter des Spätbarocks bzw. des Rokoko in Bayern zu Ende.

Der Beitrag Bayerns zum Barock, der durch die spanischen und portugiesischen Kolonien inzwischen zum „Weltstil“ geworden war, ist beträchtlich. Bayern präsentiert hochmoderne, dynamische Raumlösungen in einem ganz hellen, lebensfreundlichen Gewand, die sich durch eine fließende Verwandlung der Architektur in Plastik und Malerei auszeichnen. Zu dieser Synthese und Geschlossenheit kam es erst im Spätbarock und Rokoko, ähnlich wie die besten Früchte der Gotik in Bayern alle einer späten Stilphase angehören.

Augsburg
Ecce Homo im Augsburger Dom

• Geschnitzt 1630/31. • Bildhauer Georg Petel. • Fassung wohl von Caspar Strauß.

Der Bildhauer Georg Petel (1601/02 – 1634) war im 17. und 18. Jh. eine hoch geschätzte Künstlerpersönlichkeit. Nach einer langen Zeit der Vergessenheit entdeckte ihn im 20. Jh. der Kunsthistoriker Karl Feuchtmayer wieder.

Heute gilt Petel insbesondere als einer der besten Elfenbeinschnitzer der Geschichte. Auch in der Monumentalplastik sind ihm vortreffliche Werke zu verdanken, darunter sein ursprünglich für die Augsburger Dominikanerkirche geschaffener Ecce Homo, der nach 1807 in den Dom überführt wurde.

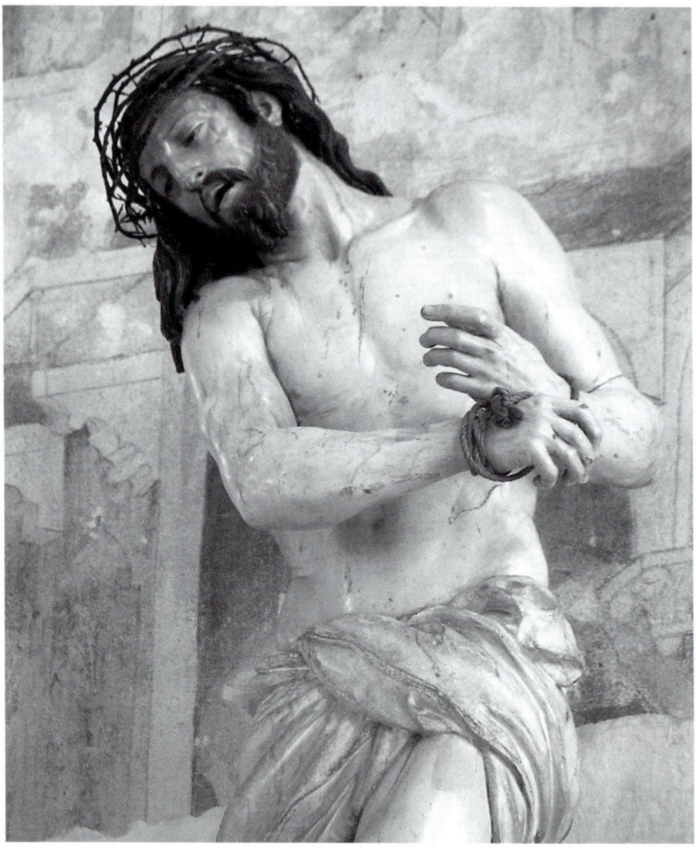

▲ *Augsburg: Ecce Homo im Dom.*

Bei der Ausformung seiner Kunst wurde Petel besonders von Rubens geprägt, den er mehrmals in Antwerpen besuchte. Auch der gleichaltrige Anthonis van Dyck hat ihn beeinflusst – den Rest besorgte sein Aufenthalt in Italien, der ihm unter anderem den Kontakt zu dem in Rom lebenden Flamen François Duquesnoy ermöglichte. 1625 kehrte Petel in die Heimat zurück und ließ sich in Augsburg nieder. Dort leitete er keine große Werkstatt, er war im Wesentlichen auf sich allein gestellt. Die größten Bemühungen des Bildhauers dienten der Darstellung Christi. Besonders beschäftigte er sich mit der Gestaltung des Gekreuzigten, wobei er auch einmal direkt auf ein rubenssches Vorbild zurückgriff und es souverän in die dritte Dimension übertrug.

Der Augsburger Ecce Homo entspricht exakt einer in Kopenhagen erhaltenen, unsignierten Rötelzeichnung, die entweder ein Vor- oder Nachbild des Augsburger Werkes sein muss. Die in Lindenholz geschnitzte, von hinten gehöhlte Figur ist mit 179,8 cm Höhe lebensgroß. In den durch einen Eisennagel miteinander verbundenen Händen trug der Christus Geißel und Rute, sein Haupt wird von einer echten Dornenkrone bekränzt. Meisterhaft ist die bewegende Darstellung des ermattet Gepeinigten. Er trägt ein auffällig stoffreiches Lendentuch und kann nur noch mühsam in gebeugter Haltung stehen.

Die originale Farbfassung konnte 1964 zur Petel-Ausstellung in Augsburg zurückgewonnen werden. Es handelt sich um ein rubenssches Inkarnat mit Rot-Blau-Weiß-Schattierungen von sinnlicher Wirkung.

Petel starb bedauerlicherweise im Alter von kaum über 30 Jahren, konnte aber in Augsburg noch den Auftrag für eine Büste des Schwedenkönigs Gustav II. Adolf erfüllen, die sich in Stockholm erhalten hat. Augsburg war im April 1631 von den Schweden „befreit“ und besetzt worden – mitten im Dreißigjährigen Krieg.

Schaezler-Palais (Maximilianstraße 46)

• Errichtet 1765 – 1770. • Bauentwurf Karl Albert Lespilliez, Bauleitung Leonhard Matthäus Gießl, Ausführung Johann Gottfried Stumpe. • Festsaal mit Stuckaturen von Franz Xaver und Simpert Feichtmayr, Fassung Ignaz Paur, Schnitzwerk Placidus Verhelst, Deckenfresko Gregorio Guglielmi.

Die Nachbarschaft des ehemaligen Weinmarkts, heute Teil der Maximilianstraße, galt in der Vergangenheit als bevorzugte Wohngegend der wirtschaftlichen Hautevolee Augsburgs. So erwarb der Bankier Benedikt Adam von Liebert 1764 ein spätmittelalterliches Patrizierhaus direkt vor dem Herkulesbrunnen. Ein Jahr zuvor war er durch seine finanziellen Verbindungen zum Kaiserhaus in den Reichsadel erhoben worden. Der im Oktober 1765 begonnene Neubau sollte seinen neuen Stand versinnbildlichen. Zur Verfügung stand ein enges, aber extrem lang gestrecktes Grundstück, was der Entwicklung einer grandiosen barocken Zimmerenfilade entlang der Katharinengasse zugute kam. Bei einer Fassadenbreite von nur 19 m erstreckt sich die freie Nordflanke auf ca. 107 m,

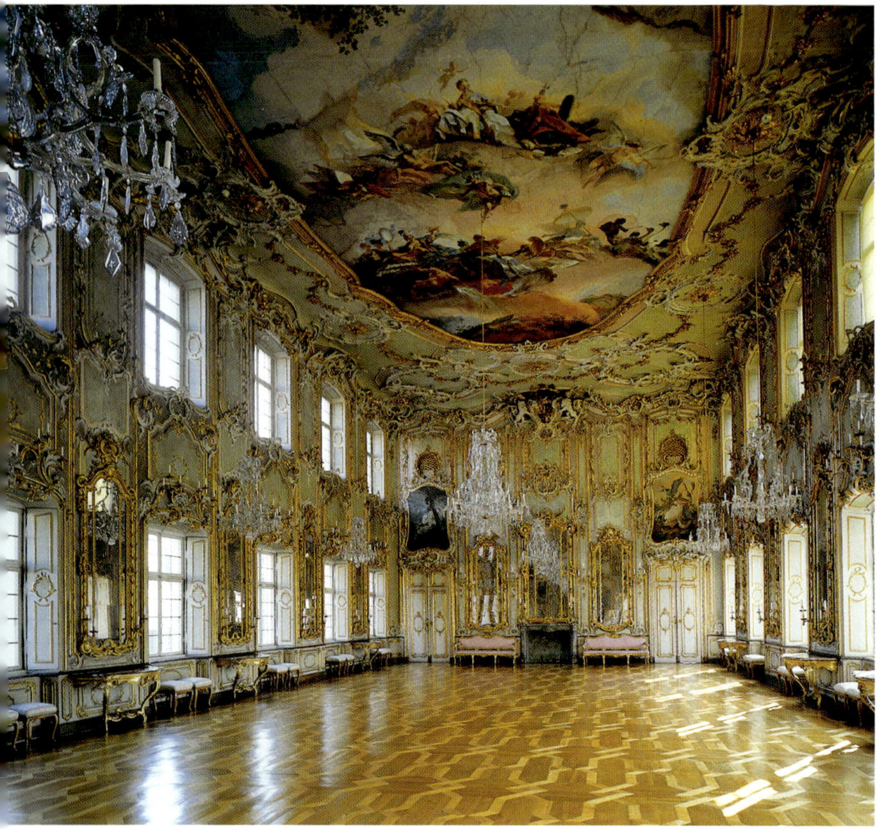

▲ *Augsburg: Schaezler-Palais, Festsaal.*

eine wahrhaft schlossartige Ausdehnung. Das Anwesen ist dreigeschossig. Es verfügt über eine schöne Fassade mit Balkon und Mansardendach, eine Durchfahrt, zwei Hinterhöfe, der zweite davon mit Garten und Arkadenlaube. Hervorzuheben sind das Treppenhaus und die Empfangsräume. Am Ende der Enfilade im ersten Obergeschoss öffnet sich mit der Höhe zweier Geschosse der Festsaal, dem das Haus seine Berühmtheit verdankt.

Ein unvorhergesehenes Ereignis wurde zum Antrieb der gesteigerten Prachtentfaltung des Saales: der Besuch von Maria Antonia, Tochter der Kaiserin Maria Theresia, die in die Geschichte als die tragisch dahingeschiedene Marie Antoinette einging. Auf ihrer Fahrt nach Frankreich sollte die vierzehnjährige Prinzessin am 18. April 1770 einen kurzen Halt in Augsburg machen und der Einladung Lieberts zu einem Einweihungsball im Saal folgen. In fieberhaftem Tempo mussten die Arbeiten zur Vollendung vorangetrieben werden. Die künstlerische Ausstattung des Saales für den etwa einstündigen Besuch, bei dem Maria ihr Entzücken geäußert haben soll, hatten die geplanten Kosten verdreifacht. Dieser Tag bescherte Liebert bis an sein Lebensende eine schöne Erinnerung, Augsburg aber einen der ergötzlichsten Säle des europäischen Rokoko.

Der Festsaal steht an beiden Längsseiten frei und konnte dementsprechend reichlich befenstert werden. Maria hat bei ihrem nächtlichen Besuch nichts von dem frohen Naturlicht bemerken können, dafür aber die prächtige Kerzenbeleuchtung der neun venezianischen Kristalllüster und der Spiegel erlebt, die die irreale Wirkung des Saales noch steigern. Alles im 23 m langen Raum erscheint leicht und luftig: die grün-goldene Farbigkeit, der geometrisch gemusterte Parkettboden, der Übergang vom Deckenstuck zur Wanddekoration – überspielt durch das vielfach geschwungene, sprühend sich auflösende Gesims. Das Deckengemälde symbolisiert die Vereinigung der Weltteile durch den europäischen Handel.

Das Palais Schaezler blieb im Familienbesitz bis 1958, als es von Wolfgang Freiherr von Schaezler der Stadt Augsburg für kulturelle Zwecke vermacht wurde. Seit 1970 sind hier die Deutsche Barockgalerie, die Graphische Sammlung und die Verwaltung der städtischen Sammlungen untergebracht. Das Haus ist mit den benachbarten Kunstsammlungen der ehemaligen Katharinenkirche verbunden.

Dießen am Ammersee
Kirche des ehemaligen Augustinerchorherrenstifts

• Fassade. • Errichtet 1732 – 1739. • Baumeister Johann Michael Fischer. I

Dank der Intervention Fischers wurde die Dießener Kirche zu einer spannungsgeladenen Schöpfung des Spätbarock bzw. Rokoko. Bei der Fassade mag François Cuvilliés aus München Anregungen gegeben haben.

Die, dem mittelalterlichen Vorgängerbau folgend, nach Westen orientierte Fassade zeigt die konkav-konvexe Behandlung der Wandflächen, die seit den wellenförmigen Fassaden von Borromini (San Carlino alle Quattro Fontane in Rom) im Barock Mitteleuropas üblich geworden waren. Das Besondere in Dießen ist die Flachheit der gewellten Wand: nur wenig vortretende Pilaster, leichtes Simswerk, farbige Belebung in silbergrau, hellgrau und weiß. Sechs Pilaster in Kolossalordnung artikulieren die Front in fünf Achsen. Die äußeren Achsen sind kaum wahrnehmbar gewölbt, sie leiten die an den mittleren Achsen sichtbare Einsenkung der Fassade ein, deren Mitte durch eine konvexe Schweifung betont wird. So bilden die Pilaster die „Gelenke" einer subtilen „spanischen Wand". Der von unten offene Giebel trägt eine Brosche mit dem Stiftswappen.

Das manieristische Motiv der Dreifenstergruppe mit ovalen Oberlichtern über den seitlichen Fenstern steht hier Kopf, denn die (auf dem Foto nicht sichtbaren) Oculi wurden unterhalb der Seitenfenster platziert und stellen Unterlichter dar. Einzig die Mittelachse der Fassade zeigt figürlich-ikonographische Motive: unten über dem Portal eine ovalförmig

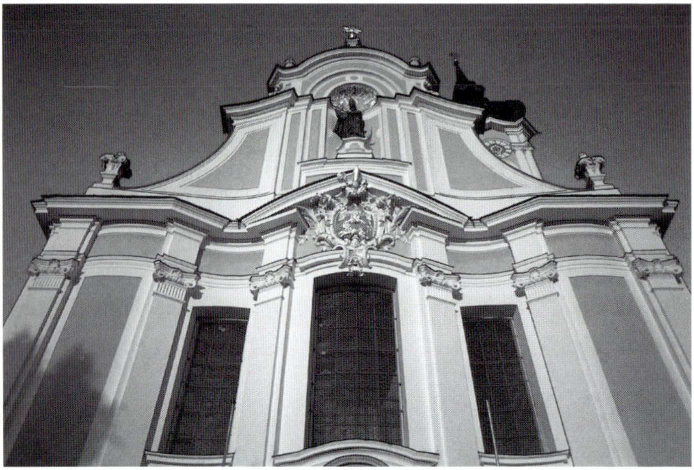

▲ *Dießen am Ammersee: Kirche des ehemaligen Augustinerchorherrenstiftes, Fassade.*

umrahmte marmorne Marienbüste, oben auf dem Stiftswappen Adler und Löwe, im Kirchengiebel eine Nische mit der kupfernen Statue des heiligen Augustinus und, krönend auf dem Giebelknauf, den Triangel der Dreieinigkeit im Strahlenkranz. Der aus der rechten Fassadenhälfte herausragende Turm trägt eine 1986 fertig gestellte Rekonstruktion der Turmhaube Fischers, die 1827 durch Blitz zerstört worden war.

Ettal
Abtei- und Wallfahrtskirche Sankt Maria

• Errichtet 1330 – 1370, seit 1709 durch Enrico Zucalli umgebaut. • Klosterbrand 1744, danach erneuert. • Entwerfender Baumeister Joseph Schmuzer. • Türme 1853 und 1890 – 1907.

Der Kuppelbau ist in deutschen Landen ungewöhnlich, mehr noch seine Wirkung in einem schönen Alpental. Die heutige Kirche verdrängt einen einzigartigen, in besonderem Maße wertvollen Bau des 14. Jh.: den größten zentralen Einpfeilerraum der Gotik in Europa. Die alte Kirche, von der sich noch die Struktur erhalten hat (man beachte im Bild die Strebepfeiler des Zentralbaus), wurde ohne jedes Verständnis für das Gotische von Enrico Zucalli ab 1709 umgebaut. Nach der Brandkatastrophe von 1744 lieferte Joseph Schmuzer erneut Pläne, wobei Zucallis Ideen weitgehend bestimmend blieben. Die Umformung der mittelalterlichen Struktur bestand in der Beseitigung des Zentralpfeilers und der Errichtung einer großen Kuppel, im Abriss des Chores und seines Ersatzes durch einen weiteren, kleineren Rundbau sowie in der Vorblendung der Fassade. Dem Vorderteil des mittelalterlichen Polygons wurde ein ent-

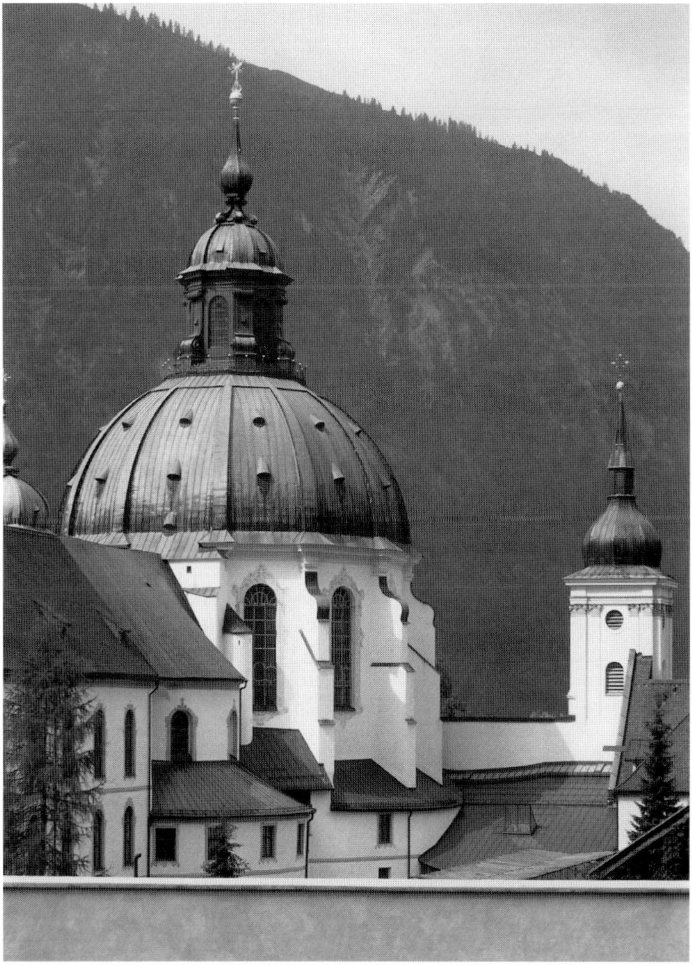

▲ *Ettal: Abteikirche, Rückseite (Nordosten).*

sprechend konvexer Mittelteil in Kolossalordnung vorgeblendet, der mit den Türmen durch zwei konkave Scheinflügel verbunden wurde. Hinter dieser Verbindungsmauer gab es keine Räume. Das auf dem Foto gut erkennbare Dach hinter der Mauer gehört zu einer ausgezeichneten modernen Kapelle der 1990er Jahre, die vom erhaltenen gotischen Umgang des Zentralbaus her zugänglich ist.

Die monumentale konvex-konkave Gestaltung der Kirchenfassade entspricht weitgehend dem Projekt von Bernini für die Fassade des Louvre in Paris, das von 1664 stammt und zu Recht von den Franzosen abgelehnt wurde. Die Verwendung eines für Frankreich bestimmten italienischen Entwurfs im Hochgebirgstal Ettal erscheint befremdend. Das nimmt bereits die Beliebigkeit vorweg, mit der im 19. Jh. die unterschiedlichsten Bauformen auf alle möglichen Weltteile angewandt wurden – völlig losgelöst von Funktion und symbolischem Gehalt.

Erst das Kircheninnere – nachdem man durch das erhaltene gotische Portal der Vorhalle den Raum betreten hat – präsentiert sich im einheitlichen und eindrucksvollen Barockgewand. Die alles beherrschende Kuppel mit den Malereien von Johann Jakob Zeiller thematisiert die Glorie des Benediktinerordens – Ettal ist eine späte benediktinische Gründung, gestiftet von Kaiser Ludwig dem Bayern. Hervorzuheben sind die Stuckaturen von Johann Georg Übelher und Franz Xaver Schmuzer. Der Chorraum wurde im Stil des Frühklassizismus umdekoriert und erst 1790 neu eröffnet.

Freising
Engel der Domorgel

I • 1622 – 24 geschnitzt. • Bildschnitzer Philipp Dirr.

Der Freisinger Dom soll bereits um das Jahr 900 eine Orgel besessen haben. Das erhaltene, etwa 700 Jahre jüngere Instrument zählt zu den Neuerungen, die auf Bischof Veit Adam von Gepeckh (1618 – 1651) zurückgehen. Für die Ausschmückung der Orgel wandte sich der Prälat an die Werkstatt von Philipp Dirr in Weilheim. Dies war der erste bedeutende Auftrag Dirrs in Freising und wurde so sehr zur Zufriedenheit des Bischofs erledigt, dass weitere folgten. Dirr starb dort 1633 im Alter von etwa 50 Jahren. Dass seine Tätigkeit in die Zeit des Dreißigjährigen Kriegs fiel, kann die geringe Rezeption von Dirrs Werk erklären. Dirr lernte bei Clement Betle, dem Vater Georg Petels, blieb aber im Gegensatz zu ihm sein ganzes Leben in Deutschland, weshalb auch sein Stil nie international wurde.

Er gehört der viel versprechenden ersten Generation von Schnitzern an, die als Frühbarock gelten kann, aber gewissermaßen noch die Erinnerung an die große Zeit deutscher Plastik vor 1530 wach hielt – zu denken ist etwa an den Einfluss Hans Leinbergers auf Dirrs Produktion (Sigmund Benker). Jedenfalls hat Dirr einige der vorzüglichen Qualitäten mit Zeitgenossen wie Johann und Hans Degler oder Jörg Zürn gemein, auch wenn er weniger Spektakuläres hinterlassen hat.

Die Freisinger Orgel zeigt einen traditionsbewussten Aufbau mit drei Türmen und großen, gemalten Flügeln. Die Verbindungsstücke zwischen den Gehäusetürmen laufen bis zu deren halben Höhe, in den Zwischenräumen stehen zwei etwa lebensgroße, einander zugewandte Engel, auf dem Mittelturm ein weiterer. Wie bei Engeln zu erwarten, sind sie alle heiteren Gemüts. Sie thematisieren die himmlische Musik oder das Himmlische an der Musik, der linke spielt Laute, der obere Posaune und der rechte Harfe. Die Schnitztechnik ist so sorgfältig, dass die Engel nicht nur in der Fernwirkung, sondern auch in der Nähe überzeugen. Bis auf Kopf und Extremitäten sind die Figuren vollständig vergoldet, was das

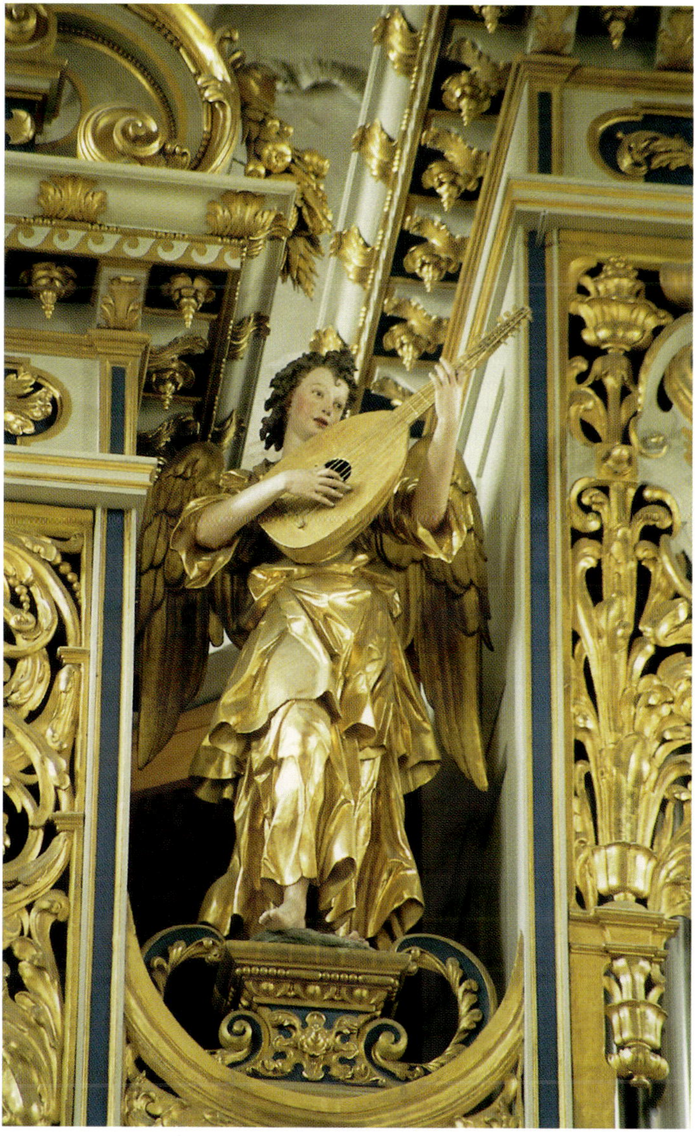

▲ *Freising: Engel der Domorgel.*

etwas Metallische des Faltenwerks noch verstärkt. Mit größter Feinheit wurden Kopf, Arme und Hände des Lautenengels geschnitzt, seine Körperhaltung wirkt elegant und graziös, sein Gesicht jugendlich schön. Er singt, wie sein geöffneter Mund suggeriert. Die breiten Flügel wurden eher summarisch geschnitzt ohne die Textur der Federn.

Füssen
Heilig-Geist-Spitalkirche

• Errichtet 1748–49. • Baumeister Franz Karl Fischer. • Bemalung 1749 von Joseph Anton Walch.

Die kleine Kirche ist ein gutes Beispiel für die vom barocken Geist völlig „aufgeweichte“ Bauweise. Nach der Gestaltung allein lässt sich schwer entscheiden, ob die Kirche ein Bauwerk oder ein monumentales Ornament ist. Die Architektur hat etwas „Möbelhaftes“, sie ist bizarres Musikinstrument und zugleich Leinwand für Malereien. Diese sind in dominanter Rosa-Farbigkeit gehalten und am Sockel und an der Giebelbekrönung illusionistisch: Sie täuschen eine Rustika bzw. Nischen vor, eine Art Glockenwand. Tatsächlich hängen die Glocken eine Etage tiefer, oberhalb der Rundnische mit der Taube des Heiligen Geistes. Am gewölbten Giebelsims erkennt man Gottvater und Christus, in der Mitte getrennt durch die Tür des Dachbodens. Thema des Giebels ist also die Dreieinigkeit. Das große Fassadenfenster fiel muschelförmig aus. Die frei gebliebenen Flächen werden von Darstellungen des hl. Florian und des hl. Christophorus beansprucht – der „Wasserpatrone“. Die Kapelle steht ja an der Lechbrücke, ehemals in Nachbarschaft zur Stadtmühle. Die Malereien wirken volkstümlich und gehören zu der in den Alpenländern blühenden Gattung, der man häufig auch an Häusern begegnet. Auch die Gestalt des heiligen Florian ist oft an Profanbauten zu sehen. Der monumentalisierte Christophorus lässt sich im alpinen Raum an Kirchenfassaden bis in die romanische Zeit zurückverfolgen.

Die Kunstwerke der Fassadenmaler sind insbesondere in Südbayern, Tirol und Vorarlberg zu bewundern. Der Begriff „Lüftlmalerei“ wird allgemein für figürlich bemalte Fassaden verwendet, diese Bezeichnung leitet sich ab vom Hausnamen „Zum Lüftl“ des Fassadenmalers Franz Seraph Zwinck (1748–1792) aus Oberammergau.

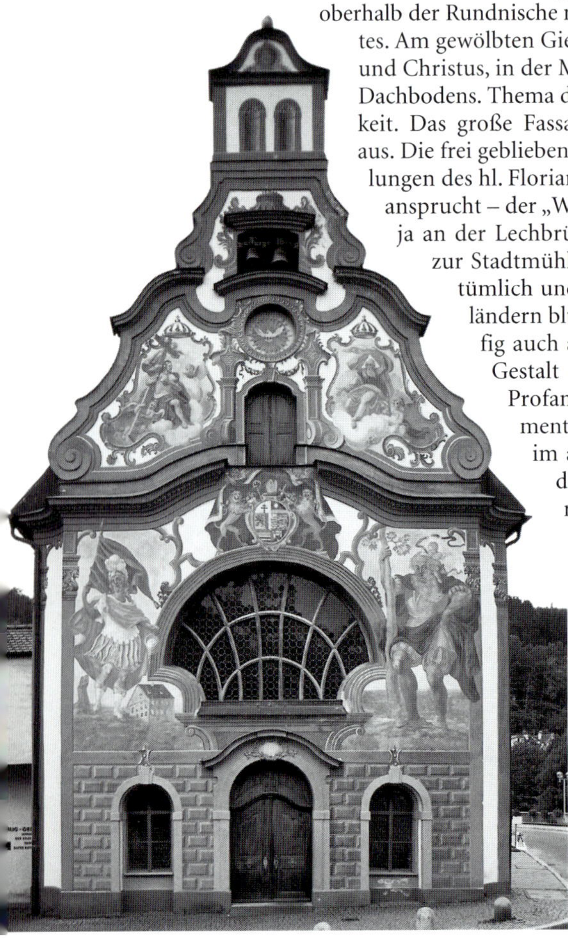

◀ *Füssen: Heilig-Geist-Spitalkirche, Fassade.*

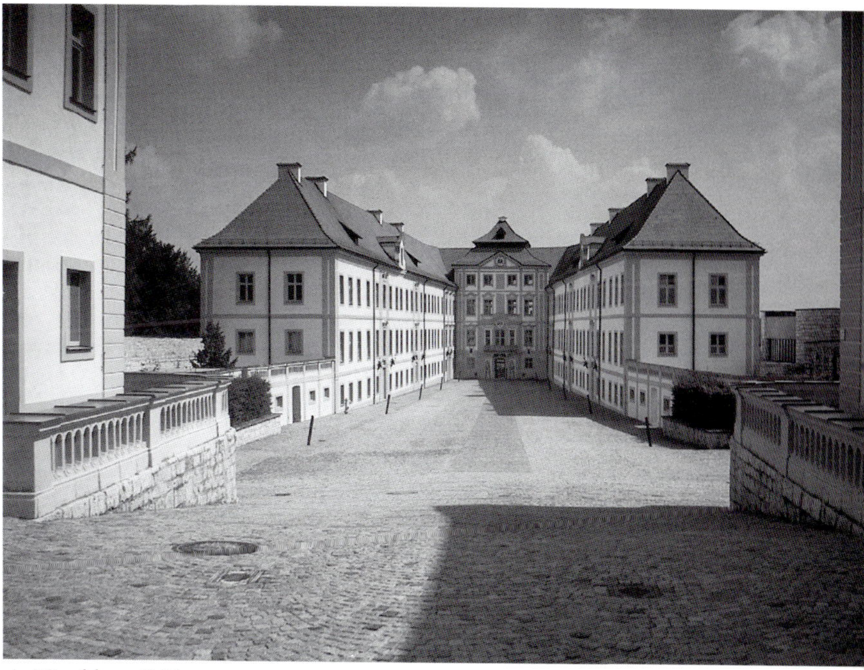

▲ *Hirschberg: Schloss.*

Hirschberg
Schloss

• Errichtet 1170 – 1200, umgebaut bzw. neu errichtet nach 1670 und ab 1730 und 1760 – 64. • Baumeister Gabriel de Gabrieli (gest. 1747) und Maurizio Pedetti (seit 1758 fürstbischöflicher Hofbaudirektor in Eichstätt).

Schloss Hirschberg ragt auf einem steil abfallenden Bergrücken oberhalb von Beilngries empor. Es war von 1305 bis 1769 Burg der Bischöfe von Eichstätt. 1760 – 64 wurde es unter Bischof Raymund Anton von Strasoldo zu einem Rokokoschloss umgebaut.

Mit der Zeit wuchs die Anlage, im Westen ist das imposante mittelalterliche Bergfriedpaar erhalten. Zwischen den Türmen wurde durch Torbauten mit konvexen Gitterpfeilern ein wirkungsvolles Entree in den 150 m langen Ehrenhof geschaffen.

Das Geniale in Hirschberg ist die Anpassung an den sich verjüngenden Bergrücken mit der Schaffung eines leicht trichterförmigen Grundrisses, bestehend aus einem engen Kopfbau im Osten und zwei langen Flügeln im Süden und Norden. Da sie nicht parallel verlaufen, sondern eben der topographischen Verjüngung folgen, ergibt sich im Ehrenhof eine Intensivierung der perspektivischen Flucht, die als Inbegriff barocken Bauens gelten kann. Pedetti war für die endgültige Gestaltung der

Anlage verantwortlich. Er vereinheitlichte die Flügel und verlängerte die Mittelachse über den Graben hinaus durch eine 60 m lange Baumallee, eine Achse, die sich schnurgerade durch Felder und Fluren um die so genannte Fürstenstraße verlängert. Da sich, topographisch bedingt, keine Alternativperspektiven der Anlage ergeben, wird das Ankommen im Schlossareal zu einem konzentrierten Architekturerlebnis.

Als sehr gelungen darf auch das Verhältnis zwischen dem pavillonartigen Mittelbau, der die Repräsentationsräume beherbergt, und den schlichten, lediglich mit Hirschköpfen geschmückten Längstrakten gelten. Im Südflügel befindet sich die ehemalige Bischofswohnung. Im Inneren sind besonders hervorzuheben der Rittersaal, der Kaisersaal, die Rokokokapelle und die originelle Stuckdecke des nach ihr benannten „Spinnenzimmers". Das Schloss wird seit 1925 als Exerzitienhaus genutzt. 1967 wurde an der Südseite des Südflügels vom Architekten Freiherr von Branca eine Marienkapelle gebaut, deren Gestaltung eine Störung der schönen spätbarocken Anlage darstellt.

Irsee
Ehemalige Benediktinerklosterkirche, Kanzel

| • Geschaffen um 1725. • Meister Ignaz Hillenbrand.

Eine geradezu geniale Erfindung ist in der Kirche zu Irsee die Kanzel, die als Schiffsbug gestaltet wurde. Sie lehnt sich an den vierten Pfeiler der Nordseite – die Kirche ist, wie der Vorgängerbau aus dem Mittelalter, geostet.

Der Kanzelkorb ist der Bug, die Schalldecke das Segel. Mastkorb, Tauwerk, Anker und sogar eine Galionsfigur, der heilige Michael, fehlen nicht. Die Teufelsfigur daneben wurde allerdings 1834 entfernt, weil sie bei Prozessionen hinderlich gewesen sein soll. Ob nicht auch den klassizistisch geprägten Menschen des frühen 19. Jh. die Kanzel als barockes „Artefakt" zuviel war, sei dahingestellt. Die Reliefs mit den vier Evangelisten stammen aus der Stephanskirche im selben Ort. Eine kleine Schar Engelchen hält das Segel hoch und verrichtet verschiedene Arbeiten an Mastbaum, Segel und Strickleitern. Auf dem „Vorhang" vor dem Pfeiler ist das Wappen des 1724 gewählten Papstes Benedikt XIII. angebracht. Diesen Orsini-Papst wollte man in Irsee unbedingt als Verwandten der Irseer Stifterfamilie Ursin-Ronsberg ansehen, was freilich jeder Grundlage entbehrt.

Die Ikonographie des Schiffes scheint für die christliche Lehre wie geschaffen. Umso erstaunlicher ist es, dass dieses Sujet erst im 18. Jh. für die Gestaltung einer Kanzel gewählt wurde. Das Schiff kann emblematisch auf die Kirche, die trotz aller Stürme den Gläubigen in den sicheren Hafen bringt, oder auf Passagen des Evangeliums bezogen werden, nämlich auf „Jesu Stillung des Sturms" (Matthäus 8,23 – 27 / Lukas 8,22 – 25) und „ Jesu Gang auf dem Wasser" (Markus 6,45 – 52).

Auch die Wortspielerei Irsee/Irrsee ist hier nahe liegend – die 1731 gehaltene Leichenpredigt lobte den Auftraggeber der Kanzel, Abt Willibald

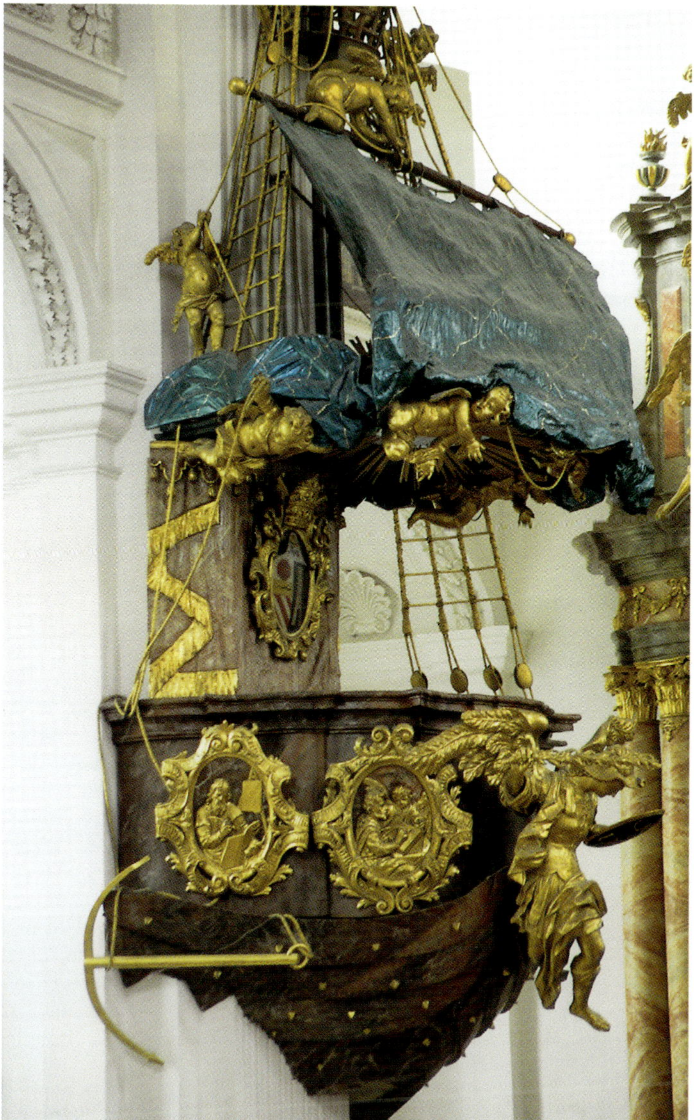

▲ *Irsee: Kirche des ehemaligen Benediktinerklosters, Kanzel.*

Grindl, unter dem Motto: „Höchst-beglückte Schifffahrt über das Meer oder Yrsee dieser Welt". Ob der Abt oder der Bildhauer Ignaz Hillenbrand auf die Idee einer Schiffskanzel kam, ist unbekannt.

Eine Erwähnung verdient auch das virtuos geschnitzte Laiengestühl der Kirche aus den Jahren 1710/15.

Kempten im Allgäu
Sankt Lorenz

• Ehemalige Stiftskirche. • Errichtet 1652–1673. • Baumeister Michael Beer, ab 1654 Johann Serro. • Anbau der Seitenschiffkapellen 1704/05 • Freigeschosse der Türme 1898–1900.

Während des Dreißigjährigen Krieges zerstörten die Schweden zusammen mit den Protestanten der Stadt die alte Kirche des katholischen Stiftes. Es folgte eine Vergeltungsaktion der Katholiken im Jahr darauf; nach dem Friedensschluss entstanden Kloster und Kirche neu. Sie bilden den Kern des katholischen Gevierts, einer regelmäßigen Anlage, die unmittelbar an die nordwestlich gelegene evangelische Bürgerstadt anschließt. Das benediktinische Stift mit seiner Kirche wurde stadtbeherrschend als politisch-religiöses Ensemble errichtet, eine Mischung aus prächtig eingerichtetem Palast und Kloster. Wo damals der Fürstabt des reichsunmittelbaren Stifts residierte, sind heute ein Museum und ein Behördensitz untergebracht.

Die Kirche ist insofern interessant, als sie die doppelte Funktion einer Kloster- und Pfarrkirche übernahm. Die Mönche saßen im Chor, der eine eigene Grundrissform hat: ein Oktogon. Das dreischiffige, basilikale Langhaus ist für die Laien entstanden. Die geostete Kirche endet in einer sich hinter dem Altar befindenden Sakristei und beginnt im Westen mit einer Doppelturmanlage. Die Westfassade wirkt unbeholfen, sie versucht, rein italienisches Werk zu sein. Eine solch ausdruckslose Fassade wurde vorher in den deutschsprachigen Ländern nirgendwo errichtet. Es ändert nichts an der Charakterlosigkeit, wenn man sich die Vorhalle und die Freigeschosse der Türme wegdenkt, die Schöpfungen der Zeit um 1900 sind. Auch der auf dem Foto erkennbare doppelte Treppenlauf zwischen den Zylindern der Seitenkapellen ist eine Zutat von 1869 und ähnlich verhält es sich mit der Treppenanlage im Westen.

Das Äußere der Kirche spiegelt kaum die komplexe, nicht leicht nachvollziehbare räumliche Disposition des Inneren. Schön ist der schachtartige Aufriss der „Pseudo-Vierung“ mit zwei unteren quadratischen und zwei oberen achteckigen Geschossen. Diese Vierung trägt im ersten Obergeschoss – ähnlich wie das Langhaus – Emporen und wird von

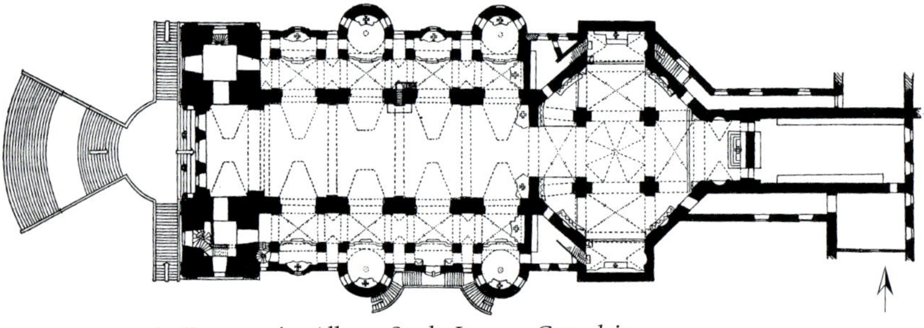

▲ *Kempten im Allgäu: Sankt Lorenz, Grundriss.*

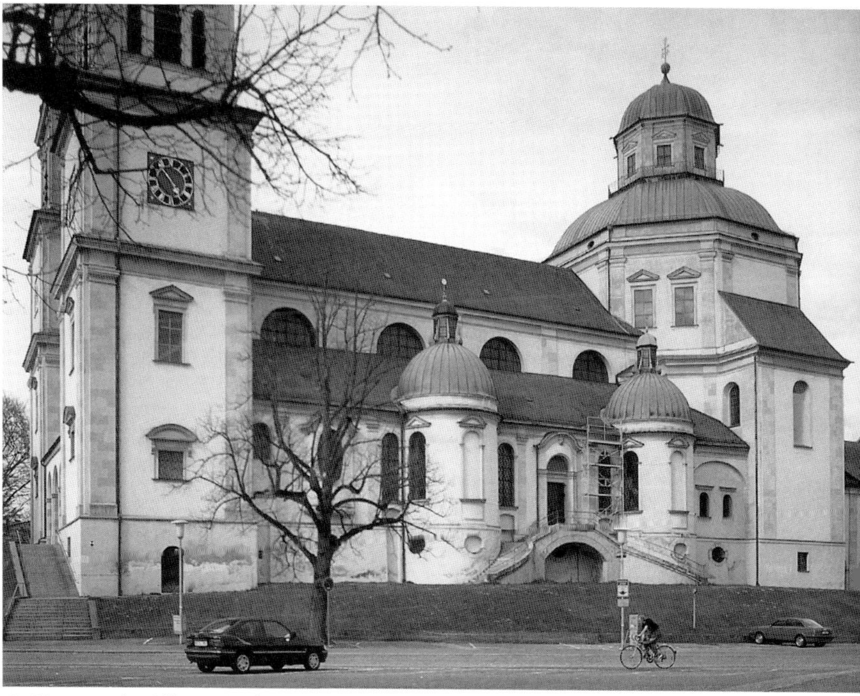

▲ *Kempten im Allgäu: Sankt Lorenz von Südwesten.*

einem achteckigen Umgang umschlossen. Er bildet zusammen mit dem quadratischen Kern ein griechisches Kreuz. Unstimmigkeiten gehen auf den Meisterwechsel zurück, denn Michael Beer scheint sich in einem frühen Baustadium mit dem Fürstabt überworfen und seinen Posten dem Graubündner Giovanni Serro überlassen zu haben. So stammte von Beer die gedrückte Gewölbetonne, die nur am Chorbogen erhalten blieb und wie eine Brücke mit Balustersäulchen unter der neuen halbrunden Tonne von Serro wirkt. Er entwarf ebenfalls die Emporenöffnungen des Langhauses als Serliana. Diese sind nicht nur zu klein, sondern wirken in der Kirche überhaupt befremdlich. Serro scheint stilistisch eher der Renaissance als dem Barock verpflichtet. Es soll nicht unerwähnt bleiben, dass die Emporenöffnungen keinen Platz für die Fortsetzung des Gebälks lassen, was Michael Petzet zu Recht als unitalienisches Moment bezeichnet hat. Auf jeden Fall war die Unterbrechung des Gebälks für die Architektur der so genannten Vorarlberger ein zukunftsweisendes Merkmal.

Sankt Lorenz steht typologisch nicht in der Nachfolge von Sankt Michael in München, wie einmal behauptet wurde. Der Bau darf durchaus als eigener Versuch betrachtet werden, für eine Kirche eine überzeugende Gestalt zu finden, die nicht gotisch sein durfte. Dies bereitete den Deutschen im Frühbarock immer noch erhebliche Probleme, was sich an den vielen Unsicherheiten des Gebäudes zeigt. Das Oktogon wirkt forciert –

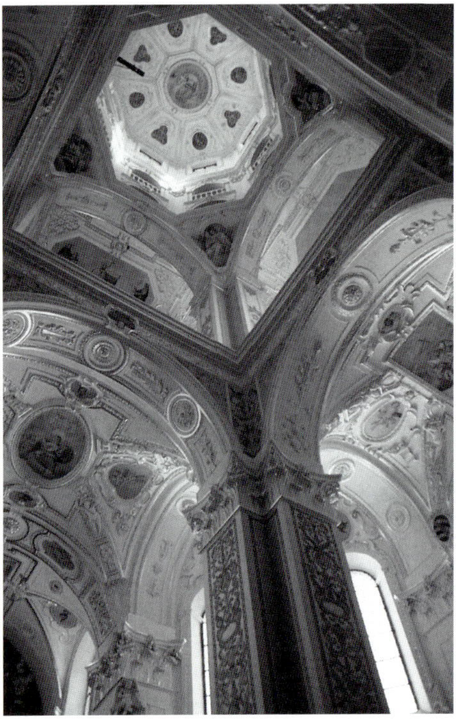

▲ *Kempten im Allgäu: Sankt Lorenz, Blick in den Vierungsschacht.*

auch wenn sein innerer Schacht gelungen ist – und bei der Westfassade scheint die Meister jeder kreative Geist verlassen zu haben. Trotzdem imponiert das Innere den Besuchern. Es wurde zwischen 1990 und 1994 beispielhaft renoviert und strahlt in Weiß und Gold.

Hinreißend sind vor allem die Scagliola-Arbeiten an den schräg gestellten Pilastern vor dem Hochaltar, an den Tafeln vom Chorgestühl und an manchem Altarantependium. Als große Ausnahme stammen sie aus der Hand einer Künstlerin: *Frau Stuckhatorin* Barbara Hackl.

Wer den Weg nach Sankt Lorenz in Kempten gefunden hat, sollte sich einen Besuch in der Residenz nicht entgehen lassen, da dort einige der erlesensten Räume des deutschen Rokoko zu bewundern sind, so das so genannte Tagzimmer mit seinem figürlichen Parkettboden und seinen Wand- und Wölbdekorationen.

Maria Gern bei Berchtesgaden
Wallfahrtskirche

• Errichtet 1708 – 1710. • Ausführender Meister Jacob Hilliprandt. • Dach und Turm 1723 – 1734 vom Zimmermeister Peter Wenig.

Die in einem eindrucksvollen Alpental gelegene katholische Kirche von Maria Gern oberhalb von Berchtesgaden ist, zusammen mit der lutherischen Dorfkirche von Seiffen im Erzgebirge, als idyllisches Symbol „deutscher Weihnachten“ bekannt.

Der schmucke Bau vor der Kulisse des Watzmannmassivs ist durch eine breite Freitreppe mit vier Absätzen erreichbar. Gekennzeichnet ist er durch einen zwiebelbekrönten Turm, an den der geschweifte Baukörper unter einem Zeltdach anschließt. Die Dächer sind mit Holzschindeln gedeckt, einem Material, das auch bei anderen bayerischen Kirchen wie Sankt Hermann bei Bischofsmais oder Sankt Bartholomä am Königssee geglückte Anwendung fand. In früheren Jahrhunderten war die Holzverschindelung weit mehr verbreitet als heute.

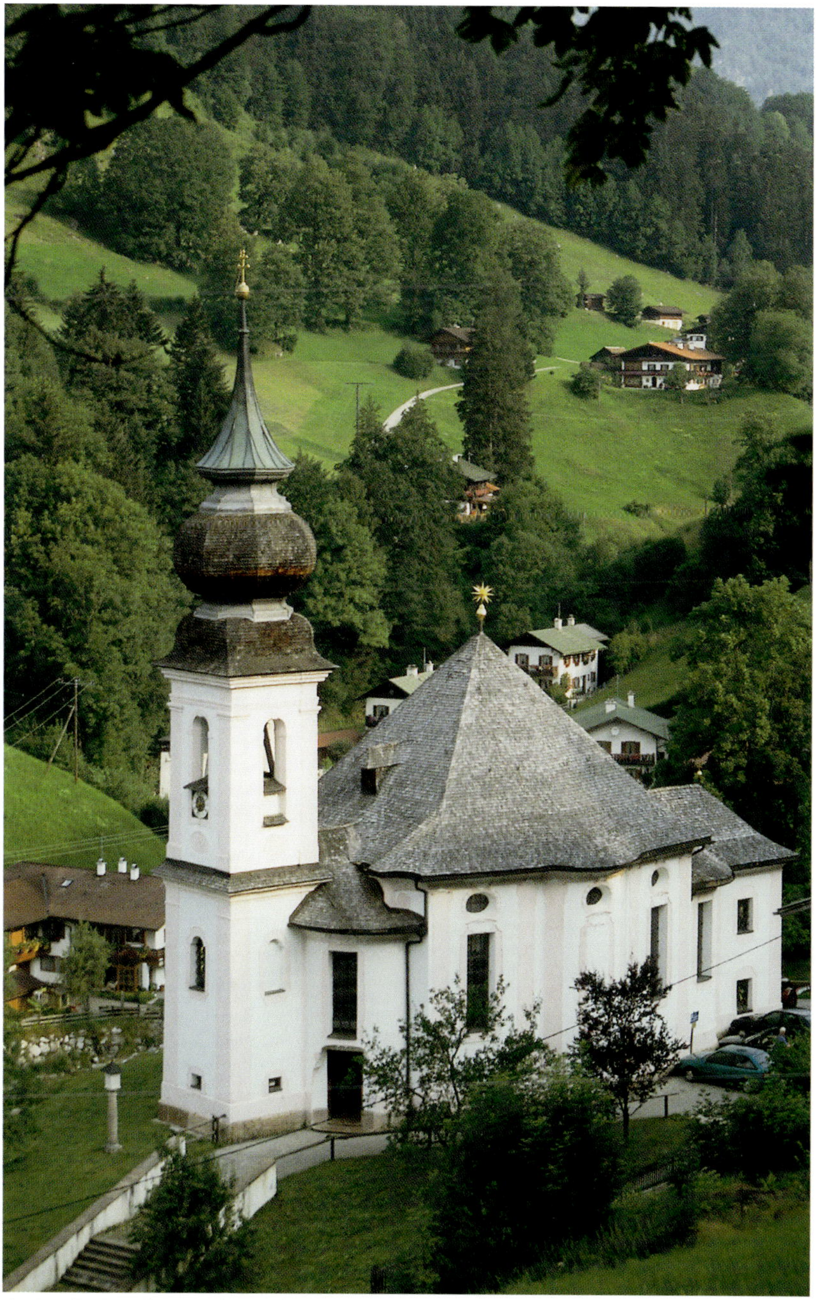

▲ *Maria Gern bei Berchtesgaden: Wallfahrtskirche.*

Die Wallfahrt nach Maria Gern ist nicht mittelalterlich, sie setzte erst kurz nach 1600 ein. Votivtafeln von 1818 und 1626 belegen die Existenz einer ersten Kapelle, die dem Neubau weichen musste.

Die abgelegene Lage der Kirche wirkte sich nicht negativ auf die Architektur aus: Es handelt sich um eine elliptische, mehrfach geschwungene Konstruktion und damit um eine moderne, modische Bauweise. Inneres wie Äußeres sind in einer fein gehaltenen weiß-rosa Farbigkeit gefasst. Kein Geringerer als der Salzburger Joseph Schmidt fertigte die Stuckaturen an, die den Innenraum bereichern.

Metten
Benediktinerabtei, Bibliothek

• Architektur aus dem 17. Jh., 1722–1726 vollständig mit Dekorationen überzogen. • Stuckaturen von Franz Joseph Ignaz Holzinger. • Deckengemälde von Innocenz Waräthi aus Sterzing. • Bücherschränke wohl vom Schreiner Jakob Schöpf aus Straubing.

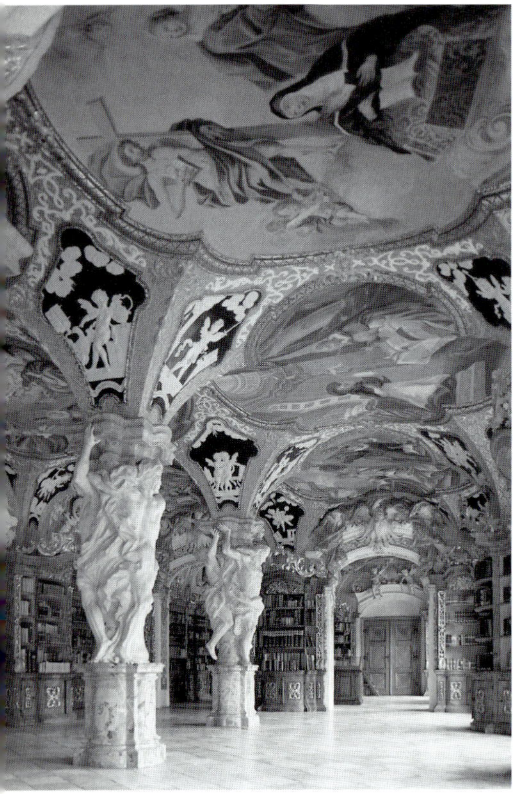

Anders als in den meisten Klöstern ist die Bibliothek in Metten in einem Raum des Erdgeschosses untergebracht, der bereits vorhanden war und lediglich durch die Stuckaturen umgeformt wurde. So wurden die Freipfeiler zu Atlantenpaaren umgestaltet, die scheinbar das Gewölbe tragen. Sie gehören zur Motivik einer *sala terrena*, wie etwa im zeitgleichen Oberen Belvedere zu Wien. Einige von Holzingers Atlanten sind, wie andere allegorische Figuren von ihm, bis auf die schwarzen Pupillen weiß gefasst. Durch die schwarzen Augen büßen die Plastiken etwas von ihrer Schönheit ein und wirken beinahe unheimlich. Für die Felder der in Weiß gehaltenen Engelreliefs auf den Gewölbeanfängern wurde ein schwarzer Hintergrund geschaffen, um den höchstmöglichen Kontrast zu erzeugen. Durch Vergoldungen, große Deckenbilder und aufwändige Bü-

◀ *Metten: Benediktinerabtei, Bibliothek.*

cherregale wird das prächtig-imponierende Raumbild vervollständigt. Eigentlich sind die Felder der Deckenbilder für die Höhe des jochweise gegliederten, eher niedrigen Raums etwas zu groß bemessen. Der Stil der Malereien und der Atlantenpaare trägt raue Züge, Letztere wirken „stürmisch improvisiert“ (Dehio Niederbayern 1988).

Die Bibliothek offenbart die Fähigkeit des Barock, einen Raum unarchitektonisch, lediglich mit künstlerischen Mitteln zu gestalten. Die Malereien überspielen die ungünstige Kreuzform der Gewölbe. Das Bildprogramm richtet sich gegen die einsetzende Aufklärung.

Einige der bedeutendsten Barockbibliotheken des deutschen Sprachraums, zum Beispiel in Melk, Sankt Gallen, Ottobeuren und Wiblingen bei Ulm sind wie in Metten dem Benediktinerorden zu verdanken.

München
Asamkirche Sankt Johann Nepomuk

- Errichtet 1733 – 1746.
- Baumeister und Dekorateur Egid Quirin Asam.
- Malereien von Cosmas Damian Asam.

Die berühmte Asamkirche trägt ihren Namen nicht nur, weil die Gebrüder Asam sie schufen – sie war auch die eigene Kirche des Egid Quirin neben seinem reich geschmückten Wohnhaus. Er finanzierte den vom Kurfürsten gebilligten Bau weitgehend aus eigenen Mitteln, auch waren Haus und Kirche räumlich direkt verbunden: Egid Quirin konnte sogar durch einen Sehschlitz von seinem Schlafzimmer aus auf den rechten Seitenaltar blicken. Eine solche Disposition mit Altarblick vom Bett aus war von zwei der wichtigsten Herrschern des Abendlandes lange vorher veranlasst worden: von Karl V. im Kloster Yuste (Extremadura) und seinem Sohn Philipp II. im El Escorial, also etwa Mitte des 16. Jh.

Wichtig und völlig unüblich für die Ausgestaltung der Asamkirche war die Unabhängigkeit des Künstlers, der keinerlei Auflagen oder Bedingungen als seine eigenen zu erfüllen hatte, ein Privileg, das die „Architektenkünstler“ äußerst selten genossen. Übrigens soll der Kirchenbau kostengünstig gewesen sein, was das Ergebnis umso erstaunlicher sein lässt.

Die Kirchenfassade an der Sendlinger Straße zwischen Asam- und Priesterhaus kündigt etwas Besonderes an. Gerade weil die Bauparzelle nur knapp 9 m breit ist, konnte sich hier ein sehr hoher und enger Raum entfalten, der gotische Proportionen mit der düsteren Dramatik römischen Barocks verbindet. Leider hat sich Erwin Schleich, leitender Architekt der Restaurierung von 1975 – 1982, die Freiheit genommen, ein gelbes Ovalfenster mit Strahlenglorie über dem oberen Altar hinzuzufügen, was die ursprünglichen Lichtverhältnisse verfälscht und ein beliebiges Zitat von Sankt Peter in Rom einführt.

Wie Dehio schon formulierte, „breitet sich ein wunderbar schimmerndes Kleid von Stuckmarmor, Vergoldung und Freskomalerei“ im Raum aus. Alles im Inneren ist in Bewegung, keine Ecke wurde ohne Ondulierungen gelassen. Die Struktur zeigt eine Saalkirche mit schmalem

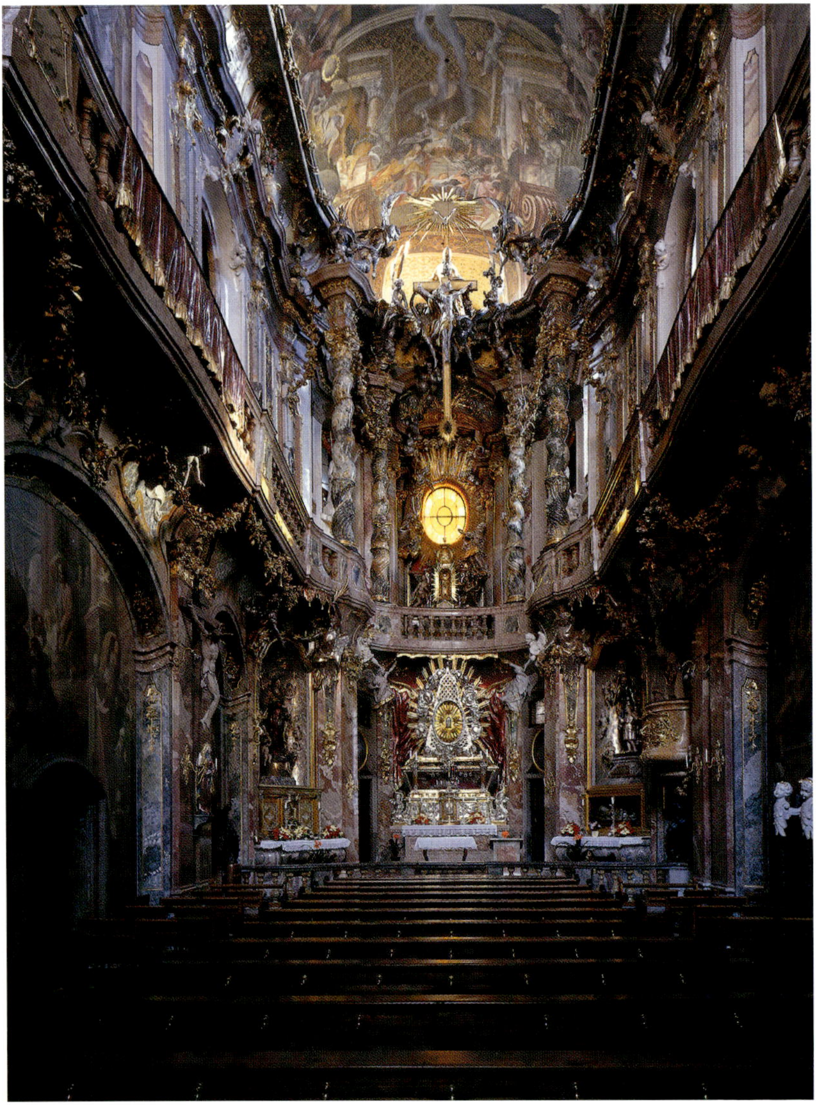

▲ *München: Asamkirche, Blick zum Altar.*

Emporengang, typologisch den Schlosskapellen verpflichtet. Das obere Gesims lässt das Gewölbe über dem Raum scheinbar schweben. Die künstlerische Aufgabe der Verschmelzung und Auflösung von Formen wurde hier mit äußerster Virtuosität gemeistert. Diese ist die einzige Verwandtschaft mit dem bayerischen Rokoko, sonst ähnelt die Kirche einer dunklen Höhle. Es entsteht der Eindruck, dass hier tragische Kräfte der

Natur mitgestaltet haben. Ob sich die Erlösung im versilberten und vergoldeten „Gnadenstuhl" findet, der den Raum krönt, mag der Gotteshausbesucher für sich entscheiden.

Ikonographisch bezieht sich die Kirche auf die Historie des heiligen Nepomuk aus Böhmen, jener mittelalterlichen Gestalt, die 1729 heilig gesprochen wurde, was das Patrozinium für die vier Jahre später begonnene Kirche erlaubte.

Die Kenntnis der Architektur und Kunst Roms bei den Brüdern Asam merkt man der Kirche an. Unter anderen durfte das Motiv der salomonischen Säule nicht fehlen. Es ist freilich kein barockes, sondern ein antikes Motiv: Aus dem Ephesos des 3. Jh. stammte die „Colonna Santa", die nahe der „Porta Santa" in Sankt Peter in Rom ausgestellt war. Diese Säulenform wurde wie bekannt im 17. Jh. von Bernini für den Baldachin in Sankt Peter übernommen und in der Folgezeit sehr oft nachgeahmt.

Solche Einzelformen kann der Betrachter in der Asamkirche nur schwerlich vom Ganzen abstrahieren.

Wohnte Egid Quirin neben seiner Kirche mitten in der Stadt, zog der Malerbruder Cosmas Damian das Leben auf dem Land vor. Sein prächtig gemaltes Haus mit Atelier hat sich an der Maria-Einsiedel-Straße Nr. 45 in Thalkirchen erhalten. Es veranschaulicht die bis ins späte 18. Jh. in München übliche „bürgerliche" Fassadenbemalung.

Dreifaltigkeitskirche

• Errichtet 1711–1718. • Baumeister Antonio Viscardi. • Ausführung nach dem Tod Viscardis 1713 durch Johann Georg Ettenhofer und Henrico Zucalli.

Die Kirche entstand in der schwierigen Zeit des Spanischen Erbfolgekriegs. München war 1704–1714 von den Österreichern besetzt. Die Tochter eines Kammerdieners am Hofe Herzog Max Emanuels, Anna Maria Lindmayr, hatte 1704 eine Vision, die eine Rettung der Stadt vor der Brandschatzung durch die Österreicher verhieß, wenn eine Kirche erbaut und der Dreifaltigkeit gewidmet würde. Erst sieben Jahre später, aber immer noch während der Okkupation, wurde der Grundstein der Votivkirche gelegt. Der geflohene Max Emanuel zog 1715 wieder in München ein, Stadt und Kirche wurden tatsächlich von Zerstörungen verschont. Übrigens fügte auch der Zweite Weltkrieg der Dreifaltigkeitskirche keine Schäden zu, während die Nachbarschaft in Mitleidenschaft gezogen wurde.

Bauherr der Kirche waren die drei Stände Münchens: Klerus, Adlige und Bürger. Die Kirche hat im mehrfachen Sinne mit der Dreizahl zu tun: Die Fassade tritt mit drei Seiten in den Straßenraum vor, es gibt drei Altäre im Raum, trinitäre Motive sind außerdem das Auge im Triangel oben an den Kirchentüren und das Wappen der Michaelstatue in der Nische der Fassadenachse.

Antonio Viscardi aus San Vittore hat die plastische Gliederung in Richtung Kirchenfront konzentriert, wobei der gesprengte Segmentgiebel

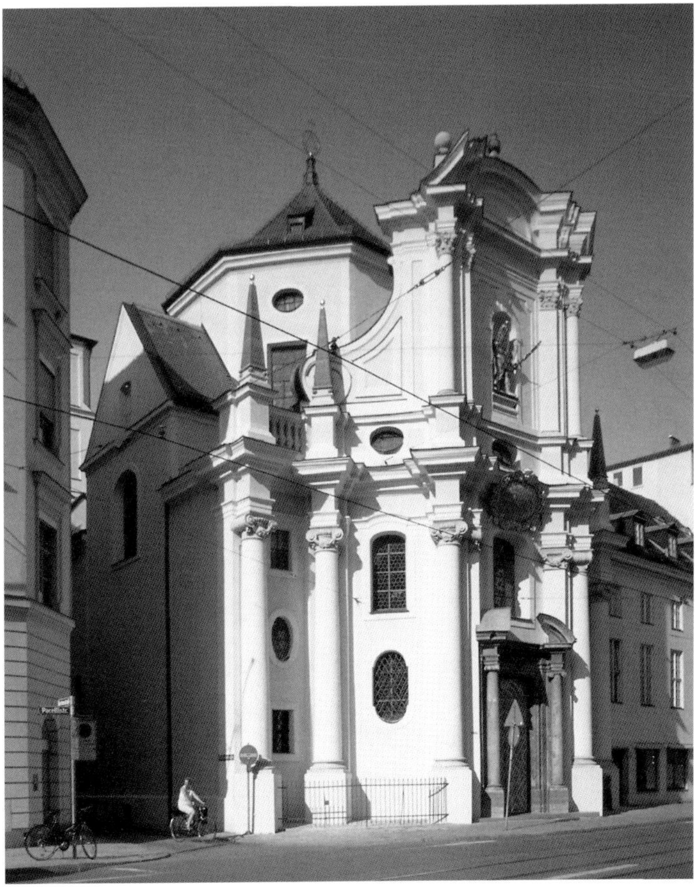

▲ *München: Dreifaltigkeitskirche.*

des marmornen Portals in eine innere Flucht gestellt wurde. Zum Einsatz kam eine jonische Kolossalordnung für den unteren Fassadenbereich und eine korinthische für den oberen. Innen herrscht die kannelierte Korinthik. Eine italienische Dominante fehlt insofern, als das Kuppelmotiv außen in einem polygonalen Tambour mit Pyramidendach versteckt ist.

Die wesentliche Rolle bei der Innenausstattung fiel Cosmas Damian Asam zu. Er hat die Kirche mit hervorragenden Deckenbildern versehen; sein erster bedeutender Auftrag nach dem Studium in Rom 1712–1713.

Von großer Schönheit sind die neuerdings restaurierten Türflügel, die mit ihrem geometrischen Muster mitten in deutscher Tradition stehen. Die in sechs Rechtecke gegliederten Türen wurden in Holz ausgeführt und mit Metallblech überzogen. Es bildet den jetzt wieder bläulich-türkis getönten Hintergrund, auf dem Leisten als Winkel und Andreaskreuze, Rosetten und weitere Zier genagelt sind. Winkelförmig gegliederte Tür-

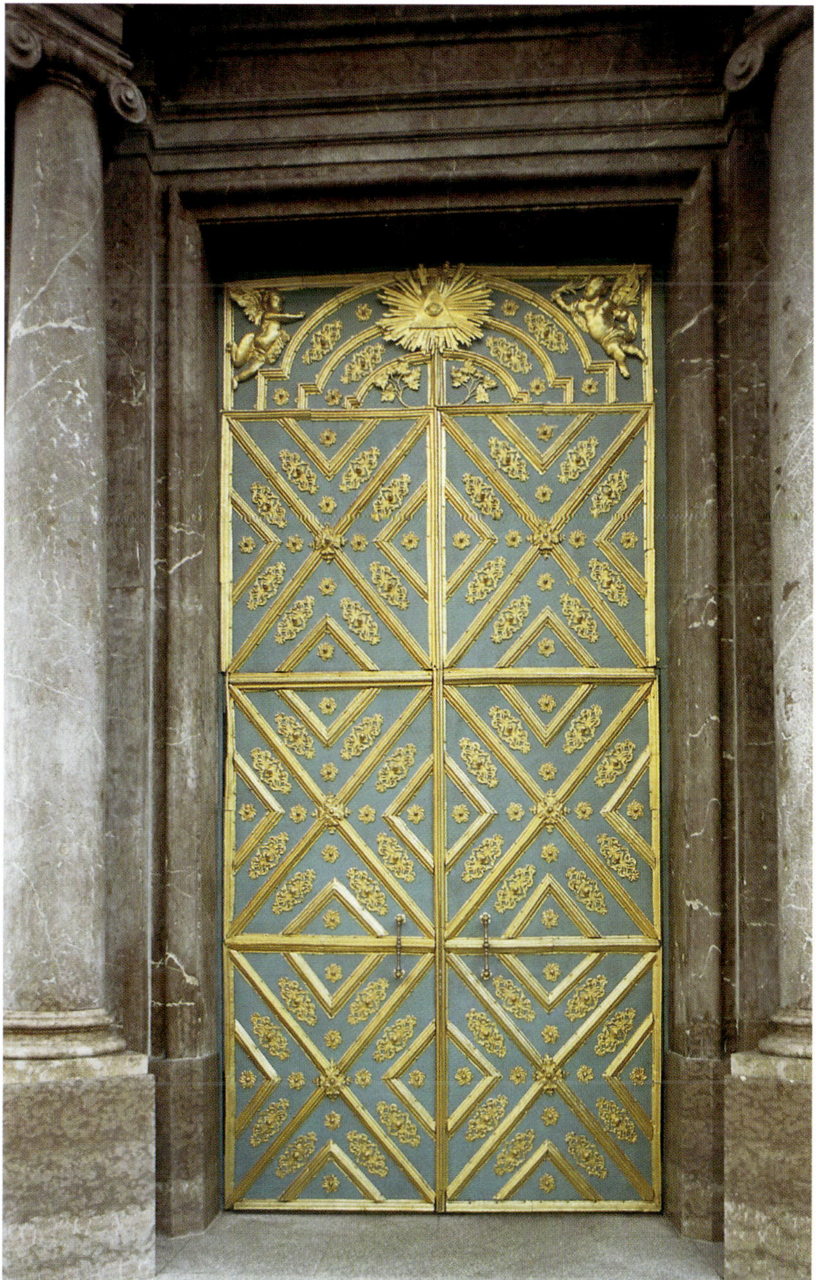

▲ *München: Dreifaltigkeitskirche, Türflügel am Portal.*

flügel sind eine Erfindung der deutschen Gotik. Die Überlieferung dieser Gattung war so stark, dass sie mehrere Stilwechsel über die Jahrhunderte hinweg überlebte.

Die Kirche wurde 1731 an die unbeschuhten Karmelitinnen übergeben.

Palais Preysing (Residenzstraße 27)

I • Errichtet 1723 – 1729. • Baumeister Joseph Effner.

„Zwischen der gravitätischen Residenzfassade und der pompösen Theatinerkirche lächelt das Preysing-Palais mit aristokratischer Heiterkeit" (Norbert Lieb).

Die elegante Hauptfassade zur Residenz artikuliert sich in einem Sockelgeschoss, einem Nobelgeschoss mit Balkon auf frei stehenden Säulen,

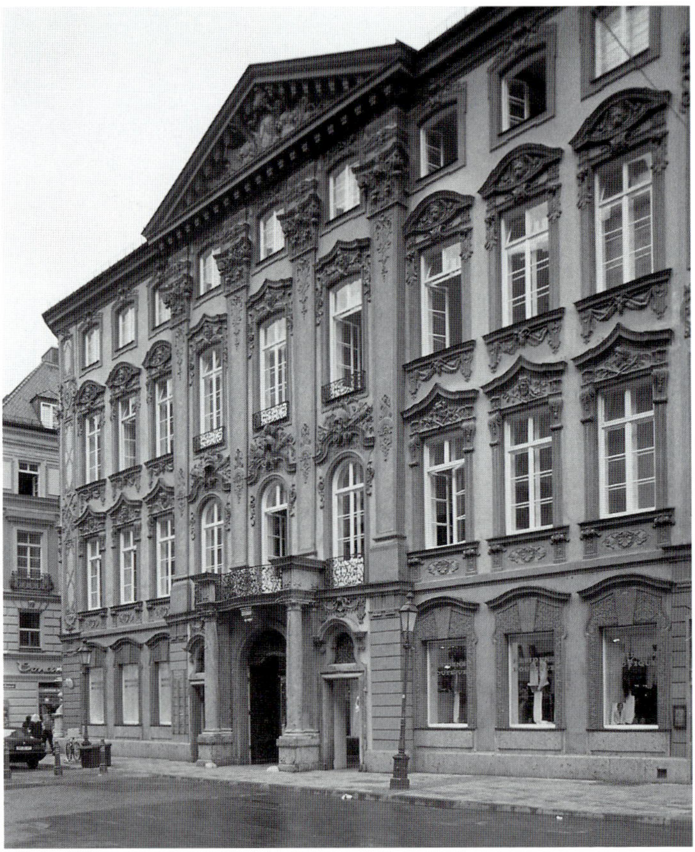

▲ *München: Palais Preysing, Fassade zur Residenz.*

einem zweiten Obergeschoss und dem abschließenden Mezzanino. Das Mittelrisalit zeigt eine Kolossalordnung mit Stipites, jenen Pilastern, die unten schmal und oben breit sind. Ein klassizistischer Dreiecksgiebel krönt den Mittelteil. Hervorzuheben sind die feinfühlige Dekoration und die unterschiedlichen Giebelformen. Bedeutsam ist, dass hier für den Innenraum bestimmte Zierelemente auf eine Fassade übertragen wurden. Der Stuckdekor ist erfinderisch und gekonnt und erwies sich als richtungsweisend. Effner verarbeitete hier eigenständig französische und österreichische Motive.

Auftraggeber des Palais war der kurfürstliche Oberhofstallmeister Johann Maximilian Felix Graf von Preysing-Hohenaschau.

Das Anwesen befindet sich in privilegierter Stadtlage, nahe weiteren Adelspalästen der Zeit (Fugger-Portia, Moy, Holnstein, Gise).

Originalinnenräume sind im Palais Preysing leider nicht erhalten.

Schloss Nymphenburg

• Errichtet 1664–1704 und 1714–1758. • Baumeister und Dekorateure Agostino Barelli, Henrico Zucalli, Antonio Viscardi, Joseph Effner, François Cuvilliés, Johann Baptist Zimmermann. • Verschiedene Veränderungen an einzelnen Innenräumen und im Park bis 1823.

Das etwa 7 km von der Stadtmitte Münchens entfernte Schloss Nymphenburg ist ein Konglomerat von architektonischen Anregungen aus Italien, den Niederlanden, Frankreich und zuletzt – mit dem 1804–1823 umgestalteten Park – aus England. Die Idee eines großen Gartens an Stelle des Cour d'Honneur kann als deutsch-französisch gelten, da die Anlage vom Gärtnersohn Joseph Effner und Dominique Girard stammt. Der Anteil weiterer einheimischer Künstler wie Johann Baptist Zimmermann war beträchtlich. Letztlich war auch das Werk Cuvilliés' nur unter den lokalen Verhältnissen in Bayern zu verwirklichen.

Italienisch ist noch der würfelförmige Mittelbau, niederländisch sind der Grundriss aus mehreren gestaffelten Pavillons und das System von Kanalanlagen, französisch ist der Garten. Französisch geschult waren Joseph Effner (bei Germain Boffrand) und François Cuvilliés. Das halbrunde Rondell der „Carlstadt" unter Karl Albrecht dürfte vom Karlsruher Stadtplan abgeschaut sein.

Mit einer Reihe von vier Hauptpavillonbauten im Garten (Amalien-, Baden-, Pagodenburg, Magdalenenklause) sowie dem Rondell vor den Hauptfassaden stellt Nymphenburg einen selten anzutreffenden Höhepunkt der Barock- und Rokoko-Architektur dar.

Alles begann aus gleicher Motivation wie bei der Theatinerkirche: Kurfürst Ferdinand Maria schenkte seiner Gemahlin Henriette Adelaide 1663 anlässlich der Geburt des Erbprinzen das Land für den Bau des Schlosses. Mit den Arbeiten wurde 1664 begonnen. Elf Jahre später stand der zunächst rein italienische Bau unter Dach, ein großer Kubus auf nahezu quadratischem Grundriss unter flachem Walmdach mit entspre-

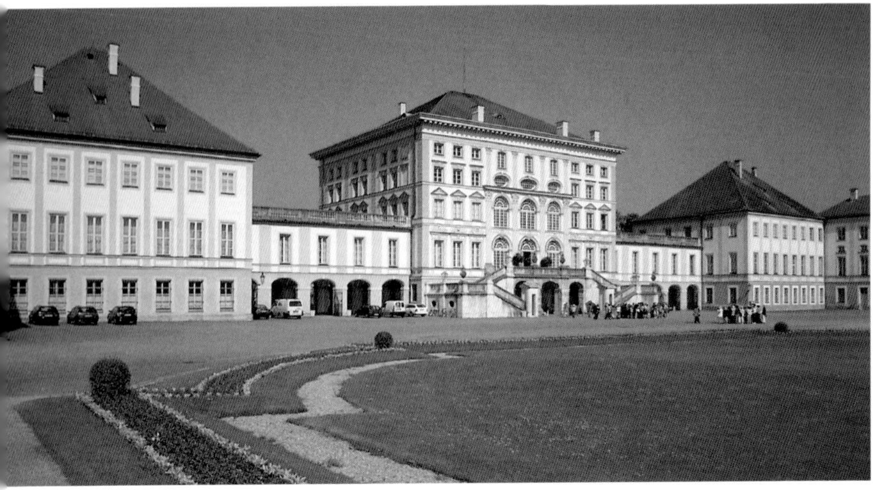

▲ *München: Schloss Nymphenburg, Hauptfassaden der Stadtseite.*

chend katastrophalen Lichtverhältnissen im ganzen Kernbereich. Dieser Mangel, der zahlreiche Villen und Schlossbauten des Manierismus und Barock in Italien kennzeichnet, wurde vom Graubündner Zucalli, wohl auf Wunsch des Auftraggebers, durch den Ausbruch großer Rundbogenöffnungen an Stadt- und Parkseite und die Beseitigung der Trennwände zum Festsaal weitgehend korrigiert. Die Flügel der Öffnungen mit ihren dichten Sprossen sind ein ganz frühes Beispiel dieser ursprünglich französischen Fensterart im Süden Deutschlands. Auch die Errichtung von Wohnbauten rechts und links des Hauptbaus und deren Verbindung zu ihm mittels Galerietrakten geht auf Zucalli zurück. „Damals entstand also die für alle weiteren Anbauten bestimmende Konzeption der lockeren Fügung von Baukörpern und der Durchlässigkeit gegen den Park hin, die Nymphenburg als Parkschloss von kompakten Palästen wie Versailles grundsätzlich unterscheidet", so Hojer/Schmid.

Ferdinand Maria starb 1679. Der zweite Bauherr, sein Sohn Max Emanuel, verbrachte lange Jahre im Exil in den Niederlanden, deren Architektur er sehr zu schätzen lernte. Hofbaumeister Henrico Zucalli hatte wiederholt persönliche Weisungen des Kurfürsten in den Niederlanden empfangen, um sie in München zu verwirklichen. So waren Schloss Reijkswijk bei Den Haag und Schloss Het Loo für Nymphenburg Vorbild. Die zweite Bauphase nach der Rückkehr Max Emanuels 1714 stand ganz im Zeichen Joseph Effners. Er gab den Fassaden ihre endgültige Gestalt und plante die zwei großen Höfe zu Seiten des Hauptschlosses für den Marstall und die Orangerie.

Eine neue Phase setzte ab 1726 unter Kurfürst Karl Albrecht ein, dem späteren Kaiser Karl VII. Aus dieser Zeit stammt u. a. die von Effner geplante „Carlstadt", Rondell und Siedlung entlang der Auffahrtsalleen zum Schloss. Karls Lieblingsbaumeister war Cuvilliés.

Letzter Kurfürst der Rokokozeit war Max III. Joseph (1745 – 1777). In seiner Zeit entstand die Dekoration von Johann Baptist Zimmermann für den Fest- und Konzertsaal.

So wurde Nymphenburg in einer Zeitspanne von einhundert Jahren zu dem ergötzlichen Ort, der es noch heute ist. Die spätere Veränderung des französischen in einen englischen Garten, und die Einverleibung der Anlage in die immer weiter wachsende Millionenstadt, konnten die Schönheit Nymphenburgs nicht beeinträchtigen.

Schloss Nymphenburg-Amalienburg

• Spiegelsaal. • Errichtet ab 1735, ausgebaut bis 1739. • Baumeister François Cuvilliés. • Ausführung von Stuckateur Johann Baptist Zimmermann und Holzschnitzer Joachim Dietrich.

Die Amalienburg wurde unter Karl Albrecht für die Kurfürstin Maria Amalia als Jagdschlösschen errichtet. Sie konnte hier der Fasanenjagd nachgehen. Das an die äußersten Grenzen von Feinfühligkeit und Virtuosität stoßende Gebäude stellt schlechthin der Höhepunkt des europäischen Rokoko dar.

Der Grundriss zeigt einen runden Mittelraum, den Spiegelsaal, der zur Gartenseite konvex vorspringt, während an der Eingangsseite ein konkaver „Ehrenhof“ entsteht. Der Mittelsaal ist Teil der Enfilade von Blauem Kabinett, gelbem Zimmer, Spiegelsaal, Jagd- und Fasanenzimmer. Eine Hunde- und Gewehrkammer und eine Küche vervollständigen die

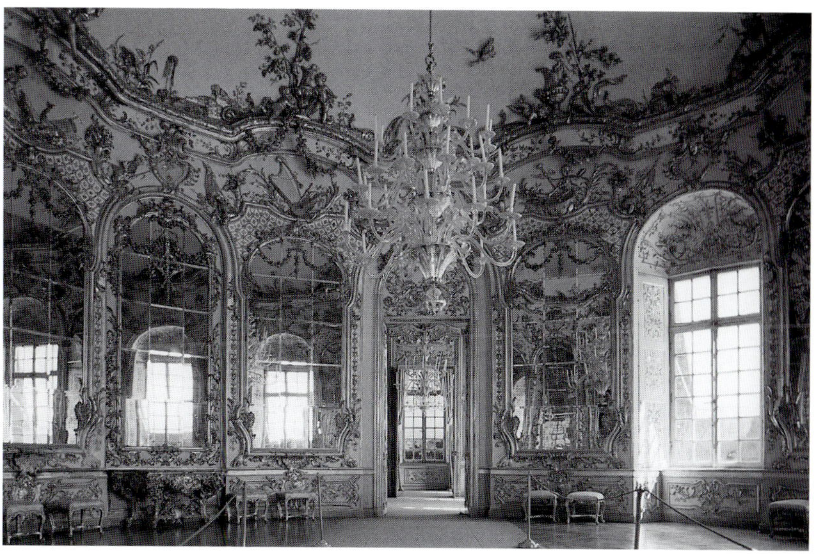

▲ *München: Schloss Nymphenburg-Amalienburg, Spiegelsaal.*

Maison de Plaisance. Zu erwähnen sind noch eine kleine Retirade und die Treppen zur Kuppelterrasse. Die Räume sind farblich exquisit behandelt: Der hellblau-weiße Spiegelsaal mit der dominanten Versilberung seiner Schnitz- und Stuckarbeiten wird von den gelben Ruhe- und Jagdzimmern flankiert. Auch dort spielt die Versilberung eine entscheidende Rolle und erzielt in Verbindung mit dem warmen Gelb eine besonders gefällige Wirkung. Im Spiegelsaal führen Spiegel und Silberfarbe in Verbindung mit dem reich einfließenden Licht und dessen vielen Reflexen zur völligen Entmaterialisierung des Raumes. Die geraden Linien von Sockelleiste, Fensternischen sowie Fenster- und Spiegelsprossen sind Reste des auf das Nötigste reduzierten architektonisch-geometrischen Gerüstes. Sonst kurviert sich alles in der tänzerisch-eleganten Gestik einer sagenhaften Feingliedrigkeit. Musik-, Tafel- und Jagdfreude sind die Motive der Stuckaturen. Die würdige Weichheit und Schmiegsamkeit der Kunst Zimmermanns und ihre Verschmelzung mit den Absichten des entwerfenden Cuvilliés bleiben unübertroffen. Vergleicht man die Amalienburg mit dem ebenfalls von Cuvilliés wenig früher (1729) entworfenen Jagdschloss Falkenlust zu Brühl, so wird der qualitative Sprung des Münchener Werkes deutlich.

Der Spiegelsaal diente allgemein für Gastmähler, Bälle, Konzerte und die Erholung nach der Jagd.

Theatinerkirche Sankt Kajetan

• Errichtet 1663 – 1675. • Baumeister Agostino Barelli. • Kuppel 1674 von Antonio Spinelli entworfen und Henrico Zucalli ausgeführt. • Türme von Zucalli bis 1696 errichtet. • Fassadenmitte 1765 – 1768 von François Cuvilliés d. Ä.

Der vis-à-vis der Münchener Residenz errichtete Bau wurde den am Hof wirkenden Theatinermönchen anvertraut. Daher der Namenspatron Kajetan von Tiene. Kajetan widmete sich insbesondere der Krankenpflege in verschiedenen Großstädten Italiens. Er gründete 1524 seine Kongregation, die vom Papst Clemens VII. unmittelbar bestätigt wurde. Die Heiligsprechung erfolgte erst 1671 während des Kirchenbaus. Ein Jahr später wurde er zum Patron des Kurstaates Bayern erwählt.

Das Kurfürstenpaar Ferdinand Maria und Henriette Adelaide von Savoyen stifteten Kirche und Kloster aus Dankbarkeit für die Geburt des Erbprinzen im Jahre 1662, ein Ereignis, auf das sie viele Jahre gewartet hatten. Sankt Kajetan ist somit ebenfalls eine Votivkirche. Henriette war mit den vornehmen Theatinern vom Turiner Hof her vertraut. Sie soll dem Architekten gesagt haben, dass er die schönste Kirche der Stadt zu errichten habe und scheint selber für die architektonische Orientierung am Vorbild der Mutterkirche des Ordens in Rom, Sant'Andrea della Valle, plädiert zu haben.

Eine veränderte Neuauflage von Sant'Andrea stellt Sankt Kajetan in der Tat dar: Außer den im Vorbild fehlenden Türmen und der späteren

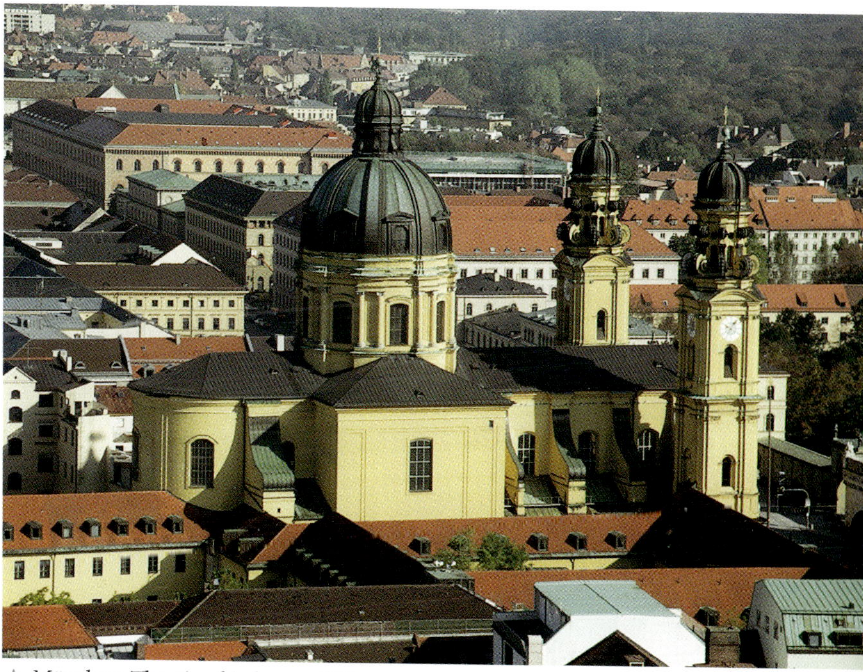

▲ *München: Theatinerkirche von Südwesten.*

Fassade von Cuvilliés hat man es hier ebenfalls mit einer Querhausbasilika einschließlich Seitenkapellen, halbrunder Apsis und hohem Tambour mit halbsphärischer Laternenkuppel zu tun. Die Kolossalordnung mit Pilastern von Sant'Andrea wurde in Sankt Kajetan durch eine mit Halbsäulen ersetzt. In Sankt Kajetan erscheinen großzügige Stuckarbeiten anstelle der in Sant'Andrea dominierenden Malerei. Allerdings war das Innere der Münchener Kirche ursprünglich bunt und nicht weiß gefasst wie heute.

Ob sie die schönste Kirche der Stadt geworden ist, sei dahingestellt. Auf jeden Fall setzte sie einen monumentalen italienischen Akzent im Stadtbild. Die Änderung der Stadtsilhouette war jedoch weniger entscheidend als in Salzburg mit seinem Domneubau von Solari, da die Hauptkirche Münchens der wesentlich größere gotische Frauendom blieb. Die italienische Kuppel ist als die große Tat der Theatinerkirche gewürdigt worden (Norbert Lieb). Allerdings blieb diese fremdartige Kuppel ganz und gar ohne Nachfolge und ein isoliertes Importwerk in der Architekturgeschichte Deutschlands. Sieht man von ganz wenigen Ausnahmen ab, hat sich nördlich der Alpen niemand um solche Schöpfungen gekümmert – sicherlich eine für diese Landschaft richtige Entscheidung. Wo der Bau einer ähnlichen Kuppel in Erwägung gezogen worden war (so von Christoph Vogt 1720 für Ottobeuren), blieb sie bezeichnenderweise unausgeführt.

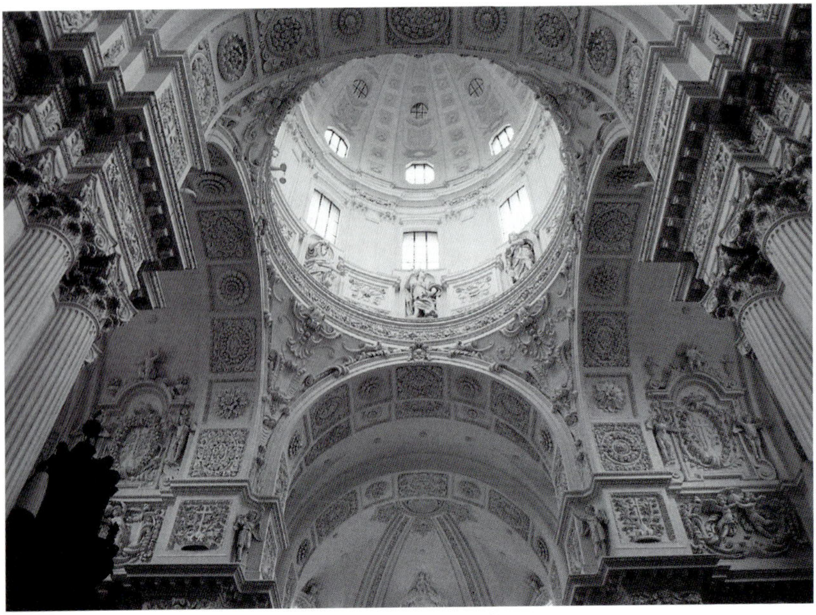

▲ *München: Theatinerkirche, Blick in die Vierung*

Ein ähnlich geringer Erfolg war den Kuppeln Italiens auch in Spanien beschieden, das auch im Barock überwiegend ein Land der Türme blieb – man denke allein an die Städte Écija, Estepa, Jerez de los Caballeros oder Alaejos.

Sankt Kajetan wurde zur neuen Gruftkirche der Wittelsbacher; Henriette fand als Erste unter dem Chor der Theatinerkirche ihre letzte Ruhestätte.

Ottobeuren
Benediktinerabtei

• Kloster 1711–1731. • Baumeister Christoph Vogt, Simpert Kraemer und wahrscheinlich Andrea Maini. • Kirche 1737–1756. • Baumeister Christoph Vogt, Andrea Maini, Dominikus Zimmermann, Joseph Schmuzer, Simpert Kraemer, Joseph Effner und insbesondere Johann Michael Fischer.

Ottobeuren ist als „schwäbischer El Escorial" bekannt. Obwohl seit 1268 reichsunmittelbar, unterstand die Abtei bis 1710 dem Hochstift Augsburg. Die Wiedergewinnung der Unmittelbarkeit gelang Abt Rupert II. Neß, der 1711 mit der großen Erneuerung der Anlage begann. Bei der sehr kleinen Zahl existierender Renaissancekirchen ist zu bedauern, dass die 1558 geweihte Vorgängerkirche nicht besser bekannt ist. Sie musste 1748 den Neubauten weichen.

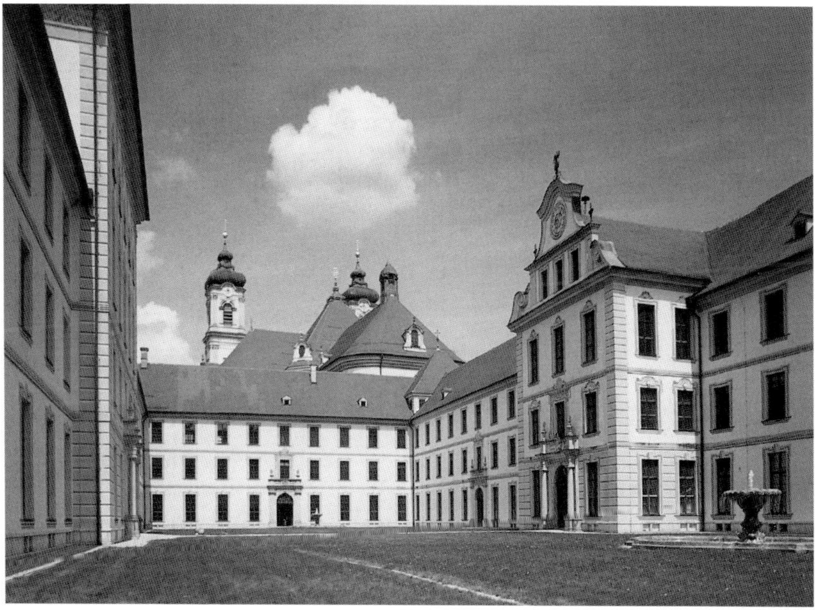

▲ *Ottobeuren: Benediktinerabtei, westlicher Innenhof.*

Die Anlage der Abtei ist gewaltig. Unter Aufgabe der Ostung erstreckt sich von Nord nach Süd ein Komplex von Kirche, Kloster, Stall- und Beamtengebäuden bis zu den Ökonomiebauten in einer Länge von 480 m. Das Kloster bildet ein Rechteck von 142 × 128 m, es umfasst ca. 200 Räume mit 16 Stiegenhäusern und wird von 837 Hauptfenstern beleuchtet. Die westliche Hälfte des Kloster beschreibt einen langen Innenhof, bei dem ein Treppenhaus vorstößt (auf dem Foto rechts; in der linken Flucht erkennt man den Risalit des Kaisersaales). Die östliche Klosterhälfte ist in zwei Binnenhöfe gegliedert, die sich aus dem mittig platzierten dreigeschossigen Trakt mit Refektorium im Erdgeschoss, Studiersaal im ersten und Bibliothek im zweiten Obergeschoss ergeben.

Die Geschichte der etwas von der Achse der Anlage abweichenden Kirche ist kompliziert und – was die Baumeisterbeteiligung betrifft – beinahe unübersichtlich. Entstanden ist eine Basilika, deren kurzes Langhaus von Seitenkapellen begleitet wird und deren Querhaus mit halbrunden Armen und quadratischer Vierung mit tambourloser Kuppel eine erhebliche zentralisierende Kraft ausüben. Die Türme an der Kirchenfassade sind ausladend, die Fassade selbst springt als dreifaches Polygon nach vorn, ähnlich wie bei der Dreifaltigkeitskirche zu München. Solche barocken Fassadenschweifungen waren im deutschen Raum seit der Kollegienkirche von Salzburg (1696 – 1707) bekannt.

Das Kircheninnere besticht vor allem durch seine große Weite. Der hervorragende Schmuck sorgt für Dynamik, während der architektonische Raum gewissermaßen traditionell-statisch ist. Für die endgültige

Gestalt der Kirche war Johann Michael Fischer maßgebend. So verwundert es nicht, dass bei der Kirchweihpredigt am 4. Oktober 1766, Pater Sebastian Sailer die Kirche pries: „*Du bist von der Bau = Kunst eines Fischers, eines bayerischen Vitruvius, von den feinsten Gips- und Marmor = Zierungen eines Feichtmayrs, von dem Pensel eines Zeilers, von dem Kunst = Eisen eines Christians, O! des schwäbischen Phidias, von der schönen und reinlichen Holtz = Arbeit eines Hermanns nach genügen herausgepütz.*" Es fällt auf, wie Künstler der Antike im barocken Zeitalter als maßgeblich galten, da eigentlich kaum jemand über gute Kenntnisse darüber verfügte, wie tatsächlich Vitruv gebaut und Phidias skulptiert hatten. Der Barockkünstler mit seinen geschwungenen, bizarren Gestaltungen stand der Freiheit der Spätgotik viel näher als irgendeiner klassischen Orthodoxie, freilich ohne sich dessen bewusst zu sein.

Der Predigttext nennt außer dem Architekten die Stuckatoren bzw. Bildhauer Johann Michael Feichtmayr und Joseph Christian. Sie schufen unter anderem nicht weniger als 1200 Engel bzw. Putten, unter denen sich einige der Gelungensten ihrer Zeit befinden. So sind die vier vor die Vierungspfeiler gestellten Altäre von wonnigen Engelchen bevölkert, wie dem, der mit roten Wangen und geöffnetem Mund auf einer Rocaille sitzend die Weiche seines Fleisches zur Schau stellt. Das Engelchen blickt in aller Unschuld in den Kirchenraum und scheint vom Künstler wie von einem modernen Photographen in einem Moment seines Spiels erwischt worden zu sein. Wie schwierig und herausfordernd solche Darstellungen sind, kann der Laie kaum erfassen, vor allem nicht, wenn ihm ein Meister ein solches „Geschenk" in anscheinender Selbstverständlichkeit fertig präsentiert.

Materielle Voraussetzung solcher Werke ist nicht nur der Stuck. Mit Eisen- und Holzstielen sind die Engelchen an der Altarkonstruktion befestigt, je nach Größe der Figuren waren auch innere Verstärkungen aus verschiedenen Materialien vonnöten.

Aufmerksam zu machen ist auch auf das Chorgestühl, in das meisterlich zwei Orgeln integriert sind. Diese geniale Schöpfung ist ebenfalls Feichtmayr und Christian zu verdanken. Martin Hermann leistete die Schreinerarbeit, Karl Joseph Riepp fertigte die Orgeln an.

Aber nicht nur die Kirche zeugt von der Macht der reichsunmittelbaren Abtei. Weitere Höhepunkte des ausgedehnten Ensembles stellen der Fest- oder Kaisersaal und die Bibliothek dar. Der Saal entstand 1723–26. Der drei zu fünf Achsen große und zwei Geschosse hohe Raum, von kolossalen Halbsäulen in bewegter Stellung kräftig gegliedert, wurde wahrscheinlich von Andrea Maini entworfen. Auf den Basen der Halbsäulenpaare stehen überlebensgroße Figuren habsburgischer Kaiser, die Anton Sturm schuf. Die Deckenbilder stammen von Jakob Karl Stauder, sie haben als Hauptthema die Kaiserkrönung Karls des Großen. Die reichliche Stuckdekoration fertigten drei Italiener und ein Deutscher an. Interessant ist die axiale Verbindung von Kaminen und Balkonen an den Schmalseiten.

Die von zwei Seiten beleuchtete Bibliothek mit ihrer von Säulen gestützten Galerie ist eine Schöpfung aus der Werkstatt Johann Baptist

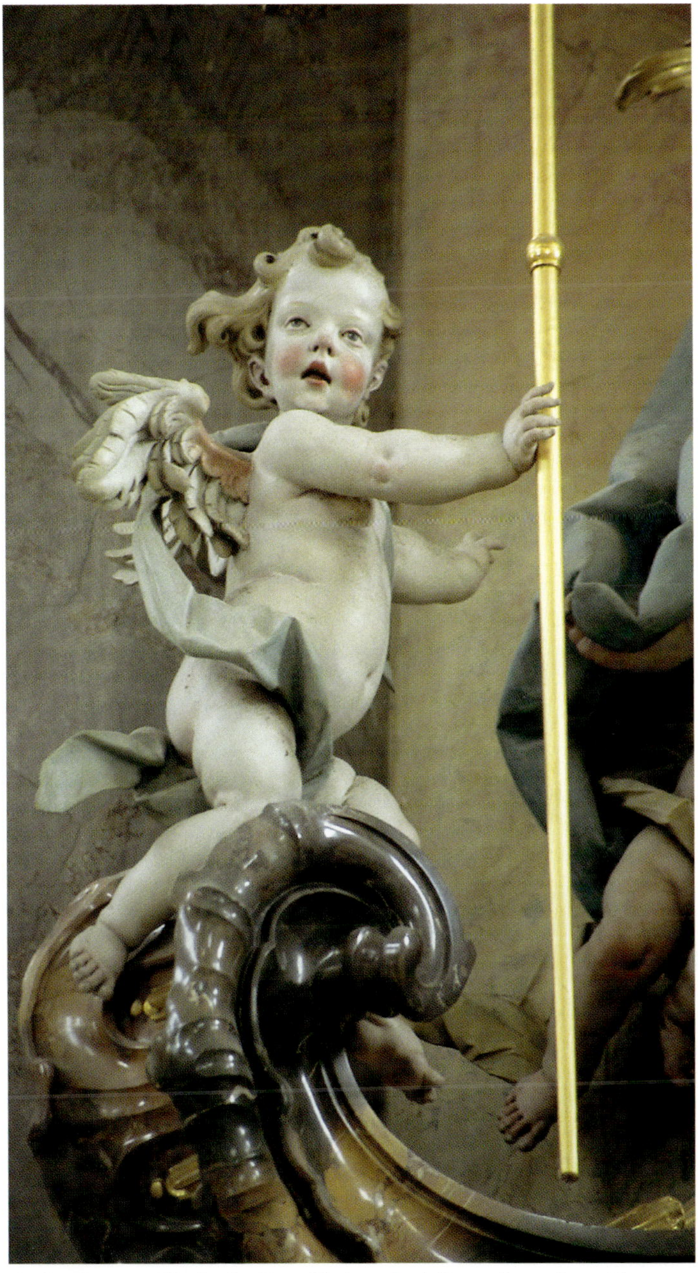

▲ *Ottobeuren: Kirche der Benediktinerabtei, Putto des rechten Vierungsaltars.*

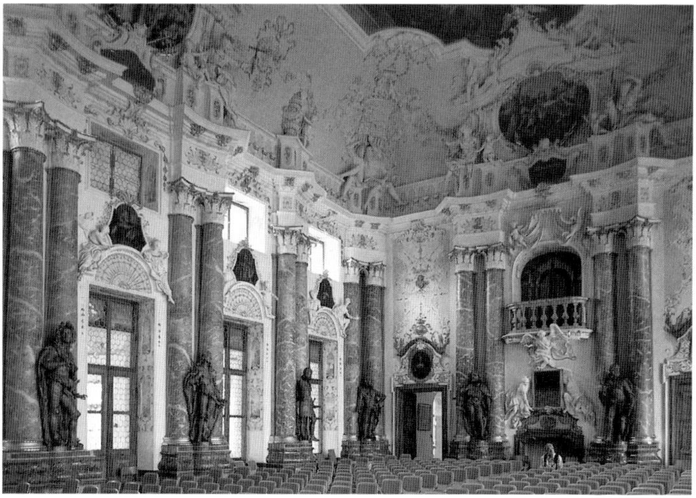

▲ *Ottobeuren: Benediktinerabtei, Fest- oder Kaisersaal.*

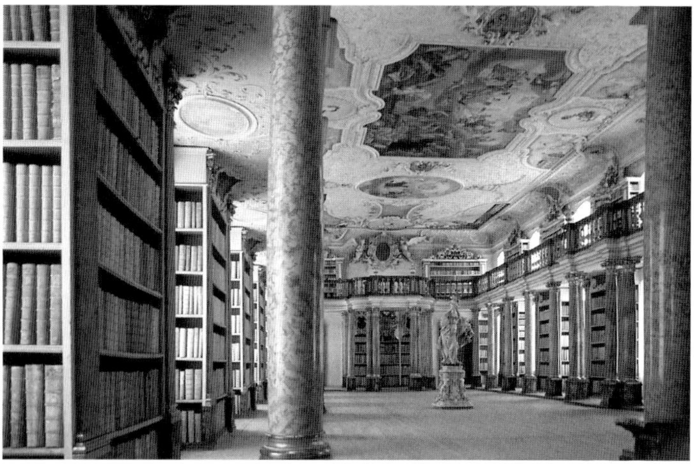

▲ *Ottobeuren: Benediktinerabtei, Bibliothek.*

Zimmermanns und datiert 1715/16. Der Galeriegang mit weiteren Bücherregalen entspricht der Mezzaninerhöhung. In der Klosterbibliothek haben sich ca. 15 000 alte Bücher erhalten. Etwa in der Mitte des Raums steht eine Statue der Pallas Athene von Anthon Sturm. Von Zimmermann selbst sind die Stuckaturen der Allegorien und die Imperatorenbüsten.

Als ob nicht schon im Kloster genug Kunst konzentriert wäre, beherbergt es darüber hinaus noch ein Museum, in dem vorzügliche Plastik der deutschen Renaissance bewahrt wird.

Rohr
Benediktinerabteikirche

• Ehemals Augustinerchorherrenstift. • Errichtet 1717–1722. • Baumeister und Dekorateur Egid Quirin Asam.

Der 1723 vollendete Hauptaltar der Kirche steht in einem bühnenartigen Chor, dessen Tiefe in drei Ebenen gestaffelt ist: vorne der kleine frei stehende Hauptaltar mit Mensa und Tabernakel, in der Mitte das hufeisenförmige Gestühl der Patres und hinten die vollplastische Darstellung der Himmelfahrt Mariens. Diese besteht aus mehreren selbstständigen Teilen: In der Mitte das Mariengrab, ein pompöser, geöffneter „Königssarkophag" auf drei Stufen, um den sich die ganzfigürlich dargestellten Apostel versammeln. In äußerst pathetischer Gestik bestaunen sie das leere Grab. Während zum Beispiel der ungläubige Thomas – der nicht rechtzeitig zur Beerdigung gekommen war – die Tücher aus dem Grab zieht, blickt Johannes in die Höhe, um das wundersame Ereignis der von Engeln emporgehobenen Maria wahrzunehmen. Diese separat gearbeitete Gruppe ist durch zwei Eisenstangen unsichtbar an der Chorwand verankert und scheint so zu schweben. Maria selbst wirkt von dem Ereignis völlig überrascht, sie öffnet den Mund und streckt ihre Arme vor in einer Mischung von Erstaunen und dem Versuch, das Gleichgewicht nicht zu verlieren. Über ihr erwartet sie die Dreieinigkeit, Gottvater und Christus halten eine Krone bereit. Den Hintergrund dieser Szene bildet ein Bogen mit Lambrequins und schwerstem Stuckvorhang, der den Blick auf die wuchtige, an eine Säule angelehnte Sarkophagdecke freigibt.

Durch die vollplastische, ausgesprochen räumliche Darstellung möchte die Szene eigentlich realitätsnah empfunden werden. Die Exotik der barocken Formen und das übertriebene Spiel der Mienen

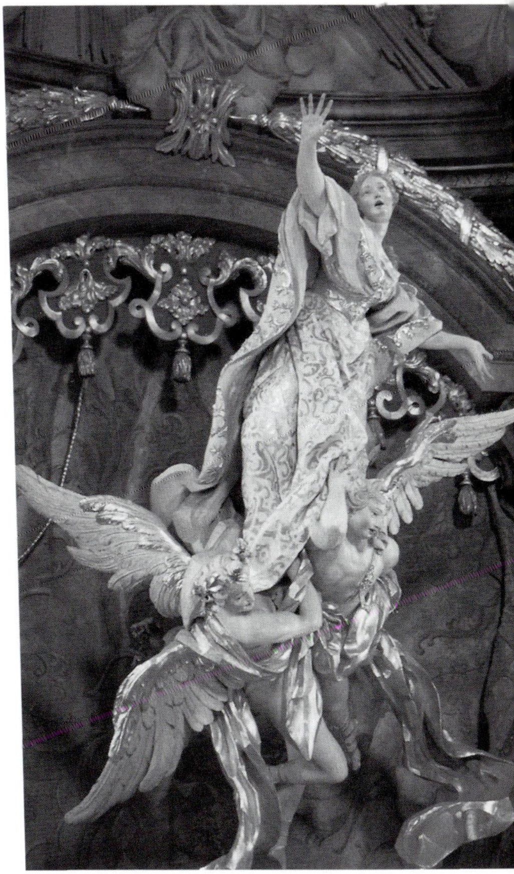

▶ *Rohr: Benediktinerabteikirche, Himmelfahrt Mariens.*

und Gebärden verwandeln das Ganze allerdings stark ins Theatralische und mindern so die Überzeugungskraft der Darstellung, zumindest für den heutigen Betrachter. Schon die farbige Fassung – Weiß und Gold mit getönten Wangen und Augen – zielt nicht auf Realismus. Insofern ist fraglich, ob hier aus dem Betrachter wirklich ein Augenzeuge des sich abspielenden Ereignisses gemacht werden kann, wie DaCosta Kaufmann meint.

Die originelle Altarkonzeption, bei der die Figurengruppen und -ebenen ein Retabel ersetzen, war gewiss von Berninis Kathedra Petri im Petersdom angeregt, dennoch selbstständig entwickelt worden. Beeindruckend ist der Altarraum allemal – ob schön, das sei dahingestellt.

Im Gegensatz zu der spätmittelalterlichen Ikonographie des „Marientodes", bei der die Seele in Gestalt einer miniaturisierten Maria dem Körper der eben Entschlafenen himmelwärts entweicht, wird hier dem Betrachter eine *Maria assunta*, eine nach Tod und Bestattung leiblich in den Himmel Erhobene, vor Augen geführt. Solcher Wechsel der Darstellung ist nicht zufällig, war es doch ein Anliegen der Gegenreformation, den Gegensatz zur lutherischen Ablehnung der traditionellen Marienverehrung zu betonen. Wie in Köln 1618 widmeten die Jesuiten ganze Kirchen der Himmelfahrt Mariens.

Die überlebensgroßen Gestalten des Rohrer Altars wurden aus Stuck mit einem Kern aus Reisig, Stroh und Holzkohle hergestellt. Stil- und Qualitätsschwankungen sind bei den Einzelfiguren feststellbar.

Rottenbuch
Kirche des ehemaligen Augustinerchorherrenstifts

• Errichtet um 1100, gotisiert um 1470, barockisiert 1737–1746. • Baumeister und Dekorateur Joseph Schmuzer in Zusammenarbeit mit seinem Sohn Franz Xaver. • Malereien von Matthäus Günther. • Stuckaturen an Altären, Kanzel, Orgelgehäuse und Chorschranken von Franz Xaver Schmädl.

Rottenbuch liefert ein überdurchschnittlich qualitätsvolles Beispiel einer mittelalterlichen Kirche, deren Inneres bei Bewahrung des überlieferten Raums einer radikalen und spektakulären Barockisierung unterzogen wurde.

Der Kirchenraum erscheint als monumentalisiertes, begehbares Porzellanobjekt. Ist die Struktur der mittelalterlichen Bausubstanz statisch, so wurde sie durch die aufgetragene Dekoration lebendiger gemacht und dabei deutlich „erweicht". Das sehr helle, in Weiß und Gold gefasste Innere strahlt Fröhlichkeit.

Die Gewölbefresken illustrieren den Weg des heiligen Augustinus zum Christentum, sein Leben als Bischof und seinen Tod – war Rottenbuch doch Augustinerkloster. Vier der insgesamt sechs Kirchenaltäre lehnen sich an die zwei letzten Pfeilerpaare vor der Vierung an. Die Kanzel ist sehr nach Westen gerückt. Diese sind zusammen mit dem Hauptaltar, dem Orgelprospekt und den Chorschranken das Werk des hochbegabten

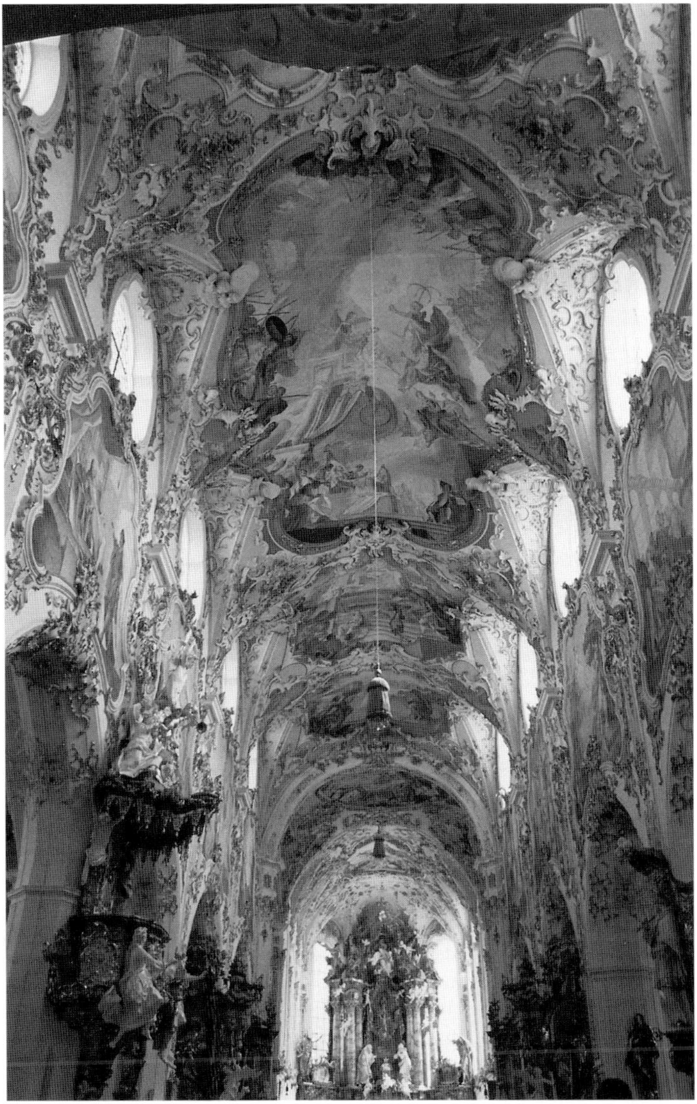

▲ *Rottenbuch: Kirche des ehemaligen Augustinerchorherrenstifts nach Osten.*

Franz Xaver Schmädl aus Weilheim. Als genialer Bildhauer schuf er unter anderem einige der graziösesten Engel seiner Zeit.

In Rottenbuch hatte eine Schar einheimischer Künstler die „Auswärtigen" bereits verdrängt. Alle Künstler kamen sogar aus der näheren Umgebung des Ortes. In rund zwölf Jahren gelang es ihnen, die Kirche in einen magischen Raum des Rokoko zu verwandeln.

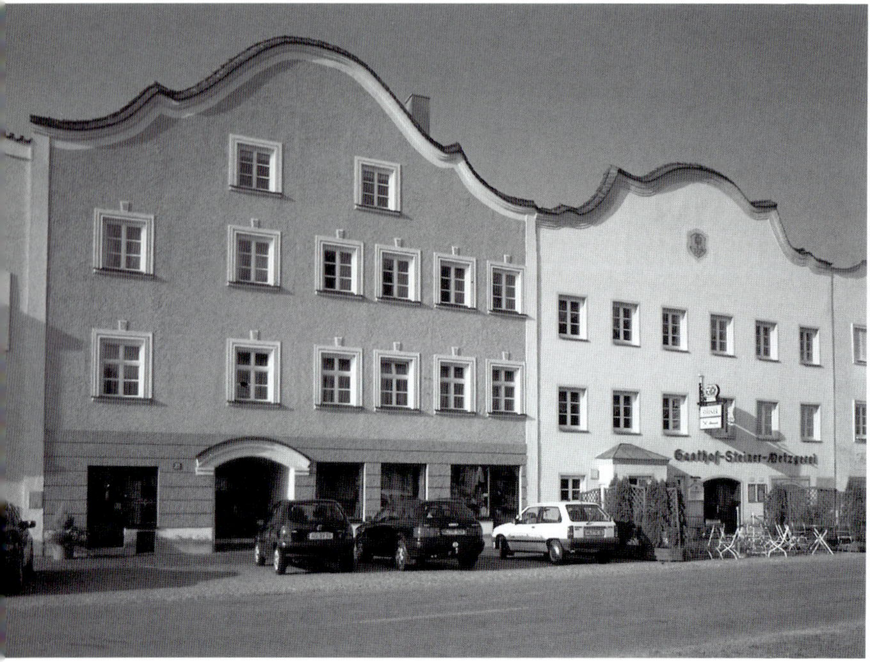

▲ *Tüßling: Häuser am Marktplatz.*

Tüßling
Häuser am Markplatz

I • Errichtet oder umgebaut im 18. Jahrhundert. • Baumeister unbekannt.

Die breit gelagerten Häuser Tüßlings zeigen das typische Bild der Inn-Salzach-Städte. Entweder sind sie mit waagerechten Vorschussmauern oder mit flachen Schweifgiebeln ausgestattet wie hier am Markplatz 27–26.

Der massiven Bauweise wurde bei aller Einfachheit durch die geschweiften Giebel zu einer würdigen Repräsentativität verholfen. Die lückenlosen Giebelreihen ergeben eine kontinuierliche Ondulierung von hohem Reiz. Dies belegt, dass durch einen an sich sehr simplen Kunstgriff eine vollkommene Wirkung erzielt werden kann, die das Wesen barocker Baukunst genauso überzeugend widerspiegelt wie die von Ornamenten überwucherten Architekturen.

Beim Haus Nr. 26 ist ein ebenerdiger Erker vorhanden. Außer dem im Giebel gemalten Wappen entbehrt die Fassade jedes zusätzlichen Schmucks. Die individuelle Farbgebung der einzelnen Häuser trägt zur Lebendigkeit des Ensembles bei. Der Straßenmarkt war bereits im 14. Jh. angelegt. Die barock veränderten Häuser verbergen teilweise eine ältere Bausubstanz.

Weltenburg
Kirche der Benediktinerabtei

• Errichtet 1716 bis in die 1730er Jahre. • Baumeister und Dekorateure die Brüder Cosmas Damian und Egid Quirin Asam.

Das vielleicht schon im 7. Jh. gegründete Kloster Weltenburg liegt in einer eindrucksvollen Landschaft direkt an einer Flussschleife des Donaubruchs. Die idyllische Lage – das Kloster hat sogar einen „eigenen" Strand – entsprach ursprünglich dem Bedürfnis nach Einsamkeit und guter Verteidigungsmöglichkeit. Anfang des 18. Jh. war das Kloster in die Bedeutungslosigkeit zurückgefallen, bis dem 1713 gewählten Abt Maurus Bächel die Wiederbelebung gelang.

Weltenburg ist das erste gemeinsame Werk der Brüder Asam, in dem sie auch die Architektur gestalten konnten. Ihrer römischen Schulung entsprechend, schufen sie hier eine dunkle und von der architektonischen Formensprache und Ornamentierung her recht schwer geratene Kirche. Die dunklen Marmorierungen und die bronzeartigen Vergoldungen der Kirchen bewirken eine gruftartige Atmosphäre. Die Dunkelheit war für zwei Lichteffekte nötig: Zum einen scheint die obere Kuppel über der offenen Schale zu schweben, zum anderen findet sich hinter dem bühnenartigen Hochaltar eine weitere Lichtquelle, die für eine magische Erscheinung des heiligen Georgs zu Pferde sorgt. Das Westfenster an der Fassade stiftet der geosteten Kirche abends etwas Licht, das allerdings von der davor stehenden Orgel wiederum eingedämmt wird.

Der Raum besteht aus drei in die Längsachse gereihten Ovalen. Das große, mittlere Oval bildet den Gemeinderaum. Der Mönchschor wurde auf die Westempore verlegt, um die Szenographie des Chores nicht zu beeinträchtigen. Die für die Fernwirkung gedachte Figurengruppe mit der Rettung der Prinzessin durch den Drachentöter Georg ist aus der Nähe wenig überzeugend. Effektvoll ist die zweischalige Ausführung der Decke: Der dämmrige Unterteil bildet eine nicht ganz regelmäßige Ellipse. Man betrachte im Bild den zu gerade geratenen rechten Mittelabschnitt, der das „Ei" leicht verbeult erscheinen lässt. Diese erste Schale

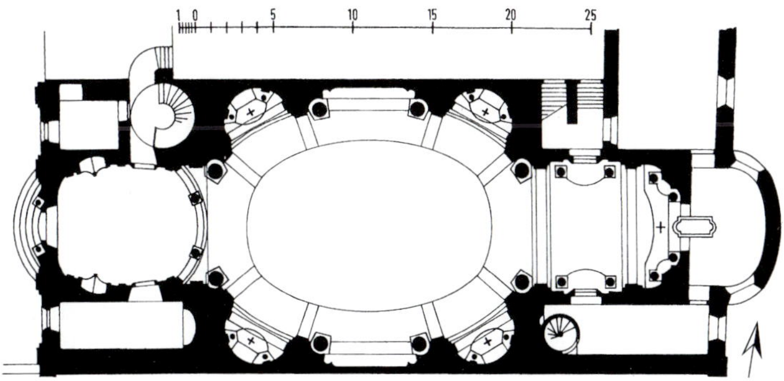

▲ *Weltenburg: Benediktinerabtei, Grundriss der Kirche.*

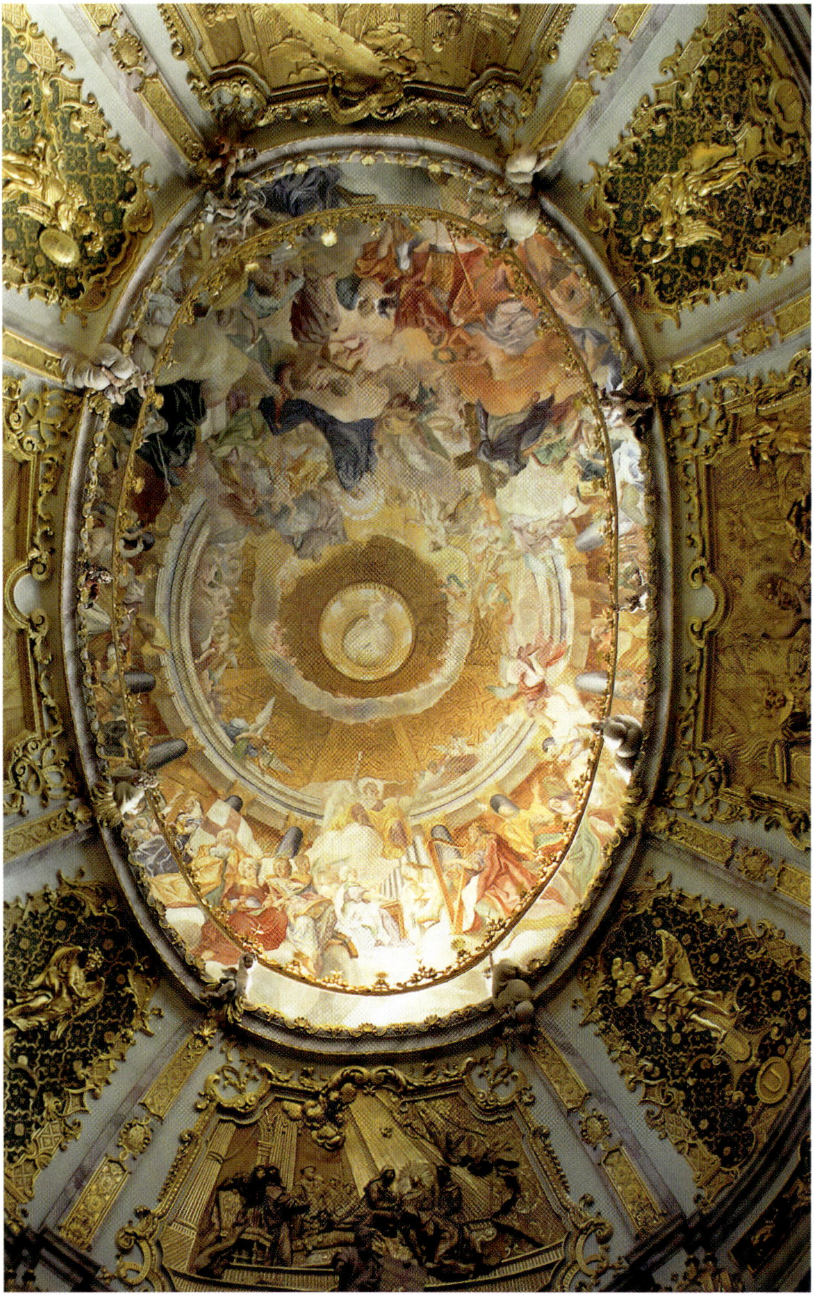

▲ *Weltenburg: Benediktinerabtei, Kuppel der Kirche.*

endet in einem Sims, auf dem Putten über Wolken reiten. Sieht man genauer hin, so entdeckt man links als Büste die Gestalt des Architekten, der selbstgefällig mehr lachend als lächelnd auf die Gemeinde herunterblickt. Das Porträt des Cosmas Damian als Hüftfigur mit Allongeperücke wurde von seinem Bruder angefertigt. Er selbst hat sich im Fresko über seinem Bruder verewigt. Wolken, Putti und Cosmas Damian tragen eine riesige hölzerne, vergoldete Krone, die die Form der Ellipse wiederholt. Die obere Schale mit dem großen Fresko schwebt etwa vier Meter über der unteren. Die Fenster des Tambours bleiben dem Betrachter im Innenraum verborgen.

Im Vergleich zu der viel jüngeren Asamkirche in München wirkt Weltenburg, was die architektonische Gliederung des Hauptraumes betrifft, dem römischen Barock wesentlich stärker verpflichtet. Nicht einmal das wuchtige Gebälk über den Korinthisch-komposit-Kapitellen wurde gebrochen. Das Zusammenspiel von Säulen und Pilastern wurde ebenfalls stark italisierend empfunden.

Westerndorf (Stadt Rosenheim)
Kirche Heilig Kreuz

• Errichtet 1668 – 1671. • Baumeister wohl Konstantin Pader. • Ausführung von Georg Zwerger. • Turmhaube 1776.

Als reine Trommel wurde hier der Nachfolgebau einer mittelalterlichen Kirche in frühbarocken Formen errichtet. Von außen gliedern Lesenen diese Trommel. Die Binnenflächen der Wandfelder zeigen unterschiedliche Befensterung; doppelte Kleinfenster entsprechen Raumzwickeln. Der sich im Westen erhebende Turm birgt in seinem unteren Teil gotische Bausubstanz und dient als Portal der trotz der runden Form geosteten Kirche. Ein Vierpass als abgerundetes griechisches Kreuz wurde in den Kreis des Grundrisses eingeschrieben, so dass der erlebbare Innenraum eine Vierkonchenanlage darstellt. Die Westkonche schafft den Raum für den Eingang und die restlichen drei Konchen für den Hauptaltar und die Nebenaltäre. Die originale Bestuhlung der Kirche ist ebenfalls geostet und unterstreicht somit die Orientierung auf den Hauptaltar, der sich im Aufbau nicht von den gleichwertigen Nebenaltären unterscheidet. Alle drei Altäre sind um die Fenster herumgebaut, um den Lichteinfall nicht zu stören. Jede Konche trägt zwei hochformatige Fenster, so dass die außen zwischen ihnen liegenden Lesenen innen jeweils der Altarachse entsprechen.

Die durch den in den Kreis eingefügten Vierpass entstandenen Zwickelräume dienen als Sakristeien, Oratorien und Treppenaufgänge zu den Emporen.

Entstanden ist hier die größte aller Zwiebelhauben Deutschlands, ein geradezu sagenhaftes Beispiel dieser Gattung. Ungewöhnlich ist dabei nicht nur die Größe, sondern auch die glatte, runde Form, die an russische Kirchen erinnert; die im 17. Jh. bereits vollends deutschte Form der Haube war stets polygonal. Da sie in Westerndorf einem zylindrischen

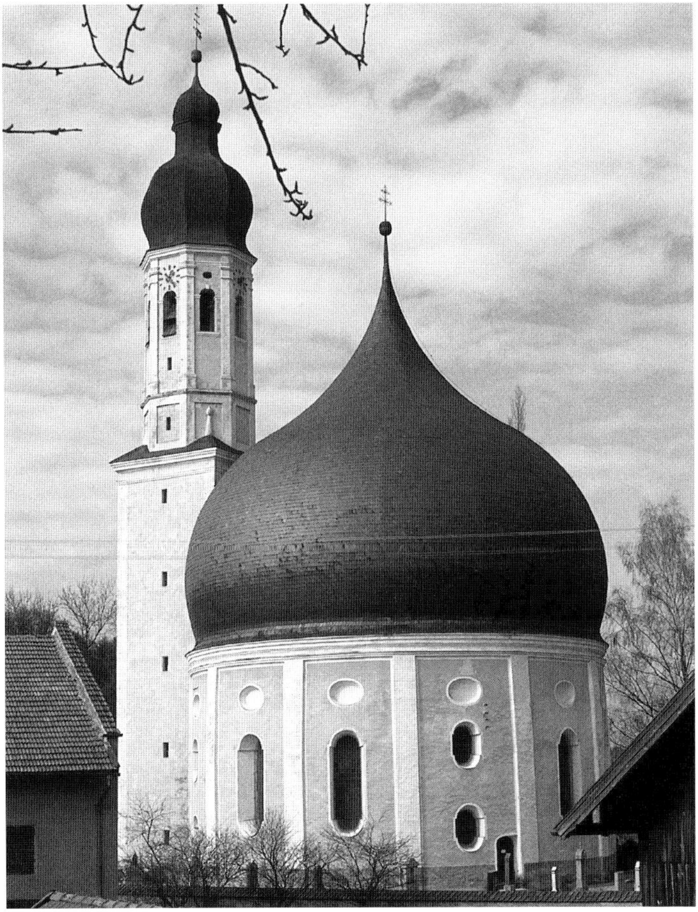

▲ *Westerndorf: Kirche Heilig Kreuz.*

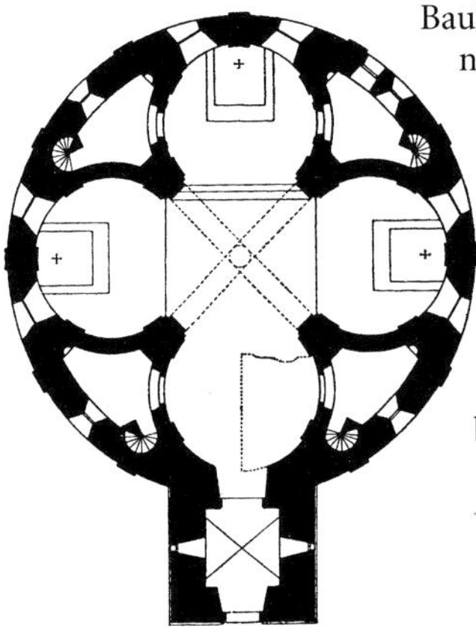

Baukörper entsprechen musste, fallen hier die polygonalen Brechungen fort, weshalb man an slawische Bauten erinnert wird. Es ist nicht richtig, dass „die bairische Turmzwiebel auf die venezianische halbkugelige Turmkuppel zurückgeht", wie Peter von Bomhard im Kirchenführer von Westerndorf behauptet. Zum einen gab es keine spezifisch venezianische Form der Zwiebel – sie war in der Lagunenstadt ein rein byzantinischer Import –, zum anderen beziehen sich deutsche Hauben immer auf reale oder imaginäre Bauten im Hei-

◀ *Westerndorf: Kirche Heilig Kreuz, Grundriss.*

ligen Land, wie in dem Kapitel zur Gotik in diesem Band erläutert. Der Felsendom in Jerusalem ist das Urbild für die Entwicklung deutscher Hauben. Dennoch hat Bomhard die Kirche mit expressiven Worten beschrieben, wenn er von der „prallen plastischen Kraft der Kuppel" (die eigentlich keine ist) und dem „kraftgeladenen Baukörper" spricht.

Das Innere der Filial- und Wallfahrtskirche wurde stark stuckiert, wobei die Naivität des Stils und die additive Kompositionsform der Spätrenaissance auffällig sind. Die einzelnen Stuckmotive sind in sanft-rosa, gelber und blaugrüner Farbigkeit von weißem Grund abgesetzt.

Weyarn
Sankt Peter und Paul

• Prozessionstraggruppe mit der Verkündigung an Maria. • Geschnitzt 1764. • Bildhauer Ignaz Günther. • Farbige Fassung von Nikolaus Nepaur.

Die Verkündigungsgruppe ist eine Prozessionalskulptur, d.h., sie wurde zu Kirchenfesten aus dem Gotteshaus herausgetragen und feierlich in den Straßen gezeigt. Deshalb ist die Gruppe vollrund ausgearbeitet, massiv geschnitzt und auf einem Fußgestell fixiert. Sie sollte möglichst gut den Bewegungen der tragenden Laienbrüder während der Prozession standhalten; die Komposition der Figuren musste eine gleichmäßige Verteilung der Gewichte über dem Fußgestell gewährleisten, um das Tragen nicht zu erschweren.

Auftraggeber war die Rosenkranzbruderschaft in Weyarn, die für diese Gruppe und ein Gegenstück mit der Mater Dolorosa an Ignaz Günther 124 fl. bezahlt hat. Für die Farbfassung erhielt der Münchner Maler Nikolaus Nepaur 50 fl. Hinter fast jeder für Prozessionen bestimmten Skulptur stand in Europa und seinen Kolonien eine Bruderschaft.

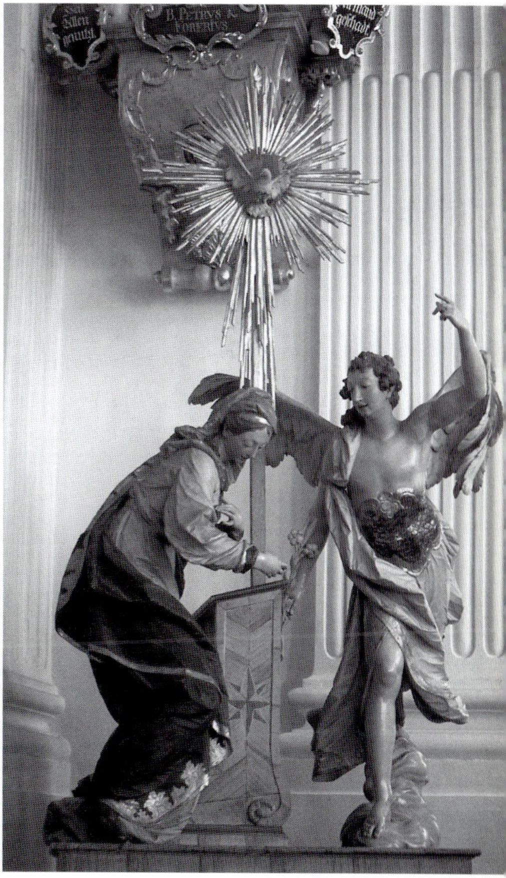

▶ *Weyarn: Verkündigung an Maria in der Kirche Sankt Peter und Paul.*

Die Gruppe aus Lindenholz hat eine Gesamthöhe von 1,60 m. Außer der Maria und dem Engel ist auf dem Gestell ein mit Intarsien geschmücktes Lesepult montiert sowie eine Stange, die die in der Höhe dominierende Taube des Heiligen Geistes in Strahlenglorie hält. Die Glorie ist auf Maria hinunter verlängert. Von der Gruppe ist lediglich der originale Lilienstengel in der gesenkten Rechten des Engels verloren gegangen und musste erneuert werden.

Maria erscheint in labiler Haltung, beugt sich mit gesenkten Blick über das Pult, der Engel steht tänzerisch auf einer Wolke und weist mit der erhobener Linke auf die Taube. Obwohl die Gruppe für den Umzug gedacht ist, will sie frontal betrachtet werden. Bei anderen Perspektiven verliert die dargestellte Botschaft an Klarheit.

Die Qualität dieses Werkes liegt in der Zartheit des Duetts und in der Finesse der Kunst Günthers, eines Bildhauers von europäischer Größe. Für Günther und seine Zeit ist jedoch ein Rückschritt in der Darstellung menschlicher Gefühle und Inhalte zu beobachten: Alles wird elegant und feinfühlig. Diese Figuren gehen lange nicht so ans Herz wie beispielsweise die spanische Plastik des 17. Jh., deren Stärke tiefer menschlicher Ausdruck ist, man denke nur an Pedro de Mena.

Es ist jedoch die außerordentliche Begabung Günthers, die diese Figuren vor der Oberflächlichkeit des Spätrokoko bewahren, dafür ist seine Kunst einfach zu gut. Auf den heutigen Betrachter wirken seine Figuren allerdings sehr weiblich.

„Weichheit“ stand als künstlerische Qualität ganz oben, dies zeigt sich auch in dem tatternden Zeichenstil Günthers, der geradezu von einer Phobie gegenüber geraden Linien geprägt wird.

Wieskirche

• Errichtet 1743–1754. • Baumeister und Dekorateur Dominikus Zimmermann. • Fresken von Johann Baptist Zimmermann.

Die 1984 von der UNESCO zum Weltkulturerbe erklärte Kirche geht auf die Wallfahrt zurück, die 1738 mit dem Tränenwunder einer Statue des „Gegeißelten Heilands“ einsetzte. Bauherr war das Prämonstratenserstift Steingaden.

Die Kirche liegt im Voralpenland zwischen Ammer und Lech in der „Wies“ vor dem Hintergrund des Trauchberges, von Fichtenwäldern umsäumt. Die alte Flurbezeichnung ging auf die Kirche über.

Der Bau verbindet Zentral- und Längsraum in einem geschweiften Grundriss, der mit einer konvexen Vorhalle beginnt, sich als schwellend-elliptisches „Hallenlanghaus“ fortsetzt, und in einen engeren Chor einmündet. Streng genommen handelt sich nicht um ein Oval, da hier zwei Halbkreisen ein Querrechteck eingeschoben wurde. Das sieht man von außen im Aufriss an den geraden Flächen des mittleren Baukörpers. Der tiefe Chorraum wird ähnlich dem Langhaus von engen Nebenräumen begleitet und ähnelt so keiner Hallen-, sondern einer Emporenkirche.

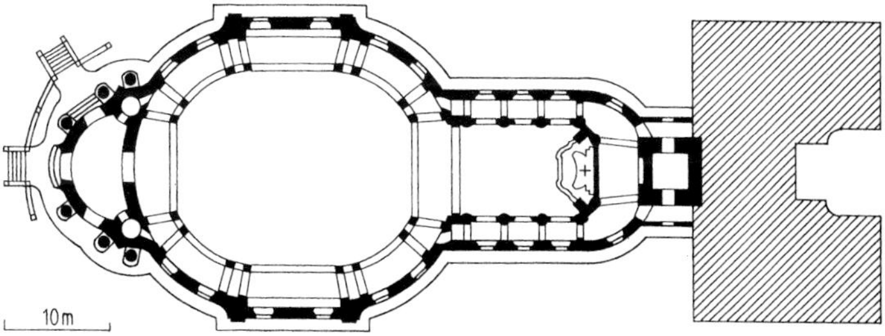

▲ *Wieskirche: Grundriss.*

Der schöne und schlichte Außenbau lebt von seinen Brechungen: Nach der geschwollenen Fassade verbreitert sich der Baukörper, um sich in Richtung Chor wieder zu verengen. Dies bewirkt eine hügelige Gestaltung des sehr sauber gezimmerten Dachs, das in seiner Mitte wegen der dort größeren Breite auch höher ist. Die elliptischen Kirchen vom Typ der Wies – inklusive der 1771 errichtete Rosário-Kirche in Ouro Preto in Brasilien – weisen eine vergleichbare „Dromedar“ Dachform auf.

Der Turm erhebt sich wie bei den deutschen Jesuitenkirchen hinter dem Chor. Die Fensterformen sind phantasievoll, ein thermenfensterähnliches Ochsenauge fehlt nicht. Hinter dem Turm bilden das ehemalige Priorat und Wallfahrtshospitium eine bauliche Einheit mit dem Kirchenbau.

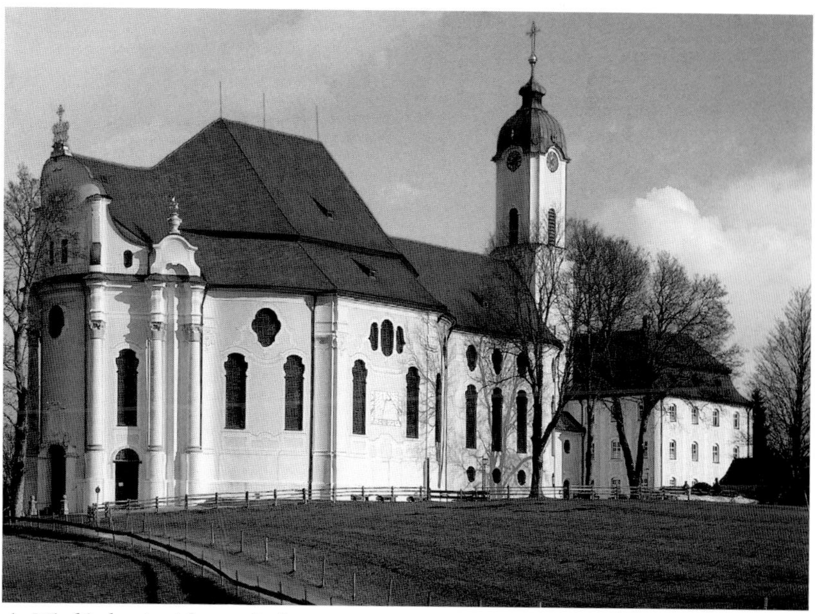

▲ *Wieskirche: Ansicht von Südwesten.*

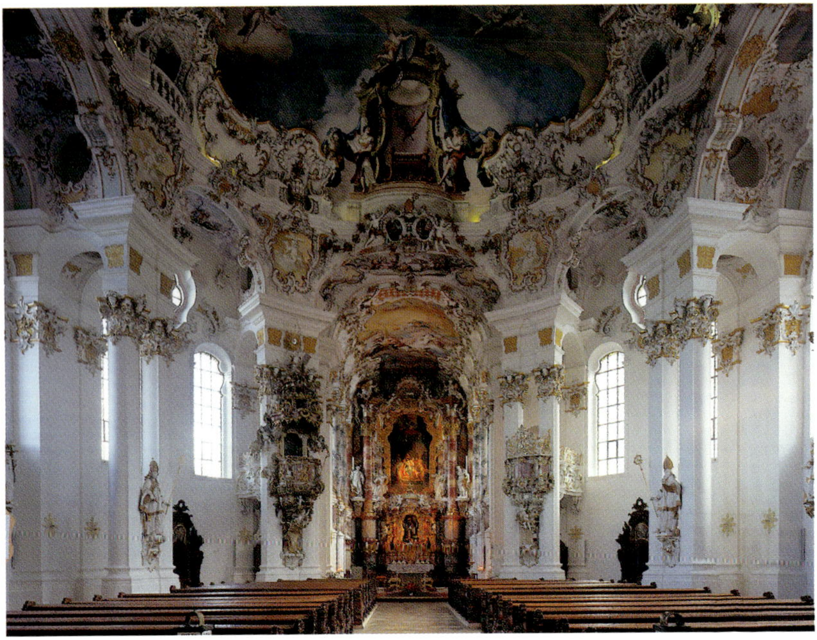

▲ *Wieskirche: Blick in Richtung Chor.*

Das phantastische Innere scheint mehr modelliert als gebaut zu sein. Die Architektur wird von unten nach oben durch die zunehmende Metamorphose in Plastik und zuletzt durch ihre Auflösung in Malerei weicher. Gleichzeitig findet eine kompositorische Verdichtung Richtung Chor statt. Beim Blick auf den Hauptaltar scheint sich der „Himmel" in den Chorraum zu ergießen. Hinzu kommt, dass die Farbigkeit zum Altar hin wärmer wird. Dazu tragen die rote Farbe seiner Säulen, die Tönung der Chordecke und die reichen Altarvergoldungen bei. Zudem scheinen im Prozess der Erweichung der Formen die durchlöcherten Seiten des Chorgewölbes, die Arkadenstellungen zwischen den Säulen entsprechen, wie Teig einzusinken (Martin Warnke). Insofern die Säulenpaare im Hauptraum dagegen ihr Gebälk behalten, findet also eine räumlich-zeitliche Verwandlung der Architektur in Richtung Chor bzw. Altar statt: Der Hauptraum ist *noch* nicht so aufgelöst wie das Presbyterium. Der Besucher wird von dieser Gestaltung übrigens nicht bedrängt – dafür ist der Bau zu hell, auch sind die unteren Zonen des Hauptraums weitgehend frei von Ornamenten.

Kanzel und Gegenkanzel flankieren den Mund des Chores, sie sind durch Brücken erreichbar. Die ganze dekorativ-ikonographische Apparatur stellt äußerstes künstlerisches Können unter Beweis und setzt perfekte Zusammenarbeit zwischen dem Architekten und seinem Bruder und ihren Helfern voraus.

In der allem Anschein nach verzweifelten Suche nach neuen, der religiösen Erfahrung gerecht werdenden Raumlösungen ist Dominikus Zimmermann gleichsam die Explosion einer Hallenkirche gelungen, deren Neuordnung in der Ummantelung eines weiten Zentralraums durch überschlanke Seitenschiffe besteht. Eine Wandpfeilerkirche ist die Wies nicht. Zwei große Nebenaltäre fungieren als Häupter von Querhausarmen. Die ungeheure Spannung des Raums ergibt sich aus dem Zusammenspiel einer „platzenden“ Halle mit einem zentralisierenden, eigentlich nur virtuell vorhandenen Querhaus.

Die ganz zu Recht abgelehnte Kuppel wird zur ovoiden Wölbung. Sie besteht aus Holz, was der Betrachter – ganz anders als bei vergleichbaren brasilianischen Kirchen – nicht ahnt.

Eine starke innere Kraft scheint für die Kohäsion aller Einzelpartien der Kirche zu sorgen.

In der Gesamtwirkung verbinden sich so auf meisterliche Weise das Physische, das Räumliche und das Zeitliche.

Dominikus Zimmermann

Der 1680 in Gaispoint bei Wessobrunn geborene Meister nannte sich, so die Inschrift unter der Orgelempore in der Wieskirche, „Baumeister von Landsperg“. Tatsächlich erwarb er 1716 das Bürgerrecht der schönen Stadt am Lech, in der er unter anderem die äußerst kunstvolle Rathausfassade gestaltete. Dominikus war nicht nur Architekt, sondern auch Stuckator, Altarbauer und Maler. Er hinterließ ein sehr umfangreiches Œuvre, das chronologisch von Niederschönenfeld 1705 über Fischingen/ Schweiz 1709, Füssen 1712, Ottobeuren und Maria Medingen 1716, Buxheim 1726, Steinhausen 1727, Sankt Blasien 1732, Pöring 1739, Wies 1744, Schongau 1748 und Eresing 1755 führt, um nur einige seiner kaum weniger als 40 Stationen zu erwähnen. Gestorben ist der Meister neben seinem Hauptwerk, der Wieskirche, im Jahre 1766.

Die Bedeutung Zimmermanns liegt zum Teil in der Sublimierung des Volkstümlichen, das sichtbar bleibt und trotzdem in keiner Weise provinziell wirkt. Sein Talent als Architekt war ungemein groß. Das legen insbesondere die Kirche von Steingaden, die Wies und die 1739 begonnene Schlosskapelle von Pöring. Sie vor allem, die in der Dekoration sehr zurückhalten ist und sich deshalb zur Beurteilung eines rein architektonischen Gedankens besonders gut eignet, zeigt die Genialität seiner Raumlösungen, die subtile Neuordnung eines Grund- und Aufrisses, die ein Trikonchos völlig verwandelt. Darüber hinaus zeigt die Pöringer Kapelle einen Linienfluss, wie er höchstens noch einmal in wenigen Werken des Art Nouveaus um 1900 nicht wieder zu finden ist. Die 1727–1733 erstellte Kirche zu Steinhausen bei Schussenried zeigt Zimmermanns ganz persönliche Handschrift: einen längsovalen Raum mit frei stehenden Pfeilern und somit mit einer Raumummantelung, die entweder als Umgang oder als geschwollene Hallenform zu interpretieren ist. Zimmermann war außerdem auch der bedeutendste Meister der Scagliola-Technik in Süddeutschland. Die Zusammenarbeit mit seinem Bruder Johann Baptist ist einer der glücklichsten Fälle der deutschen Kunstgeschichte.

V. Der Historismus – Neues in altem Gewand

Angesichts der extremen Formen, die die visuelle Kultur des Barock in Kunst und Mode angenommen hatte, war eine Gegenreaktion zu erwarten, die nach Einfachheit und „Gesundung“ strebte. Die ohne Zweifel neue Epoche kam trotz völlig veränderter historischer Verhältnisse optisch in Form historischer Zitate daher, vor allem in der Architektur. Die Zeit schaffte es nicht ganz, eine eigene, stilistisch selbstständige Baukunst hervorzubringen, stützte sich vielmehr noch stärker auf Vergangenes, als dies die Renaissance getan hatte. Allerdings: Die Bauten jener Zeit sind durchaus durch eigene Qualitäten, auch formaler Natur, gekennzeichnet. Es lassen sich jedoch gewaltige qualitative Schwankungen bei den Architekturen der Zeit beobachten. Die Fassaden wirken manchmal wie Kopien antiker Bauten, manchmal wie eigenständige Lösungen – auch in Bayern.

Im Kontext der westlichen Welt war bereits um 1700, nicht erst um 1800, die vermeintliche stilistische Einheit gebrochen. Dafür sorgte überall nicht nur die weitgehende Fortsetzung bodenständiger Bautraditionen, sondern auch die offizielle, ebenso vermeintlich „internationale“ Kunstszene. Insbesondere England und Frankreich nahmen kaum an der Entwicklung des dynamischen Barock teil und pflegten dagegen eine stark zur Klassik neigende Architektur. Im England des 17. Jh. setzte sich die von Inigo Jones vermittelte, völlig italisierende Baukunst durch, die die eigene britische in höchstem Maße verdrängte. Vielleicht gerade deshalb war hier die Reaktion der Neogotik extrem früh in Erscheinung getreten und hatte sich in zahlreichen Kirchen und Profanbauten des 18. Jh. niedergeschlagen. Die Neogotik in England erschien früher als der Neoklassizismus auf dem Kontinent. Jedenfalls ist eine chronologisch folgerichtige Darstellung der Stilrichtungen dieser Periode nicht möglich. Es erfolgte also bereits im Barock ein letzter Verlust von gemeinsamer, einheitlicher Architektursprache in Europa. Neu war die anscheinend beliebige Anwendung historischer Architekturformen, die allerdings mit einer Revision, mit einer neuen Bewertung und mit neuen, vertieften Kenntnissen der Vergangenheit einerseits und der Geburt der Kunstgeschichte als moderner Disziplin andererseits einherging. Dass dabei der Barock am schlechtesten wegkam, versteht sich geradezu von selbst, waren doch Neogotik und Neuklassik zwei Formen von Historismus, die sich gegen den Barock gewandt hatten. Erst in der zweiten Hälfte des 19. Jh. wurde der Barock wieder entdeckt und auch historistisch nachgeahmt.

Bayern ist in Neoklassik und Romantik innerhalb Deutschlands besonders bedeutend, eine romantische Komponente war dem Neoklassizismus nicht fremd. Deshalb findet man in ihm stilistische Merkmale der Renaissance oder sogar der italienischen Gotik und Romanik. Die Ludwigstraße in München mit ihrer strengen Geradlinigkeit ist hierfür ein Paradebeispiel. Die in diese Straße integrierte Ludwigskirche (Friedrich von Gärtner, 1830–40) strahlt Kälte aus, die Proportionierung, insbesondere die der Türme, wirkt recht unbeholfen. Die Kirche ist weder romanisch noch klassisch, nicht richtig italienisch und keineswegs deutsch, aber gerade deshalb ist sie neu, wenn auch von fruchtloser Neuheit. Diesem Bau ist wohl die Eröffnung des Eklektizismus zu „verdanken".

Die neohellenische Baukunst erlebte in Bayern europäische Höhepunkte: die Gruppe der allesamt dynastisch geförderten Bauten um den Königsplatz in München, die Bavaria auf der Theresienwiese ebendort, die Befreiungshalle zu Kelheim, die Walhalla bei Donaustauf. Während der Regierungszeit Ludwigs I. (1825–1848) entstanden in der Hauptstadt des 1806 proklamierten Königreichs Bayern die Ludwigsstraße und -kirche, die Feldherrnhalle, die Staatsbibliothek, die Hofgartenarkaden, der Königsbau der Residenz, die Universität, das Siegestor, die Alte und Neue Pinakothek, die Ludwigsbrücke, die Allerheiligen-Hofkirche, die Mariahilf-Kirche, das Wittelsbacher Palais, der Königsplatz und die Ruhmeshalle mit der Bavaria. „Nie zuvor war der Kunst ein derart hoher Stellenwert zugewiesen worden. Sie wurde als Gipfel menschlicher Tätigkeit betrachtet" (Frank Büttner) – dieser Behauptung steht allerdings die Tatsache gegenüber, dass das, was Kunst ausmacht, sich kaum fördern lässt. Man hat den Eindruck, dass zu Zeiten, in denen die Kunst nicht als solche geschaffen wurde, es günstiger mit ihr stand. Was heute als historisches Kulturgut gilt, ist zu einem beträchtlichen Teil nicht als „Kunst" entstanden, so die Schöpfungen des höchst kreativen Mittelalters. Trotz aller Förderung von Kunst und aller um 1800 neu gegründeten Akademien wurde kein wirklicher Fortschritt der Kunst erzielt. Es entstand vielmehr eine von Grund auf veränderte Produktion von Kunstwerken, die ihrerseits am Ende des Jahrhunderts in die beispiellose Krise der Non-Konformen, der nichtoffiziellen Künstler mündete. Auch die aufgeklärte Erwartung, Kunst habe eine eminent sittliche Wirkung, sie „veredele" den Menschen, konnte natürlich nicht erfüllt werden …

Wesentlich höher als seine rein formalen sind die allgemein-strukturellen Leistungen des Historismus anzusetzen. Sie betreffen beispielsweise die Überwindung der alten Stadt mit dem Abriss der Stadtmauern (was in München 1791 zu heftigen Protestaktionen und einem allgemeinen Gefühl der Schutzlosigkeit führte), das Schaffen von Strukturen modernen Stadtraums mit Parks, Alleen, Museen, Bahnhöfen und letztlich die Industrialisierung. Während des 19. Jh. ist eine substanzielle Verbesserung der Lebensverhältnisse zu verzeichnen. „Dem Grundsatz nach wurden die Gleichheit aller vor dem Gesetz, die gleiche Leistungspflicht für die öffentlichen Lasten entsprechend dem individuellen Vermögen, die allgemeine Schulpflicht, die gleiche Waffenpflicht der Männer, die Freizügigkeit innerhalb des Königreichs sowie die Gleichberechtigung der Religionsausübung der christlichen Konfessionen eingeführt, wenngleich es weiterhin mancherlei Privilegien für den Adel und die höheren Beamten gab" (Wilhelm Volkert). Indessen ist es verfehlt, mit diesem Fortschritt auch einen solchen zugleich in der Kunst anzunehmen.

Die Romantik hinterließ in Bayern außerordentliche Bauten, insbesondere unter König Ludwig II. Allerdings gilt dies weniger für die sakrale Neogotik. Werke wie die sehr frühe Mariahilf-Kirche (1831 – 1839) oder die viel spätere Pfarrkirche Sankt Paul (1892 – 1906), beide in München, stehen deutlich hinter Werken internationaler Neogotik zurück, beispielsweise den grandiosen Kathedralen von La Plata in Argentinien oder von St. John the Divine in New York, die allerdings erst jetzt an der Wende zum 21. Jh. fertig gestellt werden.

Andererseits hat die Neogotik im heutigen Bayern nicht selten alte gotische Kirchen in einen Zustand wahrer Ausdruckslosigkeit versetzt. Sehr anschaulich zeigt sich dies an der Salvatorkirche in Nördlingen.

Es ist das allgegenwärtige Pathos, das die Architektur der Romantik von der des Mittelalters unterscheidet. Dem Mittelalter war letztlich nichts fremder als das im 19. Jh., auch im wagnerianischen Sinne, extrem betonte Pathos.

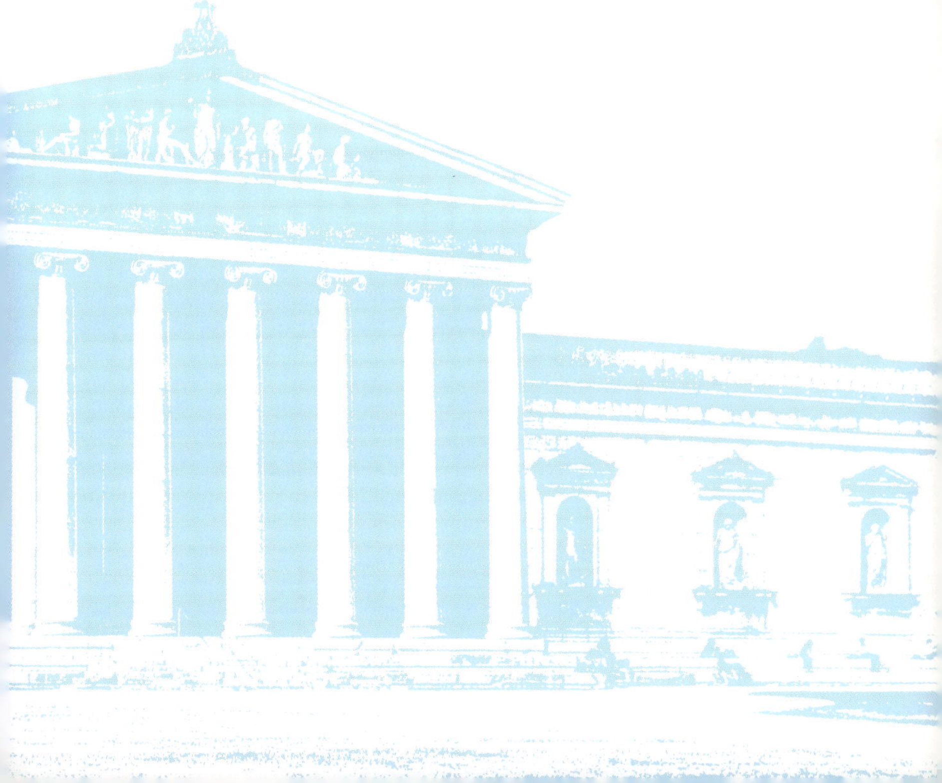

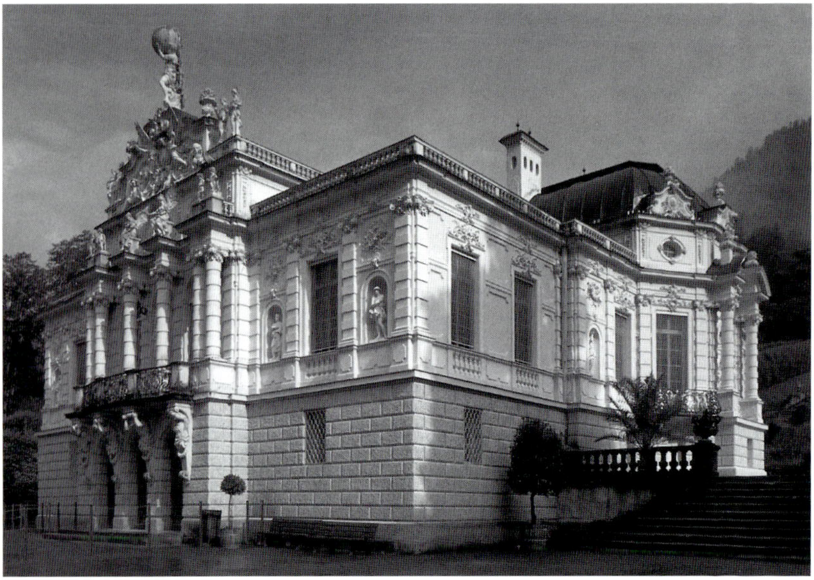

▲ *Linderhof: Schloss.*

Linderhof
Schloss

• Errichtet 1870 – 1886. • Baumeister Georg Dollmann nach Vorstellungen von König Ludwig II.

Das kleine Schloss inmitten der Ammergauer Bergen war nach Neuschwanstein Ludwigs zweiter und tatsächlich von ihm bewohnter Alpensitz. Der damals einsam-ruhige Ort ist heute von Touristen überfüllt.

Die Geschichte des Gebäudes ist kompliziert. Zunächst hatte sich der König von Georg Dollmann ein „byzantinisches" Schloss entwerfen lassen. Stattdessen baute man 1870 einen Flügel als Erweiterung eines bereits vorhandenen Königshäuschens an. 1871 – 72 wurde der soeben vollendete Flügel abgebrochen, es kam zu einer deutlichen Erweiterung mit zwei Ovalflügeln und einem großen Schlafzimmer. Hinter den schönen Fachwerkfassaden, die in einem Bild dokumentiert sind, tobte Ludwigs neubarocke Welt. Erst 1874 wurden Steinfassaden errichtet, wodurch das Schlösschen auch von außen mehr oder weniger „neubarock" wurde. Das Schlafzimmer, dem von vornherein eine übertrieben zentrale Bedeutung zukam, wurde noch erweitert, als der König 1886 starb.

Gute Architektur ist daraus nicht geworden. Die skurrilen Proportionen des Bauwerks und seine Formensprache sind nicht besser als unzählige Bauten des 19. Jh., egal wo sie stehen. Hinsichtlich des Äußeren ist also Linderhof eher Masse als Klasse, eine Feststellung, die den Bauherrn sicher zutiefst verletzt hätte. Allerdings gibt es weltweit wohl nur wenige

Bauten, die eine solch übertrieben albern wirkende und prächtige Inneneinrichtung besitzen. Nicht weniger spektakulär ist die Lage des Schlösschens; der Park gehört zweifellos zum Besten des Historismus. So bleibt Linderhof – ungeachtet der fehlenden architektonischen Qualität – eine hochinteressante Attraktion. Will man sich Ludwigs Bauten annähern, so besser unter einer poetisch-literarischen als einer architektonischen Perspektive.

Der Bau stellt ein egozentrisches Werk dar, das nur für Ludwig unter Ausschluss des von ihm gehassten Hofes geschaffen wurde. Zwar gibt es hier ein Audienzzimmer (als Pendant des Speisezimmers), aber am liebsten hätte es der König überhaupt nicht benutzt. Die dem Schlafzimmer zugemessene Größe spiegelt Ludwigs Verehrung des „Sonnenkönigs" Louis XIV. wider, von dem er im Vestibül des Schlösschens sogar ein Reiterstandbild aufstellen ließ. Auch das viel bewunderte *Tischleindeckdich* im Speisezimmer ist der 1699 vom französischen Hofmechanikus Loriot für Versailles gebauten Servier-Maschine, einer Art Tischaufzug, nachgeahmt.

Neben der massiven stilistischen Orientierung an Frankreich finden sich in Schloss und Park auch Elemente des bayerischen Rokoko und der europäischen Gartenkunst. So sind im Park die Terrassen- und Kaskadenanlagen italienisch geprägt. Die berühmte Linde im Garten, auf der Ludwig einen Hochsitz mit bequemer Holztreppe bauen ließ, hat englische Vorläufer, wie das um 1760 auf einem Riesenbaum eingerichtete Teehäuschen in Pitchford Hall, Shropshire. Jedenfalls konnte Ludwig auf der Linde mit seinem verehrten Josef Kainz frühstücken.

Die künstlerische Zusammensetzung in Linderhof ist ein Paradebeispiel eklektizistischen Vorgehens. So befinden sich im Schlosspark ein maurischer Kiosk, der von Preußen in der Pariser Weltausstellung von 1867 ausgestellt wurde, ein marokkanisches Haus, ebenfalls aus der Pariser Weltausstellung, sowie eine 1990 wiederhergestellte „Hundinghütte", die nach den Anweisungen Richard Wagners für den ersten Akt der Walküre ausgestattet wurde! Auch ein Theater hätte in Linderhof errichtet werden sollen, was 1878 wegen Geldmangel entfiel.

München
Glyptothek

• Errichtet 1816 – 1830. • Baumeister Leo von Klenze.

Der Königsplatz in München geht auf eine „griechische Vision" von Kronprinz Ludwig I., einen von Tempelbauten umstandenen Platz, zurück. Er sollte das westliche Eingangsforum der Stadt bilden. Die ersten Entwürfe lieferte Karl von Fischer. Klenze errichtete zunächst die Glyptothek, ein Museum für antike und zeitgenössische Skulptur. Das zweite Gebäude, ein Ausstellungsbau, entstand vis-à-vis der Glyptothek 1838 – 1845 durch Georg Ziebland. Der dritte klassizistische Bau stammt ebenfalls von Klenze: die Propyläen, errichtet erst 1846 – 1862. Die Ge-

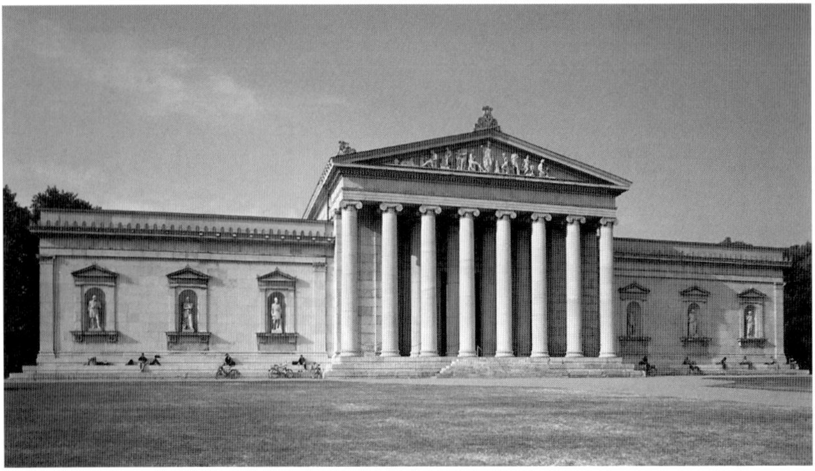

▲ *München: Glyptothek, Fassade am Königsplatz.*

bäude an der vierten Seite des Platzes wurden während der nationalsozialistischen Periode 1933 – 38 von Paul Ludwig Troost erbaut. Sie zeigen, wie auch die 1947 gesprengten „Ehrentempel" des Dritten Reiches, ebenfalls einen dem Klassizismus verpflichteten Entwurf.

Klenze plante ein Ensemble von drei Bauten: die ionische Glyptothek, eine korinthische Kirche und das dorische Stadttor. Die Kirche wurde durch das Kunstausstellungsgebäude (heute Staatliche Antikensammlung) ersetzt, bewahrte jedoch jene korinthische Ordnung, die für das Gotteshaus vorgesehen war. Klenze schrieb 1817 an den Kronprinzen Ludwig, dass die Gebäude „auf einem Punkte das Bild des reinen Hellenismus in unsere Welt verpflanzen geben; aber nicht dahin gezwungen sollen diese griechische Werke aussehen, sondern gleichsam wie höchst kultivierte Kolonisten, die ihrer höheren Bildung und Vortrefflichkeit noch willig das Gute hinzufügen, welches sie an dem Volke, unter welchem sie sich niederlassen, wahrnehmen und so ihm lieb, wert und einheimisch machen".

Der Königsplatz steht in einer Reihe mit klassizistischen Plätzen anderer europäische Großstädte, einheimisch wurde er natürlich nie. Ebenso wenig hatte er irgendeine volkspädagogische Funktion. Aus heutiger Sicht bleibt den Bauten auch nichts von ihrer vermeintlich „höheren Bildung und Vortrefflichkeit". Klenzes Worte zeigen die fragwürdige Überzeugung von der Überlegenheit der Antike und außerdem den – historisch gesehen – so schädlichen, spezifisch deutschen kulturellen Minderwertigkeitskomplex, der angesichts der hohen Leistungen der historischen Architekturen Münchens vor 1800 ganz unverständlich ist. Immerhin hat sich der Vater von Ludwig I., Max I. Joseph, in dessen Regierungszeit der Glyptothekbau fiel, mehr als skeptisch über das Gebäude und seine Funktion geäußert: Ihm wäre für München ein neues Irrenhaus lieber gewesen als „dieses ersichtlich von einem Narren erbaute Haus"!

Die Bedeutung der Glyptothek liegt nicht in ihrem Stil, sondern in ihrer Eigenschaft als einer der frühesten Museumsbauten in Deutschland, der eine wichtige Innovation mit sich brachte: Die Skulpturen wurden nicht mehr thematisch, sondern chronologisch ausgestellt. Ein Teil der im Krieg verloren gegangenen und nicht mehr wiederhergestellten Innendekoration hatte zwar didaktischen Charakter, störte aber die Wirkung der ausgestellten Skulpturen. Unter diesem Aspekt hat das nach dem Krieg restaurierte Gebäude viel gewonnen und bietet ein edles, weitgehend neutrales Ambiente für die hervorragenden Werke der Antike.

Für die Fassade zeichnete Klenze auch einen römischen und einen italienischen Entwurf, beide wurden zugunsten des griechischen Aufrisses aufgegeben. Der ausgeführte Mittelteil wurde als ionische Tempelfront mit acht Säulen gestaltet. Das Tympanon zeigt die Arbeit von Künstlern unter dem Schutz der Pallas. Links und rechts des „Tempels" finden sich niedrige, durch gerahmte Figurennischen belebte Seitenflügel. In der Ausschreibung von 1814 war aus Gründen der Feuersicherheit jede Verwendung von Holz verboten. Gefordert wurden auch die Eingeschossigkeit, die klare Trennung der einzelnen Säale, die Fensterlosigkeit der Hauptfassade, Erweiterungsmöglichkeiten an der Gebäuderückseite und natürlich der reinste antike Stil.

Seit der Gründung der Münchener Akademie 1808 erfolgte die Planung öffentlicher Gebäude nur noch auf Basis von Wettbewerben.

Neues Rathaus

• Ostteil mit Mittelgiebel 1867 – 1874. • Rückwärtiger Erweiterungstrakt 1889 – 1893. • Westteil mit Turm 1899 – 1909. • Baumeister Georg Hauberrisser.

Dem neuen Münchener Rathaus fielen 24 der historisch signifikantesten Bürgerhäuser der Stadt zum Opfer, die vorwiegend aus Mittelalter und Renaissance stammten. Als das Rathaus 1909 fertig war, blieb nicht viel vom herkömmlichen Bild des Marienplatzes übrig.

Hauberrisser schwebte zunächst eine mehr oder weniger deutsche Fassade in der Art der 1860 von Leonhard Schmidtner veränderten Landshuter Rathausfront vor, die im Ostteil auch realisiert wurde. Sie ist keineswegs als Kopie von Landshut zu verstehen. Insbesondere bei der letzten Erweiterung ab 1899 wechselte der Architekt das Vorbild zugunsten eines hoch repräsentativen Rathaustyps der Gotik, wie er nur im flandrisch-brabantischen Raum vorkommt. So entstand die mit einem hohen Turm versehene Westhälfte des Rathauses, die eine Mischung aus dem Brüsseler Rathaus und dem Brügger Belfort darstellt. Für den Innenhof hat allerdings die Albrechtsburg in Meißen Pate gestanden. Alle diese Vorbilder standen freilich nicht in der architektonischen Tradition der Stadt. Dennoch ist das heute fast 100 Jahre alte Rathaus ein fester Bestandteil des Stadtzentrums. Von seinem in Kalk- und Tuffsteinquadern errichteten Turm genießt man das Panorama des Stadtherzens, sein Glockenspiel zieht viele Besucher der Stadt an.

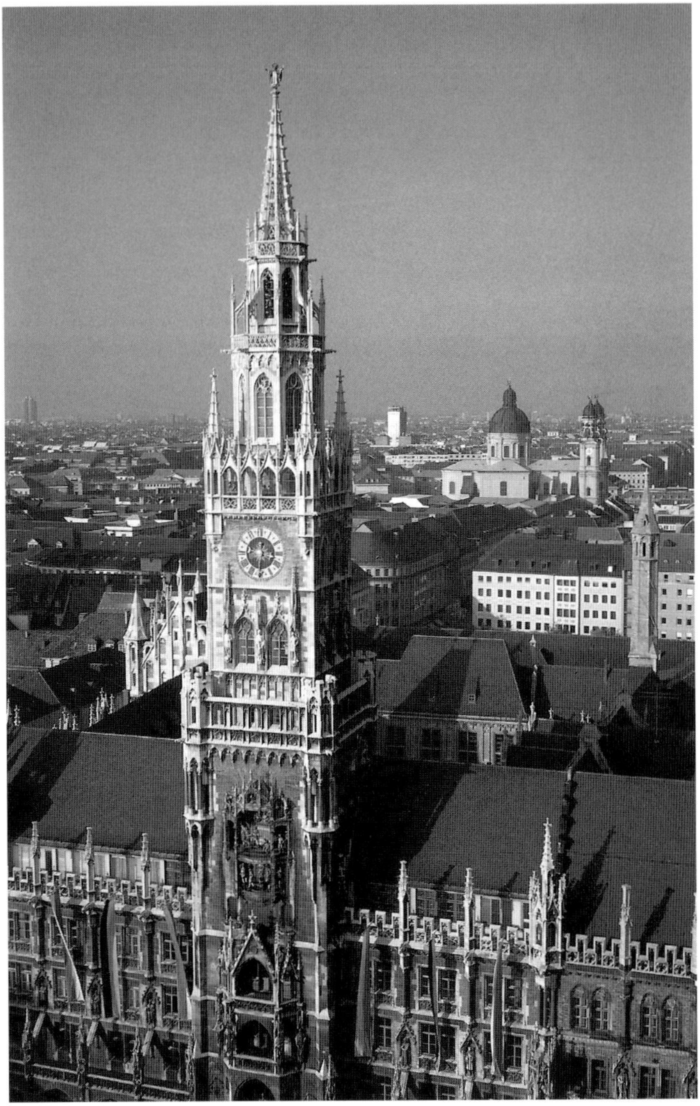

▲ *München: Neues Rathaus, westliche Hälfte mit Fassade am Marienplatz.*

In der Reihe recht aufwändiger Rat- und Parlamentshäuser der Neogotik ist das Münchener Rathaus durchaus als architektonische Leistung zu würdigen. Rein ästhetisch gesehen übertrifft es bei weitem die Fassade des Wiener Rathauses, das Friedrich von Schmidt 1869 – 1883 errichtet hatte. Auch im Vergleich mit dem 1883 – 1904 erbauten Parlament in Budapest zeigen sich die Vorzüge des Münchener Werks. In Wien und

Budapest entsteht der Eindruck, dass die Fassadengliederungen nur ein pseudogotischer Mantel für die klassisch konzipierte Architektur sind. In München dagegen könnte der Laie noch glauben, vor einem Bau des Spätmittelalters zu stehen. Allein das 1835–1868 errichtete Londoner Palace of Westminster von Charles Barry und Augustus Pugin übertrifft in seiner Formensprache bzw. feinsten Gliederung alle vergleichbaren historistischen Bauten.

Neuschwanstein (Hohenschwangau)
Schloss

• Errichtet 1869–1892. • Vorentwürfe des Bühnenmalers Christian Jank, Ausführung durch Baurat Eduard Riedel, ab 1874 Bauleitung Georg Dollmann. • Bau- und Einrichtungsprozess unter stetiger Beaufsichtigung Ludwigs II. bis zu seinem Tod 1886.

Im Unterschied zu den bayerischen Bauten des Neuklassizismus – inklusive der mit nationalem Anspruch errichteten Walhalla bei Donaustauf – ist die beeindruckend über dem steilen Felsen der Pöllauschlucht gelegene romantische Burg Ludwigs II. zu einem international bekannten Wahrzeichen Deutschlands geworden. Dass es touristischer Natur ist zwischen Kunst, Kitsch und Kommerz, ändert nichts daran.

Ludwig hatte keinen direkten Anlass zum Bau von Neuschwanstein, aber dessen Funktion als „Fluchtburg" ist unübersehbar. Die Burg hat ihn sechs Millionen Mark gekostet – und letztlich den Thron und das Leben. Die Idee, eine pseudomittelalterliche Burg zu errichten, war nicht neu, war doch nicht nur die schwäbische Stammburg der Hohenzollern längst wiederaufgebaut, sondern auch die frühen neogotischen Rheinburgen wie Stolzenfels. Die Lebenseinstellung Ludwigs und seine Absicht, in der Burg zu hausen, um die Realität möglichst fern zu halten, finden ihre Parallele in William Beckford im England des späten 18. Jh. Der millionenschwere Brite wurde aufgrund eines homosexuellen Skandals marginalisiert, worauf er sich 1796–1812 den grandiosen neogotischen Wohnsitz Fonthill Abbey errichten ließ, dessen Mittelturm 91m Höhe erreichte. Dieses Schloss war nicht wie Neuschwanstein durch die Berglage isoliert, sondern durch eine Mauer von 9,6 km Länge.

Zwischen der Absicht Ludwigs, einen Bau im „echten Styl der alten Ritterburgen" zu errichten, und dem ausgeführten Bau liegen Welten. Die Architektur Neuschwansteins ist zwar neuromanisch, mit einer alten Burg aber hat sie kaum Gemeinsamkeiten. Umso erstaunlicher ist es, dass Architekt Riedel und Theatermaler Jank zum „Studium" des altdeutschen Stils nach Nürnberg und Landshut geschickt wurden, denn nichts in diesen waschechten mittelalterlichen Städten hätte als Vorbild für die romantisch-szenographische Architektur Neuschwansteins in Frage kommen können. Relevant hingegen war die Studie der Wartburg in Thüringen, die damals schon eine weitgehend verfälschte Version des Mittelalters darbot; der König selbst kannte die Wartburg aus eigener Anschauung. Von dort wurde insbesondere der Sängersaal übernommen,

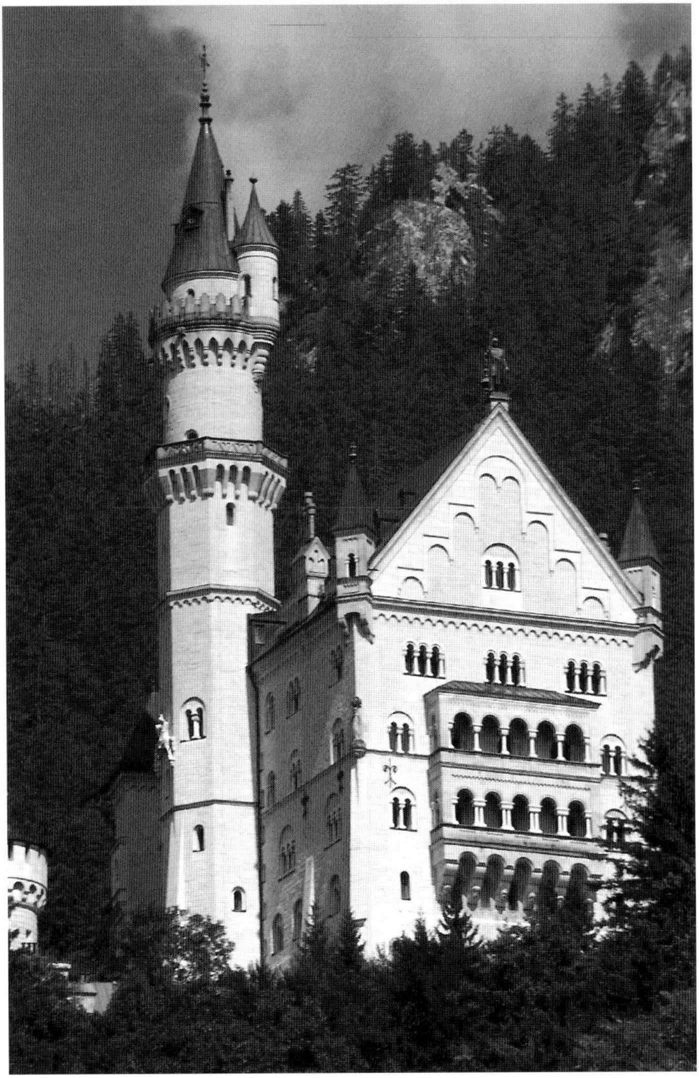

▲ *Neuschwanstein: Schloss von Westen.*

der sich im obersten Geschoss des fünfstöckigen Palas befindet. Den westlichen Abschluss des Palas bildet der Thronsaal, der außen durch eine doppelgeschossige Laube über kräftigen Kragsteinen hervorgehoben wird. In diesem Thronsaal, der eigentlich von der heute zerstörten Allerheiligen-Hofkirche in der Münchener Residenz inspiriert wurde, verwirklicht sich Ludwigs „byzantinischer Traum", der anfänglich in Linderhof realisiert werden sollte. Der Thronsaal hätte ursprünglich ein

Audienzzimmer werden sollen, nahm jedoch die Form einer byzantinischen Kirche mit einem religiösen ikonographischen Programm an. Die Ereignisse ließen es nicht zu, hier einen Thron aufzustellen.

Die außen überwiegend neoromanische Architektur war innen doch eklektizistisch, wie sich im Thronsaal oder in dem neospätgotischen Schlafzimmer des Königs zeigt. Die nicht ausgeführte Burgkapelle sollte ein der romanischen Kirche Saint-Trophime in Arles entnommenes Portal bekommen.

Weniger ihr kunsthistorischer Stellenwert oder ihre künstlerische Qualität, sondern vielmehr ihre unerhörte Extravaganz in Idee, Ortswahl und Ausführung machen die Ludwig-Schlösser zu einer Sensation, die unverändert Touristenströme aus aller Welt anzieht.

VI. Die Vormoderne – Die lange Suche nach Identität

Dem Prozess der „Vereinfachung“ der barocken Kultur kamen vor und nach 1800 die Romantik und der Neoklassizismus zu Hilfe. Dem von ihnen ausgelösten Eklektizismus gelang es – trotz neuer Bauaufgaben und teilweiser Modernisierung der Bautechnik durch die Eisenkonstruktion – nicht, seine historistische Gewandung aufzugeben. Alle denkbaren Variationen stilistischer Art wurden erprobt: Für München beispielsweise ist der „Maximilianstil“, genannt nach König Max II. (1848–1864), charakteristisch, eine unterschiedlich starke Mischung aus Gotik, Romanik und Klassik mit monumentalen Fassaden wie in der Maximilianstraße mit dem Regierungsgebäude von Oberbayern und dem Maximilianeum jenseits der Isar.

In den zwei Jahrzehnten vor dem Ersten Weltkrieg wurde der Jugendstil in der Landeshauptstadt heimisch. Er ist als wichtiger Versuch zu werten, das Chaos aus herkömmlichen Stilrichtungen zu überwinden, und hat in der Stadt zahlreiche, wundervolle Wohn- und Mietshäuser hinterlassen. Parallel zum Jugendstil entfaltete sich eine Art Neubarock, Interferenzen zwischen beiden sind häufig feststellbar. Oft kam es zu einer hochinteressanten Verschmelzung von Jugendstil, Heimatstil und Neobarock wie beim zu Recht berühmten Müllerschen Volksbad (1897–1901, Rosenheimer Str. 1), einem Werk des Architekten Carl Hocheder.

Ein Resümee des breiten architektonischen Geschehens in Deutschland zwischen der Jahrhundertwende und dem Ersten Weltkrieg zeigt eine zunehmende Distanzierung vom internationalen Eklektizismus (ironischerweise als „Gründerzeit“ Deutschlands bekannt) bei gleichzeitiger Annäherung an einfachere Lokaltraditionen. Dies erfolgte im Rahmen des bautechnischen Wandels mit der zunehmenden Verbreitung des Betonskeletts. Festzustellen ist, dass überall in Deutschland der Überschuss an eklektizistischen Dekorationen zurückging, so dass die Architektur moderner wurde, wenn auch bis auf wenige Ausnahmen nicht avantgardistisch. Die Rückbesinnung auf die ältere regionale Bautradition mit Verzicht auf dominante romantische oder klassische Zitate hatte eine wohltuende Wirkung auf die jeweiligen Stadtarchitekturen. So stellt beispielsweise das 1912–14 von dem höchst begabten Architekten Fritz Schumacher errichtete Holthusenbad in Hamburg-Eppendorf ein norddeutsches Pendant zum Müllerschen Volksbad dar. Mit seiner Klinkerarchitektur verrät dieses Bad gegenüber dem Münchener das Norddeutsche, mit seiner größeren Einfachheit das jüngere Baudatum. Dass beide Volksbäder ganz unterschiedlich aussehen, spricht für den Reichtum architektonischer Möglichkeiten unter Bewahrung einer gewollten „eigenen Identität“. Bedauerlicherweise ist dieser Reichtum während des 20. Jh., insbesondere nach 1945, weitgehend verloren gegangen – nicht nur in Deutschland. In der Periode 1945 – 1990 und noch darüber hinaus hätte ein Architekt sich kaum mit der Idee durchgesetzt, regionale Stilmerkmale zu berücksichtigen.

In dem Anfang des 20. Jh. deutlich spürbaren Spannungsfeld von Innovation und Tradition steht das Münchener Zollamt. Es wird in diesem Kurzkapitel als einziges, sozusagen stellvertretendes Beispiel für die Vormoderne dargestellt.

Wie schwierig es damals nicht nur für die Architektur, sondern auch für die Kunst überhaupt war, einen neuen Weg zu finden, kann man sich ausgehend von der Sentenz des deutschen Kaisers Wilhelm II. vom Dezember 1901 gut denken: „Eine Kunst, die sich über die von mir bezeichneten Gesetze und Schranken hinwegsetzt, ist keine Kunst mehr."

München war Ende des 19. Jh. zu einem großen Kunstzentrum geworden. Dabei fällt der Kontrast zwischen den etablierten, hoch geschätzten Meistern wie Franz von Lenbach, der wie ein Fürst in seiner Villa residierte und Präsident der Münchener Künstlergenossenschaft war, und den offiziell nicht anerkannten, aber letztlich wesentlich bedeutsameren Künstlern auf, die trotz kaiserlichen Verdikts und der amtlichen und bürgerlichen Bigotterie einen Beitrag zur Weltkunst leisteten: Wassily Kandinsky, Franz Marc und Paul Klee sind drei von ihnen. Nur Marc war ein Münchener, Kandinsky kam 1896 aus Russland in die bayerische Metropole zusammen mit Jawlensky und Werefkin. Zwei Jahre später kam auch Paul Klee aus der Schweiz. De Chirico studierte ebenfalls 1906/07 in München. Das Unbehagen gegenüber der offiziellen Kultur erklärt die Bildung alternativer Zentren. 1902 entstand aus Protest gegen die von Lenbach zu autokratisch geführte Münchener Künstlergenossenschaft der „Verein Bildender Künstler München e.V. Secession". Unter den Abtrünnigen befand sich kein Geringerer als Peter Behrens. Ein Jahr zuvor hatte Kandinsky die Kunstschule „Phalanx" eröffnet, die durch ihre Arbeit in der Natur und die Zulassung von Frauen auffiel. 1909 wurde die „Neue Künstlervereinigung München" gegründet, die bereits ein Jahr später eine radikal moderne Ausstellung organisierte. Erwartungsgemäß stieß diese auf heftiges Unverständnis und wurde in der Presse vernichtend kommentiert.

Ein Jahrhundert später ist klar, wer eine bedeutende Gestalt der Münchener Kunst war. Allerdings hat die Überbewertung der Avantgarde, der bahnbrechenden Kunst, die während des 20. Jh. inflationär zugenommen hat, zu Unrecht eher konservativ gesinnte Künstler in den Hintergrund treten lassen. Eine so vollkommene Malerpersönlichkeit wie Wilhelm Leibl darf nicht unerwähnt bleiben, ebenso wenig der Bildhauer Adolf von Hildebrandt. Beide waren nach München gezogen. In Vergessenheit geraten ist der Münchener Georg Wrba. Nicht zuletzt deshalb wurde er für dieses Kapitel ausgewählt – muss doch gezeigt werden, dass es außer der Avantgarde auch gute „konforme" Kunst gab.

Kempten
Sankt-Mang-Brunnen

I • Errichtet 1905. • Bildhauer Georg Wrba.

Der Sankt-Mang-Brunnen in Kempten, an der Südseite der gleichnamigen Kirche, wurde in Erinnerung an den legendären Gefährten des hl. Kolumban und des hl. Gallus aus dem 7. Jh. geschaffen. Mang – eigentlich Magnus – wirkte im Allgäu, unter anderem gründete er die Urzelle des nach ihm benannten Benediktinerklosters in Füssen. Der sagenumwobene Heilige soll sogar einen Drachen überwältigt haben.

Der von Wrba entworfene und ausgeführte Brunnen hat den Charakter eines „Märchenbrunnens", der gut zur eher wundersamen als realen Gestalt des Heiligen passt. Der Bildhauer zeigt sich zwischen Tradition und Innovation hin und her gerissen. Während die Figur des Heiligen, die über dem eigentlichen Schalenbrunnen in einem Gehäuse steht, eine konventionelle Schöpfung des historistischen *Ottocento* darstellt, trägt das restliche Werk bereits die Züge einer Vormoderne, die dem Jugendstil nahe steht.

Durch den Aufbau als Baldachin mit vier Säulen und einer geschweiften Kupferhaube erweist sich der Brunnen als streng architektonisch organisiertes Werk. In radialer Entsprechung zur Brunnenmitte, sich an die Säulen anlehnend, stehen vier Podeste um den Brunnentrog, auf denen jeweils ein von einem Knabenwesen berittenes Tier steht: Hirschkalb, Hirsch, Einhorn und Steinbock. Die Knaben sind entweder Faune oder Tritone. Den Postamenten dieser vier Bronzeskulpturen sind halbrunde Wasserschalen vorgelagert. Das Ganze steht auf einer einstufigen, gegenüber der Kirchflanke übereck gestellten Plattform. Zu den figürlichen Motiven gehören auch die wasserspeierartigen Tiere an den Zwickeln der Baldachinhaube und die Atlantenwesen, die die obere Brunnenschale scheinbar tragen.

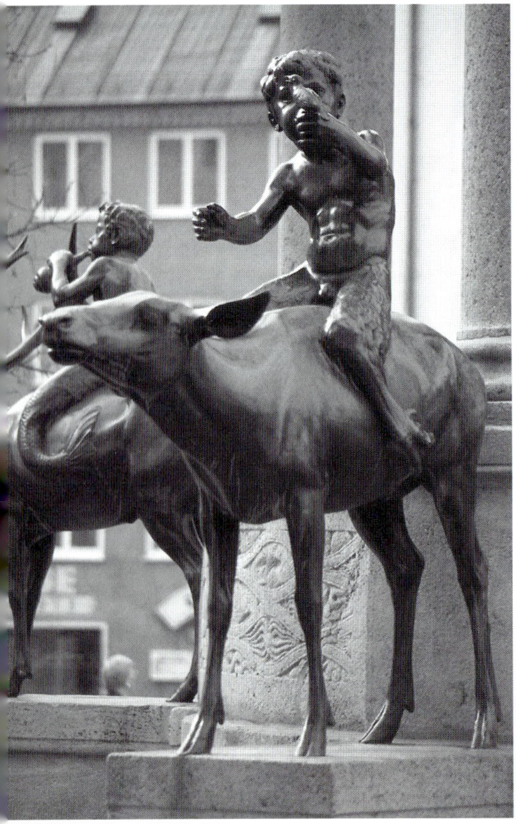

◀ *Kempten im Allgäu: Sankt-Mang-Brunnen, Detail.*

Der damals 32 Jahre alte Bildhauer beweist mit diesem Werk sein breit angelegtes Talent: eine glückliche Verbindung zwischen Architektur und Plastik, die absolute Beherrschung der Gattungen Tier- und Menschenplastik – und hier gleichermaßen souverän in der Darstellung von Kindern und Erwachsenen. Dazu kommt die ausgezeichnete Abstimmung mit der historischen Umgebung von Kirche, Platz und Häusern, die er mit dem Brunnen entscheidend bereichert.

Zwischen 1897 und 1931 schuf der Münchener Wrba 28 verschiedene Brunnen in zahlreichen Städten Deutschlands. Der exotischste von ihnen ist der 1910 in Arnstadt entstandene Bismarck-Brunnen, der nach dem Zweiten Weltkrieg ausgebaut wurde und sich im Schlossmuseum der Stadt erhalten hat. Dort wie in Kempten und in zahlreichen anderen Werken zeigt sich Wrbas Vorliebe für die Darstellung nackter Buben, womit er in einer Tradition steht, die bis auf die Renaissance zurückgeht. In der Zeit nach 1900 sind in Deutschland die *Putti* bereits so eigenständig aufgefasst, dass sie nicht mehr mit klassischen oder historistischen Exponaten verwechselt werden können.

Georg Wrba

Der in München geborene Bildhauer (1872 – 1939) mit dem unaussprechlichen Namen ist einem Koloss von Rhodos vergleichbar, der mit einem Bein auf dem Ufer des 19., mit dem anderen auf dem des 20. Jh. steht, einem „Koloss aus Bronze" – dem Material der meisten seiner Figuren. Über 3000 plastische Werke an über 322 ermittelten Objekten an 46 verschiedenen Orten bilden seine monumentale Hinterlassenschaft. Seiner Ausbildung nach gehört er ganz ins 19. Jh. Dazu gehörte die strenge Pflicht eines tiefgehenden anatomischen Studiums, das er bei Gabriel von Hackl in München anhand von Akten und Präparaten absolvierte, sowie die damals immer noch obligaten Italien-Studienreisen, die er 1897, 1903 und 1911 unternommen hat. Auch musste er heroische Aufträge wie die Reiterstandbilder der „vaterländischen Kunst" bewältigen: Die Plastik für die Münchener Wittelsbacherbrücke und ein Denkmal für König Georg von Sachsen sind hierfür Beispiele. Viele seiner Marmorbüsten sind in Technik und Form reines 19. Jh. Die porträtierten Männerköpfe aus Marmor oder Bronze mit ihren Schnauzbärten wie Prinzregent Luitpold, Walter Veit oder „Rat Paulus" erinnern an diese heute als altmodisch empfundene Zeit und stellen Aufgaben dar, die mit Sicherheit auch andere Bildhauer gut hätten bewältigen können.

Im Deutschland der Jahrhundertwende stand die Plastik im Schatten des 1921 verstorbenen Bildhauers Adolf von Hildebrandt. Dem gebürtigen Marburger gelang eine Vereinfachung und Modernisierung der Klassik, die auch bei Wrba tiefe Spuren hinterließ. Bei seiner Zusammenarbeit mit Architekten zeigen sich seine Hausfiguren realistisch. Anders als Künstler, die hauptsächlich als Bauplastiker arbeiteten, wie etwa Richard Kuöhl in Hamburg, wurde Wrba nie modisch. Dafür war er seinem Realismus zu treu, verstand er sich doch zu sehr als Bildhauer und nicht als „Handwerker". Gerade deshalb vermisst man bei ihm den Charme eines zwischen Expressionismus und Art déco schaffenden Kuöhls der 20er Jahre, bevor dieser zum Propagandastil der 30er übertrat.

Das Hauptwerk Wrbas ist die komplette Inneneinrichtung des gotischen „Doms" im sächsischen Wurzen. Dort entwarf er eine für seine Verhältnisse sehr modern wirkende Ausstattung mit Taufbecken, Kanzel und Orgelschranke, alles in Bronze. Krönung des Ensembles ist die monumentale Kreuzigungsgruppe, ebenso Hymne an den männlichen Körper wie Darstellung des grauenvollen Martyriums.

München
Hauptzollamt an der Landsberger Straße

I • Errichtet 1909 – 1912. • Baumeister Hugo Kaiser.

Mit einer Grundstücksfläche von 32 000 qm, von denen 14 000 bebaut wurden, ist das Hauptzollamt bis heute einer der größten Baukomplexe in München. Wer nach München mit der Bahn fährt, kann kurz vor der Ankunft im Hauptbahnhof das lang gestreckte Gebäude rechts der Bahnlinie kaum übersehen, auch wenn jetzt die Nachbarschaft eines 85 m hohen, runden „Towers" die alte Silhouette des Zollamts beeinträchtigt.

Sofort nach Fertigstellung des Baus im Juli 1912 erkannte ein Zeitungsartikel der *Münchener Neuesten Nachrichten*, das Neuartige der Architektur: „In erfreulicher Weise ist mit dem allzu ernsten und monumentalen Baustil, den man früher Staatsbauten geben zu müssen glaubte, energisch gebrochen worden." Der Durchbruch zur Moderne war in der Stadt vollbracht. Wenn man bedenkt, dass das neogotische Neue Rathaus erst im Jahr des Baubeginns des Hauptzollamtes vollendet wurde, wird die Dimension des Durchbruchs deutlich. Auch der extrem vom Historismus überfrachtete neubarocke Justizpalast war erst 12 Jahre zuvor fertig gestellt worden.

Zwar ist das Hauptzollamt modern, aber nicht international modern wie etwa das Fagus-Werk von Walter Gropius in Alfeld an der Leine von 1910 – 1914. Hugo Kaiser gehörte nie einer Avantgarde an, was allerdings niemand bedauern kann.

Das mächtige Lagerhaus entlang des Gleiskörpers stützt sich auf die ältere Architektur von Speicherbauten, die seit dem Spätmittelalter großartige Akzente in Stadtbilder setzten, wie beispielsweise in Nürnberg und Ulm. Völlig neu sind jedoch die Ausführung als Stahlskelett- oder Eisenbetonbau und die doppelte Funktion des Komplexes, einerseits Sitz des Hauptzollamtes und der „Technischen Prüfungs- und Lehranstalt der Verwaltung der Zölle und indirekten Steuern", andererseits Beamtenwohnstätte mit 42 unterschiedlich großen Wohnungen. Sie bilden eine geschlossene Siedlung, die wie die Lehranstalt an der Landsberger Straße liegt. Alle Bauten sind durch Bögen und Tore geschickt zu einem gegliederten Ganzen verbunden, das schöne Grünflächen einschließt.

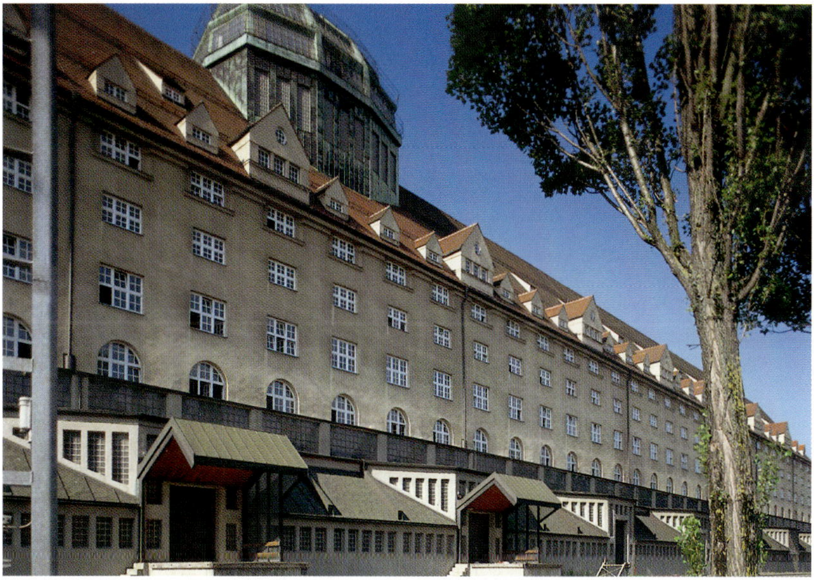

▲ *München: Hauptzollamt, Fassade entlang des Gleiskörpers.*

Viel von seinem architektonischen Charakter verdankt das Gebäude dem glücklichen Motiv der Dachkabine, die, auf dem Dachfirst sitzend, Licht für den darunter liegenden, 100 qm großen Lichthof spendet. Sein Boden liegt allerdings 8 Stockwerke tiefer, so dass das Parterre nicht mehr hell wäre, kämen nicht andere Lichtquellen zu Hilfe. Der Lichthof weist einen länglichen, zehneckigen Grundriss auf, der durch die Dachkabine von außen sichtbar gemacht wird. Eine Kuppel im herkömmlichen Sinne ist sie nicht mehr, sie erinnert an die späteren metallenen Flugzeugkabinen. Hier ist die Kabinenkonstruktion jedoch nicht metallen, sondern wie der Rest des Bauskeletts aus Eisenbeton. Ihr Äußeres ist mit Kupfer-

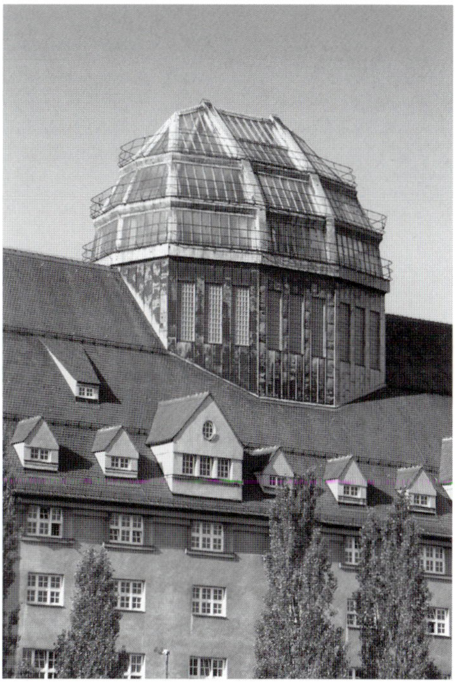

▶ *München: Hauptzollamt, Dachkabine von außen.*

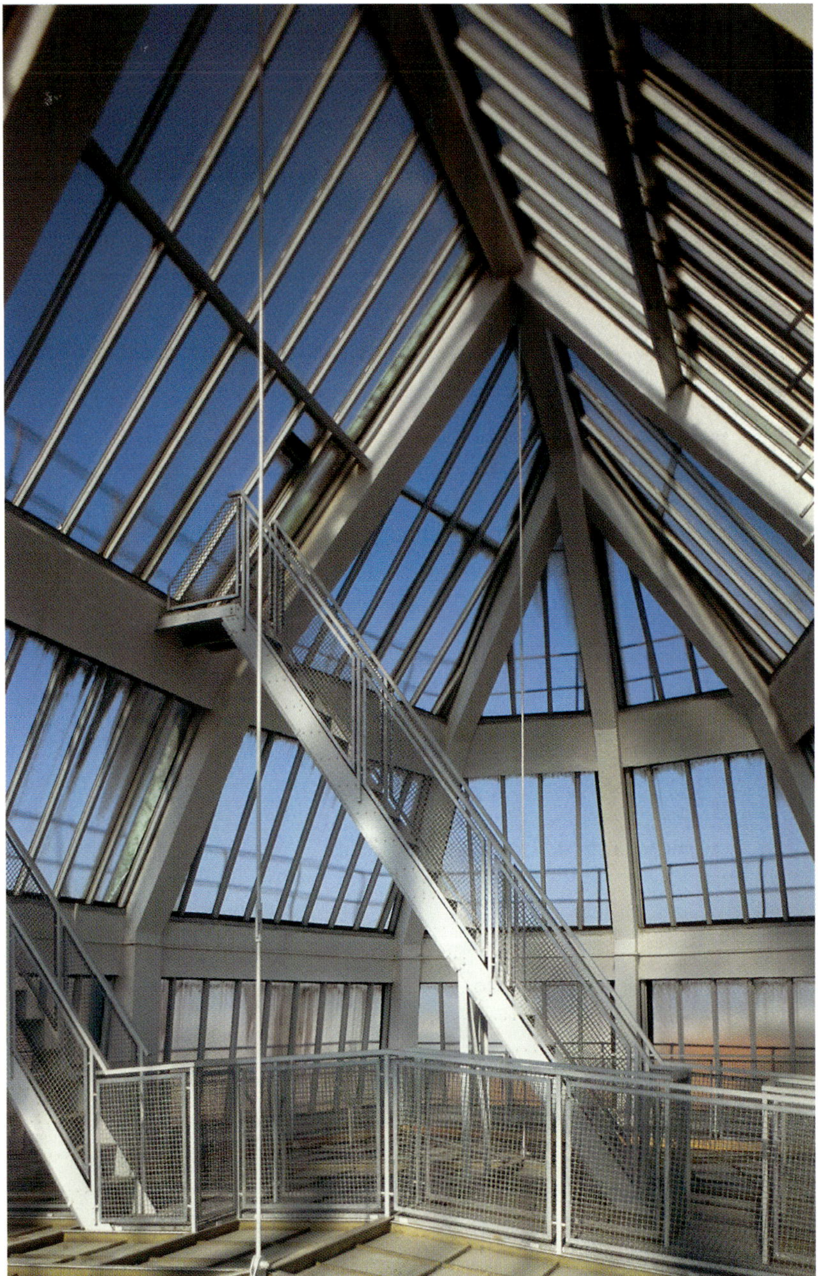

▲ *München: Hauptzollamt, Dachkabine von innen.*

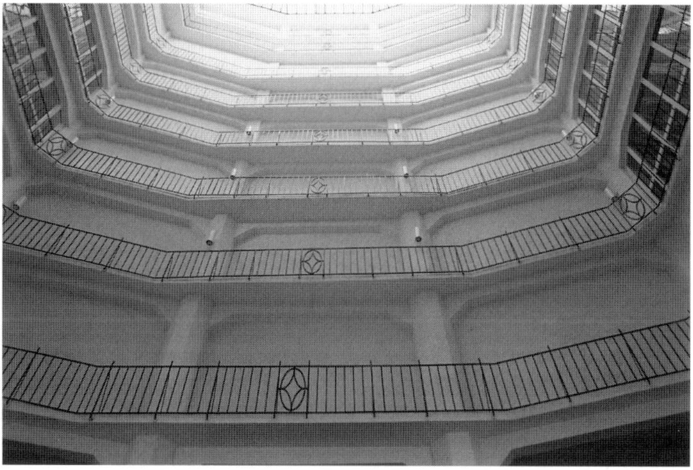

▲ *München: Hauptzollamt, Lichthof nach oben.*

platten verkleidet, erst innen wird die Betonkonstruktion sichtbar. Da der Boden der Kabine wegen des darunter liegenden Lichthofs aus Glasscheiben besteht, sind feste Stege für die Begehung bzw. Steiltreppen für den Aufstieg notwendig. Diese wurden inzwischen erneuert. Die Kabine ist in der Horizontalen dreifach gebrochen und mit drei sehr engen, aber begehbaren Geländergängen ausgestattet. Von dort aus ergeben sich atemberaubende Perspektiven auf den Gebäudekomplex und seine Umgebung.

Die kubistische Gestalt der Kabine gehört zu den besten Architekturmotiven Deutschlands vor der Zeit des Ersten Weltkrieges 1914 – 1918. Danach war die historistische Strömung stark abgeschwächt und der Weg zu einer internationalen Moderne eigentlich vorbereitet.

Glossar

Abakus quadratische Deckplatte eines Kapitells.
Apsidiole seitliche oder kleine Nebenapsis.
Apsis Abschlussraum des Chors: halber Zentralbau, polygonal oder halbrund, zum Hauptraum geöffnet bzw. an einen Langchor angeschlossen. In der Apsis befindet sich der Altar.
Architrav In dem Dreistein-Stütz-System ist der Architrav der dritte, von (mindestens) zwei Säulen getragene Horizontalstein, Nachkomme des hölzernen Balkens. Architraviert sind mit Architrav versehene Architekturen.
Archivolte Kurve bzw. Kurven von Bögen, Bogenlauf. Archivoltierte sind auf Bogenstellungen ruhende Architekturen.
Attika niedriger, geschlossener Mauerstreifen über dem Hauptgesims.

Balustrade Ensemble von Balustersäulchen, kleine Stützglieder eines Geländers, einer Brüstung oder eines Dachfußes.
Basilika mindestens dreischiffige Anlage, in der das Mittelschiff höher als die Seitenschiffe ist, so dass es eine eigene Lichtquelle (Obergaden) aufweist.

Chor Raum vor dem Hochaltar. Man betrachtet die Apsis oft als Bestandteil des Chores.
Chorschranken meist in Stein ausgeführte Schranken, die den für den Klerus bestimmten Platz vor dem Hochaltar von dem den Laien zugänglichen Kirchenraum trennen.
Corps de logis im barocken Schlossbau das Hauptgebäude mit dem „Wohnhaus" des Herrschers.
Cour d'Honneur im Barockbau Ehrenhof, von drei Flügeln umschlossen.

Dachreiter auf dem Dachfirst sitzendes Türmchen, meistens in Holzkonstruktion.
Dienst in Romanik und Gotik dünnes, ganzes oder Viertel- bis Dreiviertelsäulchen. Der Dienst kann als Teil eines Bündelpfeilers oder als Wandvorlage ausgebildet sein.

Eklektizismus Variante des Historismus, in der mehrere Stilrichtungen gleichzeitig für einen architektonischen Entwurf verwendet werden.
Empore tribünenartiger Einbau im Innenraum einer Kirche.

Fiale Türmchen mit spitzpyramidaler Krönung, die in der Regel mit Kriechblumen besetzt ist.

Gaupe stehendes Dachfenster in Form eines Dachhäuschens.
Gewölbe gekrümmte Raumdecke aus Natur- oder Backstein.

Gesims waagerecht aus der Mauer hervortretender Streifen zur Wandgliederung, gegebenenfalls zur Markierung von Stockwerken.
Grabendach in eine Reihe kleiner, niedriger Giebeldächer aufgelöstes Dach, die hinter einem der Fassade horizontal aufgesetzten Wandstreifen verborgen sind.
Gurt, Gurtbogen im Gewölbe, transversal von Wand zu Wand reichender Bogen.

Halle, Hallenkirche Anlage mit mindestens zwei, normalerweise drei gleich oder nahezu gleich hohen Schiffen, dadurch ohne Obergaden.
Haube Dach- oder Turmhelm in Holzkonstruktion mit geschweifter Kontur, jedoch nicht in Zwiebelform. Der Durchmesser der Haube ist an ihrer Basis am größten. Hauben werden oft als Welsche Haube bezeichnet, obwohl sie nicht über Italien nach Deutschland kamen.
Herme Träger oder Stütze, die oben als Kopf bzw. Oberkörper des Gottes Hermes und unten als sich zur Basis verjüngender Pfeiler ausgestaltet ist. In Renaissance und Barock ist die Herme zwar eine männliche Gestalt, jedoch keine griechische Gottheit mehr.
Historismus Nachahmung historischer Baustile.

Interkolumnium Abstand zwischen zwei Säulen oder Pfeilern einer Reihe.

Joch Raumabschnitt, insbesondere in Romanik und Gotik, der von Dienst zu Dienst reicht und einem Gewölbefeld zwischen zwei Gurten entspricht.

Kartusche Zierrahmen in Renaissance und Barock für Inschriften, Wappen und Reliefs in geschweiften, gerollten Formen.
Kielbogen aus Kurve und Gegenkurve bestehender gotischer Spitzbogen, auch als flamboyant bekannt.
Kleeblattchor Triconchos. Von drei Apsiden begleitete Vierung, oft an ein Langhaus angeschlossen. Dreiviertel-Zentralbau.
Kolossalordnung bei Fassadengliederungen des Barock, Säulen in Höhe mehrerer Geschosse.
Kranzgesim krönendes, abschließendes Gesims.
Kreuzbogenfries Fries aus einzelnen einander überschneidenden Bogen.
Kuppel Wölbeform, die in regelmäßiger Krümmung auf einer kreisrunden, polygonalen oder ovalen Basis errichtet ist. Holzkuppeln sind nicht als Wölbungen einzustufen.

Laibung Tiefe eines Bogens bzw. einer Wandöffnung.
Lambrequin mit Quasten versehener Behang als oberer Abschluss eines Baldachins, Betthimmels oder Fensters.
Langhaus lang gestreckter Baukörper einer Kirche, in der Regel zwischen dem Westwerk (den Türmen) und der Vierung, falls diese fehlt, zwischen Eingang und Chor bzw. Apsis.
Laterne kleiner durchfensterter Aufbau über einer Kuppel oder Gewölbeöffnung.
Lesene Pilaster ohne Kapitell und Basis.
Lettner quer gestellte Arkadenstellung zur Trennung von Chor und Langhaus, mit eigenem Altar versehen. Auf dem Lettner befindet ich eine Bühne, evtl. zur Verlesung des Evangeliums.

Mansarde Dach mit „gebrochenen Flächen", unten steil und oben als flaches Satteldach ausgestaltet, zum Platzgewinn in der Dachkammer bzw. zur Erfüllung barocker Ästhetik.
Maßwerk abstrakt-geometrisch konstruiertes Bauornament der Gotik zur Aufteilung oberer Fensterflächen und Flächen von Rosetten. Maßwerk wurde außerdem für die Gliederung von Wandflächen und als zusätzliches weiteres Zierwerk angewandt.
Mezzanin halbes oder niedriges Geschoss, oft als Zwischengeschoss gestaltet.

Obergaden über den Arkaden bzw. dem Triforium des Mittelschiffs einer Basilika sich erhebender Wandabschnitt mit den Hochschifffenstern. Oberer Lichtgaden.
Okulus rundes oder ovales Fenster, auch Ochsenauge genannt.

Pendentif sphärisches Dreieck zur Überleitung eines quadratischen in einen kreisförmigen Grundriss. Trianguläres Teilgewölbe.
Pfeiler frei stehende senkrechte Stütze mit oder ohne Basis und Kapitell, ohne bestimmte Ordnung. Rund, eckig oder als Bündel ausgebildet.
Pilaster flache Säule mit Basis und Kapitell an einer Wand, mit der Funktion, diese zu gliedern, gegebenenfalls Bögen zu empfangen, jedoch kaum von statischer Relevanz.

Querhaus quer zum Langhaus verlaufendes Schiff oder verlaufende Schiffe, im Grundriss mit dem Langhaus ein Kreuz bildend.

Risalit vor die Wandflucht vorspringender Bauteil, der auch höher sein kann als diese und oft eine eigene Dach- oder Giebelform trägt.
Rondell runder bzw. halbrunder Platz.
Rustika starke Absetzung von Quadersteinen eines Mauerwerks mittels tief eingekerbter Fugen, auch bei Pilastern oder Säulen angewandt. Der Begriff Rustika wird auch für grob behauene Buckelquader, vor allem bei italienischen Renaissance-Palästen, benutzt. Im Barock meint „rustizierte" eher die geometrisch saubere Lösung. Rustika und Bossierung bzw. Buckelquaderwerk werden in der Terminologie oft nicht klar genug unterschieden.

Salomonisch barocke Säule, deren Schaft so gewunden ist, dass daraus eine völlig kurvierte, vibrierende Silhouette resultiert. Bei der salomonischen Säule folgt der Schaft selbst einer Spirale, anders als die helikal gedrehten Dienste des spätgotischen Pfeilers, die den geraden Schaft umarmen.
Säule senkrechte und runde frei stehende Stütze, die im Unterschied zum Pfeiler Kapitell und (meistens) Basis hat und einem festgelegten Proportions- und Dekorationssystem entspricht, nämlich den Ordnungen Dorisch, Jonisch, Korinthisch, Komposit. Der Schaft der Säule hat eine leichte Wölbung, die so genannte Entasis, die ihr optisch die Starre nimmt.
Scagliola Formmasse aus Gips mit Leimwasser und Pigmentfarben, nachträglich geschliffen, besonders zur Imitation von Marmor und oft als Einlegearbeit (Intarsia) angewandt.
Scharwachtürmchen meist zur Bewachung und Verteidigung an den oberen Ecken eines Turmes positionierte Türmchen, fast immer als Begleittürmchen

eines höheren Helms mit eigenen spitzen Bekrönungen. Auch Wichhäuschen genannt.

Schiff Innenraum eines Lang- oder Querhauses bzw. jeder von Arkadenstellungen oder Säulen abgeteilte Raumteil (bei Mehrschiffigkeit).

Schlussstein oberster, als letzter eingesetzter Stein eines Rippengewölbes, dessen untere Seite meistens als reliefierte Scheibe erscheint.

Segmentbogen Bogenform, deren Kontur von einem Kreissegment gebildet wird. Auch Flachbogen genannt.

Sepultur Grab, Grabstätte.

Serliana archivoltierte und architravierte Fenster- oder Türform, bei der die Mitte von einem Bogen, die Seiten von zwei kurzen Architraven gebildet werden. Dabei ergeben sich drei Lichter, da der mittlere Bogen von zwei Säulen oder Pfeilern gestützt wird.

Sgraffito Wanddekoration, bei der die Mauer meist einen grauen Grundputz erhält. Auf diesem wird in mehreren Schichten ein weißer Kalkanstrich aufgetragen, aus dem – während er noch feucht ist – durch Kratzen, Ritzen und Schaben die Motive bis auf den dunklen Grundputz freigelegt werden. Die Farbtöne können auch in umgekehrter Reihenfolge erscheinen.

Staffelhalle Hallenraum, in dem das Hauptschiff zwar höher ist als die Seitenschiffe, jedoch keinen Obergaden aufweist. Auch Pseudo-Basilika genannt.

Stichkappe Gewölbe, das quer zur Achse des Hauptgewölbes verläuft und in dieses einschneidet.

Strebebogen bei der gotischen Basilika äußere, brückenartige und diagonale Abstützung des Obergadens von Hochschiff und Chor.

Stützenwechsel regelmäßiger Wechsel von runden und quadratischen Pfeiler in einer Bogenstellung.

Superpositio Übereinanderlagerung von Säulenordnungen in drei Geschossen: unten Dorisch/Toskanisch, in der Mitte Jonisch, oben Korinthisch/Komposit.

Traufe Saum, untere waagerechte Begrenzung eines Daches.

Triconchos → Kleeblattchor.

Triforium im klassischen basilikalen Aufriss der Kathedralgotik die mittlere Zone zwischen Arkaden und Obergaden, als schmaler, zum Schiff hin geöffneter Durchgang ausgestaltet.

Triumphbogen in der Kirche, die Arkade zur Verbindung zwischen Langhaus und Chor.

Tumba Grab(mal), Grabstätte.

Tympanon im Mittelalter das Bogenfeld über einem Portal, in der Renaissance oder im Barock das Feld eines Dreieck- oder Segmentgiebels.

Typologie von Typus/Schlag, Wesen der formbezogenen Ausgestaltung von Gebäuden, unabhängig von ihrer Funktion. Der Typus „Basilika“ ist durch das erhöhte und eigens beleuchtete Mittelschiff gekennzeichnet, der Typus „Halle“ durch die gleich hohe Disposition der Schiffe. Typologie meint die Einordnung bzw. die Zusammengehörigkeit nach Typen. Kunde oder Lehre von den Typen.

Umgang um einen mittleren Bauteil herumgeführter Gang.

Verkröpfung Vorziehen eines Gebälks samt Fries und Gesims über einen vorstehenden Bauteil (Wandpfeiler, Pilaster, Mauervorsprung).

Verstrebung Sicherung eines Bauteils oder Bauwerks durch Streben.
Vierung Quadrat, welches sich aus der Durchdringung von Lang- und Querhaus bzw. aus der Durchdringung der Mittelschiffe ergibt.
Vierungsturm ein sich über der Vierung erhebender Turm.
Volute S- oder schneckenförmige Ornamentform an Giebeln von Renaissance- und Barockbauten. Auch Kapitelle oder Konsolen können als Voluten ausgestaltet sein.

Wandpfeilerkirche einschiffige Kirche mit Wandpfeilern, zwischen denen statt Seitenschiffen Kapellen liegen.
Wandvorlage Gliederung oder Verstärkung einer Wand mittels Pfeilern, Lesenen oder Pilastern.
Wasserschlag bei gotischen Strebepfeilern die kleinen schrägen Flächen zur Verjüngung derselben. Auch Kaffgesims zur Wasserabweisung.
Wichhäuschen → Scharwachtürmchen.
Wimperg verselbstständigter Spitzgiebel der Gotik, zur Krönung von Portalen, Fenstern, Nischen oder Blenden, oft mit Kriechblumen verziert.

Zentralbau im Unterschied zu Basiliken und Hallenkirchen, die sich um eine horizontale Längsachse anordnen, steht die Achse des Zentralbaus in der Vertikalen, in der Raummitte. Zentralbauten sind rund, quadratisch oder polygonal, auch das griechische Kreuz gilt als Zentralbaugrundriss.
Zwerchhaus ein über der Fassade aufsteigender, nicht zurückgesetzter Dachaufbau. Im weiterem Sinne sehr große Dachgaupe.
Zwickel dreieckige Fläche, die eine Arkade umgibt.
Zwinger Bereich zwischen Vor- und Hauptmauer einer Stadtbefestigung oder Burg.

Gewölbe im Grundriss und axonometrische Darstellungen

Kreuzgratgewölbe

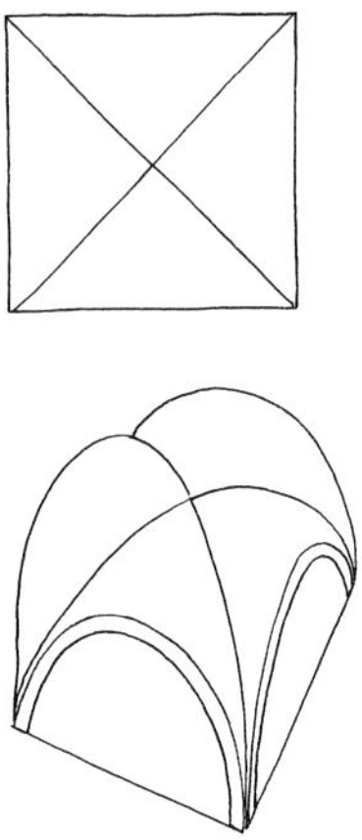

Kreuzrippengewölbe

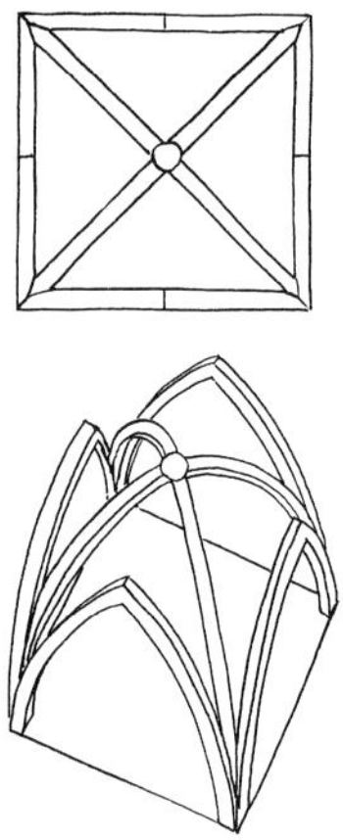

Tonne

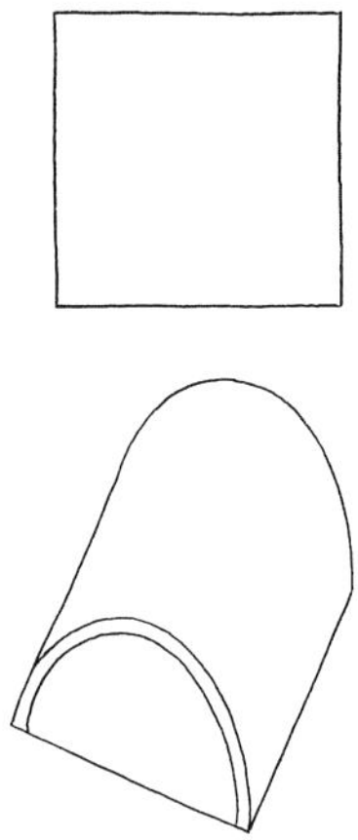

Netzgewölbe

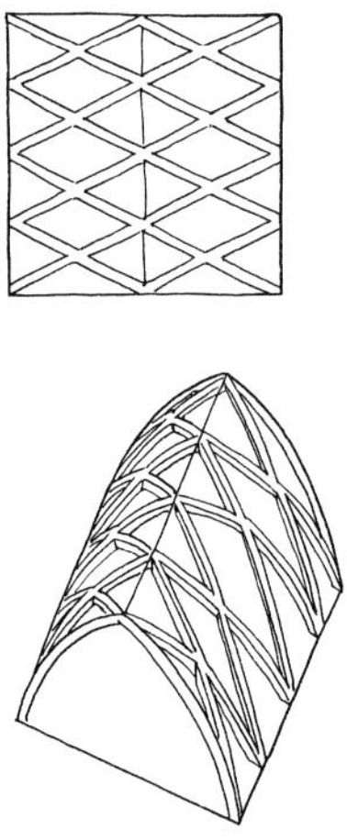

Schlinggewölbe

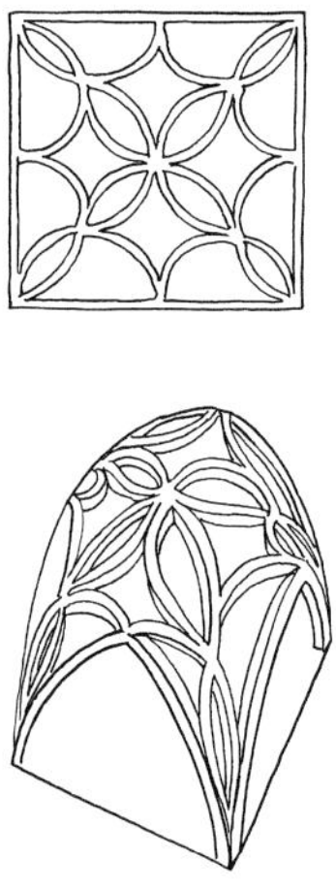

Gewölbeanfänger

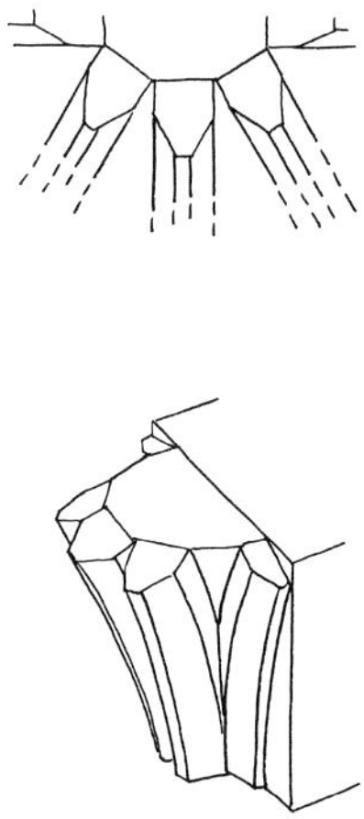

Literatur

Ambron, Karl-Otto: Berchtesgadener Land, Geschichte und Kultur, Münster/Zürich 1983.

Bauer, Reinhard/Piper, Ernst: München, Geschichte einer Stadt, München 1993.
Beck, Otto/Buck, Maria: Oberschwäbische Barockstraße, München/Zürich 1987.
Beer, Johannes/Prusinovsky, Rupert: Ottobeuren, Königstein im Taunus 1996.
Benker, Sigmund: Philipp Dirr und die Entstehung des Barock in Baiern, München 1958.
Bomhard, Peter von: Westerndorf, München/Zürich 1970.
Brugger, Walter: Franziskanerkirche Berchtesgaden, Regensburg 1999.
Bushart, Bruno: Die Fuggerkapelle bei Sankt Anna in Augsburg, München 1994.

Caston, S. C., Philip: Spätmittelalterliche Vierungstürme im deutschsprachigen Raum, Petersberg 1997.
Chevalley, Denis: Der Dom zu Augsburg (Die Kunstdenkmäler von Bayern), München 1995.

Bös, Werner: Gotik in Oberbayern, München 1992.

DaCosta Kaufmann, Thomas: Höfe, Klöster und Städte, Darmstadt 1998.
Dehio: Bayern IV München und Oberbayern, München 1990.
De la Riestra, Pablo: Kunstdenkmäler in Bayern. Franken, Regensburg und die Oberpfalz, Darmstadt 2003.

Breuer, Tilmann: Die Stadt Augsburg, München 1958.

Dehio: Niederbayern, Darmstadt 1988.
Dehio: Schwaben, Darmstadt 1989.
Dietrich, Dagmar: Landsberg am Lech Band I, München/Berlin 1995.

Eser, Thomas: Hans Daucher, Augsburger Kleinplastik der Renaissance, München/Berlin 1996.

Hojer, Gerhard/Schmid, Elmar: Nymphenburg, Schloß, Park und Burgen, München 1999.
Hubensteiner, Benno: Bayerische Geschichte, München 1977.
Huse, Norbert: Kleine Kunstgeschichte Münchens, München 1990.

Johanns, Markus: Augsburger Architekturmodelle, in: Vernissage 61, Augsburg 2000.
Johanns, Markus: Das Schaezlerpalais (unveröffentlichter Text, Augsburg 2001).

Karg, Frank: Schloß Kirchheim, Lindenberg 1998.
Karlinger, Hans: Bayerische Kunstgeschichte, Altbayern und Bayerisch-Schwaben, München 1967.
Kießlinh, Hermann: Der Goldene Saal und die Fürstenzimmer im Augsburger Rathaus, München/Berlin 1997.
Kloss, Günter: Georg Wrba, Ein Bildhauer zwischen Historismus und Moderne, Petersberg 1998
Knopp, Norbert: Die Frauenkirche zu München und St. Peter (Große Bauten Europas Band 3), Stuttgart 1970.
Kurmann, Peter: Die Frauenkirche des Jörg von Halspach: Beschreibung der Baugestalt und Versuch einer Würdigung, in: Monachium Sacrum Band II (Herausgegeben von Hans Ramisch), München 1994.

Läpke, Wolfgang: Hauptzollamt an der Landsberger Straße, in: Müller-Rieger: Westend, München 2000.
Lehmbruch, Hans: Ein neues München – Stadtplanung und Stadtentwicklung um 1800, Buchendorf 1987.
Lieb, Norbert: Die Fugger und die Kunst im Zeitalter der Spätgotik und frühen Renaissance, München 1952.
Lieb, Norbert: Die Fugger und die Kunst im Zeitalter der hohen Renaissance, München 1958.
Lieb, Norbert: München Die Geschichte seiner Kunst, München 1971.
Lieb, Norbert/Sauermost, Heinz Jürgen (Hrsg.): Münchens Kirchen, München 1973.

Markmiller, Fritz: Dorfkirchen in Niederbayern, Regensburg 1996.
Meyer, Werner: Die Kunstdenkmäler von Schwaben VII. Landkreis Dillingen an der Donau, München 1972.
Müller-Rieger, Monika: Westend, von der Sendlinger Haid' zum Münchener Stadtteil, München 1995
Muller, Theodor/Hofmann, Siegfried: Ingolstadt, Regensburg 1998.

Nöhbauer, Hans: Auf den Spuren König Ludwigs II., München 1995.
Nußbaum, Norbert/Lepsky, Sabine: Das gotische Gewölbe, Darmstadt 1999.
Nußbaum, Norbert: Deutsche Kirchenbaukunst der Gotik, Darmstadt 1994.

Petzet, Michael: Stadt und Landkreis Füssen, München 1960.
Petzet, Michael: Stadt und Landkreis Kempten, München 1959
Pfister, Peter: Leben aus dem Glauben – Das Bistum Freising 2, das Mittelalter, Lingolsheim/Straßburg 1989.
Pfister, Peter/Ranisch, Hans: Die Frauenkirche in München, Geschichte, Baugeschichte und Ausstattung.
Pölnitz-Kehr, Gudila von/Nübel, Otto: Die Fuggerei, Augsburg 2001.
Pörnbacher, Karl: Basilika St. Michael (in) Altenstadt, Regensburg 2000.

Schädler, Alfred: Das Eichstätter Willibaldsdenkmal und Gregor Erhart, in: Münchener Jahrbuch der Bildenden Kunst, Dritte Folge XXVI, München 1975.
Schädler, Alfred: Georg Petel (1601/02 – 1634) Bildhauer zu Augsburg, München/Zürich 1985.

Schleich, Erwin: Die zweite Zerstörung Münchens, Stuttgart 1978.
Schmid, Alois/Weigand, Katharina (Hrsg.): Die Herrscher Bayerns, München 2001.
Schmid, Elmar/Stierhof, Horst: Burg zu Burghausen, München 1998.
Schnell, Hugo/Hackl, Georg: Sankt Wolfgang bei Dorfen, Regensburg 1999.
Schoenberger, Arno: Ignaz Günther, München 1954.
Stierhof, Horst/Beckenbauer, Alfons: Stadtresidenz Landshut, München 1996.
Stierhof, Horst/Haller, Petra: Schlossmuseum Neuburg an der Donau, München 1998.
Strobel, Richard/Weis, Markus: Romanik in Altbayern, Würzburg 1994.

Trauchburg, Gabriele von: Häuser und Gärten Augsburger Patrizier, München/ Berlin 2001.

Volk, Peter: Ignaz Günther: Vollendung des Rokoko, Regensburg 1991.

Warnke, Martin: Geschichte der deutschen Kunst. Zweiter Band: Spätmittelalter und Frühe Neuzeit 1400 – 1750, München 1999.

Volkert, Wilhelm: Geschichte Bayerns, München 2001.

Zorn, Eberhard: Landshut Entwicklungstufen mittelalterlichen Stadtbaukunst, Landshut 1979.

Register

Bildnachweis

Alle Fotografien: Pablo de la Riestra.
Seite

70, 71	Stadtvermessungsamt Landshut
77	Toni Ott
89	Bayerisches Nationalmuseum München
90	Verkehrsamt der Stadt Nördlingen
100	Wilkin Spitta
112	Stadtarchiv Augsburg – Lichtbildstelle
172	Kunstsammlungen der Stadt Augsburg
188	Achim Bednorz
213	Achim Bednorz
214	Achim Bednorz

Quellennachweis Zeichnungen
Seite

17	nach Pömbach 2000, S. 5
26	nach Dehio 1999, S. 309
38	verändert nach Chevalley 1995 (Faltplan)
41	nach Breuer 1958, S. 45
47	Pablo de la Riestra
47	Pablo de la Riestra
57	Pablo de la Riestra
58	nach Wening Historico Topographica Descriptio 1701
59	nach Dehio 1990, S. 477
69	Pablo de la Riestra
74	Die Kunstdenkmäler von Niederbayern, XVI. Band 1927, Stadt Landshut, S. 22
78	Ibidem, S. 178
81	Pablo de la Riestra
83	nach Meyer, Werner 1972, S. 597
84	nach Dehio 1990, S. 678
95	Staatliches Hochbauamt Passau, Dombauhütte
95	Graphische Sammlung München
96	Pablo de la Riestra
103	Pablo de la Riestra
105	Die Kunstdenkmale des Königreiches Bayern, Bd, 1 Oberbayern: Stadt und Bezirk Wasserburg (ohne Datum), S. 135
113	nach Pöllnitz/Nübel 2001, S. 11–12
155	nach Dehio 1990, S. 719
182	nach Petzet 1959, S. 7
207	nach Dehio 1988, S. 767
210	nach Bomhard 1970, S. 3
213	nach Dehio 1990, S. 1283